中国社会科学院创新工程学术出版资助项目

中国社会科学权威报告

CHINA PENSION REPORT 2013

中国养老金发展报告2013
——社保经办服务体系改革

郑秉文 主编

经济管理出版社
ECONOMY & MANAGEMENT PUBLISHING HOUSE

图书在版编目（CIP）数据

中国养老金发展报告2013/郑秉文主编. —北京：经济管理出版社，2013.12
ISBN 978-7-5096-2820-1

Ⅰ.①中⋯　Ⅱ.①郑⋯　Ⅲ.①退休金—劳动制度—研究报告—中国—2013
Ⅳ.①F249.213.4

中国版本图书馆CIP数据核字（2013）第280974号

组稿编辑：张永美
责任编辑：张永美
责任印制：杨国强
责任校对：超　凡　王纪慧

出版发行：	经济管理出版社
	（北京市海淀区北蜂窝8号中雅大厦A座11层　100038）
网　　址：	www.E-mp.com.cn
电　　话：	（010）51915602
印　　刷：	北京画中画印刷有限公司
经　　销：	新华书店
开　　本：	880mm×1230mm/16
印　　张：	14.25
字　　数：	463千字
版　　次：	2013年12月第1版　2013年12月第1次印刷
书　　号：	ISBN 978-7-5096-2820-1
定　　价：	198.00元

·版权所有　翻印必究·

凡购本社图书，如有印装错误，由本社读者服务部负责调换。
联系地址：北京阜外月坛北小街2号
电话：（010）68022974　　邮编：100836

《中国养老金发展报告2013》编委会

主 任 委 员　李培林　王建伦

副主任委员　宋晓梧　乌日图　郑功成

执 行 主 任　郑秉文

委　　　员　(按拼音字母排序)

　　　　　　陈力君　褚福灵　丛树海　邓大松　丁建定　董克用　房连泉　高庆波
　　　　　　葛　曼　关信平　郭　鹏　何文炯　胡云超　黄　念　李　珍　林　义
　　　　　　林　弈　刘昌平　吕学静　穆怀中　潘锦棠　齐传钧　青连斌　仇雨临
　　　　　　申曙光　宋保安　孙守纪　孙永勇　唐　钧　唐　俊　王国辉　王延中
　　　　　　席　恒　向运华　谢　琼　杨长汉　杨河清　杨燕绥　张盈华　张智勇
　　　　　　朱俊生　邹照洪

全书摘要

《中国养老金发展报告2013》是由"中国社会科学院世界社保研究中心"编写的第三部年度养老金行业报告，它反映了2012年度中国多层次养老金制度的整体发展状况和改革动态。全书由主报告和9个分报告组成，分为年度发展篇、改革主题篇、指数发布篇三部分内容。

主报告从构建服务型政府的角度，以"中国社会保险经办服务体系改革再出发"为主题，阐述了中国社会保险经办服务体系的现状与作用，并对社会保险经办服务体系存在的问题及其原因进行深入分析，在此基础上提出了社会保险经办服务体系改革路线图。报告指出，在过去20多年里，社会保险经办服务体系自身建设获得了长足发展，为全国社会保险制度有效运行做出了巨大贡献，但也存在诸如社保经办机构人均负荷比高、经费保障不足、经费投入体制不顺等问题。鉴于此，本报告提出三点改革建议：一是社会保险经办人员编制实行动态配比机制，工作人员数量与参保人次挂钩，以防止出现"小马拉大车"和服务质量受到影响；二是社保经办服务系统的经费预算与各级财政预算脱钩，全部纳入社会保险基金中列支，以彻底解决经费保障不足的问题；三是根据事业单位改革的政事分开和管办分离的要求，建立全国社会保险事业管理总局，各级经办机构实行垂直领导体制，在事业单位分类中将社保经办系统定性为"特殊类公益事业单位"，这既符合社会保险经办机构的实际定位和国际惯例，也完全符合十八届三中全会提出的"转变政府职能，深化行政体制改革，创新行政管理方式"。

年度发展篇由五个专题报告组成，分别对基本养老保险的参保和基金运行状况、企业年金基金的市场化运营、全国社会保障基金的投资管理以及商业养老保险的发展状况进行了评估。通过对多层次养老保障体系的数据信息披露，对各项养老保险覆盖面和基金运行情况进行了较为详细的解读和评价，从中可以了解2012年养老金制度的整体发展动态。

改革主题篇包括三个分报告，其研究主题为社会保险经办服务体系。分报告六回顾了中国社会保险经办服务体系发展的历史演革，以甘肃、河南和广东三省为案例，着重分析目前中国社保经办服务体系建设的基本现状和发展面临的一些问题；分报告七论述了服务型政府转型的背景下，加快推进社会保险经办管理体制改革和提升经办服务能力的重要性，提出了改革的基本设想和政策建议；分报告八主要介绍了国际上三类社会保险经办管理模式的基本做法和国别案例情况。

指数发布篇的分报告九公布了2010年、2011年和2012年三年的中国养老金发展指数和主要统计数据，从中可以看出各省份养老金制度发展的不平衡性和地区间存在的显著差异。

总目录

序　言　唐弈松 / 1
主报告　中国社会保险经办服务体系改革再出发——构建服务型政府的客观要求 / 1

第一部分　年度发展篇

分报告一　2012年基本养老保险参保状况评估——扩面速度有所放缓，地区差异依然存在 / 19
分报告二　2012年基本养老保险基金运行状况评估——收支结余规模继续扩大，基金运行压力加大 / 57
分报告三　2012年企业年金基金市场状况评估——投资业绩回归较高增长，地位提升有待跨越式发展 / 87
分报告四　2012年全国社保基金投资管理状况评估——资产规模突破万亿元，投资收益率获三年来最高 / 104
分报告五　2012年商业养老保险发展状况评估——市场规模稳步扩大，发展潜力有待提升 / 109

第二部分　改革主题篇

分报告六　中国社会保险经办服务体系发展现状——基于三省调研的思考 / 117
分报告七　中国社会保险经办服务体系改革的紧迫性——基本思路与政策建议 / 134
分报告八　国外社会保险经办服务体系现状——基于三种模式的分析 / 158

第三部分　指数发布篇

分报告九　中国养老金发展指数2013 / 187

编后记 / 205

中国社会科学院世界社保研究中心 / 社会保障实验室年度学术活动和成果一览 / 207

目 录

序　言　**唐霁松** / 1

主报告　**中国社会保险经办服务体系改革再出发——构建服务型政府的客观要求** / 1
 一、社会保险经办服务体系的现状与作用 / 1
  （一）社会保险经办服务系统为扩大"制度规模"做出重要贡献 / 1
  （二）社会保险经办服务系统为保证制度运行质量立下汗马功劳 / 3
  （三）社会保险经办服务系统不断自我完善和成长壮大 / 4
 二、社会保险经办服务体系存在的问题及其原因分析 / 5
  （一）人均负荷比接近极限，社会保险服务质量受到制约 / 5
  （二）经费保障不足，社会保险制度处于低端运行状态 / 7
  （三）经费投入体制不顺，金保工程和"三化"建设跟不上服务型政府的发展要求 / 9
 三、社会保险经办服务体系改革路线图 / 10
  （一）全国社会保险经办服务系统的人员编制应实行动态配比机制，人员编制应与参保人次挂钩 / 10
  （二）全国社会保险经办服务系统的经费支出应视为制度运行的行政成本，在社会保险基金支出中列支 / 12
  （三）全国社会保险经办机构的定性和定位应重新认识，管办分离的行政管理体制改革势在必行 / 14
 四、简单结论 / 15

第一部分 年度发展篇

分报告一　2012年基本养老保险参保状况评估——扩面速度有所放缓，地区差异依然存在 / 19
　一、城镇职工基本养老保险扩面速度放缓，制度赡养率略有反弹 / 20
　　（一）离退休人员人数增速快于参保职工人数 / 20
　　（二）不同经济类型企业的参保人数变化明显 / 23
　　（三）各个省份之间职工参保状况继续分化 / 26
　二、各省城镇职工基本养老保险参保人员结构差异较大，赡养率变化趋势不一 / 30
　　（一）各个省份职工参保人数的行业构成差异较大 / 30
　　（二）企业城镇职工基本养老保险制度赡养率略有下降 / 31
　　（三）其他人员城镇职工基本养老保险制度赡养率上升 / 35
　三、不同性质企业参保状况有较大差异 / 39
　　（一）国有企业参保人数比重下降，其他各类企业参保人员占比上升 / 39
　　（二）国有企业城镇职工参保状况分化明显，制度赡养率普遍偏高 / 40
　　（三）集体企业城镇职工基本养老保险参保状况差异最为显著 / 43
　　（四）其他经济类型企业职工参保人数保持快速增长 / 46
　　（五）港澳台及外资企业职工参保人数继续增加 / 49
　四、城乡居民基本养老保险扩面速度下滑，参保状况差异显著 / 52
　　（一）各个省份城乡居民基本养老保险扩面进度参差不齐 / 52
　　（二）大部分省份城乡居民基本养老保险领取待遇人数增速放缓 / 54
　　（三）各个省份城乡居民基本养老保险领取待遇人数占参保人数的比例差异明显 / 55

分报告二　2012年基本养老保险基金运行状况评估——收支结余规模继续扩大，基金运行压力加大 / 57
　一、城镇职工基本养老保险基金收入状况继续改善，增速有所放缓 / 58
　　（一）城镇职工基本养老保险基金收入结构正在悄然变化 / 58
　　（二）征缴收入中非正常缴费所占比例有所下降 / 60
　　（三）绝大部分省份基金收入增速开始放缓 / 62
　　（四）绝大部分省份征缴收入继续增长，但占基金收入的比重下降 / 65
　二、城镇职工基本养老保险基金支出加速增长，基本养老金所占比重下降 / 69
　　（一）城镇职工基本养老保险基金支出快速增长，增速变动出现分化 / 69
　　（二）基本养老金支出占比略有下降 / 73
　　（三）离退休人员待遇得到进一步提高 / 75

三、城镇职工基本养老保险基金结余继续增长，出现势头放缓苗头 / 75
    （一）城镇职工基本养老保险基金当期结余继续增长，但增速放缓 / 75
    （二）累计结余继续以较高的速度增长，大部分省份增速有所下降 / 79
    （三）备付月数进一步提高，但地区差异仍然显著 / 81
    （四）个人账户累计记账额继续扩大，做实个人账户工作艰难推进 / 82
四、城乡居民基本养老保险基金收支和累计结余继续增长，增速放缓 / 83

分报告三　2012年企业年金基金市场状况评估——投资业绩回归较高增长，地位提升有待跨越式发展 / 87
一、中国企业年金基金市场总体状况 / 88
    （一）2008年以后投资业绩再次出现比较高的增长 / 88
    （二）参保职工人数增加成为基金规模快速扩大的主因 / 88
    （三）"市场集中度指数"显示市场竞争依然充分 / 89
    （四）必须尽快实现企业年金跨越式发展 / 90
二、2012年企业年金基金受托管理市场分析 / 92
    （一）市场份额 / 92
    （二）市场分析 / 94
三、2012年企业年金基金账户管理市场分析 / 96
    （一）市场份额 / 96
    （二）市场分析 / 97
四、2012年企业年金基金托管市场分析 / 99
    （一）市场份额 / 99
    （二）市场分析 / 99
五、2012年企业年金基金投资管理市场分析 / 100
    （一）市场份额 / 100
    （二）市场分析 / 101

分报告四　2012年全国社保基金投资管理状况评估——资产规模突破万亿元，投资收益率获三年来最高 / 104
一、大力推进基金筹集和受托投资工作，资产规模突破万亿元 / 105
    （一）全国社会保障基金筹资渠道进一步拓宽 / 105
    （二）受托投资运营广东省1000亿元社保基金，支持地方养老基金保值增值 / 105
    （三）基金资产首次突破1万亿元，基金权益大幅增长 / 105
二、加强投资精细管理，动态调整资产配置 / 105
    （一）调整固定收益类产品的投资结构 / 105

（二）择机增加股票投资，加强委托投资管理 / 106
　　（三）优选投资项目，扩大实业投资规模 / 106
　　（四）基金投资收益创近三年最好水平 / 106
三、推动社保基金投资管理的法律制度建设 / 107
四、研究提出促进养老金中长期收支平衡的建议 / 107
五、对外加强国际交流，对内提升信息系统 / 107
　　（一）扩大对外合作，增进国际交往 / 107
　　（二）加强信息系统建设 / 108
六、总结经验，提高投资管理水平 / 108

分报告五　2012年商业养老保险发展状况评估——市场规模稳步扩大，发展潜力有待提升 / 109
一、商业养老保险市场发展情况 / 110
　　（一）年金保险业务增长回升 / 110
　　（二）养老保障管理业务发展缓慢，制度需进一步完善 / 110
　　（三）经办新农保试点规模有待扩大 / 110
二、养老保险公司发展情况 / 111
　　（一）企业年金业务保持平稳较快发展，但市场后劲不足 / 111
　　（二）团险业务保持较快增长 / 112
　　（三）前期亏损严重，近年来盈利情况有所改善 / 112
　　（四）养老金管理领域面临诸多行业的挑战 / 112
三、关于充分发挥商业保险作用的几点建议 / 112
　　（一）在顶层设计中明确商业保险的地位和作用 / 112
　　（二）探索商业保险在完善"三支柱"体系中的发展模式 / 112
　　（三）运用多种手段鼓励商业保险服务养老保障 / 113

第二部分　改革主题篇

分报告六　中国社会保险经办服务体系发展现状——基于三省调研的思考 / 117
一、我国社会保险经办服务体系的历史沿革 / 118
　　（一）计划经济下的工会和企业自管阶段（1951年至20世纪80年代初） / 118
　　（二）多部门管理阶段（20世纪80年代初期至1998年） / 118
　　（三）归口管理阶段（1998年至今） / 119

二、全国社会保险经办服务体系建设取得的成绩 / 120
  （一）全国社会保险经办服务体系已初步建成 / 120
  （二）社保经办机构服务规模不断扩大，保障能力稳步提升 / 121
  （三）经办机构经费投入和支出规模不断增加 / 123
  （四）经办机构信息化服务水平不断提升 / 124
  （五）经办机构管理体制逐步理顺，管理手段更加有效 / 125
三、地方社会保险经办服务体系建设情况——甘肃、河南和广东三省调研案例分析 / 125
  （一）甘肃省 / 125
  （二）河南省 / 128
  （三）广东省 / 130

分报告七 中国社会保险经办服务体系改革的紧迫性——基本思路与政策建议 / 134
 一、建设服务型政府，社会保险经办服务体系面临的形势和挑战 / 135
  （一）完善社保经办服务体系是服务型政府建设的重要组成部分 / 135
  （二）未来社保经办服务体系建设面临的形势和挑战 / 136
 二、提升服务供给能力，社会保险经办服务体系改革的紧迫性 / 138
  （一）社保经办服务体系供给能力明显不足，发展中存在制约瓶颈 / 138
  （二）社会保险经办管理体制改革滞后，急需出台顶层设计 / 142
 三、加快推进社会保险经办服务体系改革的基本思路和政策建议 / 145
  （一）实现社保经办服务体系的重塑 / 145
  （二）经办机构的人员配置和管理成本绩效分析 / 151
  （三）基本结论和主要政策建议 / 157

分报告八 **国外社会保险经办服务体系现状——基于三种模式的分析** / 158
 一、"统一式"社会保险经办管理模式简介 / 159
  （一）美国的养老保险经办服务体系 / 159
  （二）日本的养老保险经办服务体系 / 162
  （三）韩国的养老保险经办服务体系 / 165
  （四）总结 / 166
 二、"自治式"社会保险经办管理模式简介 / 167
  （一）德国的社会保险经办服务体系 / 167
  （二）荷兰的社会保险经办服务体系 / 169
  （三）法国的社会保险经办服务体系 / 172
  （四）欧洲其他国家的社会保险经办服务体系 / 174

（五）总结 / 177
三、"公司制"社会保险经办管理模式简介 / 178
　　（一）拉丁美洲地区私营养老金制度的经办服务体系 / 178
　　（二）总结 / 184

第三部分　指数发布篇

分报告九　**中国养老金发展指数 2013** / 187
一、养老金发展指数设计 / 188
二、养老金发展指数概况 / 188
　　（一）养老金发展指数体系的调整 / 188
　　（二）养老金发展指数综合情况 / 189
　　（三）"全覆盖"指标情况 / 190
　　（四）"保基本"指标情况 / 192
　　（五）"多层次"指标情况 / 193
　　（六）"可持续"指标情况 / 195
三、养老金发展指数引发的思考 / 196
　　附录：主要养老金发展指标情况 / 199

编后记 / 205

中国社会科学院世界社保研究中心 / 社会保障实验室年度学术活动和成果一览 / 207

序 言

唐霁松
人力资源和社会保障部社会保险
事业管理中心主任

中央政府历来高度重视社会保障制度建设，特别是改革开放以来，在长期探索和实践的基础上，我国已基本建立覆盖城乡的社会保险制度框架，对促进经济转型、保障社会稳定和改善人民生活发挥了重要作用。但是，随着经济结构的不断升级、新型城镇化的有序推进和人口老龄化趋势的日益严峻，社会保障领域新变化、新问题和新挑战不断涌现。

毋庸置疑，这些新情况的出现已经不再是局部性矛盾，而是牵涉到利益格局和制度安排失衡的深层次矛盾。因此，新一届政府刚刚成立不久，就全面启动了社会保障制度顶层设计。我们知道，所谓的"顶层设计"就是对现有制度进行重构和完善的总体规划。如果仅有规划，缺乏具体的实现手段，则在总体规划之下很可能又造成各自为政、分兵把口的局面，造成资源难以共享、信息难以互联互通的后果。所以，社会保障制度顶层设计能否有效落实，不仅取决于顶层设计本身是否合理，而且与社保经办服务体系的能力和效率密切相关。也就是说，社会保障制度改革和社保经办服务体系能力建设同等重要。

我们还应该看到，社保经办服务体系能力建设也是转变政府职能的一项重要举措。随着市场经济体制改革的不断深入，如何定位政府职能越来越重要，建设服务型政府、完善社会公共服务体系已成为我国政府职能转变的重点方向。党的十八大报告明确提出了转变政府职能的目标："要按照建立中国特色社会主义行政体制目标，深入推进政企分开、政资分开、政事分开、政社分开，建设职能科学、结构优化、廉洁高效、人民满意的服务型政府。"显然，转变政府职能的关键在于执政理念的转变，即由传统的社会行政管理向公共服务意识转变，提高政府部门为经济社会发展服务、为公众服务的能力和水平，完善社会管理和服务体系。作为政府机构的一个重要组成部分，社保经办服务体系承担着向亿万参保者输送社会保险服务的基本职能，是体现国家公共部门形象的一个主要窗口，其能力建设也要立足于此，即不断增强社会保险服务工作的科学性、公正性、便捷性，不断提高社会保险服务的质量和效率，从而适应我国社会保险制度向城乡统筹、全民覆盖、人人享有社会保障发展的需要，满足公众对社会保险服务的客观需求。

从 20 世纪 90 年代开始，伴随着社会保障制度的逐步确立和不断完善，社会保险经办服务体系经历了从无到有、不断发展壮大的历程，取得了长足的进步，对社会保险制度有效运行起到了重要的保障作用。到目前为止，我国社保经办服务体系已初步建成以各级社会保险经办机构为主干、以社会服务机构为依托、以市场服务机构为辅助、以社区服务为基层平台、以网络通信服务为基础平台、以信息化手段为基本技术支撑的服务网络。从中央到省、市、县四级政府的社会保障职能部门均设有社会保险经办机构，形成了一个覆盖全国的分层设置、分级管理的经办组织系统。其中，中央机构是最高经办机构，主要负责对下级机构进行业务上的指导和统筹管理。地方社会保险经办机构包括省、地（市）和县（市）三级，省、地两级机构肩负着指导和具体经办的双重职能，县一级只负责经办业务。在乡镇和城镇社区还设立社会保障事务所（站），作为基层社保服务平台，开展社会保险经办工作。

尤其值得一提的是，为了加强社保经办服务体系的信息化建设，2002年"金保工程"开始试点并逐步向全国推广。截至2012年底，金保工程一期建设全面完成，并顺利通过竣工验收。到目前为止，全国31个省份实现了部、省、市三级网络贯通，城域网加速向街道、社区、乡镇基层服务机构延伸。例如，全国街道乡镇平均联网率达92%；全国近2700个县（市、区、旗）通过信息系统办理城乡居保业务；社保跨地区系统建设迈出坚实步伐，养老和医疗保险关系转移系统分别已有12个省份、256个县市和44个地市入网。可以说，目前我国社会保险信息化建设已初具规模，公共服务手段逐步由单一化向多元化转型，网络应用、电信服务多面开花，机构服务能力和服务水平不断提升。

我们还必须看到，中国人口、经济社会结构等多方面因素的变化正在对社保经办服务体系建设提出严峻的挑战。例如，人口老龄化的加速发展必然导致退休人口数量的绝对增长，将直接增加养老保险和医疗保险基金等相关支付业务的工作量；新型城镇化的逐步实施意味着正在有更多的农村居民转变为城市居民，这就要求政府提供更多的公共服务，其中就包括社保经办服务；长期存在的二元经济结构和较高的非正规化就业比例客观上要求社保经办服务的多样化和便捷化。然而，与这些快速增长的社保服务需求相比，我国社保经办服务体系的供给能力已经明显不足，经办服务机构建设正处于相对滞后状态，尤其是存在着人员编制和经费等方面的瓶颈制约因素，已在很大程度上影响到社保制度的可持续发展。

中国社会科学院世界社保研究中心作为国内知名的学术研究机构，近几年来每年推出一本《中国养老金发展报告》，在业界和媒体都产生了比较大的影响，也为政府完善社保制度提供了有益参考。《中国养老金发展报告2013》的主题是社保经办服务体系建设，作者通过广泛调研，在获得大量数据和翔实资料的基础上，对社保经办服务体系做出了清晰、全面和透彻的分析，最后对社保经办服务体系提出了改革的基本思路和政策建议，其中不乏真知灼见。

2013年11月6日

主报告
中国社会保险经办服务体系改革再出发
——构建服务型政府的客观要求

刚落下帷幕的十八届三中全会通过了《中共中央关于全面深化改革若干重大问题的决定》（以下简称《决定》）。这个划时代的文献指出："必须切实转变政府职能，深化行政体制改革，创新行政管理方式，增强政府公信力和执行力，建设法治政府和服务型政府。"《决定》还指出，"加快健全社会保障管理体制和经办服务体系"。毫无疑问，健全社会保障管理体制及其经办服务体系既属于切实转变政府职能和深化行政体制改革的范畴，又属于建设法治政府和服务型政府的标志性举措，其目标和结果必然是增强政府公信力和执行力。

社会保障是服务型政府所提供公共服务的重要组成部分，而社会保障经办服务体系则是社会保障制度赖以运转和社会保障政策得以执行的载体。在中国，社会保障是个大概念，社会保障经办体系就包括缴费型和非缴费型两大保障制度的服务提供体系，具体而言，社会保险是典型的缴费型保障制度，它的支撑是社会保险经办服务机构，而低保、五保等社会救助则是典型的非缴费型保障制度，由民政机构提供其具体服务项目。此外，公共卫生与医疗服务机构、计划生育机构及其相关的社区服务机构等都属于中国社会保障大概念下的经办服务体系。

本报告研究的主要是社会保险经办服务体系，重点是基本养老保险，兼顾其他"四险"即医疗、失业、工伤和生育保险，有时也涉及到新农合。与任何其他发达国家一样，社会保险服务经办体系是服务型政府的一个窗口，是公共服务提供的一个子系统，是保障民生的一个社会安全网。

但是，随着社会保险的制度覆盖人次的逐年提高，经办服务体系的现状越来越显得与之难以匹配，尤其近几年来，城居保和新农保只用几年的时间就基本实现了全覆盖。面对这些日新月异、万马奔腾的快速发展，如果经办服务体系长期处于"小马拉大车"的超负荷运转状态，社会保险制度运行质量必将受到影响，很有可能导致"财政投入规模上去了，但服务质量却下来了"的后果，社保制度"精细化管理"不仅难以落实，反而会引发一些管理水平和服务质量上的新矛盾，拖了构建服务型政府的"后腿"，既不利于提高政府公信力，也不利于增强政府执行力。

正是在这样一个背景下，《中国养老金发展报告2013》在其"改革主题篇"里将主题报告的研究内容定为社会保险经办服务体系改革，并为此派出一个项目小组，奔赴甘肃、河南和广东三省进行了长达半月的调研，以期对这项改革做出深入的研究，提出富有创造性的建议。

一、社会保险经办服务体系的现状与作用

（一）社会保险经办服务系统为扩大"制度规模"做出重要贡献

20多年来，中国社会保险制度从无到有，从小到大，从弱到强，制度规模经历了一个快速发展的历史时期，而经办服务系统则成为扩大制度规模的有力支撑。所谓"制度规模"，主要是指覆盖人数和基金规模，这两组数据是一国社会保险制度的主要指标。

在覆盖人次上，截至2012年底，全国社会保险覆盖人次高达26.6亿，其中城镇五险合计参保13.4亿人次（养老3.0亿、医疗5.4亿、失业1.9亿、工伤1.5亿和生育1.6亿），新农保和城居保合计参保4.8亿人次[1]，新农

---

[1] 人社部官网：《2012年度人力资源和社会保障事业发展统计公报》。

合参保 8.4 亿人次①。可以这样说，中国城镇五险的任何一个险种的覆盖规模在发达国家里都是最大的单体制度；中国社会保险高达 26.6 亿人次的覆盖面是世界上最大的社会保险制度。城镇职工基本养老保险制度是基本制度，在过去 22 年时间里，制度覆盖面经历了一个漫长的上升曲线：缴费人数在 1990 年仅为 5201 万人，到 2012 年提高到 22981 万人，增加了 3.4 倍；离退休人数增长幅度就更大了，1990 年仅为 965 万人，到 2012 年则增加到 7446 万人，增加了 6.7 倍。

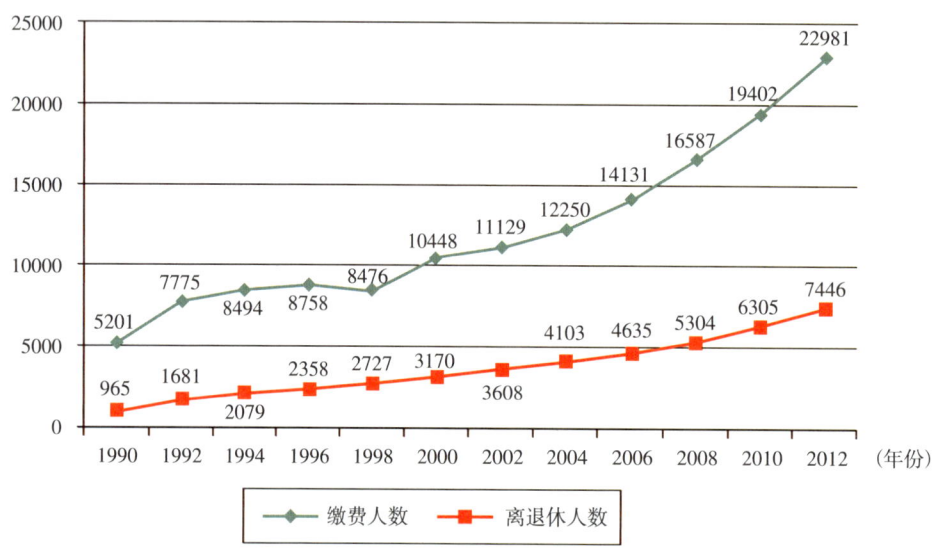

图 1　1990~2012 年中国城镇职工基本养老保险制度覆盖面变化（万人）

资料来源：人力资源和社会保障部（原劳动和社会保障部）发布的历年《发展统计公告》。

在基金规模上，1993 年社会保险基金收入合计仅为 461 亿元（不含系统统筹部分），支出 419 亿元，累计结存 288 亿元（包括购买国家特种债券部分）。但到 2012 年，五项社会保险（不含城乡居民社会养老保险）基金收入合计 28909 亿元，基金支出合计 22182 亿元，五项社会保险累计结存（含城乡居民社会养老保险）38106 亿元。即在过去的 20 年时间里，社会保险基金年度收入水平增长了 62 倍，当年支出水平增加了 52 倍，基金累计余额增加了 131 倍②。

城镇职工基本养老保险基金规模的增长幅度就更令人叹为观止：1990 年的制度收入仅为 179 亿元，制度支出 149 亿元，滚存结余只有 98 亿元；而 2012 年则发生了天翻地覆的变化：当年的制度收入高达 20001 亿元，支出 15562 亿元，基金累计结存 23941 亿元。换言之，在 22 年的时间里，城镇职工基本养老保险的年度收入、支出和累计结存这三组数据分别增长了 111 倍、103 倍和 243 倍。

---

① 中国政府网：《卫生部就新农合工作进展情况举行新闻发布会》，http://www.gov.cn/xwfb/2012-02/27/content_2077409.htm。
② 以上数据中，1993 年数据来自《关于 1993 年劳动事业发展的公报》，劳动部、国家统计局发布，2005 年 12 月 14 日；2012 年数据来自《2012 年度人力资源和社会保障事业发展统计公报》，人社部发布，2013 年 5 月 28 日；上述数据均引自人社部官网。

表 1 1990~2012 年城镇职工基本养老保险基金收支余额情况　　　　　　　　单位：亿元

年份	收入	支出	累计余额
1990	179	149	98
1992	366	322	221
1994	707	661	305
1996	1172	1032	579
1998	1459	1512	588
2000	2278	2115	947
2002	3171	2843	1608
2004	4258	3502	2975
2006	6310	4897	5489
2008	9740	7390	9931
2010	13420	10555	15365
2012	20001	15562	23941

资料来源：人力资源和社会保障部（原劳动和社会保障部）发布的历年《发展统计公告》。

（二）社会保险经办服务系统为保证制度运行质量立下汗马功劳

覆盖人次不断倍增的制度膨胀、基金管理规模呈上百倍增长的巨大压力，对社会保险系统的经办能力提出了严峻挑战。在全国经办系统员工的努力下，他们不仅经受住了制度裂变的历史考验，而且还在社会保险诸多公共服务领域不断创新，取得了一个又一个的成就，创造了一个又一个奇迹，让世界刮目相看：

（1）全国范围的社会保险经办服务系统逐步实现了养老金社会化发放，企业保险几年间便悄然"升级"为社会保险，不仅为国企改革和经济增长创造了条件，而且为克服 1998 年东南亚金融危机和 2008 年国际金融危机做出了巨大贡献。

（2）克服了由于财政分灶吃饭和养老保险统筹层次低下并存导致的地区割据障碍，于 2009 年建立了在 30 个工作日内完成异地转移接续养老关系的制度框架，用半手工式的操作程序一举消除了由于制度构建缺陷带来的"便携性损失"[①]，且工作量逐年增大，养老关系跨省转移接续数量 2010 年为 38 万人次，2011 年激增至 104 万人次，2012 年高达 115 万人次；跨省转移资金规模也一年比一年多，分别为 33 亿元、104 亿元和 179 亿元[②]。

（3）在全国还未形成一个统一的电子平台的条件下，异地转移接续关系也好，个人账户记账对账和电子查询服务也罢，各级社会保险经办机构克服种种困难，几乎所有单个险种都基本实现了纵向数据共享的目标，为异地转续关系打下了基础，金保工程经费投入的瓶颈基本上被全国经办系统广大员工的半手工操作所克服，进而没有成为阻碍制度进步的瓶颈。

（4）截至 2013 年 8 月，314 个地级以上城市开通了 12333 专用公益服务电话号码，25 个省份建设了全省集中的电话咨询服务系统，从事电话咨询服务工作人员 3700 余人，电话咨询服务中心座席 3200 个。2012 年 12333 咨询电话全年的话务量将近 6100 万次，其中人工接听电话 2128 万次[③]。12333 咨询电话已成为社会保障系统的一个公共服务品牌，在政策咨询、缓解矛盾等方面起到了应有的作用，基本满足了参保人的社会需求，为提升社会保险服务质量起到了画龙点睛的作用，甚至成为建设服务型政府的一个窗口。

（5）在由社保部门征缴的省份，社会保险费的"五险统管"、"五险合一"或"一票统缴"征缴体制已经成为一个发展趋势，大约半数省份建立了类似的统一征收制度；在扩面的巨大工作压力下，社会保险经办服务系统不断迎接新的挑战，社会保障卡发放数量从 3 年前的 1 亿张激增到 2012 年底的 4.8 亿张，平均每年增加 1 亿多张。

（6）新农保和城居保先后于 2009 年和 2011 年建立，前者是对老农保的替代和更新，后者标志着一个崭新制度

---

① 便携性损失（Portability Loss）是指异地转续时或只能退保并将个人账户记账额变现随身带走，异地重新参保，而单位缴费形成统筹基金权益则留在地方。
② 由人力资源和社会保障部提供。
③ 由人力资源和社会保障部提供。

的诞生，至此，全国养老保险实现了制度上的全覆盖。在最近短短几年的时间里，这两个制度就基本实现了应保尽保，全国经办系统员工克服了工作量成倍增加的困难，见证了中国社会保险历史发展的重要时刻。

（三）社会保险经办服务系统不断自我完善和成长壮大

在社会保险制度以裂变的速度急剧膨胀发展的背景下，社会保险经办服务系统承受着巨大压力，顺利地完成了这一历史转变。全国社会保险经办系统之所以能够默默无闻地将日新月异的社会保险大厦支撑起来，其中一个重要原因是社会保险经办系统的建设受到高度重视，全国范围的经办服务系统不断自我完善和成长壮大，能力建设不断提高，满足了社会保险制度迅速发展的需要：

（1）人员队伍规模翻番，机构数量增加了2/3。社会保险制度覆盖面不断扩大，险种数量不断增加，要求经办系统的规模同步发展，能够跟上制度发展的需要。为此，各级社会保险管理部门在社会保险经办机构数量和人员配备上给予了巨大支持：机构数量从2000年的4784个增加到2012年的8411个（见表2），增加了将近一倍。由于新增人员和新增经办机构基本完全用于新增业务，膨胀的社会保险制度得以持续运转。例如，在2012年新增的302个机构中有17个省区新设了"城乡居保"机构①，其中河南、云南、湖南、河北增幅较为明显，分别是56个、47个、39个、37个；经办机构的规格不同，在全国8411个经办机构中，有副厅级33个（省级26个，地市级7个），正处级199个，副处级615个，正科级1836个，副科及以下5728个。全国范围的经办人员编制数量逐年增加，从2000年的71111人，增加到2012年的156746人，12年间增加了1.2倍多。其中，城居保成为很多省份增加人员的首要选择，例如，2012年新增工作人员的省份有20多个，其中增加较多的有河南、河北、湖南、云南、广西，分别为866人、514人、512人、508人、420人，他们大多为城居保制度的经办人员。截至2012年底，全国有1364个县（区）设立了居保经办机构，占县级行政区划的47.7%。

（2）半数经办机构及其人员是参公管理，经办系统几乎全部为事业单位。有关部门对社会保险经办机构的管理十分重视，对部分人员和机构实施参照公务员法管理（以下简称"参公管理"）的待遇。大体上讲，无论是在机构数量还是在人员比例上，参公管理约占一半左右。具体数据参见表2和表3，在经办人员中，参公管理的是77657人，占实有总人数的45.1%。其中，"养老"机构参公管理人员有50666人，占参公管理人员总数的65.2%；其余四类机构参公管理的人员总共为26991人，占34.8%，他们包括"医保"（含医疗、失业、生育合一，下同）、"工伤"、"居保"（指新农保和城居保）和"机保"（机关事业单位养老保险）。在全国范围内，参公管理的机构有4421个，占机构总数的52.6%，其中，"养老"机构为2368个，占参公管理机构总数的53.5%；其余四类参公管理的机构总计为2053个，占46.5%。

表2　2000年以来社会保险经办服务系统人员编制情况、实有人数、机构数量和负荷比

年份 项目	2000	2001	2002	2003	2004	2005	2006	2007	2008	2009	2010	2011	2012
机构数量（个）	4784	5135	6469	6805	7293	7433	7455	7434	7419	7448	7653	8109	8411
人员编制（人）	71111	82313	96205	102042	106982	110148	114572	119032	123006	128691	136572	147303	156746
实有人数（人）	74945	85056	98071	104494	112675	116445	124736	129085	133043	140656	150376	161824	172177
参保人次（万人次）	20663	24073	25949	27851	32524	37028	51225	62397	76371	89445	97444	139966	166876
负荷比	2757:1	2830:1	2646:1	2665:1	2887:1	3180:1	4107:1	4834:1	5740:1	6359:1	6480:1	8649:1	9692:1

注：①参保人次不含失业保险和新农合。
　　②"负荷比"为参保人次除以经办机构的"实有人数"。
资料来源：由人力资源和社会保障部提供。

---

① 由人力资源和社会保障部提供。本报告出现的数据凡是没有注明的，均由人力资源和社会保障部提供。

(3) 全国99.9%的经办机构实现了全额拨款,经费得到基本保障。《社会保险法》规定,"社会保险经办机构的人员经费和经办社会保险发生的基本运行费用、管理费用,由同级财政按照国家规定予以保障"。全国经办机构的经费来源情况逐年改善,尤其是《社会保险法》生效以来,各级政府对社会保险工作重视程度不断提高,经办机构实行全额拨款的比例越来越多。到2012年,在全国8411个经办机构中,有8401个实行了全额拨款,占全国经办机构总数的99.9%,只有5个实行差额拨款(其中3个是养老,居保和机保各1个),5个实行自收自支(均为机保),这10个经办机构均为县级以下机构。由于99.9%的经办机构实现了全额财政拨款,稳定的经费来源对稳定经办机构人员队伍和应对社会保险制度快速发展带来的巨大压力起到了关键性作用。

表3 2012年五项社会保险经办机构基本情况

项目		养老	医疗	工伤	居保	机保	合计
机构	数量(个)	3447	2219	329	1500	916	8411
	参公(个)	2368	1188	139	352	374	4421
人员	编制(人)	86589	40139	2376	18427	9215	156746
	实有(人)	95884	45190	2806	18161	10136	172177
	参公(人)	50666	19347	1110	2751	3783	77657

注:①"居保"是指农村养老保险和城镇居民养老保险,2012年全国有17个省区的1364个县(区)设立了居保机构,占县级行政区划的47.7%,江西和陕西等省份100%的县区设立了居保机构。
②"机保"指机关事业单位养老保险。
资料来源:由人力资源和社会保障部提供。

(4) 全国的经办机构经费支出逐年上调,预算基本能够满足日常运行。随着经办队伍规模的扩大,经费预算也随之逐年增加,实际支出有增无减:2010年全国经办系统实际支出112.5亿元,2011年上调到131.3亿元,增长率高达16.7%;2012年实际支出为148.1亿元,增长率为12.8%。根据财政部公布的《政府收支分类科目》,全国经办机构的经费预算分为四项:商品和服务、基本建设、人员经费支出和"其他"。2012年全国经办机构总预算是132.37亿元,实际总支出148.11亿元,其中商品和服务49.85亿元,基本建设5.29亿元,人员经费80.36亿元,"其他"12.61亿元,分别占总支出的33.7%、3.6%、54.2%和8.5%。在经办机构几乎全部为全额拨款的情况下,各级政府逐年大幅增加对经办机构行政成本的转移支付,这充分说明了社会保障越来越受到各级政府的重视,尤其是受到财政部门的支持。

二、社会保险经办服务体系存在的问题及其原因分析

(一) 人均负荷比接近极限,社会保险服务质量受到制约

虽然经办人员规模在过去的十几年里整整增加了1倍多,但从表2可看出,社会保险几个险种的参保人次合计却增加了7倍(不含新农合与失业保险),经办队伍人员的增长速度远赶不上社会保险制度的膨胀速度,于是,全国经办系统相对应的参保人次人均负荷比便一路攀升,从2000年的2757:1即一个经办人员对应2757参保人次,提高到2012年的9692:1。可以预见的是,2013年超过万人次比这 大关已毫无悬念。在没有任何工作负荷规范与标准的压力下,全国经办系统员工勇挑重担,知难而上,迎接一个又一个挑战,尤其是2009年以来,新农保和城居保的建立使参保人次激增,全国经办系统人均负荷比每年上一个台阶,从2009年的8.9亿人次激增到2012年的16.7亿人次,参保人次增加了87%,而经办人员仅增加了22%,从14.1万人增加到17.2万人。

如果将新农合(8.4亿人)加进来,再考虑到将失业保险(1.9亿人)整合到经办体系之中①,换言之,如果全国范围全部实行"五险统管",截止到2012年底,全国社会保险参保人次就将达到26.6亿人次,比现在整整增加了10亿人次。就是说,即使按照目前的9692:1负荷比计算,全国经办系统的人员队伍也要净增10万人。这里要指出的是,新农合的归属权理顺之后,原卫生系统的经办机构未必能够完全划转,且相当部分基层经办机构为卫生

---

① 新农合的经办业务目前还归卫生和计划生育委员会负责;失业保险在全国各地的经办管理存在三个模式,一是归行政机构管理,二是归经办系统管理,三是归行政机构和经办机构双重管理。鉴于这个复杂情况,本报告使用的数据中并不包含失业保险覆盖人数。

院代劳。此外，失业保险和工伤保险是两个大险种，随着覆盖面的扩大，还有几个亿的潜在参保人，如果再加上2亿~3亿的农民工和城镇灵活就业人员的潜在养老保险参保人规模，在未来10年里，全国经办系统大约还需10万人左右（假定按照目前9692:1的负荷比）。换言之，将这两种情况即两个10万加进来，未来10年里，全国经办队伍人员规模将逼近40万人。

如果适当降低人均负荷比，将目前的9692:1负荷比降下来，比如，降到2009年的6359:1，未来10年里，全国范围的经办机构队伍就要超过55万人。

如果仅从养老保险经办机构的人均负荷比来考虑，情况又有所不同。养老经办负荷比分为大口径和小口径，大口径养老经办负荷比是将缴费人数和退休人数合计作为被除数，小口径是仅将退休人数作为被除数。大口径下，2012年的人均负荷比是8135:1，即7.8亿人（3.0亿城职保+4.8亿城乡居民社会养老保险）/95884人；小口径负荷比是2140:1，即20521万人（7446万+13075万）/95884人。很显然，这两个口径的负荷比都很高，可以说，高于世界上三个经办服务模式的任何一种。

世界各国的经办服务模式大致可分为以英美为代表的"统一模式"、以法德为代表的"自治模式"和以拉美为代表的"公司模式"。以英美为代表的统一模式主要分布在北欧、美国、加拿大、日本和韩国等，如美国的社会保障总署（SSA）、日本的年金机构（JPS）、韩国的国民年金团（NPS）等机构。这个模式可大致与贝弗里奇模式的国家所对应，它以3U原则为主要特征即指普享性（Universality）、均一性（Uniformity）和统一性（Unity）。所谓普享性是指社保制度覆盖所有居民，不受职业限制；均一性是指每个社会成员都可获得均等的公共服务、待遇水平和替代率，与个人的收入水平关系不大；统一性是指国家建立一个统一的行政管理机构和经办服务体系，全国范围的社保基金与津贴发放均由其统一管理。最后这个U即统一性原则，就是指由国家亲历亲为地建立起一个统管全国的社保经办系统，这是统一模式的基本特征。

以法德为代表的自治模式主要分布在西欧、南欧及其这些国家的殖民地，如前法语殖民地非洲、西班牙和葡萄牙的前殖民地南美大陆等，其主要特点恰好与3U相对立：

一是"职业保险"原则（Professional Insurance），指参保状况与职业地位具有高度关联性，没有职业就基本难以被覆盖进来；二是"对等"原则（Equivalence），指待遇水平与工资水平和缴费水平相关联或成比例；三是"合作主义"原则（Corporatism），指整个社保制度大厦是由雇主、雇员和国家三方合作共同撑起，这个共同协商的伙伴关系结构是自治模式的基石。换言之，在自治模式里，从保险费的征缴到养老金的发放，经办服务体系的全部机构都是那些以执行公共服务为目的、具有私人法律地位的社会团体，这些经办机构在工会的深度参与和掌控下代表职工的利益，以社会伙伴的姿态与政府和雇主密切合作，建造起自治模式的社会保险大厦。

以智利和中国香港地区为代表的公司模式，它主要存在于拉美地区和中东欧地区，其基本特征是在职工养老保险制度中建立起个人账户，账户资金由特许的专业养老基金管理公司进行投资管理，若干公司之间存在着竞争关系，为吸引参保人（顾客），公司需提供较高的投资收益率和良好的服务；公司是养老保险基金的投资者，也是养老保险的经办机构，从保险费征缴到基金投资管理，从参保人的各种记录到待遇水平计算，从养老金派送到退休人员的各种服务，公司提供的是"一站式"服务，这个平台是社保制度的唯一载体。

在上述三个经办模式中，中国显然属于统一模式。但是，中国的负荷比高于国外的所有三个模式。例如，美国的基本养老保险即老、遗、残保险制度（OASDI）是典型的统一模式，其大口径负荷比是3516:1，即（16100万缴费人数+5700万退休人数）/6.2万，小口径是919:1，即5700万/6.2万[1]。实行自治模式的绝大部分国家负荷比都大大低于中国，例如，荷兰养老经办机构大口径负荷比是1622:1[2]；奥地利的更低，其大口径负荷比是808:1，小口径仅为307:1。在公司模式里，养老基金管理公司在养老保险缴费、投资管理、养老金发放这三个主要环节里实施的是一站式服务，在争夺客户（参保人）的前端销售环节和中端的投资管理环节需要雇佣大量专业技术人员，所以，公司模式的负荷比在理论上讲应该大大高于其他两个模式，高于中国的负荷比。但事实上未必如此：智利的负荷比是1457:1，乌拉圭是2968:1[3]。由此看来，公司

---

[1] Board of Trustees of the Federal Old-Age and Survivors Insurance and Disability Insurance Trust Funds（May 31, 2013），The 2013 Annual Report of the Board of Trustees of the Federal Old-Age and Survivors Insurance and Disability Insurance Trust Funds Communication. Washington, D.C. p.2.

[2] 这里关于自治模式和公司模式的负荷比数据均引自分报告八"国外社会保险经办服务体系现状"。

[3] 这里的负荷比与前述大口径和小口径略有不同，因为公司模式下养老金发放采取的主要是一次性领取或到商业保险公司转换年金产品的方式，所以，退休群体对负荷比的影响不大，在统计中，这里选取的负荷比的公式是：登记参与人数（含缴费人数和断缴人数）/公司雇员（含销售人数）。

模式的负荷比与自治模式和统一模式相比较起来并不是非常高，甚至低于美国，但却大大低于中国。法国的案例更使人印象深刻：法国全国社会保险经办人员为16.4万人，几乎与中国全国经办系统人员数量一样，但法国参保人员不到中国的1/10。

在笔者查阅的国外三种经办模式中，似乎中国的负荷比是最高的国家之一。中国经办机构负荷比之所以名列前茅，是因为参保人数与日俱增，工作量成倍增加，县市级经办机构工作人员经常处于超负荷运转状态，全国经办系统不得不超编使用工作人员，实有人数长期超过人员编制。2012年全国有26个省区市（含新疆兵团）超编多达15431人，其中广东超编多达2198人、江西1668人、湖北1459人、山西1433人、河北1211人、内蒙古1158人。造成这种情况的主要原因是参保人员增长迅速，而人员编制已不能适应当前工作需要。

（二）经费保障不足，社会保险制度处于低端运行状态

全国社保经办系统的经费安排上虽然改善很大，且全系统基本实现了全额拨款制，但与实际工作需要相比，仍存在很大差距，不利于社会保障制度目标的实现。

从"人均服务费用"来看，2012年仅为8.88元（148.11亿元/16.69亿参保人次）①。"人均服务费用"是指全国经办系统的所有支出，包括根据财政部公布的《政府收支分类科目》中的商品和服务、基本建设、人员经费和其他等全部四项经费预算，在2013年即指148.11亿元的总支出。"人均服务费用"是指"每年参保人次平均费用"，是以各个相关社会保险项目的参保人次作为除数，全部的经费作为被除数。很显然，"人均服务费用"这个指标衡量的是社会保险制度用于服务参保人的能力。2012年8.88元的"人均服务费用"显示，这个标准已经很低了，在这个标准条件下，即使最基本的服务也很难向全体参保人提供。例如，除去80亿元的经办人员工资这个刚性支出（见表4），人均服务费用8.88元就会降到4元。如果再剔除房屋水电等基本办公费用，这个标准恐怕连保证每年给每个参保人邮寄一封挂号信都不够（挂号信每封3元）。重要的是，各省之间很不平衡，有些地区标准更低，例如，安徽和山东仅分别为4.55元和6.00元，在这些省份，其经费仅够支付经办人员的基本工资，根本谈不上改善办公条件，更谈不上主动为参保人提供一定的服务。纵向看，由于参保人次激增，2012年的人均服务费用比2011年下降了0.51元。越往基层，人均服务费用越低。2012年全国市县两级预算内经费与上年相比虽然提高了2.5%和1.3%，占实际支出的比重分别为92.4%和85.6%，但缺口仍达8%~14%。相比之下，2011年荷兰经办机构的人均服务费用高达43欧元，是中国的50倍左右。在公司模式里，2009年的数据显示，人均服务费用更高：玻利维亚是13.7美元，智利是48.2美元，哥伦比亚是50.6美元，哥斯达黎加是22.1美元，萨尔瓦多是17.7美元，墨西哥是21.8美元，秘鲁是36.2美元，多米尼加共和国是8.7美元，乌拉圭是45.9美元。

表4 2012年各级和各类经办机构经费支出情况　　　　　　单位：亿元

	总支出		商品和服务		基本建设			人员经费		其他	
	实际支出	预算	实际支出	预算	实际支出	预算	信息建设	实际支出	预算	实际支出	预算
省级	16.18	16.07	7.91	7.85	0.24	0.23	0.13	6.38	6.35	1.65	1.64
地级	48.78	45.08	16.7	15.28	1.39	1.00	0.48	26.38	25.04	4.31	3.76
县级	83.15	71.22	25.24	20.68	3.66	2.30	1.37	47.6	42.78	6.65	5.46
合计	148.11	132.37	49.85	43.81	5.29	3.53	1.98	80.36	74.17	12.61	10.86
养老	98.64	89.37	33.21	29.62	3.17	2.21	0.94	54.04	50.33	8.22	7.21
医保	32.63	28.95	10.9	9.55	0.98	0.62	0.56	17.31	15.87	3.44	2.91
工伤	1.11	1.03	0.34	0.3	0.02	0.02	0.01	0.68	0.64	0.07	0.07
居保	9.88	8.00	3.73	2.98	0.96	0.58	0.40	4.57	3.98	0.62	0.46
机保	5.85	5.02	1.67	1.36	0.15	0.11	0.06	3.76	3.34	0.27	0.21

资料来源：由人力资源和社会保障部提供。

---

① 16.69亿参保人次不含失业保险和新农合的参保人数。

从"经办人员经费支出"看，2012年全国经办系统的人员经费支出总计为80.36亿元（见表4）。按172177的实有人数来平均，年人均支出46673元。"人员经费支出"是指包括在职职工、临时工和聘用人员的基本工资、津贴补贴、奖金、医疗费、住房公积金、提租补贴、购房补贴以及为上述人员缴纳的各项社会保险费用等。由此看来，"人员经费支出"这个概念实际是指全国经办系统的人工成本，是指个人的毛收入及其相关福利。就2012年经办系统人均毛收入46673元而言（每月平均3889元），这个平均收入水平与当年城镇非私营单位就业人员46769元（每月平均3897元）的年均工资相比大体相等①，或说略低一点。但值得注意的是，越往基层，人员经费支出水平就越低。根据表4和表5的数据，省级经办机构的人员经费支出为144638元（6.38亿元/4411人），每月是12053元；地（市）级的人员经费支出年均水平是60827元，每月是5069元；而县（区）级机构人员的年均收入水平则只有38265元，每月仅为3189元，低于全国3889元的平均水平。这就意味着，在全国经办队伍中，有70%以上的经办工作人员的平均收入低于全国城镇在岗职工的平均收入水平，而正是这个群体，他们站在社保制度第一线。此外，各地人员经费支出水平参差不齐，在全国32个省份里（含新疆建设兵团）有15个高于平均水平，17个低于平均水平；最高的是天津、上海和北京，分别高达14.9万元、10.6万元和9.1万元，最低的是河南2.9万元和山西2.8万元，即最高的和最低的相差5倍。

表5 2012年各级经办机构人数情况与变化 单位：人

经办机构人员情况		合计	省级	地（市）级	县（区）级
人员编制情况	编制人数	156746	5149	37567	113985
	与2011年相比	+9443；6.4%	+1220	-389	+8612
实有人员情况	实有人数	172177	4411	43369	124397
	与2011年相比	+1035；6.4%	+53	+974	+9326

资料来源：由人力资源和社会保障部提供。

从"行政成本支出占基金收入比重"来看，2012年社会保险经办机构总支出148.11亿元（见表4），占社会保险基金征收额23853亿元（不含失业保险）的0.62%。这个比例很低，比三个模式中的任何国家都低：在统一模式里，2011年韩国国民年金的行政费用为4927亿韩元②，占当年缴费收入411810亿韩元的1.2%，是中国的两倍；在自治模式里，荷兰2011年社保经办机构"荷兰社保银行"的管理成本占当年基金收入的0.79%。法国2009~2012年医疗保险经办机构的管理成本占医疗保险基金收入的比例一般维持在4%左右，养老保险制度在1%左右。奥地利2012年社保经办机构的管理成本占基金总收入的2.1%，其中，医疗和工伤保险占2.8%，养老保险占1.5%。公司模式的行政成本要比统一模式和自治模式要高，因为投资运营成本高，所以，自然也高于中国经办机构的行政成本。

从养老保险经办机构行政成本占当年养老金支出比重来看，2012年中国养老保险经办机构的支出总计为98.64亿元（见表4），养老金总支出为16712亿元（城职保支出15562亿元+城居保和新农保之和1150亿元），于是，养老保险行政成本仅占养老金支出的0.59%。这个比重与其他国家相比很低，例如，美国2012年基本养老保险的行政成本是63亿美元，占当年养老金支出7748亿美元的0.81%③；韩国2011年国民年金基金支出103120亿韩元，经办系统的行政成本支出是4927亿韩元，占当年基金总支出的4.78%④，大大高于中国。

从上述多个维度来看，将全国社保经办系统的行政成本完全纳入社会保险基金之中列支是完全可行的，可操作空间很大。首先，经办系统的行政成本始终维持在最基本

---

① 国家统计局：《2012年城镇非私营单位就业人员年平均工资46769元》，国家统计局官网。
② 在这个段落里出现的其他国家的数据均引自本书分报告八。
③ Board of Trustees of the Federal Old-Age and Survivors Insurance and Disability Insurance Trust Funds (May 31, 2013), The 2013 Annual Report of the Board of Trustees of the Federal Old-Age and Survivors Insurance and Disability Insurance Trust Funds Communication. Washington, D.C. p.2.
④ 韩国国民年金公团官网，2012 The NPS Fund Management Report。

的低水平之上，经费保障严重不足的情况应该尽快解决，除财政之外，社会保险基金是首选考虑。其次，社会保险基金的绝对规模足以支付经办系统的全部行政支出，且在可预见的未来，社会保险基金规模将继续呈扩大趋势。再次，与财政比较起来，社会保险基金覆盖经办系统行政成本的支付能力更具有可持续性与合法性，更有利于提升经办服务系统的质量。又次，即使未来大幅降低经办机构人员的负荷比，实施动态配比制，在可预见的未来，其行政成本占社会保险基金的比例也小于国外几乎三个模式的所有代表国家。最后，由社会保险基金支付经办服务系统的行政成本完全符合国际惯例，符合社会保险制度可持续发展的自身规律。

（三）经费投入体制不顺，金保工程和"三化"建设跟不上服务型政府的发展要求

作为"十五"期间确定重点建设的12个电子政务项目之一，金保工程经过8年的发展基本完成了一期建设，全国信息化有了长足进展：全国80%的地级以上城市建成了统一的数据中心①，30个省份实现了人社部、省、市三级网络贯通，全国街道乡镇平均联网率达92%。金保工程不但支撑了社会保险业务系统的有效应用，而且通过推动三级数据中心的建设，形成了加速向街道、社区、乡镇基层服务机构延伸的态势。全国普遍建成地方性社会保险业务管理系统，绝大部分统筹地区实施了以社会保险核心平台为代表的统一软件，该平台成为社保业务工作赖以运转的不可或缺的基础支撑，成为全国数亿参保人员和上千万参保单位的参保登记、权益记录、待遇享受等业务办理的物质载体。例如，截至2013年9月底，全国将近2700个县（市、区、旗）通过信息系统办理城乡居保业务。

但是，按照"记录一生、保障一生、服务一生"的发展目标，社会保险和公共服务的准确性、可及性、便利性还存在较大差距，信息化、标准化、专业化的"三化"建设还跟不上建设服务型政府的现实需要②。信息化的公共服务能力还很薄弱，不适应社会保障覆盖全国、惠及全民的需要。例如，社会保障各业务领域的公共服务项目还需进一步整合，管理服务还应实现联动，信息化资源还需进一步共享，各领域的信息化手段还需加强。再如，管理服务手段陈旧，信息化的公共服务手段不足，就业信息不对称，关系转续比较难，异地就医难和获取服务还很不便，各项制度之间的相互衔接、地区之间的流动、业务之间的

状态变化等还需在统一平台上进一步畅通。最后，在大数据时代，社会保险数据的积累还很不够，数据质量和精细度有待提升，人社系统横向与其他部门之间的数据统一和共享还需协调，跨业务、跨地区、多险种数据比对还很不足。

金保工程实施8年来，据悉全国各地的实际投入已累计超过80多亿元。但为什么信息化平台还存在上述问题？"三化"建设还是跟不上服务型政府的发展要求？存在的问题可能千头万绪，但关键还是投入体制的分散化和金保工程的碎片化所导致的。

所谓"投入体制的分散化"，是指金保工程的投入是由中央（部委）、省级、地（市）级和县（市）级四级财政分别投入的体制。分散化的投入体制必然导致资金运用的地方化格局，即金保工程的投入主体关心的重点和投入的项目只覆盖这级财政所覆盖的狭小范畴。从全国范围来看，资金投入的地方化特征必然带有相当的盲目性和随意性，甚至存在重复建设和重复投入。虽然我们这里没有四级财政对金保工程和信息化投入的数据，也没有分省数据，但可以肯定的是，在四级财政投入里，越往下沉，投入规模占比越大。换言之，中央财政的投入比重肯定小于其他三级财政之和，也有可能小于其他任何一级财政投入的规模。在表4中，三级经办机构里县级财政支出比重超过一半，这是因为县级以下经办人员数量规模占大头、人员经费占比过大的原因导致的。但是如果剔除人员经费，其他三项支出的比重也同样显示了"越往下沉投入规模占比越大"的规律，所以，金保工程的投入很可能也遵循这个规律，县市级和地市级很可能也是金保工程投入的主体。这就说明分散化的投资体制将导致金保工程的地方化色彩很浓，从而导致全国统一建设的核心平台难以真正建立起来，进而影响服务型政府的发展需要。

所谓"金保工程的碎片化"，是指纵向上即在时间序列上金保工程的投入是逐年累计，积少成多。纵向上的碎片化再加上横向上的分散化，这样的投入体制导致的投资效果注定是低效的，因为它不能发挥规模效应。尤其是IT产业更新换代很快，积少成多的碎片化投入方式是不经济的。在实施金保工程的8年时间里，全国各地累计投入的80多亿元如果是自上而下地集中投入，那么，这样的投入体制就毫无疑问地可以在全国建立起一个统一的技术平台。中国社会保险之所以存在地区割据、制度碎片化、转

---

① 关于信息化建设和金保工程这一节的所有数据均由人力资源和社会保障部信息中心提供。
② 报告和官方文献中常将社保经办体系"三化"建设界定为规范化、信息化和标准化。但实际上，规范化和信息化的含义非常相近，在经办体系改革中，队伍建设的专业化是非常必要的。所以，本报告将"三化"称为信息化、标准化和专业化。

续困难、地区失衡等问题严重影响制度运行的质量，影响制度的可持续性和公平性，除没有实现全国统筹的原因以外，还有一个十分重要的原因就是全国始终没能建立起一个统一的 IT 核心平台。试想，如果存在这样一个 IT 核心平台，社保制度的运行质量、服务型政府的绩效都要比现在好得多。那时，很多制度的碎片化现象都将会被全国统一的社会保障服务系统所"消化"，社会矛盾和上访数量就会减少很多。

以上分析的是经办系统的信息化情况。标准化和专业化建设也同样受到投入体制不顺的严重影响。如果说信息化是支撑社保制度的载体，标准化就是社保制度运行的标尺，专业化是社保制度发展的方向。同样，如果信息化是建设服务型政府的客观条件，那么，标准化就是建设服务型政府的客观要求，而专业化就是建设服务型政府的客观规律。

虽然现代社会保险制度在中国刚刚建立，但其标准化工作就受到高度重视。2009 年成立全国社会保险标准技术委员会（SAC/TC474）以来，中国社会保险标准化工作进展迅速，势头良好，成果显著，在短短几年的时间，便制定发布了《社会保险服务总则》《社会保障服务中心设备设施要求》《社会保险标准制修订工作细化程序》《社会保险核心业务数据质量规范》《社会保险术语第 1 部分：公共基础》《社会保险术语第 4 部分：医疗保险》《劳动能力鉴定职工工伤与职业病伤残等级》等若干国家标准，小到社保大厅的窗口样式、柜台尺寸和服务大厅的面积规格，大到所有险种的主要数据指标的质量规范一应俱全，看上去已俨然进入一个标准化的世界。但在现实中，不同地区的投入体制根本无法保证这些国家标准的执行与实施，我们调研小组看到的完全是另一个世界①：

广东省吴川市社会保险基金管理局的办公场所位于一栋 5 层商品楼的第 4 层，该楼 1 层为商场，2 层为幼儿园，3 层和 5 层均为居民住房，办公场所夹杂其中，环境非常复杂。该楼建于 20 世纪 80 年代初，由于年久失修，破旧不堪，简陋落后，逢下雨天便会漏水。简陋的办公场所附带狭窄的业务窗口，导致该局经办工作不能满足群众的要求，压力很大。调研组还看到，由于办公场地狭小，办公设备经费有限，大量纸质资料无处存放，只能堆放在地上，长期不能回溯和数字化处理。还有的社保经办机构配备的计算机设备普遍老化，信息系统的管理程度很低，大大影响了信息化程度和办公效率。其实，全国社保经办系统的司令部即人社部的社会保险事业管理中心就坐落在居民小区的居民楼之中。

专业化是社会保险制度发展的方向，是建设服务型政府的客观规律。如同任何其他公共服务项目，社会保险的专业化应主要体现在队伍建设、人员培训和职业训练等方面，如同标准化所要求的，应该像税务部门那样具有职业门槛和进行岗位训练。但在现实中，由于编制和经费的限制，大部分经办体系的末端即在镇里和村里只能聘用各种身份的人员，例如临时工、退休人员返聘、志愿者、实习人员、合同工、劳务派遣人员等，人员身份五花八门的经办体系末端既是人员编制约束的结果，也是经费投入不足的表现。根据调研数据，有些村镇里这些身份各异的社保协管员每月收入 800 元，且工资支出渠道来自其他机构。由于经办服务体系的末端人员流动性大，办公场所不正规，服务质量与标准化技术委员会制定的国家标准相去甚远。

三、社会保险经办服务体系改革路线图

为确保社会保险经办服务体系能够跟上社会保险制度发展的需要，确保制度运行的质量不下降，确保政府职能转变和行政体制改革顺利进行，有必要尽快落实十八届三中全会精神，加快社会保障管理体制和经办服务体系的改革步伐。考虑到事业单位整体改革部署和制度安排，结合社会保险基金规模现状和未来发展趋势，根据十八届三中全会提出的"实现基础养老金全国统筹，坚持精算平衡原则"和"加快健全社会保障管理体制和经办服务体系"总体要求，在借鉴国际惯例的基础上，本报告提出如下具体政策建议。

（一）全国社会保险经办服务系统的人员编制应实行动态配比机制，人员编制应与参保人次挂钩

在社会保障管理体制改革中，要十分注意防止"重政策、轻执行，重管理、轻服务"的倾向出现。经办服务体系在社会保障管理体制中具有十分特殊和非常重要的地位，甚至它构成了社会保障管理体制的主要含义。换言之，社保制度的经办服务系统如同"制度框架"，覆盖人次相当于"制度内容"，如果"制度内容"过于庞大而导致"制度框架"难以包含时，制度运行的质量就必然受到影响，届时，"投入增加了，但服务质量却下来了"就有可能出现。因此，实行较为严格的动态配比机制、人员编制与参保人次挂钩，就成为当前健全经办服务系统的主要工作。这项工作完全符合《中共中央 国务院关于分类推进事业单位改革的指导意见》（以下简称"意见"）（中发

---

① 这是课题组 2013 年 9 月对广东省吴川市的现场调研结果。

〔2011〕5号）有关精神。《意见》指出：对不同类型事业单位实行不同的机构编制管理，科学制定机构编制标准，合理控制总量，建立动态调整机制。

换言之，经办服务人员编制的核定、经办服务机构的负荷比，是决定社会保险服务质量乃至政府执行力的主要因素之一。迄今为止，由于经办机构的属地化管理等原因，在中央政府层面始终没有制定一个相对权威的经办服务机构人员编制的核定标准，没有给出一个负荷比的参照。据悉，有些地方政府曾经制定过不同的核定标准与核定方法，其负荷比各有千秋[①]。广东省社会保险基金管理局等有关部门在结合其他地区各种参照的基础上，经过深入调研，认为在"五险统管"的模式下，社会保险经办机构编制总额除根据参保人数核定外，还应按各险种工作特性进行综合计算，并考虑到地方经济发展水平和信息化水平，还要考虑到具体任务和人员素质等因素。为此，广东省给出了两类地区的人员编制的确定公式如下：

经济发达地区编制总额 $I = [A/8000 + B/5000 + (C+D+E)/15000] \times K$

经济欠发达地区编制总额 $I = [A/5000 + B/3000 + (C+D+E)/8000] \times K$

其中，I为编制总额，A为养老保险参保人数，B为医疗保险参保人数，C、D、E分别为失业保险、工伤保险和生育保险参保人数，K（0.9~1.1）为地方调节系数。

在上述经办机构人员编制核定公式里，显然给出的负荷比太高了，为缓解这个负荷比，在该公式之外，广东省还强调增加一个"保底基数"，也就是说，经办机构内设机构必须做到保险关系、待遇核发、基金管理、信息技术、稽核内审分设，市、县级每个科（股）至少配备3人（因各项业务的经办、复核、审批不能为同一个人），再加上领导职数和后勤人员，市级不少于25人，县级不少于20人，乡镇基层不少于8人。

若考虑到广东省计算公式里内含了上述"保底基数"，我们可将广东省给出的经济发达地区人员编制计算公式调整为适用于全国的计算公式：

$I = [A/3000 + B/5000 + (C+D+E)/15000] \times K$

根据这个经过微调的公式，全国经办系统的负荷比大约将在6300：1，也就是说，1个经办人员所对应的参保人次大约为6300人次；或者说，在目前既定的参保人次条件下，经办机构人员的规模将翻一番多。如果将来考虑到将失业保险和新农合整合到"五险统管"的经办体系之中，考虑到失业和工伤这两个扩面潜力很大的险种的膨胀，再考虑到2.6亿农民工和城镇灵活就业人员这两个群体加入五险之后的情况，全国经办系统的人员编制在52万~58万人。这个规模显然是2020年经办体系整合之后（失业保险和新农合归属完成）与社会保险覆盖面能够实现应保尽保时的最佳理想状态。

即使这样一个负荷比，与前面介绍的以美国为代表的统一模式、以荷兰为代表的自治模式、以智利为代表的公司模式的任何国家相比，也都高出很多。如果以某些欧洲国家经办机构的几百人和几千人比一的负荷比为基准，中国全国经办服务系统的人员编制就必将超过百万。

重要的是，不论届时中国社保经办队伍的规模是大是小，不论经办机构的核定标准与核定方法如何确定，只要经办服务系统在2020年之前能够实现动态配比机制，人员编制能与实际参保人数动态挂钩，以确保社保制度的运行质量不能降下来，十八届三中全会"加快健全社会保障管理体制和经办服务体系"精神就意味着得到了落实。

一旦经办系统人员编制有了核定标准，经办系统队伍规模有了扩编依据，系统严重超负荷运转并滞后于社保制度扩张速度的矛盾就会得到解决，绩效考核就成为可能，职业化的要求就具备了客观条件，标准化的服务型政府就显露出端倪。

经办服务体系人员编制实施动态配比机制，提高的不仅仅是经办人员的比例，还包括经办人员的高学历比例。2012年的数据显示，在全国17489人的经办系统中，硕士及以上占比2.2%，大学本科为47.8%，专科39.8%，高中及以下10.2%[②]。就是说，大学本科及以上占近50.0%。扩大经办机构规模之后，大学本科及以上学历占比应大幅提高，这样一方面可提高社保经办队伍的人员素质，进而提高社保制度运行质量和服务型政府的窗口效率，另一方面还可为缓解大学生就业难做出贡献，并且还可立即消除全系统长期严重超编的违规现象。

---

① 林白桦、戴由武、文武俊、潘梅杰：《建设与覆盖城乡的社会保障体系相适应的社会保险经办管理体制》，中国社会保险学会网站，2008年10月7日发表。该文给出了部分地方制定的核定标准与核定方法，例如，北京市规定，区县社保经办机构编制按略高于1：5000的标准配备；河南省规定，县级养老保险经办机构人员编制，在参保人数10000人以下的按10~15名核定，10001~20000人的按15~20名核定，20001人以上的，每增加参保人数2000人，增加1名编制，最高不突破30名；四川成都市规定，市级经办机构编制按1：10000的标准配置，区县按1：4000人配置。

② 由人力资源和社会保障部提供。

（二）全国社会保险经办服务系统的经费支出应视为制度运行的行政成本，在社会保险基金支出中列支

社会保险经办服务机构人员编制在全国范围内采取动态配比机制，经办机构规模与参保人次紧密挂起钩来，这样的改革对经办机构经费来源最具挑战性。

《社会保险法》第七十二条规定：社会保险经办机构的人员经费和经办社会保险发生的基本运行费用、管理费用，由同级财政按照国家规定予以保障。1997年以来，全国8411个社保经办机构就是这样在同级地方财政的预算安排下运行的，中国社保经办机构的经费支出就是这样在地方各级财政的事业拨款下运转的。社保经办机构的这种行政费用属地化预算管理的制度运行体制非常不科学，是多年来中国社保制度运行质量较差、很多痼疾难以根治的主要根源之一，其具体表现为：

首先，经办机构行政费用属地化预算管理是事权与财权严重不匹配和不统一的主要表现。在几乎所有国家和所有模式的社会保险制度中，其举办人几乎无一例外都是国家；这些制度可能存在这样那样的千差万别，但却几乎没有一个制度的经办机构行政费用由各级地方财政组合而成的。《社会保险法》第二条明确规定，"国家建立基本养老保险、基本医疗保险、工伤保险、失业保险、生育保险等社会保险制度"，这就意味着建立社会保险的"事权"在国家那里。但它同时还规定，运转社会保险的所有费用却分散在各级地方财政那里，这是"事权"与"财权"严重不对称的表现，这种不对称是很多制度缺陷的根源。

其次，经办机构行政费用属地化预算管理是22年来统筹层次没有提高的主要原因之一。中国社保制度建立的过程是自下而上的，所以，基金统筹管理的层次也必然经历一个自下而上的过程。中央政府早就认识到这个问题的急迫性和必要性，早在1991年颁布的《国务院关于企业职工养老保险制度改革的决定》（国发〔1991〕33号）中就指出："尚未实行基本养老保险基金省级统筹的地区，要积极创造条件，由目前的市、县统筹逐步过渡到省级统筹。"但是，22年过去了，尽管历次发布的政策文件每次都要强调提高统筹层次，但目前全国范围内的基金管理还是以县市级统筹为主。为了实现省级统筹，2007年劳动保障部专门发文件，制定了实现省级统筹的六条标准[①]，

2012年3月宣布养老保险省级统筹基本实现[②]，2012年8月国家审计署在其全国范围的社保审计报告里宣布[③]，截至2011年底，全国有17个省尚未完全达到省级统筹的"六统一"标准。其实，省级统筹只有一个标准即省级政府负责养老保险基金的收入、支出与核算。按照这个标准来衡量，目前全国只有北京、上海、天津和陕西实现了省级统筹。《社会保险法》明确规定：基本养老保险基金逐步实行全国统筹，其他社会保险基金逐步实行省级统筹。但是，为什么没有一项社会保险能够实现其立法规定的目标统筹层次？其中一个重要原因就是维持养老保险基金在内的所有社会保险基金统筹层次不变才符合经办机构预算属地化的利益一致性，就是说，基金属地化管理与经办机构预算属地化管理已经逐渐固化为一个利益整体：经办机构的费用预算来自地方，自然就成为这个固化利益的代表。鉴于此，经办机构预算地方化是提高统筹层次的一个致命障碍，是五项社会保险统筹层次始终没有任何提高的根本原因。破解经办机构预算属地化管理是破除提高统筹层次障碍的关键。

再次，经办机构行政费用属地化预算管理是导致制度碎片化和政策碎片化的根源之一。理论上讲，中国城镇职工养老保险制度的政策是统一的，但事实上，包括费率和费基等在内很多参数都大有变通，政策碎片化比比皆是，不利于制度收入最大化。重要的是，沿海发达地区的制度碎片化现象也十分严重，各种各样的小城镇养老计划、开发区养老计划应运而生，以满足地方不同群体的参保需求。众所周知，中国社保经办机构是建立在统筹地区之内，由此可以设立分支机构和服务网点，这样，各个统筹地区在一定程度上便可在政策制定上和制度建设上各行其是、各自为政。彻底改变经办机构行政费用预算属地化体制，将会最大限度地克服碎片化的内生机制，有利于建立全国统一的养老保险制度，有利于劳动力自由流动和建立全国范围的大市场，有利于克服制度设计存在的便携性缺陷。

又次，经办机构行政费用属地化管理将导致出现不公平，影响公共服务的提供。由于地区间发展很不平衡，财政收入和财力很不平衡，如前所述，地区间经办机构的财务状况存在很大差异，经办机构人员经费支出（大致相当

[①] 2007年劳动保障部颁发的《关于推进企业职工基本养老保险省级统筹有关问题的通知》（劳社部发〔2007〕3号）提出了实现省级统筹的六条标准：全省执行统一的企业职工基本养老保险制度和政策；统一的缴费比例和缴费基数；统一的计发办法和统筹项目；统一使用调剂金；统一编制和实施基金预算；统一经办规程、数据标准和应用系统。

[②] 中国网电：《养老保险省级统筹基本实现 27个地方落实统筹制度》，http://politics.people.com.cn/GB/70731/17321164.html。

[③] 国家审计署官网：《2012年第34号公告：全国社会保障资金审计结果》，2012年8月2日，http://www.audit.gov.cn。

于人均收入）水平最高的（天津14.9万元）是最低的（山西2.8万元）5倍。纵向看，越是需要经费的基层，人均经费就越紧张，例如，根据表4和表5，在"商品和服务"项下，省级经办机构人均高达17.9万元，地市级人均下降3.9万元，而在县市级人均仅为2.0万元。在"基本建设费用"项目里，省级经办人员平均5441元，地市级人均3205元，县市级人均2942元。

最后，在经济下行压力不断加大的趋势下，经济增长预期大约在7.5%，明显低于以往十几年来10%的平均增长率，所以，在可预见到的未来，地方财政和地方债务形势均不明朗，各级社保经办机构的预算安排好于以往的可能性很小，而在2020年之前，正是社保实现全覆盖的攻坚期，经办机构的投入难免下滑。

上述分析结论显示，经办机构行政费用在各级财政预算中给予安排不是上策，不符合社保经办机构的行业特征，不利于社保制度建设，不利于构建服务型政府，更不符合国际惯例。本报告认为，经办机构的经费支出应视为制度运行的行政成本，应在社会保险基金支出项下列支。

其实，1997~1999年经办机构的经费就在基金征收额中列支并提取，但由于出现了挤占、挪用和违规建设等问题，1999年财政部出台的《财政部、劳动和社会保障部关于社会保险经办机构经费保障等问题的通知》（财社字〔1999〕173号）（以下简称《通知》）重新做了规定并沿用至今。《通知》规定："从1999年1月起，经办机构经费，包括人员经费、公用经费和专项经费，由同级财政部门根据人事（机构编制）部门核定的编制人数核拨；各级经办机构不得再从社会保险基金中提取或列支费用。"

现在看来，经办机构行政成本在社会保险基金中列支似乎是走回头路，实则不然，因为大环境发生了根本变化。

从经办机构经费预算的批准部门来看，1997~1999年是社保经办机构向同级财政部门申请，带有明显的"坐收坐支"的性质，容易产生挤占和挪用等利益输送问题。实际上，此次改革后，经办机构经费预算应该是自成体系自下而上地申报预算，经费划拨是自上而下地划拨，所不同的只是源头上不在财政预算中列支而已，而是在基金支出项下列支。但在实现全国统筹之前，应严格实行统收统支，严格实行预算制，严格防止出现坐收坐支。

从社会保险基金规模和支出效率来看，社会保险基金和养老保险基金的规模远不是15年前可同日而语。15年前基金余额很小，年度收支基本处于赤字状态，财政部门将经办机构成本纳入财政预算中是对社保制度的巨大支持，是变相的转移支付。但今天的社会保险基金条件发生了逆转，目前最大的困难是面对天文数字且每年以20%的速度不断增长的社会保险基金，需要解决的是如何保值增值，如何合理扩大支出范围，如何最大限度地减少由于投资体制落后而带来的巨大缩水。在这种情况下，不仅经办机构的行政成本，而且信息化的投入等，都应纳入社会保险基金支出之中。如此扩大支出，在宏观上讲是提高资金运用效率，减少福利损失，增进国民福利，改革社保制度、健全经办体系、转变行政体制的理性思维的结果。

从经办机构人员编制实行动态配比的实际需要看，要想使经办机构人员规模能够按负荷比与参保人次指数化增长，其经费支出就只能在社会保险基金当中列支，否则，经办机构人员急剧增加的规模甚至翻番的增长态势，是地方有关部门所不愿意看到的，更是地方财政所难以承受的。可以说，经办人员实行动态配比与经办行政成本在社会保险基金中列支，这两项举措相辅相成，相得益彰，缺一不可，是2020年之前健全社会保障管理体制和经办服务体系的主要内容。

从国际通行的惯例来看，不管是社保经办服务体系的统一模式还是自治模式，抑或公司模式，几乎无一例外地都将行政成本列入社会保险基金支出之中，作为社保制度或养老保险制度的一个成本来对待，这个原则几十年来甚至上百年来几乎都没变过。在统一模式里，虽然经办系统是由国家建立的，经办人员是国家的雇员，但其行政成本都列入基金支出之中。以美国最为典型，自从1957年美国老遗残保险信托基金计划运转以来，其行政成本一直与养老金支出总额并列，共同构成"成本"，近30年来大约每年行政成本支出占其缴费收入的1%（见表6）。自治模式的行政成本就更是如此，因为从法律上讲，这些经办机构属于"具有私法地位的公益机构"，它们根本就不属公共部门，经办人员不属于国家的雇员，其所有经费就更是在基金中列支与扣除。至于公司模式，由于养老基金管理公司是特许的私人公司，其运作模式完全遵循着私人公司的自负盈亏和自我平衡的原则，所以，这些特许公司的经营收入就是按照基金比例（或收益率比例）直接收取管理费。

表 6　1957~2012 年美国基本养老保险（老遗残，OASDI）行政成本支出　　单位：亿美元

年份	1957~1960	1961~1963	1964~1966	1967	1968~1970
行政成本	2	3	4	5	6
年份	1971	1972	1973	1974	1975~1976
行政成本	7	9	8	11	12
年份	1977~1978	1979~1980	1981	1982	1983
行政成本	14	15	17	21	22

年份	1984	1985	1986	1987	1988	1989	1990	1991	1992	1993
行政成本	23 (1.31%)	22 (1.15%)	22 (1.06%)	24 (1.09%)	25 (1.00%)	24 (0.88%)	23 (0.78%)	26 (0.86%)	27 (0.87%)	30 (0.93%)
年份	1994	1995	1996	1997	1998	1999	2000	2001	2002	2003
行政成本	27 (0.78%)	31 (0.86%)	30 (0.79%)	34 (0.84%)	35 (0.81%)	33 (0.72%)	38 (0.77%)	37 (0.72%)	42 (0.79%)	46 (0.86%)
年份	2004	2005	2006	2007	2008	2009	2010	2011	2012	
行政成本	45 (0.81%)	53 (0.89%)	53 (0.85%)	55 (0.84%)	57 (0.85%)	62 (0.93%)	65 (1.02%)	64 (1.13%)	63 (1.07%)	

注：1984~2012 年行政成本后括号中的数字为老遗残保险行政成本占当期缴费收入的比重。
资料来源：Board of Trustees of the Federal Old-Age and Survivors Insurance and Disability Insurance Trust Funds（May 31, 2013）, The 2013 Annual Report of the Board of Trustees of the Federal Old-Age and Survivors Insurance and Disability Insurance Trust Funds Communication. Washington, D.C. pp.155-156. table Ⅵ.A3.

从绩效考核与薪酬激励体系设计上看，在社会保险基金里列支与实施负荷比制度均属于量化管理和量化考核，便于建立薪酬激励机制，完全符合《中共中央国务院关于分类推进事业单位改革的指导意见》（中发〔2011〕5号）第18条的规定："以完善工资分配激励约束机制为核心，健全符合事业单位特点、体现岗位绩效和分级分类管理要求的工作人员收入分配制度……探索对不同类型事业单位实行不同的绩效工资管理办法。"同时，经办费用在社会保险基金列支可以得到充足的经费保障。作为服务型政府的一个窗口行业，统一标识和服务标准的社保经办体系有条件的可以建立起专业化和职业的经办服务队伍。众所周知，在双重征缴体制下，在社保费由税务部门代征地区，除正常财政经费外，税务部门还可按社保费征收额的0.6%~2%提取奖励经费，这已是公开的秘密，而社保费由社保经办机构征收地区则基本没有这笔奖励经费。多年来遗留下来的这种"同工不同酬"造成的经费保障水平差距和烙印将在此次改革中得以消化，社保经办系统将重新获得激励。

（三）全国社会保险经办机构的定性和定位应重新认识，管办分离的行政管理体制改革势在必行

全国县级以上行政区划单位共有 3223 个，经办机构有 8411 个，平均每个县级以上行政区划单位有 2.6 个经办机构，其中，山西、福建等 8 个省的经办机构平均超过 3 个。由此看来，经办机构数量过多，机构设置过于分散，五险统管的经办体系还远未建立起来。此外，多年来，在全国范围内普遍存在着经办机构名称不统一、级别和隶属不统一、编制和职能不统一、业务流程不统一、信息平台不统一等问题管办不分的体制下经办系统很难向独立自主运营的社会公共服务机构过渡。

前文对经办系统人员编制实施动态配比改革进行了分析，对经办费用列支渠道改革也提出了设想。尽管经办服务体系的这两项改革具有相当的必要性和紧迫性，但是，改革能否取得成功，在很大程度上取决于经办系统管办分离的行政管理体制改革能否取得成功。

众所周知，党的十八大报告提出对机构编制要严格控制；李克强总理强调在本届政府内财政供养的人员只减不增。在这样背景下，面对社会保险服务需求量与日俱增的发展大趋势，如果决策者不跳出传统的人事编制政策的局限，不对经办机构事业单位定性及其行政体制进行彻底改革，两项改革必将成为无米之炊。

为此，本报告提出如下政策建议：

（1）建议尽快出台"社会保险经办机构管理条例"，

旨在对经办机构的性质和法律地位做出规定。《社会保险法》已生效两年多，但很多重要的下位法始终缺位，例如，"社会保险基金投资条例"和"社会保险经办机构管理条例"等。这些条例非常重要，在全面深化改革的攻坚期，这将有可能"动别人的奶酪"，触及已经固化的某些利益群体。尽快制定"社会保险经办机构管理条例"将有利于把经办服务体系改革推向前台，早日对经办机构的性质、定位和职能等诸多问题定下来，以推动经办体系改革前行。

（2）建议尽快实施政事分开，管办分离，社会保险事业管理中心升格为全国社会保险管理总局是大势所趋。为贯彻落实十八届三中全会提出的"切实转变政府职能，深化行政体制改革"指示精神，积极响应《中共中央国务院关于分类推进事业单位改革的指导意见》（中发〔2011〕5号）（以下简称《指导意见》）第15条指出的"实行政事分开，理顺政府与事业单位的关系……对面向社会提供公益服务的事业单位，积极探索管办分离的有效实现形式"，为理顺政府与事业单位的关系，建议经办系统尽快变为法人实体。社会保险经办体系是面向社会提供公益服务的事业单位，将现人力资源和社会保障部的内设机构社会保险事业管理中心升格为全国社会保险管理总局，是落实政事分开、管办分离的具体体现；"总局"是独立的法人实体，拥有事业单位法人自主权。

（3）建议在事业单位分类中将社保经办机构列为特殊类公益事业单位。根据《指导意见》，事业单位划分为承担行政职能、从事生产经营活动和从事公益服务三个类别。从事公益服务的事业单位细分为公益一类即承担义务教育、基础性科研、公共卫生及基层的基本医疗服务等基本公益服务，不能或不宜由市场配置资源的；公益二类是指承担高等教育、非营利医疗等公益服务，可部分由市场配置资源的。社会保险是国家强制性制度，社保经办机构的绝大部分服务即是公益性质的，但带有明显的行政执法职能；经办机构经费来源既不是完全由市场资源配置的，又有相对应性质的专用于成本支出的基金。因此，在事业单位分类改革中，社会保险经办机构应定性为特殊类公益事业单位，给予独立法人地位。之所以特殊，主要表现有两个：一是人员编制完全由负荷比决定，由上级经办机构和同级机构编制管理机关核定，与传统的机构编制管理机关完全脱钩，与参公管理完全脱钩；二是经办机构经营费用全部在社会保险基金中列支，由经办机构提出申请，由财政部和人社部核定，彻底与同级财政脱钩。

（4）建议金保工程的投入也在社会保险基金支出当中列支，以尽快建立起覆盖全国的统一电子平台。鉴于IT行业的特点，金保工程应尽量采取自上而下、一次性大规模预算、全国一揽子投入的政策，所有这些均应在社会保险基金支出中列支，以此作为制度的行政成本，包括电子平台日常维护的预算。这就要求养老保险基金的统筹管理尽快要实现全国统筹，否则目前低下的统筹层次难以实现自上而下的投入。

（5）建议在全国范围内社会保险经办系统实行垂直管理，建立一支专业化的社会保险职业队伍。由于实行动态配比的负荷比管理机制，每一个经办机构都可以建立法人治理结构，向独立自主运营的社会公共服务机构过渡；建立全行业统一的管理经办体制，实行全系统的垂直管理，弱化行政管理职能，制定业绩考核表机制，实行工效挂钩，建立薪酬激励制度。

（6）建议在有条件的乡镇以下的行政区划，经办机构可采取向社会购买服务的方式构建经办服务体系的终端。《国务院办公厅关于政府向社会力量购买服务的指导意见》（国办发〔2013〕96号）指出，"教育、就业、社保、医疗卫生、住房保障、文化体育及残疾人服务等基本公共服务领域，要逐步加大政府向社会力量购买服务的力度"。在经办体系向村里和街道延伸的时候，有些具体的社会保险服务项目可采取政府购买服务的方式予以解决。这样做既可满足人民群众日益增长的公共服务需求，又能满足地区间发展不平衡的问题，还能提高某些领域的公共服务质量，在经办系统内部引入一定的示范效应，有利于创新公共服务供给模式和社会保险末端服务方式。事实上，几年来，有些经办机构对新农保等部分社会保险项目采取了向商业保险公司委托的方式，取得了较好的效果。

四、简单结论

十八届三中全会通过的《中共中央关于全面深化改革若干重大问题的决定》（以下简称《决定》）是中国未来10年全面深化改革的总部署和总动员，是指导各个领域深化改革的行动指南与改革清单。切实转变政府职能，深化行政体制改革，创新行政管理方式，建设服务型政府，增强政府公信力和执行力，是《决定》为未来10年改革绘制的一个愿景。

毫无疑问，健全和完善社会保险经办服务体系既是构建服务型政府、增强政府公信力和执行力的题中应有之义，也是转变政府职能、深化行政体制改革和创新行政管理方式的结合部。在过去20多年里，中国社会保险经办服务体系自身建设获得了长足发展，成为全国公共服务派送体系中的佼佼者，同时，也为全国社会保险制度有效运行做出了巨大贡献，支撑起全球规模最大的社会保险制度之一。

但是，毋庸置疑，社会保险经办服务体系离日新月异的社会保险制度本身发展的实际需要，离建设服务型政府的客观要求和国际通行惯例还有较大差距。而这些领域存在的这些差距，正是需要我们进行全面深化改革的深水区。

为此，本报告提出"2020改革清单"，它包括如下三项改革建议：一是社会保险经办人员编制实行动态配比机制，工作人员数量与参保人次按比例挂钩，以防止出现"投入上去了，服务质量下来了"，确保社会保险服务质量始终在各项公共服务中名列前茅；二是社保经办服务系统的经费预算与各级财政预算脱钩，纳入社会保险基金支出中列支，以确保经办服务经费标准始终能够达标；三是根据事业单位改革的政事分开和管办分离的要求，建立全国社会保险事业管理总局，各级经办机构实行垂直领导体制，在事业单位分类中将社保经办系统定性为"特殊类公益事业单位"。

在上述三项改革建议中，前两项可谓一举多得：既能彻底改变目前"小马拉大车"的尴尬局面，以确保社保制度运行质量不能降低，又能兑现总理做出的"本届政府内财政供养的人员只减不增"的庄严承诺；既可节省地方各级财政支出用于地方建设，又能从根本上解决经办机构经费保障不足的困境；既可提高社会保险基金运用效率和减少投资收益率过低导致的缩水，又能彻底解决金保工程投入体制的分散化和碎片化痼疾，在全国迅速建起统一电子核心平台，为保证制度运行质量、提高制度的便携性和弥补制度设计中存在的一些缺陷发挥独有的作用。

第三项改革建议是确保前两项改革具有合法性的基本根据，也是建设服务型政府在社会保险领域的具体体现。从本质上讲，在事业单位分类序列中增设"特殊类公益事业单位"，既符合社会保险经办机构的实际定位和符合国际惯例，也完全符合十八届三中全会提出的"转变政府职能，深化行政体制改革，创新行政管理方式"。

本报告提出的上述三项改革建议实为三条客观规律，也是国际惯例，在世界各国三个经办服务模式中都呈现出规律性，几乎没有例外。这是中国社会保险事业和经办服务体系改革的基本方向，也是制度目标。

第一部分
年度发展篇

分报告一
2012年基本养老保险参保状况评估
——扩面速度有所放缓，地区差异依然存在

摘要：2012年，城镇职工基本养老保险扩面速度放缓，造成制度赡养率进一步提高。各个省份城镇职工基本养老保险参保人数的行业构成差异较大，而且变化趋势并不一致。各个省份不同性质企业参保状况继续分化，一些经济较发达省份从中获益较多。城乡居民基本养老保险参保人数在上一年的基础上继续增加，参保状况地区之间存在差异。

关键词：城镇职工基本养老保险　城乡居民基本养老保险　参保状况

2012年，有关基本养老保险制度改革的各种争议持续发酵，大有掀起全民大讨论之势。在各种纷扰与困难面前，我国城乡基本养老保险扩面工作仍然取得了难得的进步。不过由于参保人数基数已经达到一定规模，城镇职工基本养老保险扩面潜力正在收缩，扩面难度提高，绝大部分省份农村居民基本养老保险也正面临类似的局面，城镇居民基本养老保险扩面工作还未全面展开，因此，整个基本养老保险制度的扩面速度在2012年还是有所下滑。与此同时，参保状况的地区差异依旧存在。这说明继续依靠快速扩面去控制城镇职工基本养老保险制度赡养率的上升将会变得越来越困难，而尽快推动基本养老保险制度的全国统筹，将有利于平抑地区参保状况的差异，提高整个制度的可持续性。

一、城镇职工基本养老保险扩面速度放缓，制度赡养率略有反弹

截至2012年底，城镇职工基本养老保险总参保人数达到3.04亿，比2010年增加了7.17%，但增速慢于上一年的10.44%。其中，参保职工人数为2.30亿，比上年增长了6.57%，增速回落了4.58个百分点；占总参保人数的比例为75.53%，比2011年下降了0.43个百分点。离退休人员数量为7445.68万[①]，比上年增长9.07%，增速提高了0.81个百分点，占总参保人数的24.47%。由于离退休人员人数的增长速度快于参保职工人数的增长速度，2012年城镇职工基本养老保险制度的赡养率由2011年的31.65%上升至32.40%。总体而言，2012年城镇职工基本养老保险制度参保状况具有以下几个特点。

（一）离退休人员人数增速快于参保职工人数

各行业城镇职工基本养老保险参保人数增长速度有涨有落，但除企业以外的其他行业离退休人员人数增长速度均快于参保职工人数增长速度。

第一，从各个行业城镇职工基本养老保险参保人数看，增长速度较快的其他人员[②]和企业的参保人数在2012年的增速有所放缓，而增长速度较慢的机关、事业单位和银行[③]的参保人数增速有所加快（参见图1），但各个行业参保人数所占比例的变化并不明显。2012年其他人员的参保人数为6598.22万人，比2011年增长了12.48%，增速比2011年回落了2.39个百分点；占总参保人数的比例为21.69%，比2011年上升了1.02个百分点。企业参保人数为2.17亿，比2011年增长了6.15%，增速比2011年回落了4.05个百分点；占总参保人数的比例为71.23%，比2011年下降了0.68个百分点。机关的参保人数为369.48万人，比2011年增长了3.08%，增速提高了1.31个百分点；占总参保人数的比例为1.21%，比2011年下降了

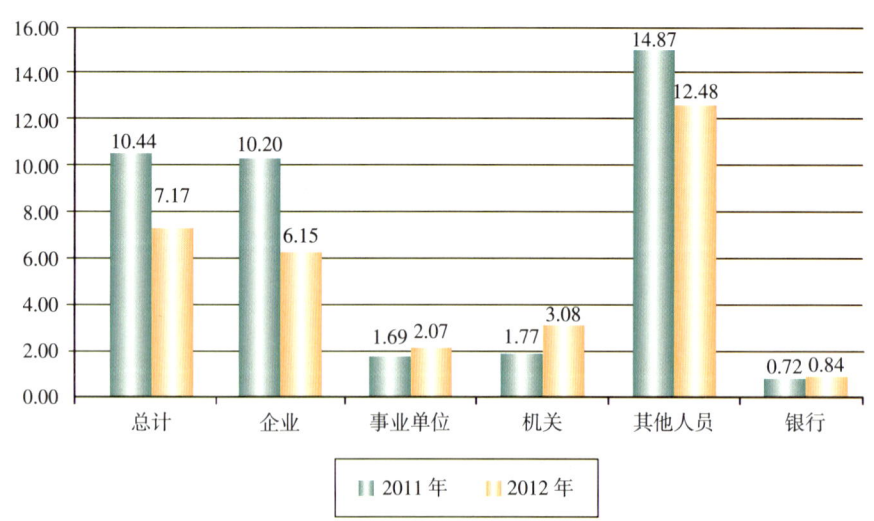

图1　2011年和2012年不同行业城镇职工基本养老保险人数增长率（单位：%）

资料来源：由人力资源和社会保障部提供。

---

① 本部分的离退休人员包括离休人员、退休人员和退职人员。
② 在2011年和2012年的《中国养老金发展报告》中，我们曾使用"以个体身份参保人员"这个术语，但在2013年人力资源和社会保障部所提供的表格中，使用了"其他人员"这个术语，因此，在本报告中我们将使用"其他人员"这个术语。
③ 这里的银行指的是中国人民银行和中国农业发展银行。

0.05个百分点。事业单位的参保人数为1761.70万人，比2011年增长了2.07%，增速提高了0.38个百分点；占总参保人数的比例为5.79%，比2011年下降了0.29个百分点。银行的参保人数为23.75万人，比2011年增长了0.84%，增速提高了0.12个百分点；占总参保人数的比例为0.08%，与2011年相同。

第二，从各个行业城镇职工基本养老保险参保职工人数看，企业和其他人员的参保职工人数增速快速下降，机关和事业单位参保职工人数增速有所提高但绝对速度仍然较慢，而银行参保职工人数增速进一步下降（参见图2）。2012年企业参保职工人数为1.63亿人，比2011年增长了6.49%，增速下降了5.77个百分点；占参保职工总人数的比例为70.81%，比2011年下降了0.05个百分点。其他人员参保职工人数为5087.77万人，比2011年增长了8.52%，增速下降了2.84个百分点；占参保职工总人数的比例为22.14%，比2011年提高了0.40个百分点。机关参保职工人数为286.97万人，比2011年增长了2.76%，增速提高了1.41个百分点；占参保职工总人数的比例为1.25%，比2011年提高了0.05个百分点。事业单位参保职工人数为1315.48万人，比2011年增长了1.33%，增速提高了0.39个百分点；占参保职工总人数的比例为5.72%，比2011年下降了0.30个百分点。银行参保职工人数为17.73万人，比2011年减少了0.65%；占参保职工总人数的比例为0.08%，与2011年相同。

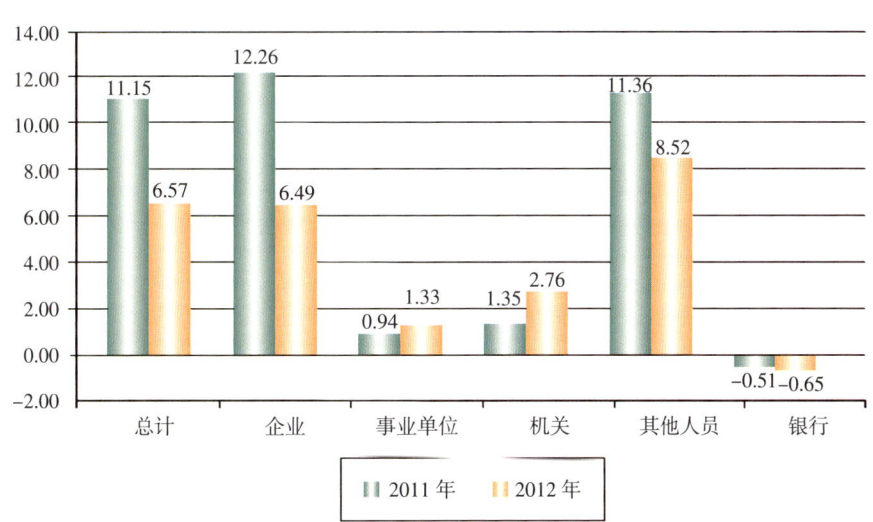

图2　2011年和2012年不同行业城镇职工基本养老保险职工人数增长率（单位：%）

资料来源：由人力资源和社会保障部提供。

第三，从各个行业城镇职工基本养老保险离退休人数看，除其他人员离退休人数增长速度有所下降外，其他行业离退休人数增长都在加速，但其他人员离退休人数的绝对增长速度仍然远高于其他行业（参见图3）。2012年其他人员离退休人数为1510.45万人，比2011年增长了28.21%，增速降低了3.12个百分点；占离退休总人数的20.29%，比2011年提高了3.03个百分点。企业离退休人数为5400.48万人，比2011年增长了5.16%，增速提高了0.66个百分点；占离退休总人数的比例为72.53%，比2011年下降了2.70个百分点。机关离退休人数为82.51万人，比2011年增长了4.21%，增速提高了0.95个百分点；占离退休总人数的比例为1.11%，比2011年下降了0.05个百分点。银行离退休人数为6.02万人，比2011年增长了5.48%，增速提高了0.73个百分点；占离退休总人数的比例为0.08%，与2011年相同。

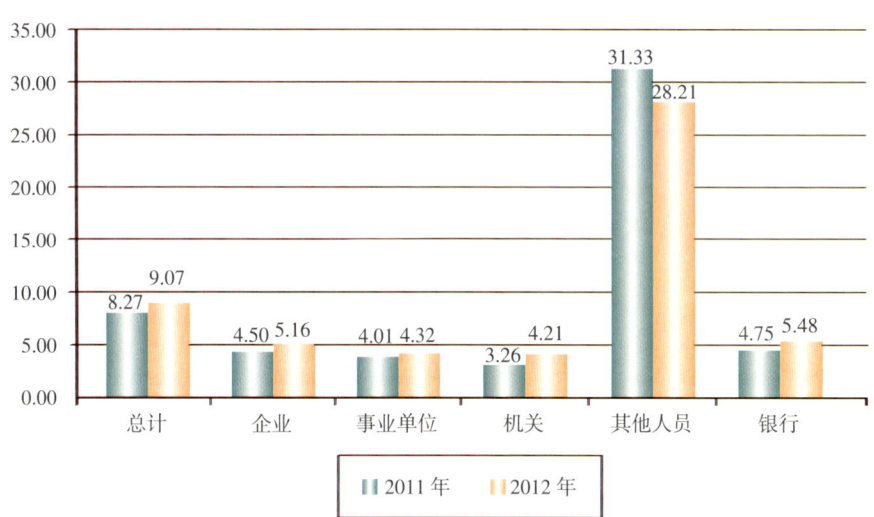

图 3　2011 年和 2012 年不同行业城镇职工基本养老保险离退休人数增长率（单位：%）

资料来源：由人力资源和社会保障部提供。

第四，从各个行业城镇职工基本养老保险制度赡养率看，除企业制度赡养率下降外，其他行业的制度赡养率都在上升，各个行业的制度赡养率有趋近之势。把图 2 和图 3 中各个行业参保职工人数增长率与离退休人数增长率进行对比就可以发现，除企业外，2012 年其他行业离退休人数增长率均大于参保职工人数增长率，因此，其他行业的制度赡养率均有所上升。如果观察 2010~2012 年各行业城镇职工基本养老保险制度赡养率，也可以发现同样的规律（参见图 4）：企业的制度赡养率从 2010 年的 36.10% 下降至 2012 年的 33.19%；而其他人员的制度赡养率从 2010 年的 21.31% 快速上升至 2012 年的 29.69%，已经超过了 2012 年机关 28.75% 的制度赡养率；其他行业的制度赡养

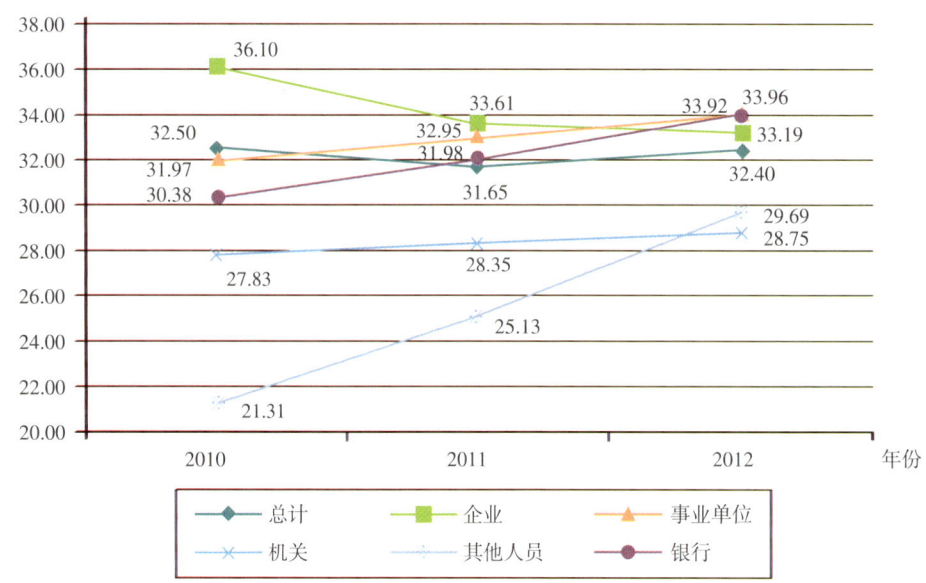

图 4　2010~2012 年不同行业城镇职工基本养老保险制度赡养率（单位：%）

资料来源：由人力资源和社会保障部提供。

率也处于上升之中，银行和事业单位的制度赡养率已经超过了企业，分别为33.96%和33.92%。鉴于在2010~2012年其他人员参保人数增长速度最快，占总参保人数的比例也从19.87%上升至21.69%，而其制度赡养率一直远低于整个制度的赡养率，因此，可以说，制度向这个群体的扩面对于稳定整个制度的赡养率发挥了积极作用。但由于这个群体的制度赡养率快速上升，意味着新加入者的年龄结构趋于老化，未来继续向这个群体扩面对平抑制度赡养率的作用将越来越弱。

（二）不同经济类型企业的参保人数变化明显

不同经济类型企业城镇职工基本养老保险参保人数发生了较大的变化，但不同经济类型企业城镇职工基本养老保险制度赡养率变化不大。

第一，从不同经济类型企业城镇职工基本养老保险参保人数看，原本高速增长的其他各种经济类型企业、港澳台及外资企业的增速在2012年急剧下降，而原本就缓慢增长的国有企业和集体企业增速进一步下降。2012年其他各种经济类型企业的参保人数为9362.89万人，比2011年增长了11.38%，增速下降了8.27个百分点；港澳台及外资企业的参保人数为2111.63万人，比2011年增长了6.00%，增速下降了11.44个百分点；国有企业的参保人数为8063.71万人，比2011年增长了1.39%，增速下降了0.02个百分点；集体企业的参保人数为2135.42万人，比2011年增长了3.39%，增速下降了1.84个百分点。在2010~2012年，其他各种经济类型企业参保人数占企业参保总人数的比例则一直处于上升之中，从2010年的37.92%上升至2012年的43.20%；国有企业和集体企业的参保人数占企业参保总人数的比例一直处于下降之中，分别从2010年的42.33%和10.59%下降至2012年的37.21%和9.85%；而港澳台及外资企业参保人数占企业参保总人数的比例则出现了小幅波动（参见图5）。

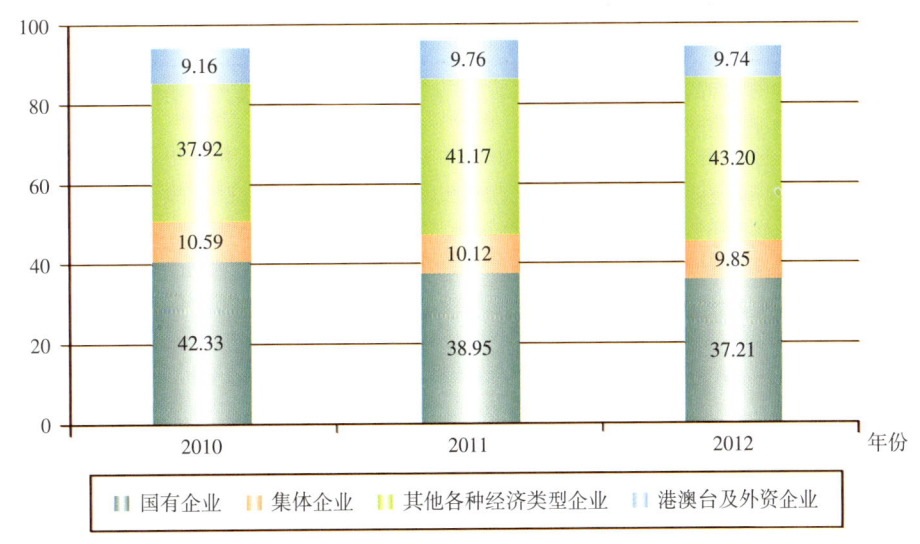

图5　2010~2012年不同经济类型企业参保人数占企业参保总人数的比例（单位：%）

资料来源：由人力资源和社会保障部提供。

第二，从不同经济类型企业城镇职工基本养老保险参保职工人数看，其他各种经济类型企业参保职工总人数已经接近企业参保职工总人数的一半，而国有企业和集体企业参保职工人数所占比重进一步下降。2012年其他各种经济类型企业参保职工人数为8122.12万人，比2011年增长了10.90%，增速下降了9.93个百分点；国有企业参保职工人数为4842.62万人，比2011年增长了0.88%，增速下降了0.12个百分点；集体企业参保职工人数为1265.24万人，比2011年增长了2.93%，增速下降了2.86个百分点；港澳台及外资企业参保职工人数为2043.19万人，比2011年增长了5.95%，增速下降了11.82个百分点。在2010~2012年，其他各种经济类型企业参保职工人数占企业参保职工总人数的比例则一直处于上升之中，从2010年的44.52%上升至2012年的49.91%；国有企业和集体企业的参保职工人数占企业参保职工总人数的比例一直处于下降之中，分别从2010年的34.91%和8.53%下降至2012年的29.76%和7.78%；而港澳台及外资企业参保职工人数占企业参保职工总人数的比例则出现了小幅波动（参见图6）。

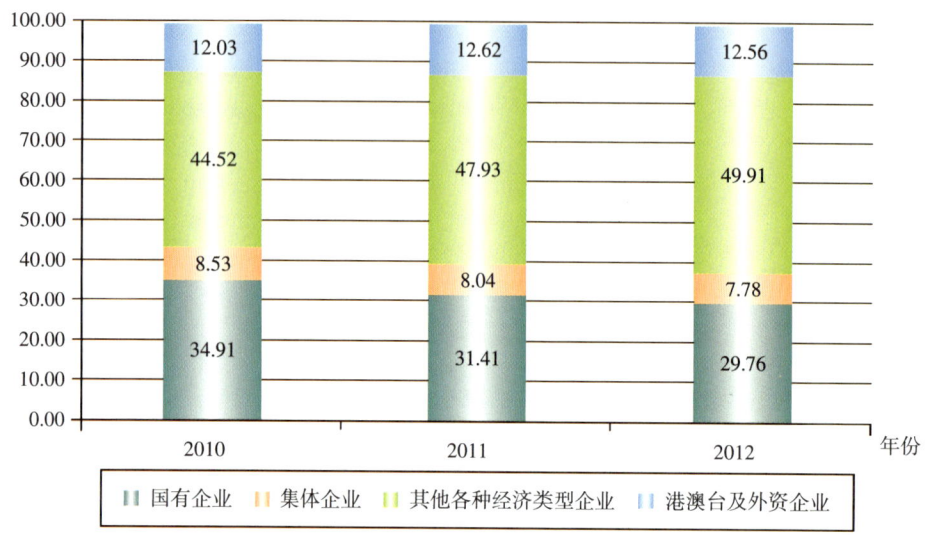

图6　2010~2012年不同经济类型企业参保职工人数占企业参保职工总人数的比例（单位：%）

资料来源：由人力资源和社会保障部提供。

第三，从不同经济类型企业城镇职工基本养老保险离退休人数看，尽管其他各种经济类型企业和港澳台及外资企业离退休人数快速增长，但总人数仍然远远少于国有企业和集体企业。2012年其他各种经济类型企业离退休人数为1240.77万人，比2011年增长了14.61%，增速提高了2.40个百分点；港澳台及外资企业离退休人数为68.44万人，比2011年增长了7.47%，增速下降了0.79个百分点；国有企业离退休人数为3221.09万人，比2011年增长了2.16%，增速提高了0.12个百分点；集体企业离退休人数为870.18万人，比2011年增长了4.06%，增速下降了0.34个百分点。在2010~2012年，其他各种经济类型企业离退休人数占企业离退休总人数的比例一直在上升，从2010年的19.63%上升至2012年的22.98%；港澳台及外资企业离退休人数占企业离退休总人数的比例也一直在上升，但绝对值仍然很小；国有企业和集体企业离退休人数占企业离退休总人数的比例一直在下降，但2012年仅国有企业离退休人数所占的比例仍然高达59.64%（参见图7）。

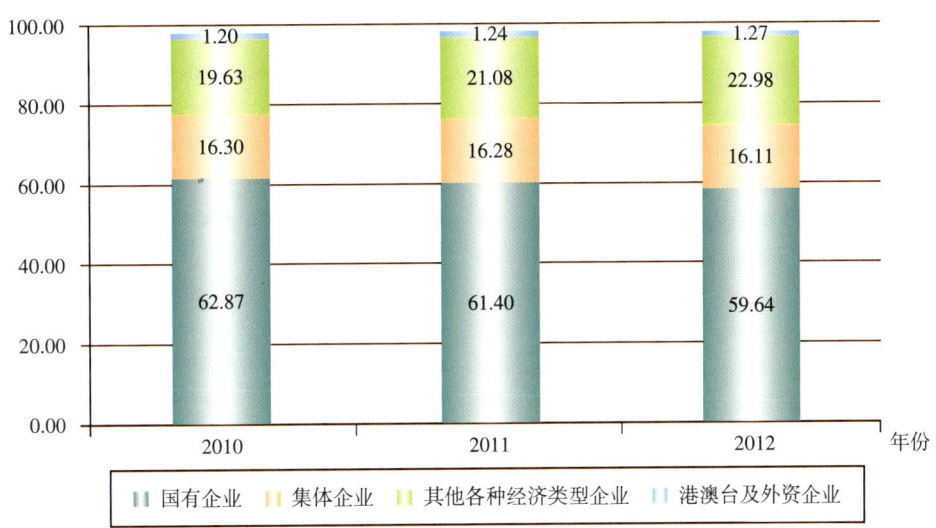

图7　2010~2012年不同经济类型企业离退休人数占企业离退休总人数的比例（单位：%）

资料来源：由人力资源和社会保障部提供。

第四，尽管参保人数发生了很大变化，但不同经济类型企业城镇职工基本养老保险制度赡养率的变化并不明显。在2010~2012年，集体企业的制度赡养率一直处于68%~69%，国有企业的制度赡养率从2010年的65.02%上升至2012年的66.52%；它们远远高于其他各种经济类型企业和港澳台及外资企业的制度赡养率。其他各种经济类型企业的制度赡养率从2010年的15.92%下降至2012年的15.28%。港澳台及外资企业的制度赡养率从2010年的3.59%下降至2012年的3.35%（参见图8）。这种状况说明，从国有企业和集体企业向港澳台及外资企业和其他各种经济类型企业的扩面对拉低企业城镇职工基本养老保险制度赡养率发挥了积极作用，而且在今后的一段时间内，这种扩面还会继续发挥积极作用。

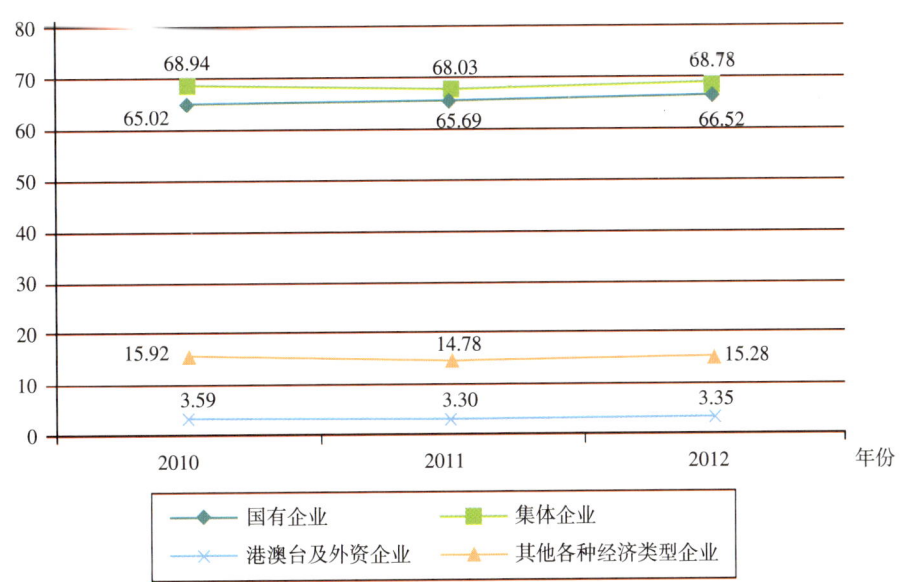

图8　2010~2012年不同经济类型企业城镇职工基本养老保险制度赡养率（单位：%）

资料来源：由人力资源和社会保障部提供。

(三)各个省份之间职工参保状况继续分化

第一,从各个省份城镇职工基本养老保险制度参保人数看,2012年广东省的参保人数已经超过了4000万,江苏、浙江和山东等较发达的省份也都超过了2000万;而西藏参保人数只有13.31万人,青海也只有86.01万人。2012年参保人数增长速度最快的省份是西藏,增速为18.45%;浙江、北京和重庆的参保人数增速也都超过了10%。而中国人民银行和中国农业发展银行的参保职工人数增速分别只有0.46%和2.01%,吉林和上海分别只有2.38%和2.48%,黑龙江、辽宁、山西、内蒙古等省份的增速也较低(参见表1)。与上一年相比,大部分省份参保人数的增速都有所下降,下降幅度最大的省份是上海,由31.35%下降至2.48%,主要原因是上一年的制度并轨;广东的下降幅度也比较大,由18.21%下降至6.14%。少数省份参保人数的增速进一步提高,如西藏从13.13%提高至18.45%,陕西从6.95%提高至9.32%。

第二,从各个省份城镇职工基本养老保险制度参保职工人数看,2012年广东参保职工人数高达3643.84万人,江苏和浙江也都超过了1800万人;而西藏只有9.86万人,青海还不到60万人。2012年参保职工人数增长最快的省份仍然是西藏,增速达到了22.73%;北京和浙江的参保职工人数增速也都超过了10%。而中国人民银行的参保职工人数出现了负增长(-0.90%),中国农业发展银行、吉林和内蒙古的增速分别只有0.03%、0.30%和1.03%,上海和黑龙江也均只有1.73%(参见表1)。与上一年相比,只有很少省份参保职工人数的增速有所提高,例如,西藏从18.50%提高至22.73%,新疆兵团从4.24%提高至7.06%,青海从3.53%提高至6.19%。增速下降幅度最大的省份仍然是上海,从48.51%下降至1.73%;广东也从19.22%下降至6.29%。

第三,从各个省份城镇职工基本养老保险制度离退休人数看,2012年江苏、四川和辽宁等省均已经超过了500万人,上海、山东和黑龙江等省份均超过了400万人;而西藏只有3.45万人,青海和宁夏也分别只有26.16万人和39.87万人。2012年离退休人数增长最快的省份是浙江,达到了37.24%;陕西、江苏、重庆、江西、内蒙古、山东、甘肃等省份和中国农业发展银行离退休人数的增速也都超过了10%;但新疆兵团只增长了1.99%(参见表1)。与上一年相比,一些省份离退休人数增速明显提高,例如,浙江离退休人数增速从13.33%提高至37.24%,陕西也从3.48%提高至13.90;而另外一些省份离退休人数增速急剧下降,例如,青海离退休人数增速从25.83%下降至4.02%,宁夏、甘肃和新疆也分别从19.64%、19.26%和16.10%下降至9.44%、10.17%和7.72%。

表1 2012年各个省份城镇职工基本养老保险制度参保状况

省份	参保职工		离退休人员		合计	
	人数(万人)	增长率(%)	人数(万人)	增长率(%)	人数(万人)	增长率(%)
西 藏	9.86	22.73	3.45	7.70	13.31	18.45
浙 江	1835.54	10.19	347.80	37.24	2183.34	13.76
北 京	995.70	12.10	210.68	4.72	1206.38	10.74
重 庆	469.89	9.92	246.97	12.22	716.86	10.70
贵 州	231.67	9.95	77.71	8.91	309.38	9.68
陕 西	466.36	7.68	177.13	13.90	643.49	9.32
江 苏	1880.57	8.02	546.97	13.23	2427.54	9.15
福 建	631.02	9.39	125.48	6.14	756.49	8.83
河 南	964.59	9.55	306.04	6.30	1270.63	8.75
江 西	518.26	7.01	189.12	12.09	707.37	8.32

续表

省份	参保职工		离退休人员		合计	
	人数（万人）	增长率（%）	人数（万人）	增长率（%）	人数（万人）	增长率（%）
山　东	1646.86	7.36	416.33	11.60	2063.20	8.19
四　川	1073.68	7.50	541.67	9.33	1615.35	8.10
宁　夏	91.36	7.51	39.87	9.44	131.23	8.09
安　徽	578.40	7.56	205.36	7.22	783.76	7.47
海　南	161.63	6.28	52.53	9.97	214.16	7.16
新　疆	228.86	6.61	83.30	7.72	312.16	6.91
天　津	333.36	7.58	156.90	5.42	490.26	6.88
云　南	253.76	6.33	110.71	6.29	364.47	6.32
河　北	813.33	5.01	312.29	9.46	1125.62	6.21
广　东	3643.84	6.29	390.25	4.75	4034.08	6.14
湖　南	747.62	5.25	300.36	8.08	1047.98	6.05
广　西	349.07	5.06	163.58	7.98	512.65	5.97
青　海	59.85	6.19	26.16	4.02	86.01	5.52
甘　肃	183.62	3.24	93.75	10.17	277.37	5.48
湖　北	804.09	4.19	367.29	7.49	1171.39	5.21
新疆兵团	90.92	7.06	55.69	1.99	146.60	5.08
内蒙古	318.99	1.03	152.96	11.94	471.95	4.32
山　西	479.82	3.21	168.87	6.31	648.70	4.00
辽　宁	1098.85	2.68	510.40	4.92	1609.24	3.38
黑龙江	611.36	1.73	401.64	5.68	1012.99	3.26
上　海	993.07	1.73	423.82	4.26	1416.90	2.48
吉　林	397.59	0.30	234.59	6.12	632.18	2.38
中国农业发展银行	4.84	0.03	1.02	12.57	5.86	2.01
中国人民银行	12.89	-0.90	5.00	4.14	17.88	0.46

注：表中各个省份按照参保人数增长率由高至低排序。
资料来源：由人力资源和社会保障部提供。

第四，从各个省份城镇职工基本养老保险制度赡养率来看，2012年黑龙江的制度赡养率高达65.70%，新疆兵团为61.25%，吉林、重庆、甘肃和四川也都超过了50%。而广东只有10.71%，大约为黑龙江的1/6；浙江和福建也都低于20%（参见图9）。与2011年相比，一些省份城镇职工基本养老保险制度赡养率出现了比较明显的上升，例如，内蒙古上升了4.68个百分点，浙江、吉林和甘肃也分别上升了3.73个百分点、3.24个百分点和3.21个百分点；而另外一些省份则出现了比较明显的下降，例如，西藏下降了4.89个百分点，新疆兵团和北京也分别下降了3.04个百分点和1.49个百分点。总体而言，制度赡养率上升的省份远多于制度赡养率下降的省份（参见图10）。

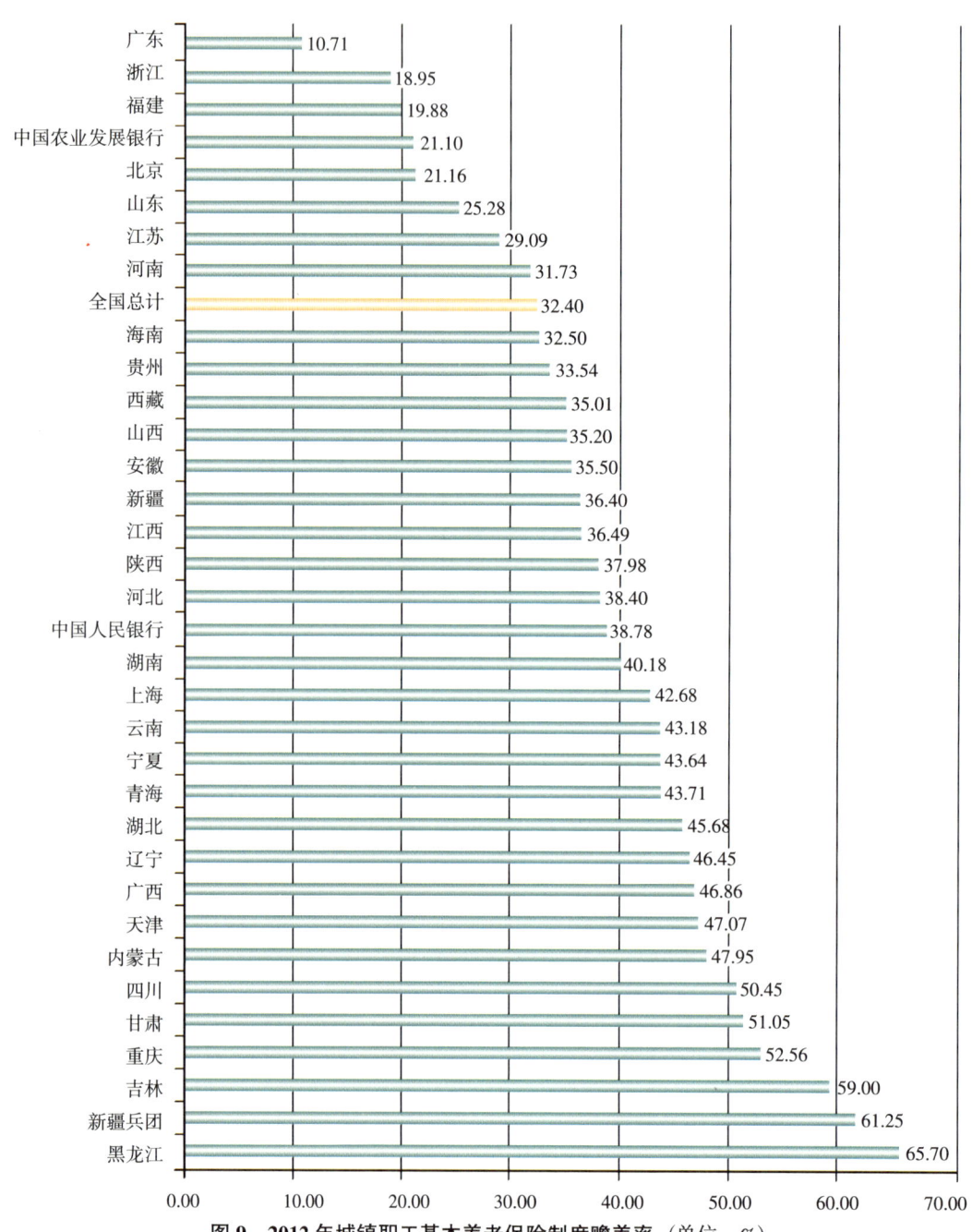

图9 2012年城镇职工基本养老保险制度赡养率（单位：%）

资料来源：由人力资源和社会保障部提供。

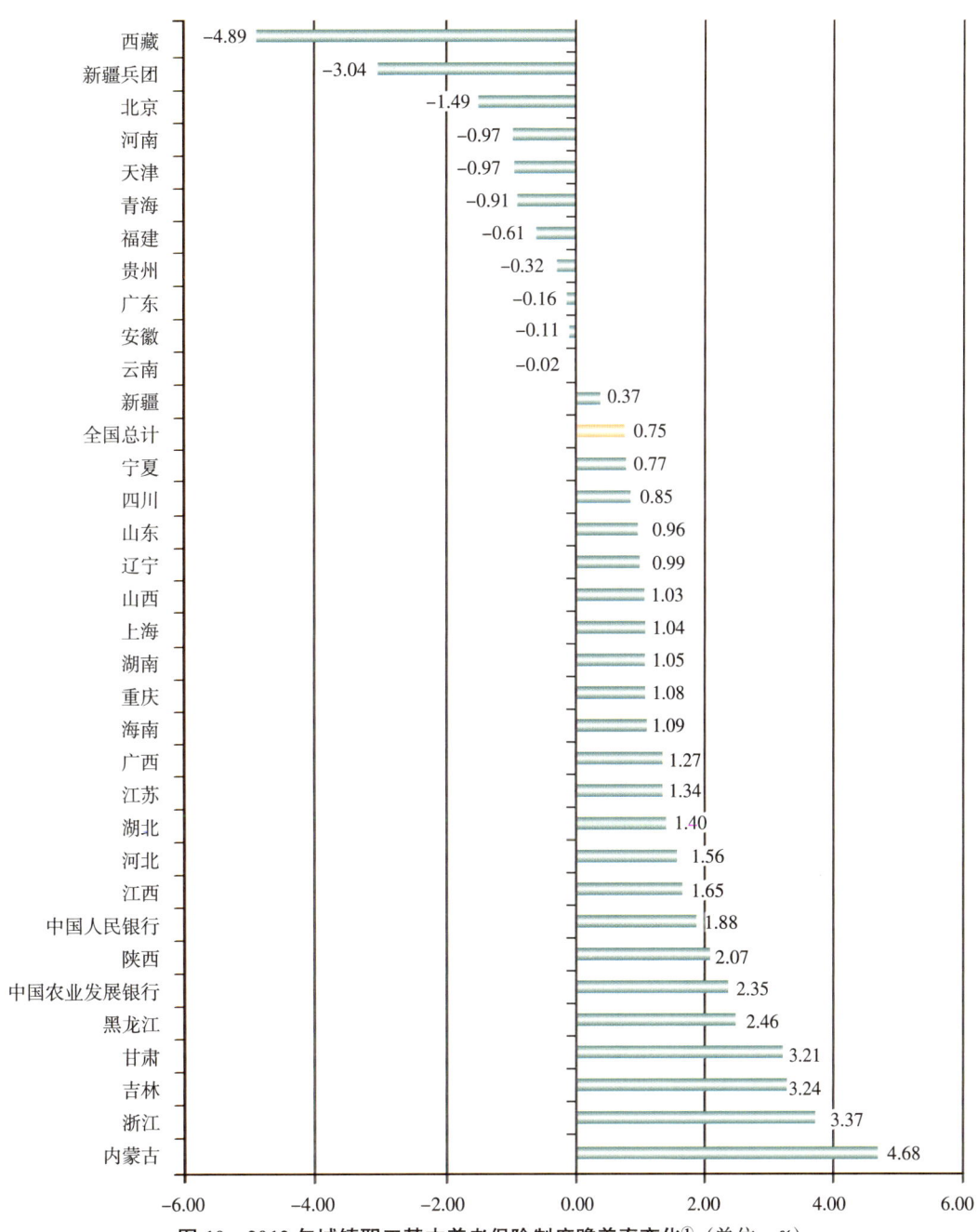

图10 2012年城镇职工基本养老保险制度赡养率变化① （单位：%）

资料来源：由人力资源和社会保障部提供。

① 制度赡养率变化指的是2012年制度赡养率与2011年制度赡养率之差，下文相同。

二、各省城镇职工基本养老保险参保人员结构差异较大，赡养率变化趋势不一

（一）各个省份职工参保人数的行业构成差异较大

第一，各个省份城镇职工基本养老保险参保人数的行业构成存在着比较大的差异。从企业参保人数占总参保人数的比例看，2012年广东高达90.36%，北京、上海和天津也都超过80%；而四川只有47.83%，湖南、内蒙古和黑龙江也都低于60%。从机关参保人数占总参保人数的比例看，2012年西藏达到了9.85%，湖南和山东也分别达到了4.68%和3.61%；而北京、甘肃、新疆兵团、安徽、青海、广西、宁夏和吉林则均为0。从事业单位参保人数占总参保人数的比例看，2012年湖南和海南分别达到了15.65%和15.63%，河北、山西、山东和西藏也都超过了10%；而北京、甘肃、青海、广西、宁夏和吉林则均为0。从其他人员参保人数占总参保人数的比例看，2012年四川已经达到了42.60%，内蒙古也有39.14%；而广东只有5.37%，上海也只有8.71%（参见表2）。

第二，2012年各个省份参保人数行业构成整体上看变化不大，但一些省份也出现了比较明显的变动。从表2可知，2012年各个行业参保人数占总参保人数比例的变动大部分都低于1个百分点，但也有一些省份出现了较大的变动，例如，西藏企业参保人数占总参保人数的比例下降了11.28个百分点，而机关参保人数占总参保人数的比例和事业单位参保人数占总参保人数的比例分别上升了6.36个百分点和2.94个百分点；新疆兵团企业参保人数占总参保人数的比例下降了2.81个百分点，而其他人员参保人数占总参保人数的比例上升了2.82个百分点；江西企业参保人数占总参保人数的比例下降了2.80个百分点，而其他人员参保人数占总参保人数的比例上升了3.12个百分点；浙江其他人员参保人数占总参保人数的比例上升了2.59个百分点。

表2 2012年各个省份不同行业城镇职工基本养老保险制度参保比例状况　　　　单位：%

省份	企业 占比	变动[①]	机关 占比	变动	事业单位 占比	变动	其他人员 占比	变动
广　东	90.36	-0.71	1.75	-0.02	2.53	0.05	5.37	0.68
北　京	89.46	0.40	0.00	0.00	0.00	0.00	10.54	-0.40
上　海	83.68	0.79	1.35	0.00	6.25	-0.13	8.71	-0.66
天　津	82.89	-1.20	0.03	-0.01	2.16	-0.17	14.92	1.38
甘　肃	78.24	-0.91	0.00	0.00	0.00	0.00	21.76	0.91
贵　州	76.28	-0.80	0.63	0.05	2.83	-0.18	20.26	0.93
陕　西	75.81	-0.41	2.39	0.41	7.04	-0.83	14.76	0.83
新疆兵团	74.70	-2.81	0.00	0.00	0.15	-0.01	25.14	2.82
河　南	74.47	0.47	1.18	-0.16	9.53	-0.57	14.82	0.26
山　西	74.28	0.84	2.03	-0.07	13.39	-0.51	10.30	-0.26
云　南	74.13	-0.42	2.24	-0.11	0.87	-0.24	22.76	0.76
福　建	73.51	0.79	1.30	-0.06	8.90	-0.61	16.28	-0.12
海　南	72.03	-0.30	1.92	0.01	15.63	0.73	10.42	-0.44
新　疆	71.37	-0.77	0.29	-0.07	4.33	-0.14	24.01	0.99
安　徽	70.63	-0.38	0.00	0.00	2.29	-0.09	27.09	0.47
江　苏	70.32	-0.98	0.25	-0.02	4.67	-0.16	24.76	1.16
河　北	69.98	-0.73	2.22	-0.08	13.46	-0.28	14.34	1.10
青　海	69.72	0.34	0.00	0.00	0.00	0.00	30.28	-0.34
西　藏	68.71	-11.28	9.85	6.36	10.17	2.94	11.27	1.98
山　东	68.61	-0.83	3.61	-0.18	12.06	-0.80	15.72	1.81

① 表中的变动是指各个行业参保人数2012年占比与2011年占比之差。

续表

省份	企业		机关		事业单位		其他人员	
	占比	变动	占比	变动	占比	变动	占比	变动
浙 江	68.15	-2.09	0.30	-0.02	4.28	-0.47	27.27	2.59
广 西	65.49	-1.46	0.00	0.00	0.00	0.00	34.51	1.46
辽 宁	63.74	-0.83	0.21	-0.02	5.62	-0.11	30.43	0.96
宁 夏	63.70	-1.46	0.00	0.00	0.00	0.00	36.30	1.46
吉 林	63.58	0.26	0.00	0.00	0.00	0.00	36.42	-0.26
重 庆	62.40	-1.17	0.11	-0.05	1.75	-0.31	35.75	1.53
湖 北	61.95	-0.91	0.68	-0.04	4.59	-0.23	32.78	1.18
江 西	60.79	-2.80	0.62	-0.01	2.57	-0.32	36.02	3.12
黑龙江	58.56	-1.89	0.47	-0.12	7.31	-0.35	33.67	2.36
内蒙古	57.86	-1.46	0.17	-0.21	2.83	-0.47	39.14	2.13
湖 南	53.99	-0.79	4.68	-0.13	15.65	-0.86	25.68	1.77
四 川	47.83	0.07	1.65	-0.15	7.91	-0.41	42.60	0.48

注：表中各个省份按照企业参保人数所占比例由高至低排序。
资料来源：由人力资源和社会保障部提供。

(二) 企业城镇职工基本养老保险制度赡养率略有下降

尽管企业城镇职工基本养老保险参保人数增速下滑，但大部分省份参保职工人数增长率高于离退休人数增长率，因而企业城镇职工基本养老保险的制度赡养率有所下降。

第一，从各个省份企业城镇职工基本养老保险人数看，2012年广东超过了3600万人，江苏、浙江、山东、上海、北京和辽宁等省份都超过了1000万人，而西藏只有9.15万人，青海和宁夏也都少于100万人。2012年北京、浙江和福建企业参保人数的增速均超过了10%，而黑龙江的增速只有0.03%，新疆兵团、西藏和内蒙古的增速也均低于2%（参见表3）。与上一年相比，2012年大部分省份企业参保人数增速有所下降，例如，上海下降了24.73个百分点，西藏下降了15.01个百分点，广东也下降了13.23个百分点；少数省份企业参保人数增速有所提高，例如，青海提高了4个百分点，宁夏也提高了2.46个百分点。

第二，从各个省份企业城镇职工基本养老保险职工人数看，2012年广东高达3282.68万人，江苏、浙江和山东也都超过了1000万人，而西藏只有5.98万人。从企业参保职工人数的增速看，北京、重庆、河南、福建和四川的增速均超过了10%，而黑龙江出现了负增长（-1.37%），西藏增速为0，内蒙古和新疆兵团增速也均低于2%（参见表3）。与上一年相比，大部分省份企业参保职工人数有所下降，例如，上海下降了40.71个百分点，西藏下降了23.67个百分点，广东也下降了14.17个百分点；少数省份企业参保职工人数的增速有所提高，例如，青海提高了4.24个百分点，甘肃提高了3.74个百分点，江西也提高了3.65个百分点。

第三，从各个省份企业城镇职工基本养老保险离退休人数看，2012年江苏高达413.68万人，上海有376.61万人，广东和辽宁也分别有362.48万人和360.74万人；而西藏只有3.17万人，青海和宁夏也分别只有21.03万人和20.26万人。从企业离退休人数的增速看，浙江高达24.84%，陕西和山东也超过了10%；而新疆兵团、广西和重庆均低于1%（参见表3）。与上一年相比，各个省份企业离退休人数增速出现了比较明显的分化，一些省份增速出现了较大的提高，例如，浙江提高了18.08个百分点，陕西和山东也分别提高了8.26个百分点和7.03个百分点；而另一些省份增速则出现了较大的下降，例如，新疆下降了8.80个百分点，甘肃下降了7.63个百分点，重庆和吉林也分别下降了6.57个百分点和6.03个百分点。

表 3 2012 年各个省份企业城镇职工基本养老保险制度参保状况

省份	参保职工 人数（万人）	增长率（%）	离退休人员 人数（万人）	增长率（%）	合计 人数（万人）	增长率（%）
北 京	917.77	13.03	161.46	2.02	1079.23	11.24
浙 江	1289.52	8.44	198.41	24.84	1487.93	10.38
福 建	471.83	11.29	84.27	3.37	556.10	10.01
河 南	691.64	11.07	254.55	5.26	946.19	9.45
陕 西	340.35	7.77	147.51	11.01	487.86	8.73
重 庆	328.89	11.89	118.42	0.62	447.31	8.67
贵 州	166.88	9.71	69.11	5.85	235.99	8.55
四 川	520.65	10.26	252.04	4.38	772.69	8.27
江 苏	1293.39	7.81	413.68	7.18	1707.08	7.66
安 徽	383.14	7.96	170.42	4.60	553.56	6.90
山 东	1137.94	6.03	277.53	10.62	1415.48	6.90
海 南	114.93	6.97	39.32	5.94	154.26	6.71
青 海	38.93	6.10	21.03	5.94	59.96	6.04
新 疆	154.24	6.75	68.55	3.61	222.79	5.76
云 南	183.46	7.49	86.72	2.15	270.19	5.72
宁 夏	63.33	6.31	20.26	3.70	83.59	5.66
天 津	278.67	6.35	127.72	3.22	406.4	5.35
广 东	3282.68	5.44	362.48	4.19	3645.15	5.32
山 西	335.86	4.78	145.99	6.15	481.86	5.19
河 北	545.23	4.64	242.43	6.20	787.66	5.11
湖 南	353.96	5.31	211.82	3.24	565.79	4.52
甘 肃	133.37	2.72	83.65	6.83	217.01	4.26
湖 北	433.25	2.96	292.41	4.76	725.66	3.68
广 西	240.41	4.96	95.32	0.53	335.74	3.66
江 西	280.7	2.88	149.31	4.85	430.01	3.56
上 海	809.09	2.99	376.61	4.47	1185.70	3.45
吉 林	239.20	2.96	162.72	2.56	401.91	2.80
辽 宁	664.91	2.28	360.74	1.65	1025.65	2.06
内蒙古	175.34	1.7	97.74	1.86	273.08	1.76
西 藏	5.98	0.00	3.17	5.19	9.15	1.74
新疆兵团	64.33	1.80	45.18	0.52	109.51	1.27
黑龙江	333.27	-1.37	259.89	1.87	593.17	0.03

注：表中各个省份按照企业参保人数增长率由高至低排序。
资料来源：由人力资源和社会保障部提供。

第四，从各个省份企业城镇职工基本养老保险制度赡养率看，2012 年黑龙江企业制度赡养率高达 77.98%，新疆兵团为 70.24%，吉林、湖北和甘肃也都超过了 60%；而广东只有 11.04%，浙江为 15.39%，北京和福建也都低于 20%（参见图 11）。与上一年相比，2012 年一些省份企业制度赡养率出现了一定的下降，例如，重庆下降了 4.03 个百分点，四川、云南和河南也分别下降了 2.73 个百分点、2.47 个百分点和 2.03 个百分点；而另一些省份出现了一定的上升，例如，西藏上升了2.61个百分点，黑龙江、甘肃和浙江也分别上升了2.48个百分点、2.42个百分点和2.02个百分点（参见图12）。

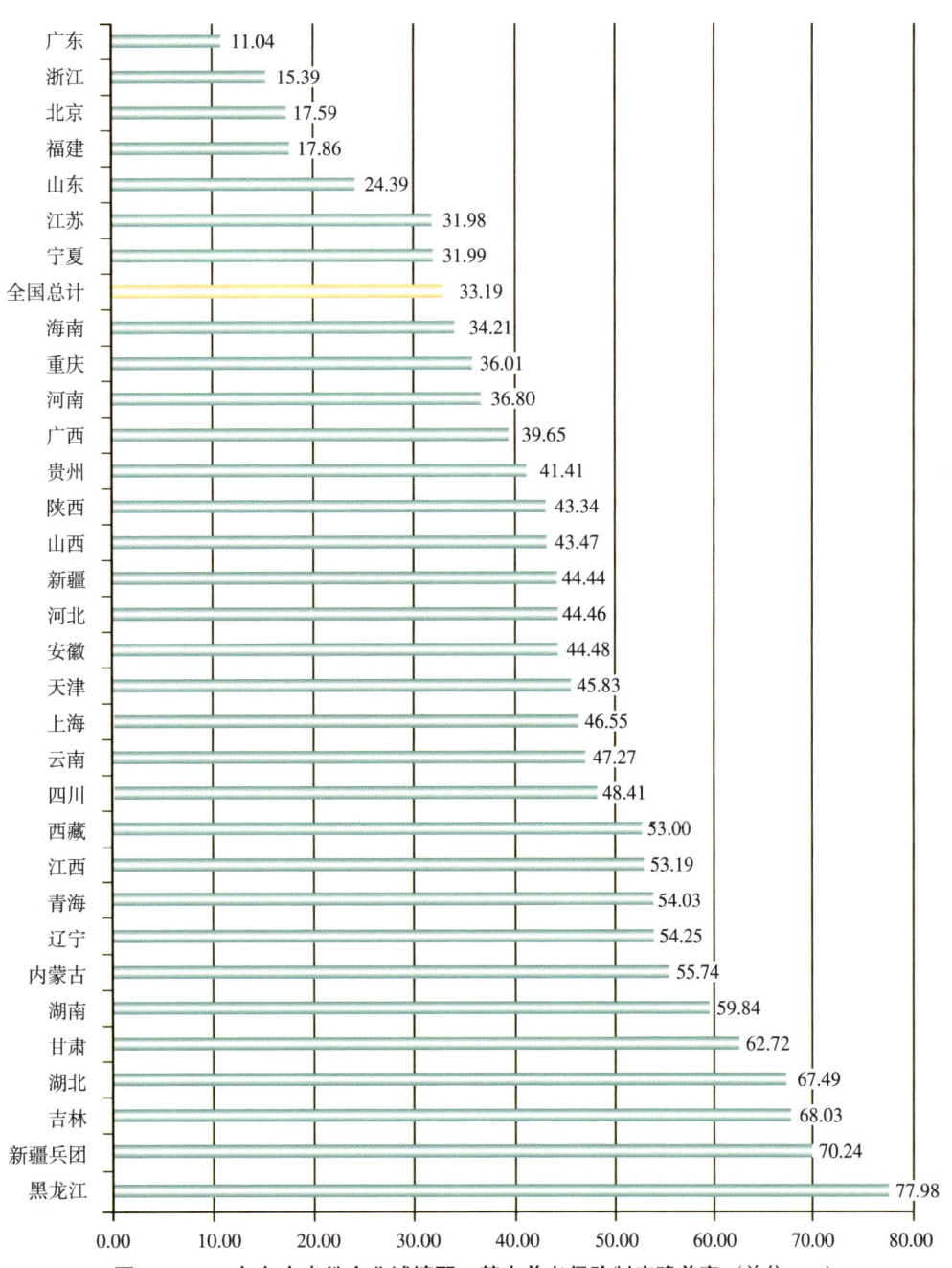

图11　2012年各个省份企业城镇职工基本养老保险制度赡养率（单位：%）

资料来源：由人力资源和社会保障部提供。

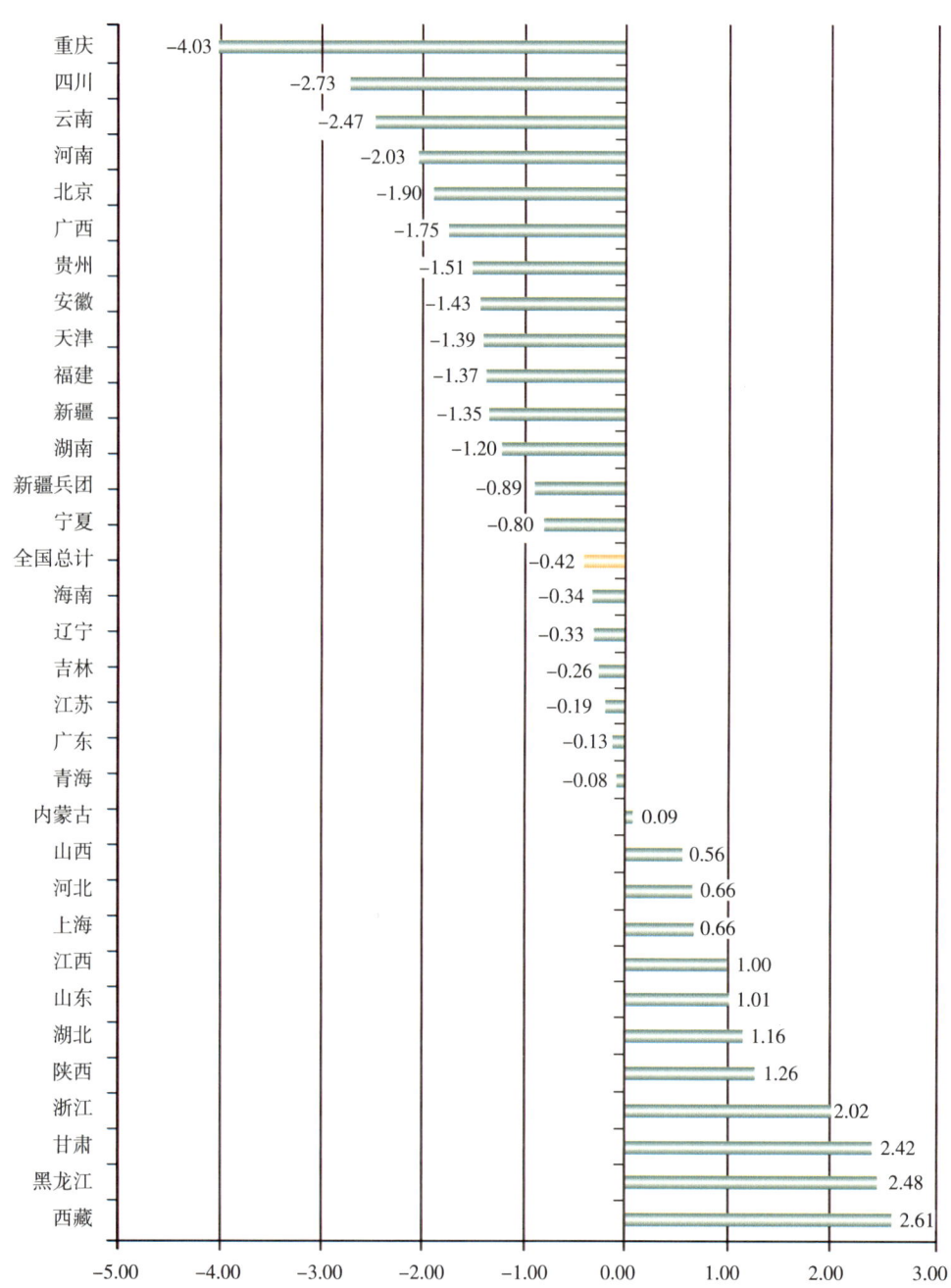

图12 2012年各个省份企业城镇职工基本养老保险制度赡养率变化（单位：%）

资料来源：由人力资源和社会保障部提供。

(三) 其他人员城镇职工基本养老保险制度赡养率上升

大部分省份其他人员城镇职工基本养老保险人数仍以较快速度增长，但离退休人数增长速度大多快于参保职工人数增长速度，使得绝大部分省份其他人员城镇职工基本养老保险制度赡养率有所上升。

第一，从各个省份其他人员城镇职工基本养老保险制度人数看，2012年四川有688.21万人，江苏有600.98万人，浙江也接近600万人；而西藏只有1.5万人，海南和青海也都只有20多万人。2012年西藏其他人员参保人数的增速最高，达到了43.75%，浙江、广东和山东也都超过了20%；而上海出现了4.75%的负增长，山西和吉林的增速也低于2%（参见表4）。与上一年相比，2012年大部分省份其他人员参保人数增速有所下降，其中，上海下降了164.50个百分点，青海、宁夏、西藏和海南下降的百分点数都超过了20；少数省份增速有所提高，其中，浙江提高了9.89个百分点，陕西提高了8.04个百分点。

第二，从各个省份其他人员城镇职工基本养老保险职工人数看，2012年江苏有503.35万人，浙江和四川也分别有472.23万人和433.65万人；而西藏只有1.45万人，海南也只有17.02万人。从其他人员参保职工人数增速看，西藏高达46.41%，新疆兵团和山东也都超过了20%；而海南则减少了9.01%，上海、吉林和山西也都出现了不同程度的负增长（参见表4）。与上一年相比，大部分省份其他人员参保职工人数增速有所下滑，其中，上海由超高速增长（159.76%）变为负增长，海南也由高速增长（20.73%）变为负增长；少数省份增速有所提高，其中，新疆兵团提高了9.71个百分点，黑龙江和浙江也分别提高了4.04个百分点和4.01个百分点。

第三，从各个省份其他人员城镇职工基本养老保险离退休人数看，2012年四川有254.56万人，重庆、浙江、黑龙江和辽宁也都超过了100万人；而上海为0，西藏也只有0.05万人，山西、青海、海南和贵州也都少于10万人。2012年其他人员离退休人数增长最快的是陕西，增速达到了83.78%，浙江、海南和湖南的增速也都超过了70%；而云南和青海出现了负增长，分别为-7.16%和-3.18%（参见表4）。与上一年相比，2012年一些省份其他人员离退休人数增速出现了很大的下滑，其中，青海由超高速增长（785.75%）变为负增长，湖北、江西和云南分别下滑了192.59个百分点、173.61个百分点和156.01个百分点，但仍保持了较高的增速；另外一些省份其他人员离退休人数增速出现了较大的提高，其中，陕西提高了63.50个百分点，浙江提高了40.21个百分点。

表4 2012年各个省份其他人员城镇职工基本养老保险制度参保状况

省份	参保职工		离退休人员		合计	
	人数（万人）	增长率（%）	人数（万人）	增长率（%）	人数（万人）	增长率（%）
西藏	1.45	46.41	0.05	-7.16	1.50	43.75
浙江	472.23	16.71	123.14	78.27	595.37	25.68
山东	269.21	20.96	55.15	28.96	324.36	22.25
广东	201.84	21.56	14.63	20.05	216.47	21.46
江西	219.05	13.50	35.73	63.59	254.79	18.60
新疆兵团	26.48	22.47	10.39	8.94	36.86	18.33
天津	48.22	17.36	24.92	18.68	73.14	17.81
陕西	81.89	9.35	13.07	83.78	94.95	15.81
重庆	130.59	6.74	125.67	26.62	256.26	15.64
河北	135.09	8.66	26.36	63.99	161.45	15.00
贵州	54.84	11.42	7.83	47.88	62.67	14.97
江苏	503.35	9.43	97.63	50.37	600.98	14.50

续表

省份	参保职工		离退休人员		合计	
	人数（万人）	增长率（%）	人数（万人）	增长率（%）	人数（万人）	增长率（%）
湖 南	237.25	8.82	31.91	74.53	269.17	13.91
宁 夏	28.03	10.32	19.61	16.07	47.64	12.62
新 疆	62.17	7.39	12.77	37.09	74.94	11.50
黑龙江	220.95	8.93	120.08	15.20	341.03	11.06
河 南	165.62	9.10	22.73	23.90	188.35	10.70
广 西	108.65	5.27	68.26	20.46	176.91	10.65
内蒙古	133.61	2.28	51.12	38.92	184.73	10.34
甘 肃	50.26	4.65	10.10	48.73	60.35	10.11
云 南	61.55	4.13	21.41	31.25	82.95	9.99
安 徽	181.73	7.13	30.56	24.95	212.28	9.37
四 川	433.65	5.80	254.56	15.96	688.21	9.34
湖 北	324.99	6.69	59.03	24.77	384.02	9.12
福 建	103.52	5.57	19.64	23.18	123.17	8.03
辽 宁	371.99	3.89	117.64	16.86	489.63	6.74
北 京	77.93	2.17	49.22	14.70	127.15	6.68
青 海	20.92	6.36	5.13	-3.18	26.05	4.34
海 南	17.02	-9.01	5.30	76.77	22.32	2.84
吉 林	158.4	-3.46	71.87	15.16	230.27	1.67
山 西	61.86	-0.29	4.96	30.01	66.82	1.46
上 海	123.42	-4.75	0.00	—	123.42	-4.75

注：表中各个省份按照其他人员参保人数增长率由高至低排序。
资料来源：由人力资源和社会保障部提供。

第四，从各个省份其他人员城镇职工基本养老保险制度赡养率看，2012 年重庆其他人员制度赡养率高达 96.23%，宁夏、北京和广西也都超过了 60%；而上海为 0，西藏只有 3.31%，广东和山西也都低于 10%（参见图 13）。与上一年相比，绝大部分省份其他人员制度赡养率出现了上升，其中，海南和重庆分别上升了 15.11 个百分点和 15.10 个百分点，内蒙古也上升了 10.09 个百分点；而新疆兵团下降了 4.87 个百分点，青海、西藏和广东也出现了不同程度的下降（参见图 14）。

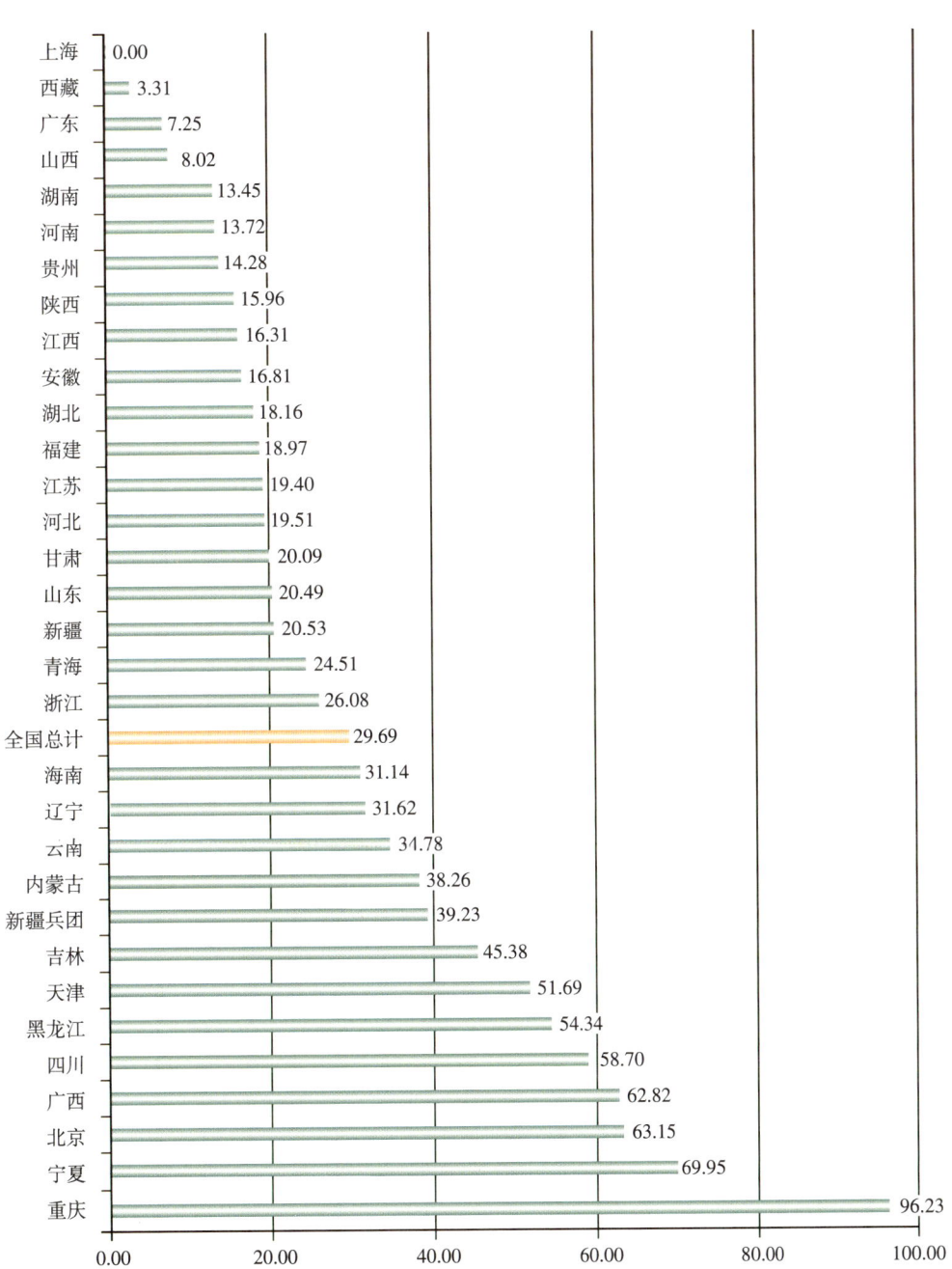

图 13　2012年各个省份其他人员城镇职工基本养老保险制度赡养率（单位：%）

资料来源：由人力资源和社会保障部提供。

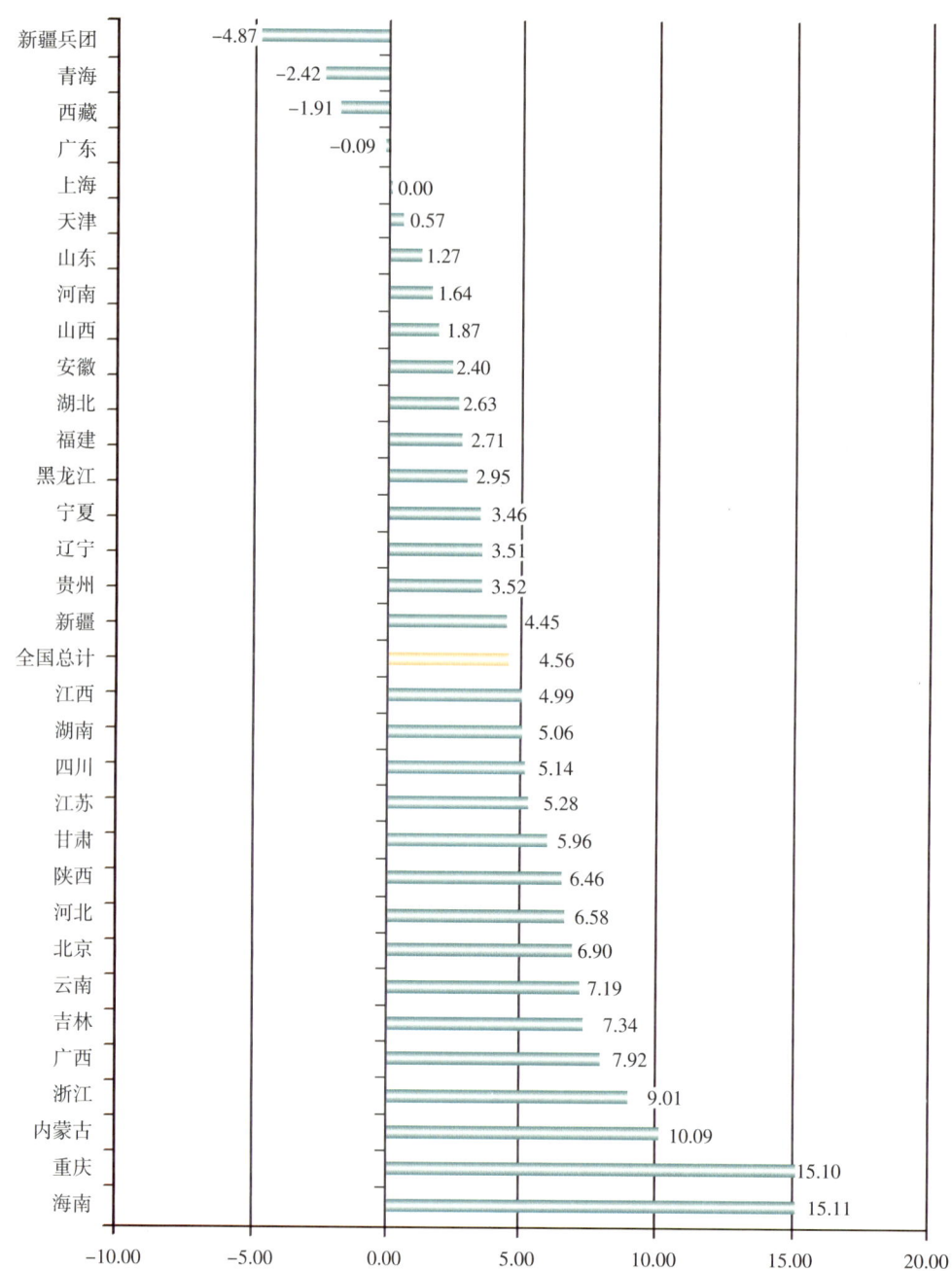

图 14 2012 年各个省份其他人员城镇职工基本养老保险制度赡养率变化（单位：%）

资料来源：由人力资源和社会保障部提供。

三、不同性质企业参保状况有较大差异

（一）国有企业参保人数比重下降，其他各类企业参保人员占比上升

第一，虽然各个省份国有企业参加城镇职工基本养老保险人数占企业参保总人数的比例（下文简称国有企业参保人数所占比重）仍然差异很大，但2012年都出现了不同程度的下降。2012年国有企业参保人数所占比重最高的是新疆兵团，高达95.25%，西藏为87.10%，黑龙江和甘肃也都超过了75%；而浙江只有7.55%，广东、上海、北京和福建也都低于20%。与上一年相比，2012年各个省份国有企业参保人数所占比重普遍下降，其中，河南下降了9.19个百分点，四川下降了9.11个百分点，西藏和陕西也分别下降了8.62个百分点和8.00个百分点（参见表5）。

第二，绝大部分集体企业参加城镇职工基本养老保险人数占企业参保总人数的比例（下文简称集体企业参保人数所占比重）在2012年都出现了不同程度的下降，但大部分省份变动不大。2012年集体企业参保人数所占比重最高的省份是河南，为20.15%，辽宁和山东也都超过了15%；而新疆兵团只有0.06%，西藏和北京也分别只有1.28%和2.63%。与上一年相比，大部分省份集体企业参保人数所占比重出现了一定程度的下降，其中天津和山东分别下降了3.17个百分点和2.49个百分点；少数省份集体企业参保人数所占比重出现了一定的上升，其中，河南和新疆分别上升了5.76百分点和2.14个百分点（参见表5）。

第三，大部分省份港澳台及外资企业参加城镇职工基本养老保险人数企业参保总人数的比例（下文简称港澳台及外资企业参保人数所占比重）仍然较低，而且2012年变动不大。2012年港澳台及外资企业参保人数所占比重最高的省份是广东，为22.00%，福建达到了21.85%，上海、江苏、天津和北京也都超过了10%；而西藏为0，新疆兵团、甘肃、内蒙古、青海、新疆和贵州等西部欠发达省份均低于1%。与上一年相比，大部分省份港澳台及外资企业参保人数所占比重出现了一定的上升，上海上升了4.33个百分点，四川也上升了2.35个百分点；少数省份港澳台及外资企业参保人数所占比重出现了一定的下降，其中，福建下降了3.83个百分点（参见表5）。

第四，大部分省份其他各种经济类型企业参加城镇职工基本养老保险人数占企业参保总人数的比例（下文简称其他各种经济类型企业参保人数所占比重）已经不低，而且2012年普遍出现了不同程度的上升。2012年其他各种经济类型企业参保人数所占比重最高的省份是浙江，高达82.33%，北京和上海也都超过了60%；而新疆兵团只有4.68%，西藏、黑龙江和河南也都低于12%。与上一年相比，所有省份其他各种经济类型企业参保人数所占比重都有所上升，其中，福建上升了11.85个百分点，天津、山东、陕西和西藏也都上升了超过8个百分点（参见表5）。

表5　2012年各个省份不同性质企业参保人数所占比重及其变动　　　单位：%

省份	国有企业		集体企业		港澳台及外资企业		其他各种经济类型企业	
	占比	变动①	占比	变动	占比	变动	占比	变动
新疆兵团	95.25	-3.23	0.06	0.00	0.01	0.00	4.68	3.23
西藏	87.10	-8.62	1.28	0.53	0.00	0.00	11.62	8.09
黑龙江	75.33	-0.92	11.23	-0.95	1.65	0.02	11.78	1.85
甘肃	75.12	-2.64	7.62	0.56	0.14	0.00	17.12	2.08
山西	69.93	-3.43	14.18	-0.01	2.72	1.60	13.16	1.83
江西	69.11	-2.73	11.19	-1.00	2.61	0.63	17.10	3.10
贵州	64.45	-7.61	9.68	1.03	0.84	0.07	25.03	6.52
吉林	63.72	-2.71	9.47	-0.79	3.43	0.33	23.38	3.17
内蒙古	63.35	-2.61	5.77	-0.73	0.15	0.00	30.73	3.34
河南	63.28	-9.19	20.15	5.76	4.72	1.69	11.84	1.74
青海	60.36	-1.47	6.98	-0.65	0.21	0.02	32.45	2.10
云南	59.78	-4.61	8.93	0.05	1.30	0.01	29.99	4.54

① 表中的变动是指各个省份不同性质企业参保人数2012年占比与2011年占比之差。

续表

省份	国有企业 占比	国有企业 变动	集体企业 占比	集体企业 变动	港澳台及外资企业 占比	港澳台及外资企业 变动	其他各种经济类型企业 占比	其他各种经济类型企业 变动
宁 夏	58.44	−6.25	4.96	−0.32	1.88	−0.20	34.72	6.76
新 疆	57.51	−7.01	6.14	2.14	0.79	−0.27	35.56	5.15
广 西	56.94	−1.31	6.82	−0.75	2.71	0.20	33.52	1.86
陕 西	56.88	−8.00	7.48	−0.15	2.49	0.01	33.15	8.14
海 南	54.43	−6.53	4.24	−0.53	4.88	−0.29	36.45	7.35
湖 北	53.72	−1.63	12.64	−0.92	3.81	0.30	29.83	2.25
湖 南	52.28	−7.06	14.72	−0.99	2.15	0.10	30.85	7.95
河 北	49.44	−4.94	11.91	−1.21	4.71	0.50	33.94	5.65
安 徽	48.71	−4.36	12.60	−1.89	4.04	−0.15	34.65	6.40
辽 宁	47.45	−3.96	18.64	−0.14	5.63	0.17	28.28	3.93
重 庆	46.86	−3.27	9.42	−0.39	7.11	1.72	36.61	1.94
四 川	44.10	−9.11	11.98	−0.58	4.61	2.35	39.31	7.34
天 津	43.70	−6.07	9.50	−3.17	13.64	0.85	33.16	8.39
山 东	36.10	−5.10	15.78	−2.49	7.09	−0.58	41.04	8.17
江 苏	20.36	−2.50	12.08	−0.64	16.33	−1.01	51.23	4.16
福 建	19.38	−6.07	6.32	−1.95	21.85	−3.83	52.45	11.85
北 京	18.84	−3.80	2.63	−0.51	10.25	−0.26	68.28	4.57
上 海	15.92	−5.49	6.66	−1.60	16.93	4.33	60.49	2.77
广 东	15.64	−2.11	5.96	−0.68	22.00	0.06	56.40	2.73
浙 江	7.55	−0.85	4.29	−0.52	5.84	−0.71	82.33	2.09

注：表中各省份按照国有企业参保人数所占比例由高至低排序。
资料来源：由人力资源和社会保障部提供。

（二）国有企业城镇职工参保状况分化明显，制度赡养率普遍偏高

第一，从各个省份国有企业城镇职工基本养老保险参保人数看，2012年河南高达598.79万人，广东有570.24万人，山东也有510.95万人；西藏只有7.97万人，青海和宁夏也分别只有36.20万人和48.85万人。2012年国有企业参保人数增长最快的省份是浙江，增速达到了8.19%，河南和安徽的增速也分别达到了6.90%和5.75%；一些省份国有企业参保人数出现了下降，其中，福建的降幅最大，达到了6.58%，湖南和宁夏的降幅也分别达到了3.88%和3.28%（参见表6）。

第二，从各个省份国有企业城镇职工基本养老保险参保职工人数看，2012年河南有404.14万人，广东有402.80万人，山东也有365.78万人，而西藏只有4.82万人，青海和宁夏也分别只有18.42万人和33.43万人。2012年国有企业参保职工人数增长最快的省份是河南，增速为6.97%，安徽的增速也达到了6.12%；而福建国有企业参保职工人数减少了8.02%，宁夏也减少了4.91%（参见表6）。

第三，从各个省份国有企业城镇职工基本养老保险离退休人数看，2012年辽宁达到了222.31万人，黑龙江、河南和湖北也都超过了190万人；而西藏只有3.15万人，宁夏和青海也都只有不到20万人。2012年国有企业离退休人数增长最快的省份是浙江，增速达到了19.90%，广东的增速也达到了8.53%；而少数省份国有企业离退休人数有所减少，其中，湖南减少了9.67%（参见表6）。

表6 2012年各个省份国有企业城镇职工基本养老保险制度参保状况

省份	参保职工		离退休人员		合计	
	人数（万人）	增长率（%）	人数（万人）	增长率（%）	人数（万人）	增长率（%）
浙 江	76.71	3.51	35.58	19.90	112.29	8.19
河 南	404.14	6.97	194.65	6.76	598.79	6.90
安 徽	173.30	6.12	96.32	5.09	269.62	5.75
广 东	402.80	2.23	167.44	8.53	570.24	4.00
青 海	18.42	0.71	17.77	6.51	36.20	3.48
广 西	125.23	4.50	65.95	1.12	191.18	3.31
西 藏	4.82	1.95	3.15	4.75	7.97	3.04
云 南	95.09	3.78	66.43	1.13	161.52	2.67
贵 州	94.14	1.57	57.96	3.78	152.1	2.40
甘 肃	98.26	1.81	64.76	2.15	163.02	1.95
山 西	224.36	0.10	112.63	5.64	336.99	1.89
四 川	178.34	2.67	162.45	0.85	340.79	1.80
北 京	120.73	2.34	82.56	0.66	203.29	1.65
河 北	227.62	0.21	161.78	3.64	389.40	1.61
陕 西	172.56	-0.30	104.96	4.59	277.52	1.49
湖 北	199.11	-1.06	190.73	4.09	389.83	1.40
江 苏	204.18	4.05	143.34	-2.52	347.52	1.24
重 庆	132.55	1.93	77.05	-0.40	209.61	1.06
江 西	173.69	-1.20	123.47	4.07	297.16	0.92
天 津	89.79	0.48	87.79	0.84	177.59	0.66
海 南	50.00	-1.66	33.96	3.80	83.97	0.48
辽 宁	264.32	-1.16	222.31	1.50	486.63	0.03
吉 林	131.26	-2.32	124.85	2.00	256.11	-0.26
山 东	365.78	-2.17	145.17	4.61	510.95	-0.33
黑龙江	247.18	-2.33	199.67	1.67	446.85	-0.58
新 疆	79.19	-0.27	48.94	-2.51	128.13	-1.14
内蒙古	103.93	-1.72	69.05	-0.43	172.98	-1.21
上 海	70.02	-3.55	118.78	0.21	188.80	-1.22
新疆兵团	59.66	-2.56	44.64	-0.18	104.30	-1.56
宁 夏	33.43	-4.91	15.43	0.42	48.85	-3.28
湖 南	158.01	1.81	137.77	-9.67	295.78	-3.88
福 建	64.01	-8.02	43.74	-4.38	107.75	-6.58

注：表中各个省份按照国有企业参保人数增长率由高至低排序。
资料来源：由人力资源和社会保障部提供。

第四,从各个省份国有企业城镇职工基本养老保险制度赡养率看,地区差异还是十分明显的。2012年上海国有企业制度赡养率高达169.63%,天津、青海、湖北、吉林和四川也都超过了90%,而山东、广东、宁夏、浙江和河南都低于50%(参见图15)。与上一年相比,2012年一些省份国有企业制度赡养率有所上升,其中,上海上升了6.37个百分点,浙江和青海也分别上升了6.34个百分点和5.26个百分点。另外一些省份国有企业制度赡养率有所下降,其中,湖南下降了11.08个百分点,江苏也下降了4.73个百分点(参见图16)。

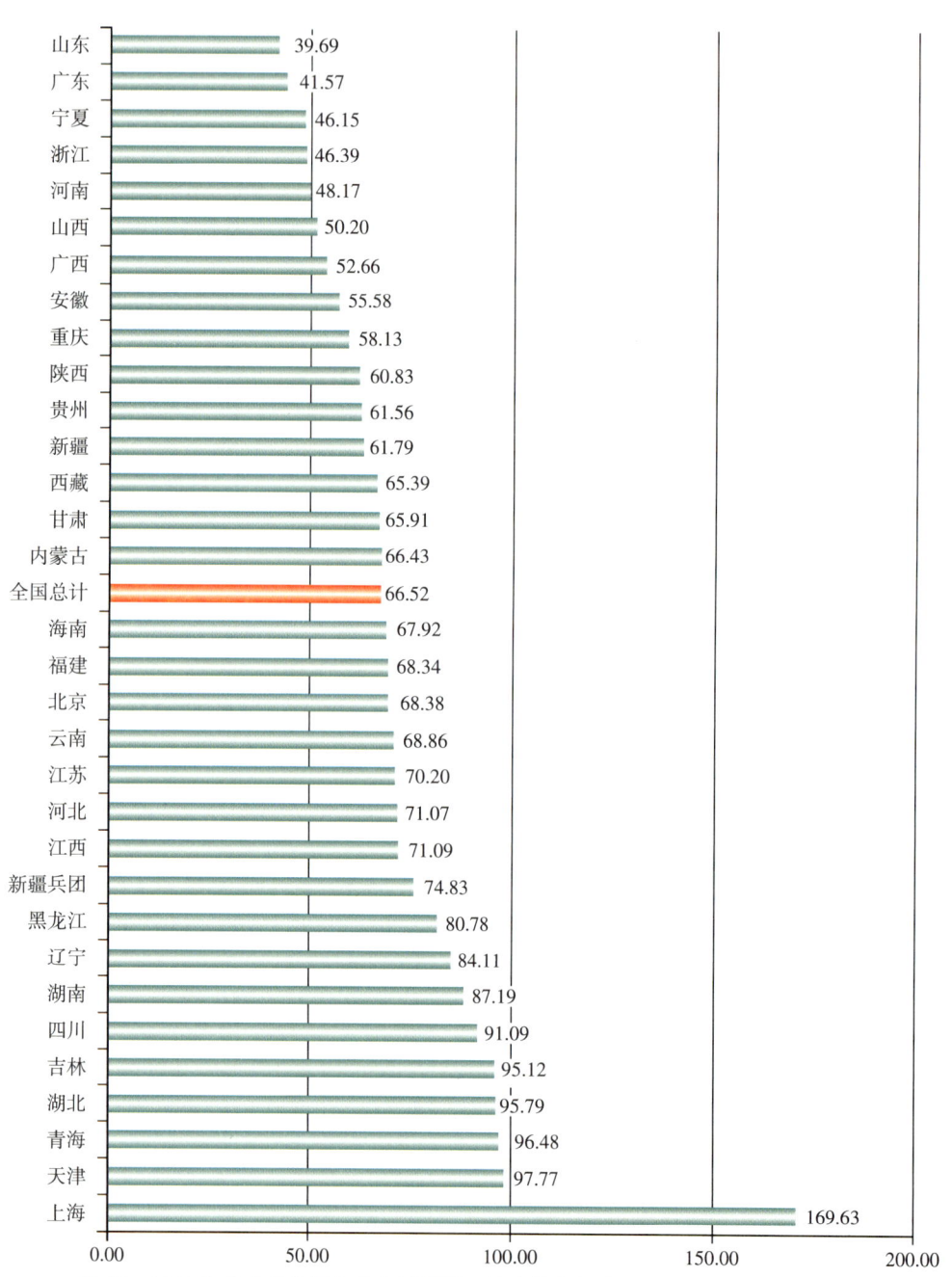

图15 2012年各个省份国有企业城镇职工基本养老保险制度赡养率(单位:%)

资料来源:由人力资源和社会保障部提供。

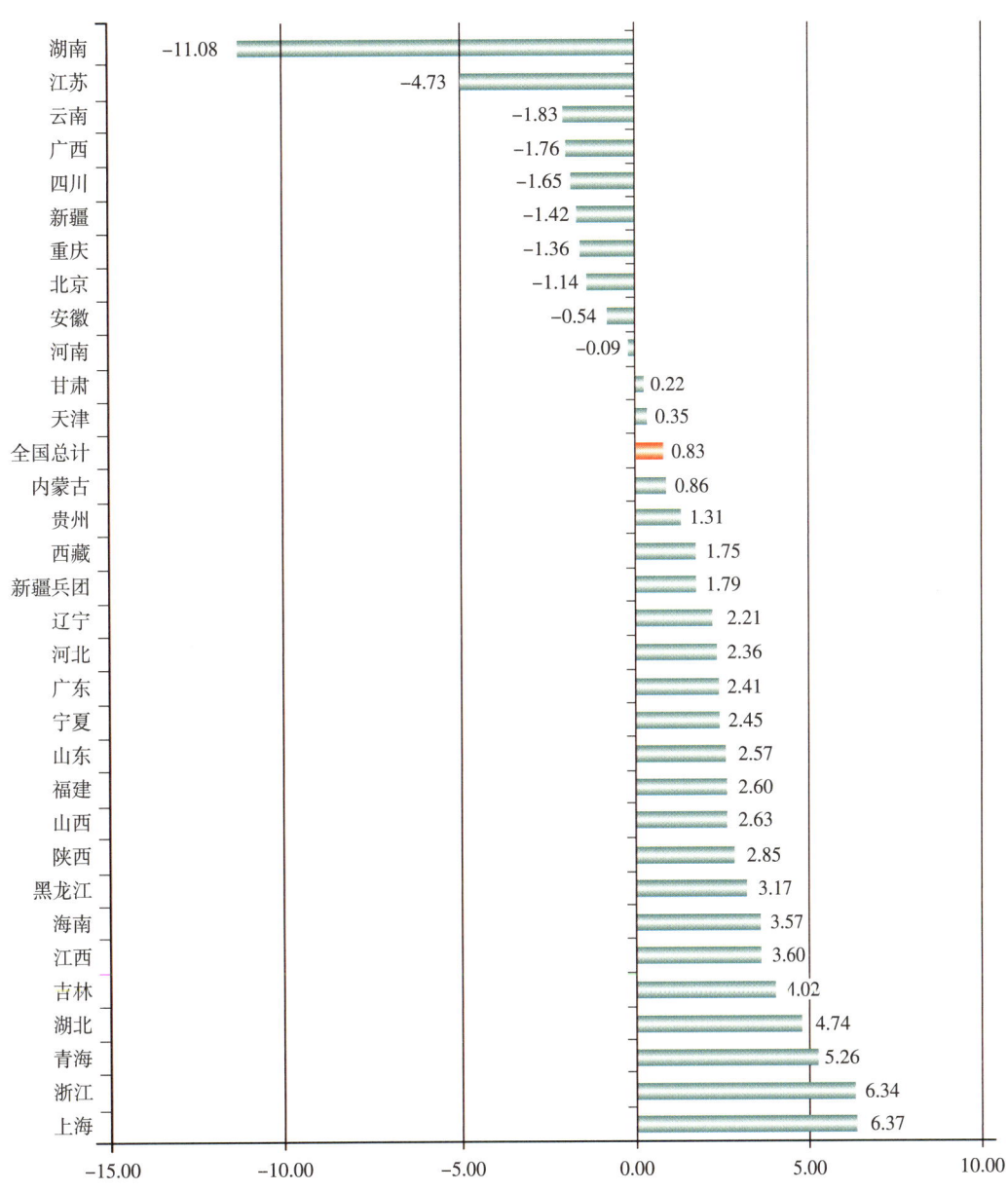

图16 2012年各个省份国有企业城镇职工基本养老保险制度赡养率变化（单位：%）

资料来源：由人力资源和社会保障部提供。

（三）集体企业城镇职工基本养老保险参保状况差异最为显著

第一，从各个省份集体企业城镇职工基本养老保险参保人数看，2012年山东、江苏和广东都超过了200万人，辽宁和河南也都超过了190万人；而新疆兵团和西藏分别只有0.07万人和0.12万人，宁夏和青海也都只有4万多人。与上一年相比，2012年集体企业参保人数增长最快的省份是西藏，增速达到了77.42%，新疆的增速为44.37%，贵州、陕西、河南和宁夏的增速也都超过了10%；而天津减少了11.35%，重庆、黑龙江和江西也都减少了超过3%（参见表7）。

第二，从各个省份集体企业城镇职工基本养老保险参保职工人数看，2012年广东有161.09万人，河南和山东都有150多万人，江苏和辽宁也都超过了100万人；而新疆兵团和西藏分别只有0.01万人和0.10万人，青海和宁夏也分别只有1.27万人和2.25万人。与上一年相比，2012年集体企业参保职工人数增长最快的省份是西藏，增速达到了69.03%，新疆的增速为47.24%，河南的增速也超过了20%；而天津减少了25.47%，黑龙江也减少了9.71%（参见表7）。

第三，从各个省份集体企业城镇职工基本养老保险离退休人数看，2012年江苏有94.78万人，辽宁和山东也分别有84.93万人和67.04万人；而西藏和新疆兵团分别只有0.01万人和0.06万人，宁夏和青海也分别只有1.90万人和2.91万人。与上一年相比，2012年集体企业离退休人数增长最快的省份仍然是西藏，增速为173.58%，新疆和陕西的增速也分别达到了41.70%和32.00%；而少数省份集体企业离退休人数有所减少，其中，河南减少了9.72%，湖南也减少了4.06%（参见表7）。

表7 2012年各个省份集体企业城镇职工基本养老保险制度参保状况

省份	参保职工		离退休人员		合计	
	人数（万人）	增长率（%）	人数（万人）	增长率（%）	人数（万人）	增长率（%）
西 藏	0.10	69.03	0.01	173.58	0.12	77.42
新 疆	6.73	47.24	6.95	41.70	13.67	44.37
贵 州	13.67	18.53	9.17	17.47	22.84	18.10
河 南	157.93	20.15	32.73	-9.72	190.66	13.69
陕 西	15.21	-5.05	21.29	32.00	36.50	13.54
宁 夏	2.25	10.53	1.90	10.94	4.15	10.72
江 苏	111.51	3.06	94.78	12.09	206.29	7.02
四 川	40.41	3.68	52.15	9.49	92.57	6.88
浙 江	45.80	7.74	18.01	3.43	63.80	6.48
广 东	161.09	4.45	56.13	6.66	217.22	5.01
云 南	17.24	6.60	6.89	0.42	24.13	4.76
山 西	39.60	2.29	28.73	7.57	68.33	4.45
甘 肃	8.96	3.22	7.57	5.94	16.54	4.45
湖 北	45.55	1.99	46.19	5.31	91.74	3.63
北 京	16.53	5.02	11.87	-0.69	28.39	2.55
山 东	156.29	2.65	67.04	1.22	223.33	2.22
辽 宁	106.26	1.61	84.93	1.86	191.19	1.72
海 南	3.43	-1.47	3.10	4.81	6.53	1.41
新疆兵团	0.01	12.39	0.06	-1.22	0.07	1.02
内蒙古	7.17	-0.70	8.60	1.85	15.76	0.68
吉 林	15.67	-5.15	22.37	4.97	38.04	0.55
青 海	1.27	-4.53	2.91	2.05	4.18	-0.05
湖 南	43.59	1.49	39.67	-4.06	83.27	-1.23
河 北	55.19	-5.00	38.65	4.62	93.84	-1.26
福 建	18.93	-2.20	16.24	-0.55	35.17	-1.45
上 海	32.57	-6.01	46.40	1.69	78.97	-1.64
安 徽	33.71	-2.76	36.04	-1.02	69.74	-1.87
广 西	13.33	-1.10	9.58	-3.89	22.91	-2.29
江 西	26.67	-6.51	21.43	0.96	48.10	-3.32
黑龙江	27.64	-9.71	38.98	1.76	66.62	-3.33
重 庆	22.97	-3.49	19.16	-3.25	42.13	-3.38
天 津	17.96	-25.47	20.65	6.15	38.61	-11.35

注：表中各个省份按照集体企业参保人数增长率由高至低排序。
资料来源：由人力资源和社会保障部提供。

第四，从各个省份集体企业城镇职工基本养老保险制度赡养率看，2012年新疆兵团和青海分别高达448.03%和228.41%，吉林、上海、黑龙江、陕西、四川、内蒙古、天津、安徽、新疆、湖北10个省份也都超过了100%；而西藏和河南分别只有14.13%和20.73%（参见图17）。与上一年相比，一些省份集体企业的制度赡养率出现了较大的上升，其中，陕西和天津分别上升了39.29个百分点和34.24个百分点，黑龙江、青海、吉林和上海也都上升了超过10个百分点；另外一些省份集体企业制度赡养率出现了一定的下降，其中，新疆兵团下降了61.70个百分点，河南和湖南也分别下降了6.86个百分点和5.27个百分点（参见图18）。

图17 2012年各个省份集体企业城镇职工基本养老保险制度赡养率（单位：%）

资料来源：由人力资源和社会保障部提供。

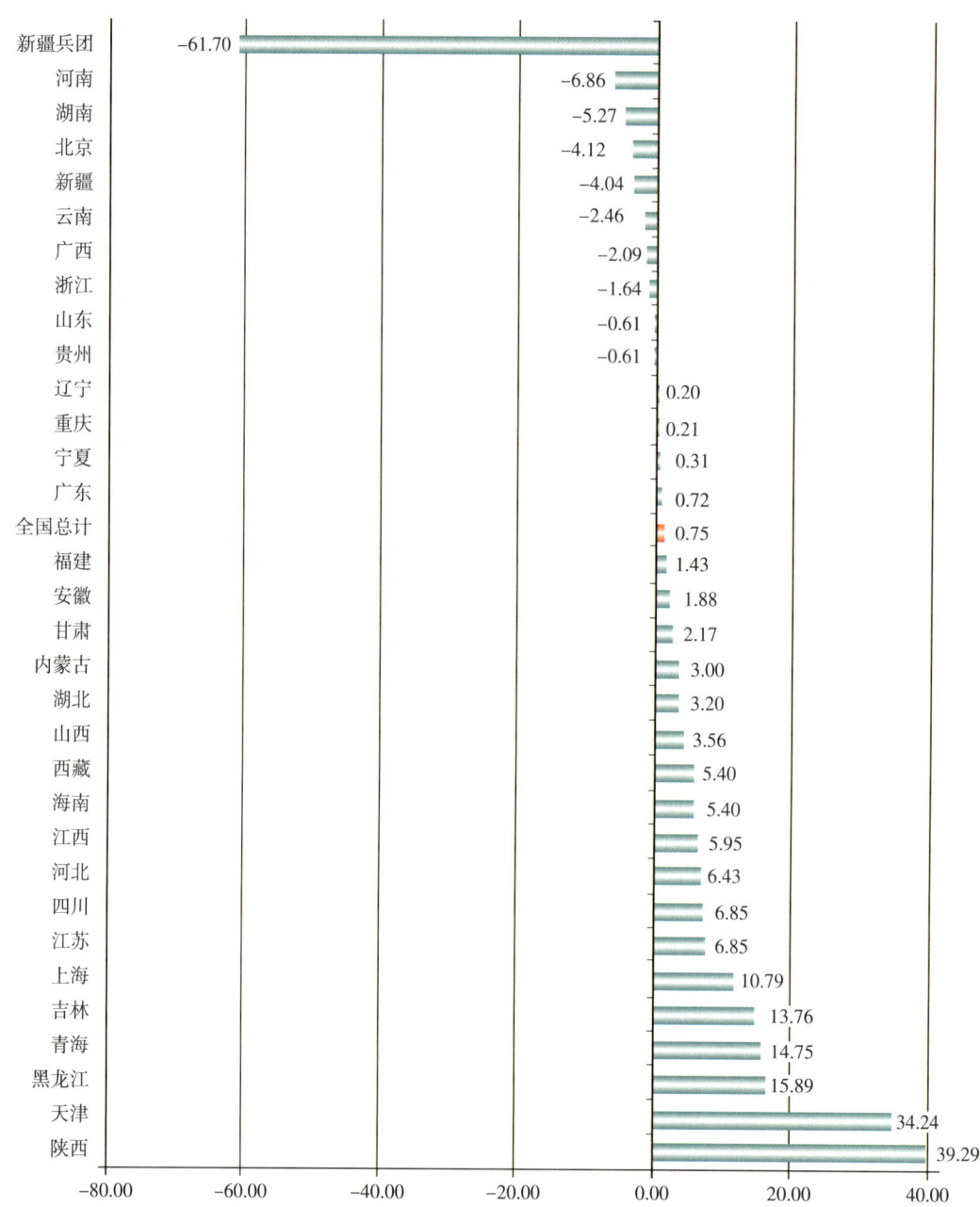

图 18　2012 年各个省份集体企业城镇职工基本养老保险制度赡养率变化（单位：%）

资料来源：由人力资源和社会保障部提供。

（四）其他经济类型企业职工参保人数保持快速增长

绝大部分省份其他各种经济类型企业城镇职工基本养老保险参保人数都保持了快速增长，一些经济发达省份城镇职工基本养老保险从中获益较多。

第一，从各个省份其他各种经济类型企业城镇职工基本养老保险参保人数看，2012 年广东有 2055.80 万人，浙江有 1224.94 万人，江苏和北京也分别有 874.55 万人和 736.94 万人；而西藏只有 1.06 万人，新疆兵团只有 5.12 万人，青海和宁夏也分别只有 19.46 万人和 29.02 万人。与上一年相比，只有西藏其他各种经济类型企业参保人数有所减少，减少了 10.87%；而增长速度最快的是新疆兵团，增速为 143.70%，湖南、宁夏、贵州、福建、陕西、重庆 6 个省份的增速也都超过了 20%（参见表 8）。

第二，从各个省份其他各种经济类型企业城镇职工基本养老保险参保职工人数看，2012年广东有1925.78万人，浙江有1082.29万人，江苏和北京也分别有709.44万人和671.60万人；而西藏只有1.06万人，新疆兵团为4.64万人，甘肃和宁夏也都只有20多万人。与上一年相比，同样只有西藏其他各种经济类型企业参保职工人数有所减少，减少了11.23%，而增长速度最快的同样是新疆兵团，增速为139.48%，重庆、宁夏、贵州、福建、陕西5个省份的增速也都在20%以上（参见表8）。

第三，从各个省份其他各种经济类型企业城镇职工基本养老保险离退休人数看，2012年上海有199.93万人，江苏和浙江也分别有165.11万人和142.65万人；而西藏只有43人，青海和新疆兵团也分别只有0.35万人和0.48万人。与上一年相比，只有广东其他各种经济类型企业离退休人数有所减少，减少了1.48%；而湖南的增速最快，达到了214.40%，新疆兵团也高达193.65%，这两个省份其他各种经济类型企业离退休人员增速都远远高于参保职工人数增速；江西、海南等省份的增速也很高（参见表8）。

表8 2012年各个省份其他各种经济类型企业城镇职工基本养老保险制度参保状况

省份	参保职工		离退休人员		合计	
	人数（万人）	增长率（%）	人数（万人）	增长率（%）	人数（万人）	增长率（%）
新疆兵团	4.64	139.48	0.48	193.65	5.12	143.70
湖　南	140.64	10.84	33.92	214.10	174.56	26.78
宁　夏	26.22	24.34	2.80	19.72	29.02	23.88
贵　州	57.11	23.76	1.95	20.80	59.06	23.66
福　建	270.05	22.56	21.64	27.48	291.69	22.91
陕　西	140.81	21.81	20.91	30.05	161.72	22.82
重　庆	143.37	25.14	20.41	8.12	163.78	22.73
海　南	54.02	18.34	2.20	58.19	56.22	19.52
江　西	69.17	16.77	4.37	74.61	73.54	19.12
山　东	519.96	15.21	60.91	44.50	580.87	17.71
甘　肃	25.85	6.09	11.29	46.05	37.15	15.72
天　津	118.18	16.00	16.58	13.26	134.76	15.65
河　南	89.99	14.45	22.08	16.70	112.06	14.89
北　京	671.60	15.76	65.34	3.95	736.94	14.60
四　川	266.73	14.34	37.01	14.38	303.73	14.34
新　疆	66.75	14.02	12.48	15.21	79.22	14.20
山　西	59.04	13.23	4.38	10.28	63.43	13.02
云　南	67.88	13.53	13.16	8.65	81.04	12.71
安　徽	158.23	13.16	33.57	10.46	191.80	12.67
青　海	19.11	12.70	0.35	10.78	19.46	12.67
吉　林	79.09	14.20	14.89	3.72	93.98	12.40
河　北	228.25	11.15	39.08	19.98	267.33	12.36
江　苏	709.44	11.86	165.11	13.73	874.55	12.21
浙　江	1082.29	9.39	142.65	29.88	1224.94	11.44
内蒙古	63.84	8.12	20.07	10.66	83.91	8.71
黑龙江	49.87	10.2	20.03	4.01	69.90	8.36
湖　北	162.42	7.67	54.03	6.70	216.45	7.42
上　海	517.25	5.25	199.93	7.68	717.18	5.92
广　西	93.40	6.69	19.14	1.03	112.54	5.68
广　东	1925.78	6.09	130.03	-1.48	2055.80	5.57
辽　宁	240.07	5.97	49.98	1.94	290.05	5.25
西　藏	1.06	-11.23	0	—	1.06	-10.87

注：表中各个省份按照其他各种经济类型企业参保人数增长率由高至低排序。
资料来源：由人力资源和社会保障部提供。

第四，从各个省份其他各种经济类型企业城镇职工基本养老保险制度赡养率看，2012年最高的省份是甘肃，达到了43.69%，黑龙江和上海也分别有40.17%和38.65%；而大部分省份其他各种经济类型企业城镇职工基本养老保险制度赡养率还是比较低的，其中，西藏最低，只有0.41%，青海、贵州、海南、江西、广东、山西、福建、北京8个省份也都低于10%（参见图19）。

与上一年相比，2012年一些省份其他各种经济类型企业城镇职工基本养老保险制度赡养率出现了很大的上升，例如，湖南和甘肃分别上升了15.61个百分点和11.95个百分点；而另外一些省份则出现了一定程度的下降，例如，黑龙江和重庆分别下降了2.39个百分点和2.24个百分点（参见图20）。

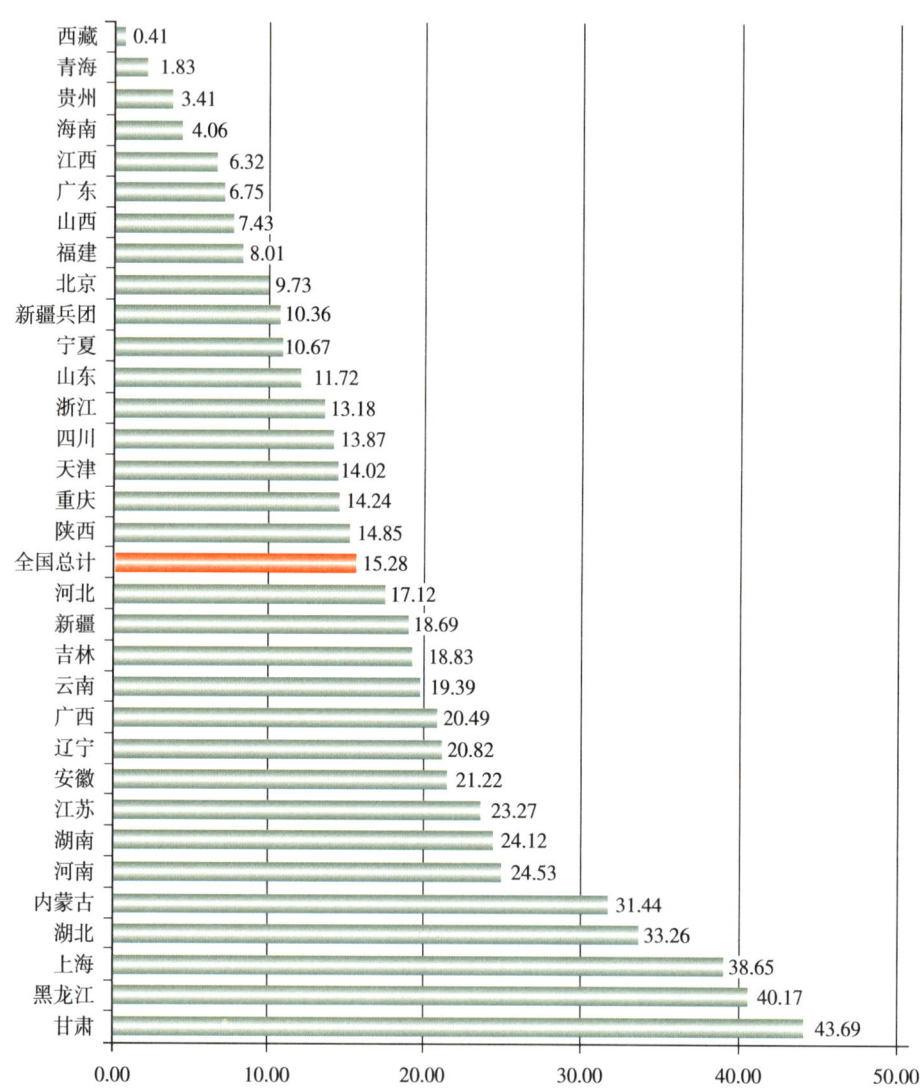

图19 2012年各个省份其他各种经济类型企业城镇职工基本养老保险制度赡养率（单位：%）

资料来源：由人力资源和社会保障部提供。

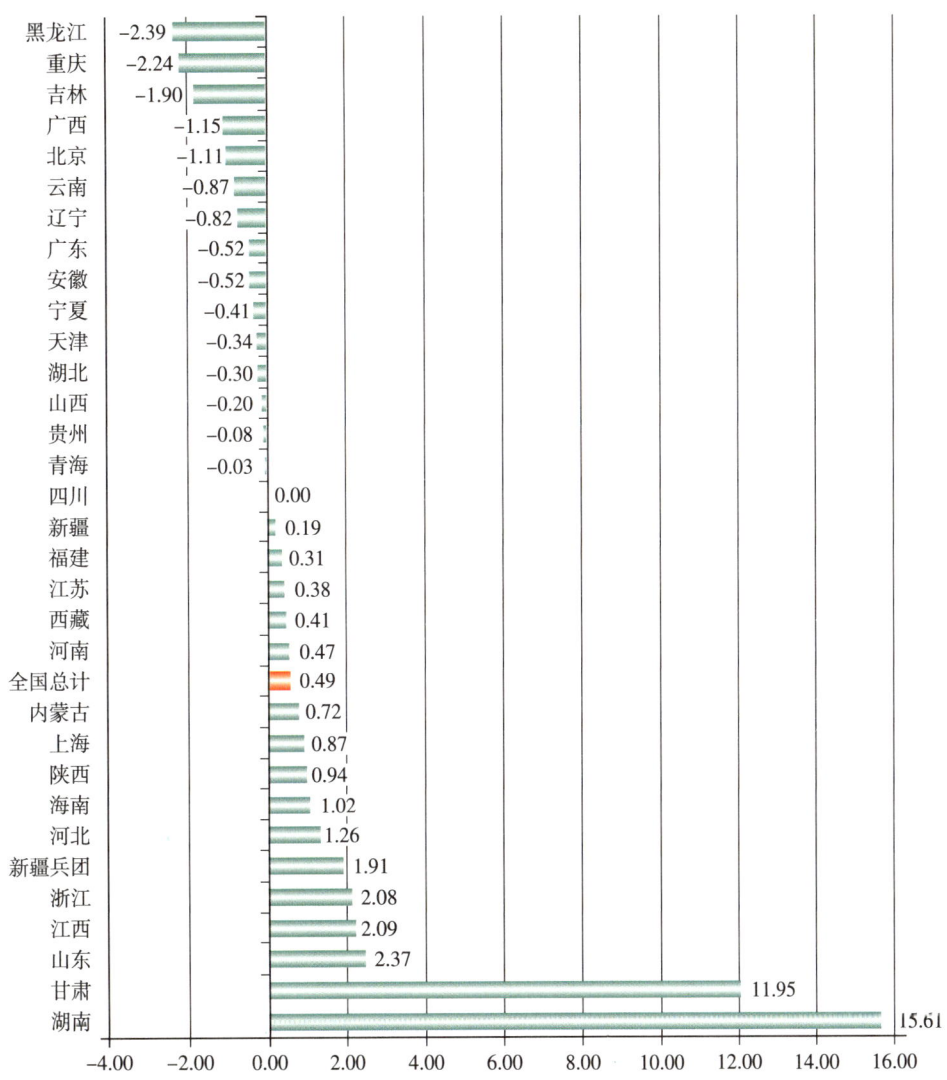

图20 2012年各个省份其他各种经济类型企业城镇职工基本养老保险制度赡养率变化（单位：%）

资料来源：由人力资源和社会保障部提供。

（五）港澳台及外资企业职工参保人数继续增加

绝大部分省份港澳台及外资企业城镇职工基本养老保险参保人数处于增长之中，同样是一些经济较发达的省份从其较低的港澳台及外资企业城镇职工基本养老保险制度赡养率中获益较多。

第一，从各个省份港澳台及外资企业城镇职工基本养老保险参保人数看，2012年广东有801.89万人，江苏和上海分别有278.71万人和200.75万人，福建、北京和山东也都有超过100万人；而西藏没有港澳台及外资企业参保人员，新疆兵团只有0.01万人，青海、甘肃和内蒙古也都少于1万人。与上一年相比，只有新疆和黑龙江港澳台及外资企业城镇职工基本养老保险制度参保人数出现了下降，分别下降了20.07%和3.23%；而山西是增长速度最快的省份，增速达到了126.44%，四川和江西的增速也分别达到了33.50%和20.35%（参见表9）。

第二，从各个省份港澳台及外资企业城镇职工基本养老保险参保职工人数看，2012年广东有793.01万人，江苏和上海分别有268.26万人和189.24万人，福建和北京也都有超过100万人；而西藏为0，新疆兵团只有0.01万人，青海、甘肃和内蒙古也都少于1万人。与上一年相比，同样只有新疆和黑龙江港澳台及外资企业城镇职工基本养老保险参保职工人数出现了下降，分别下降了

20.24%和4.16%；而山西增长了131.88%，四川和江西也分别增长了33.91%和20.39%（参见表9）。

第三，从各个省份港澳台及外资企业城镇职工基本养老保险离退休人数看，2012年所有省份都不多，青海、新疆兵团和西藏为0，还有许多省份不超过1万人，只有上海和江苏超过了10万人。与上一年相比，只有新疆、湖南、广西和广东港澳台及外资企业城镇职工基本养老保险离退休人数出现了下降，而海南、山东、北京、河南等增速较高（参见表9）。

表9 2012年各个省份港澳台及外资企业城镇职工基本养老保险制度参保状况

省份	参保职工		离退休人员		合计	
	人数（万人）	增长率（%）	人数（万人）	增长率（%）	人数（万人）	增长率（%）
山　西	12.87	131.88	0.25	5.75	13.12	126.64
四　川	35.18	33.91	0.43	6.71	35.61	33.50
江　西	11.17	20.39	0.03	7.33	11.21	20.35
重　庆	29.99	17.54	1.80	9.29	31.80	17.04
河　南	39.59	13.73	5.09	17.61	44.68	14.16
天　津	52.73	12.97	2.71	4.51	55.44	12.52
青　海	0.13	12.30	0.00	—	0.13	12.30
贵　州	1.95	12.17	0.04	13.31	1.99	12.19
河　北	34.17	12.18	2.92	9.72	37.09	11.98
北　京	108.91	11.09	1.69	17.92	110.61	11.19
宁　夏	1.44	10.42	0.13	7.50	1.57	10.17
湖　北	26.18	8.93	1.47	4.43	27.64	8.68
吉　林	13.17	8.26	0.60	4.61	13.78	8.10
陕　西	11.78	6.05	0.35	7.23	12.12	6.09
广　东	793.01	5.77	8.88	-1.34	801.89	5.68
云　南	3.26	5.39	0.24	3.16	3.50	5.23
辽　宁	54.26	5.30	3.52	2.18	57.78	5.11
湖　南	11.72	5.65	0.46	-11.05	12.17	4.91
甘　肃	0.29	3.91	0.02	5.88	0.31	4.02
安　徽	17.91	4.72	4.48	0.49	22.39	3.85
福　建	118.85	3.64	2.65	7.00	121.50	3.71
江　苏	268.26	2.78	10.44	13.85	278.71	3.15
广　西	8.46	3.21	0.65	-6.00	9.11	2.49
浙　江	84.73	1.93	2.17	8.20	86.90	2.08
上　海	189.24	1.24	11.50	8.05	200.75	1.61
内蒙古	0.40	1.62	0.02	0.99	0.42	1.59
山　东	95.91	0.15	4.41	18.09	100.32	0.83
海　南	7.47	0.19	0.06	18.17	7.53	0.32
新疆兵团	0.01	0.00	0.00	—	0.01	0.00
黑龙江	8.58	-4.16	1.21	3.91	9.80	-3.23
新　疆	1.57	-20.24	0.19	-18.65	1.77	-20.07
西　藏	0.00	—	0.00	—	0.00	—

注：表中各个省份按照其他各种经济类型企业参保人数增长率由高至低排序。
资料来源：由人力资源和社会保障部提供。

第四,从各个省份港澳台及外资企业城镇职工基本养老保险制度赡养率看,2012年最高的安徽省也只有25.04%,而绝大部分省份都低于10%,特别是,江西和海南低于1%,新疆兵团和青海为0(参见图21)。与上一年相比,2012年所有省份港澳台及外资企业城镇职工基本养老保险制度赡养率变化都不是很大。一些省份虽然有所下降,但下降最多的省份——山西也只下降了2.35个百分点。同样,虽然另一些省份有所上升,但上升最多的省份黑龙江也只上升了1.10个百分点(参见图22)。

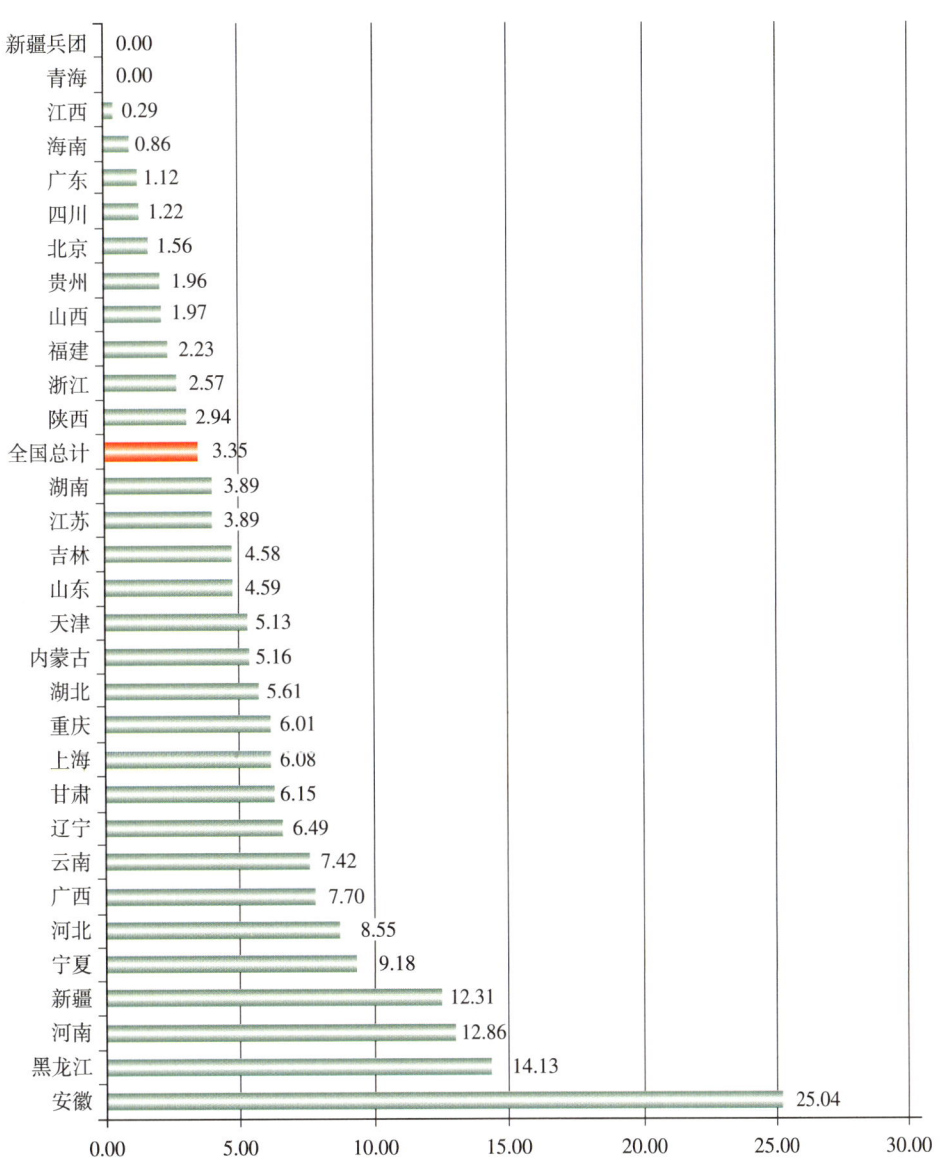

图21　2012年各个省份港澳台及外资企业城镇职工基本养老保险制度赡养率(单位:%)

资料来源:由人力资源和社会保障部提供。

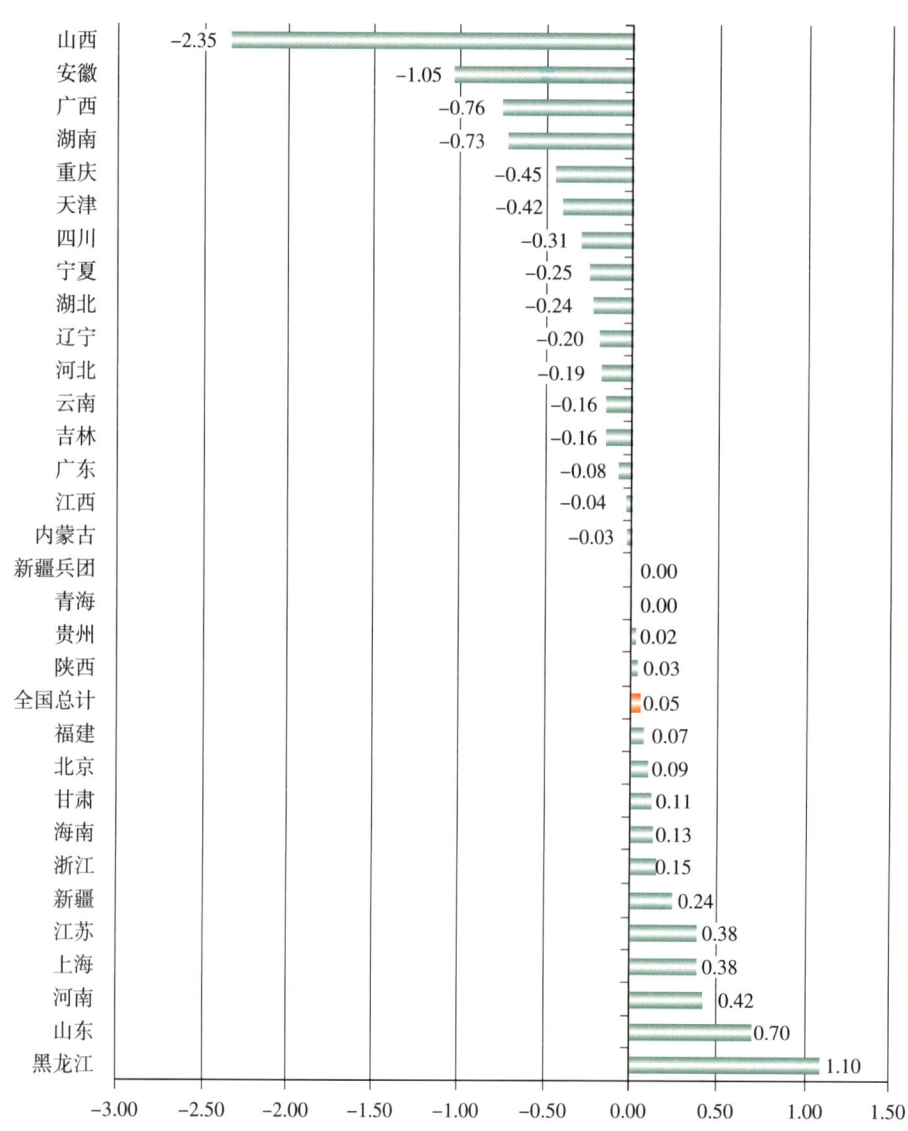

图 22　2012 年各个省份港澳台及外资企业城镇职工基本养老保险制度赡养率的变化（单位：%）

资料来源：由人力资源和社会保障部提供。

四、城乡居民基本养老保险扩面速度下滑，参保状况差异显著

2012 年城乡居民基本养老保险参保人数达到了 4.84 亿人，比上一年农村居民基本养老保险参保人数增长了 48.18%。2012 年城乡居民基本养老保险领取待遇人数达到了 1.34 亿人，比上一年农村居民基本养老保险领取待遇人数增长了 49.99%。虽然 2012 年城乡居民基本养老保险参保人数和领取待遇人数都保持了较高的增长速度，但与上一年农村居民基本养老保险制度相比，参保人数和领取待遇人数增速已经急剧下滑，分别下滑了 169.47 个百分点和 161.68 个百分点。其主要原因是，农村居民基本养老保险参保人数占应参保人数的比例已经比较高了，继续扩面的潜力在急剧下降，而城镇居民基本养老保险扩面速度比较缓慢。而各个省份 2012 年城乡居民基本养老保险参保状况的差异体现在以下两个方面：

（一）各个省份城乡居民基本养老保险扩面进度参差不齐

从 2012 年各个省份城乡居民基本养老保险参保人数

看，农村人口大省河南和山东都已经有4000多万人参保，安徽、河北和湖南也都有3000多万人；而新疆兵团2012年才开始有近12万人参保，上海和天津这两个农村人口较少的直辖市都只有80多万人参保。与上一年相比，一些省份城乡居民基本养老保险参保人数仍然以很快的速度增长，其中，广东、黑龙江和内蒙古的增速分别高达179.60%、171.65%和160.74%；也有一些省份增速缓慢，其中，重庆、北京和宁夏的增速分别只有0.52%、1.94%和2.96%。更重要的是，与上一年的参保人数增速相比，2012年的增速普遍大幅下滑，其中，宁夏下滑了605.55个百分点，江苏下滑了504个百分点；只有少数省份继续加速增长，其中，内蒙古和黑龙江的增速分别提高了88.89个百分点和59个百分点。这说明各个省份城乡居民基本养老保险扩面进度很不一致，大部分省份在实现最初的农村居民养老保险参保人数爆炸式增长之后，城镇居民基本养老保险扩面工作进展比较缓慢。

表10 2012年各个省份城乡居民基本养老保险参保人数状况

省 份	参保人数（万人）	增长率（%）	增长率变动[①]
广 东	2255.18	179.60	−232.08
黑龙江	757.95	171.65	59.00
内蒙古	756.12	160.74	88.89
广 西	1572.31	97.49	−163.79
福 建	1446.05	88.48	−91.67
四 川	2828.40	86.76	−39.39
云 南	2103.17	68.54	−97.29
浙 江	1332.27	63.85	−115.80
山 西	1482.13	56.10	−224.06
安 徽	3350.59	53.84	−469.60
贵 州	1260.74	51.08	−221.70
甘 肃	1176.60	50.53	−270.86
全国总计	48369.54	48.18	−169.47
湖 南	3120.34	46.00	−221.35
吉 林	561.30	44.11	−305.35
河 北	3334.57	43.87	−131.94
河 南	4719.68	42.76	−130.06
海 南	269.51	41.13	−165.04
辽 宁	1046.12	38.40	−376.59
湖 北	2266.24	34.55	−308.66
江 西	1737.53	33.79	−343.20
陕 西	1705.47	33.50	−157.04
山 东	4401.17	24.12	−261.65
青 海	206.09	16.46	−155.59
江 苏	2347.19	13.91	−504.00
西 藏	134.05	12.57	−35.44
新 疆	528.71	7.77	−29.29
上 海	80.84	6.56	−156.03
天 津	89.31	5.12	−1.88
宁 夏	180.28	2.96	−605.55
北 京	176.78	1.94	−0.97
重 庆	1130.94	0.52	−38.84
新疆兵团	11.91	—	—

注：表中各个省份按照城乡居民基本养老保险参保人数增长率由高至低排序。
资料来源：由人力资源和社会保障部提供。

[①] 表中增长率变动是指2012年增长率与2011年增长率之差，下同。

（二）大部分省份城乡居民基本养老保险领取待遇人数增速放缓

从2012年各个省份城乡居民基本养老保险领取待遇人数看，河南、山东和四川都超过了1000万人，江苏、湖南和安徽也都有800多万人；而新疆兵团只有9728人开始受益，西藏和北京领取待遇人数都只有20多万。与上一年相比，大部分省份领取待遇人数都实现了较高速度的增长，其中，广东、内蒙古和黑龙江的增速分别达到了299.22%、157.91%和156.29%；而吉林省领取待遇人数减少了25.01%。与上一年领取待遇人数增速相比，2012年大部分省份增速大幅度下滑，只有内蒙古、广东等省份增速有所提高（参见表11）。

表11 2012年各个省份城乡居民基本养老保险领取待遇人数状况

省份	领取待遇人数（万人）	增长率（%）	增长率变动（%）
广 东	727.23	299.22	47.70
内蒙古	184.94	157.91	86.19
黑龙江	191.51	156.29	-13.24
福 建	358.81	96.46	-119.87
广 西	488.76	77.33	-285.41
云 南	419.70	65.67	-110.65
四 川	1027.52	64.91	-147.18
辽 宁	347.90	62.68	-473.25
浙 江	572.56	58.99	-109.45
甘 肃	252.41	58.67	-260.52
河 北	789.71	54.45	-130.45
河 南	1153.78	54.27	-143.63
山 西	326.23	52.19	-159.18
海 南	65.75	50.79	-95.39
全国总计	13382.18	49.99	-161.68
湖 北	580.53	44.09	-206.21
安 徽	805.54	40.65	-475.00
江 苏	888.68	40.56	-336.91
湖 南	857.03	38.90	-144.39
江 西	394.91	36.68	-247.37
陕 西	383.54	35.27	-156.89
贵 州	404.79	30.28	-359.26
山 东	1257.53	27.27	-183.46
北 京	27.12	22.94	-1.35
青 海	38.08	15.19	-81.62
上 海	45.40	14.55	-166.03
新 疆	93.43	10.33	-35.59
西 藏	21.86	8.75	23.30
重 庆	372.39	7.09	-24.13
宁 夏	35.67	5.82	-606.56
天 津	69.80	4.12	1.97
吉 林	198.12	-25.01	-744.21
新疆兵团	0.97	—	—

注：表中各个省份按照城乡居民基本养老保险参保人数增长率由高至低排序。
资料来源：由人力资源和社会保障部提供。

(三) 各个省份城乡居民基本养老保险领取待遇人数占参保人数的比例差异明显

2012年城乡居民基本养老保险领取待遇人数占参保人数的比例最高的省份是天津，达到了78.16%，上海也有56.16%；而新疆兵团只有8.17%，北京、西藏、新疆、青海、宁夏、云南等省份也都低于20%（参见图23）。与上一年相比，2012年一些省份城乡居民基本养老保险领取待遇人数占参保人数的比例有所上升，其中，广东和江苏分别上升了9.66个百分点和7.18个百分点；而另外一些省份则有所下降，其中吉林下降了高达32.53个百分点。（参见图24）。

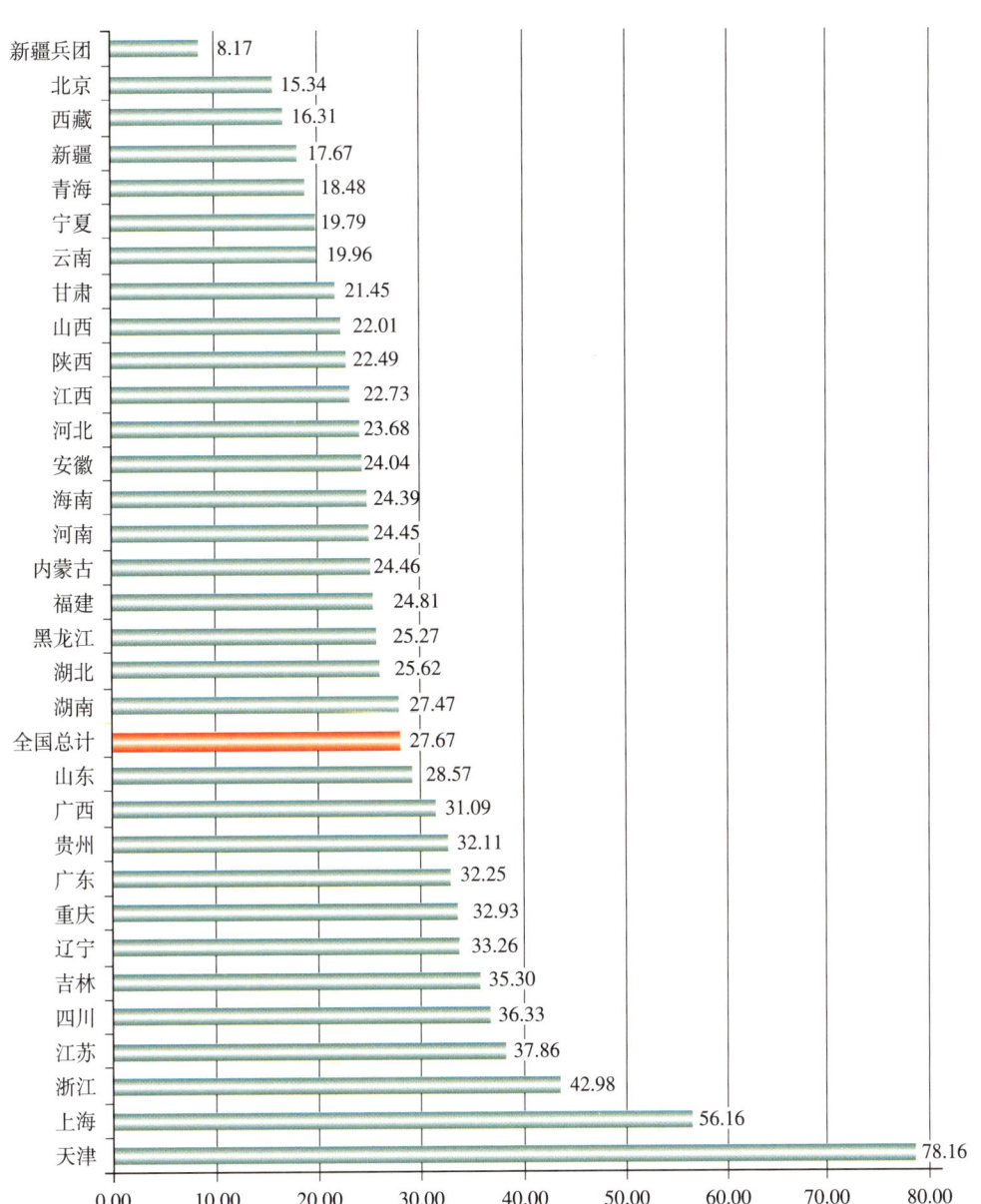

图23　2012年各个省份城乡居民基本养老保险领取待遇人数占参保人数的比例（单位：%）

资料来源：由人力资源和社会保障部提供。

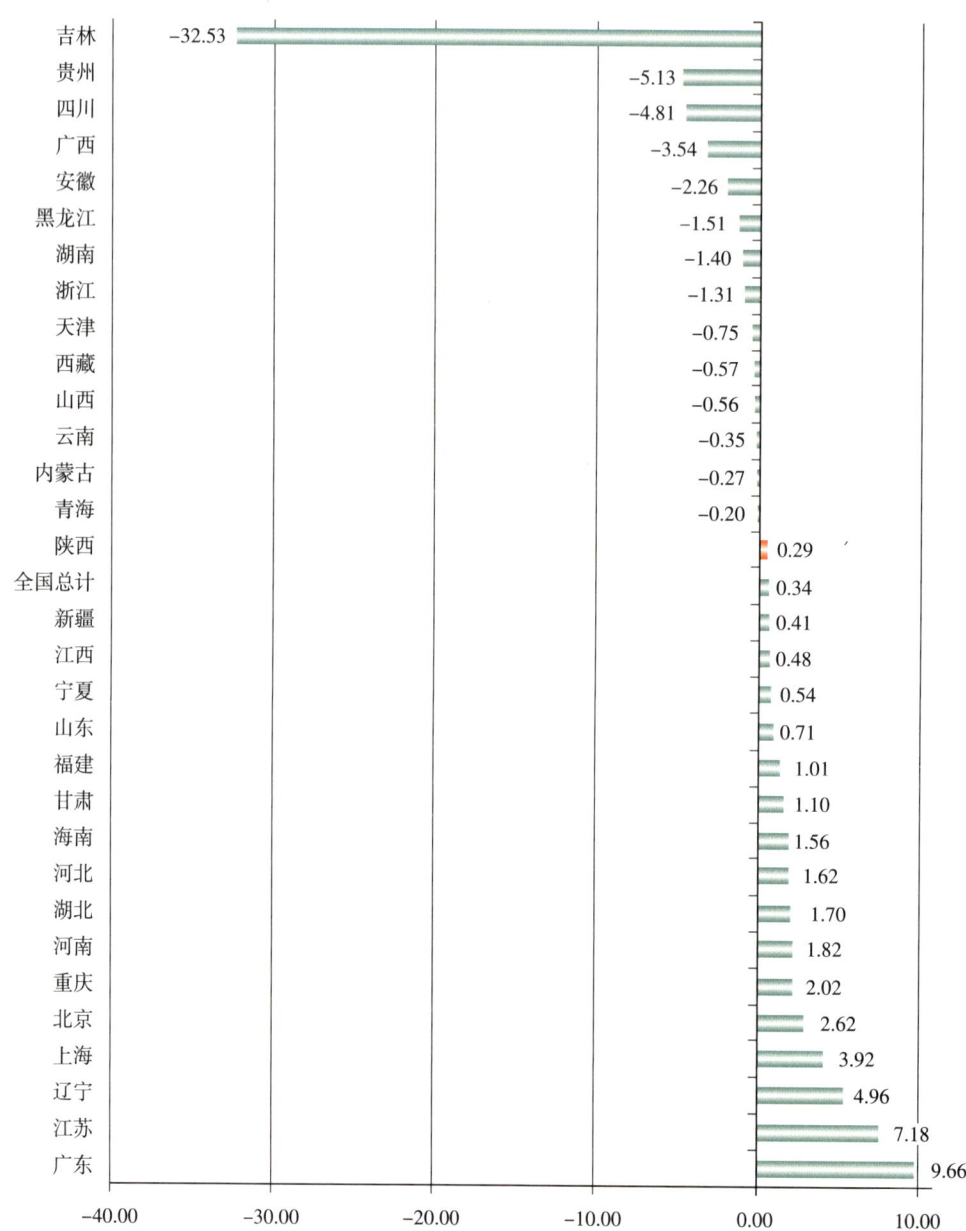

图24 2012年各个省份城乡居民基本养老保险领取待遇人数占参保人数比例变动（单位：%）

资料来源：由人力资源和社会保障部提供。

分报告二
2012年基本养老保险基金运行状况评估
——收支结余规模继续扩大，基金运行压力加大

摘要： 2012年，城镇职工基本养老保险基金收入状况继续改善，但增速下降。城镇职工基本养老保险基金支出加速增长，养老金待遇得到进一步提高，但基本养老金占基金总支出的比重有所下降。基本养老保险基金当期结余和累计结余继续增长，可支付月数小幅提高，但一些重要指标增速急速下滑，一些省份甚至出现了负增长，因此，基金运行前景并不乐观。城乡居民基本养老保险基金收支和累计结余继续增长，增速明显放缓。

关键词： 基本养老保险基金　增速　累计结余　支付能力

2012年，有关基本养老保险基金财务可持续性的争论暂时在一定程度上被有关基本养老保险制度顶层设计的各种争论所掩盖。但是，城镇职工基本养老保险基金收支结余规模的继续扩大也同时暴露出基金运行的前景不容乐观，特别是一些重要指标有所下滑，显示出基金运行压力不小。城乡居民基本养老保险在经历了制度建立之初的快速扩张之后似乎暂时进入休整期，特别是城镇居民基本养老保险进展缓慢。这一切都呼唤政府尽快采取强有力的措施提高基金的财务可持续性。

一、城镇职工基本养老保险基金收入状况继续改善，增速有所放缓

2012年，城镇职工基本养老保险基金总收入达到了20001亿元，比2011年增加了3106亿元，增长率为18.39%，增速下降了7.51个百分点。其中，企业部门[①]城镇职工基本养老保险基金收入为18363亿元，比2011年增加了2878亿元，增长率为18.58%，增速下降了8.15个百分点；机关事业单位城镇职工基本养老保险基金收入为1638亿元，比上一年增加了228亿元，增长率为16.17%，增速下降了1.21个百分点。

（一）城镇职工基本养老保险基金收入结构正在悄然变化

在2012年城镇职工基本养老保险基金总收入中，征缴收入为16467亿元，占82.33%，比2011年增加了2511亿元，增长率为18.00%，增速下降了7.62个百分点；财政补助为2648亿元（当年实际到账），占13.24%，比2011年增加了376亿元，增长率为16.55%，增速提高了0.27个百分点；利息收入为573亿元，占2.86%，比2011年增加了127亿元，增长率为28.48%，增速下降了34.30个百分点；其他收入为313亿元，占1.56%，比2011年增加了92亿元，增长率为41.63%，增速下降了131.21个百分点（参见图1）。

在2012年企业部门城镇职工基本养老保险基金收入中，征缴收入为15086亿元，占82.15%，比2011年增加了2336亿元，增长率为18.32%，增速下降了8.33个百分点；财政补助为2430亿元（当年实际到账，其中，地方补助为579亿元），占13.23%，比2011年增加了334亿元，增长率为15.94%，增速提高了0.45个百分点；利息收入为546亿元，占2.97%，比2011年增加了123亿元，增长率为29.08%，增速下降了33.61个百分点；其他收入为301亿元，比2011年增加了85亿元，增长率为39.35%，增速下降了144.86个百分点（参见图2）。

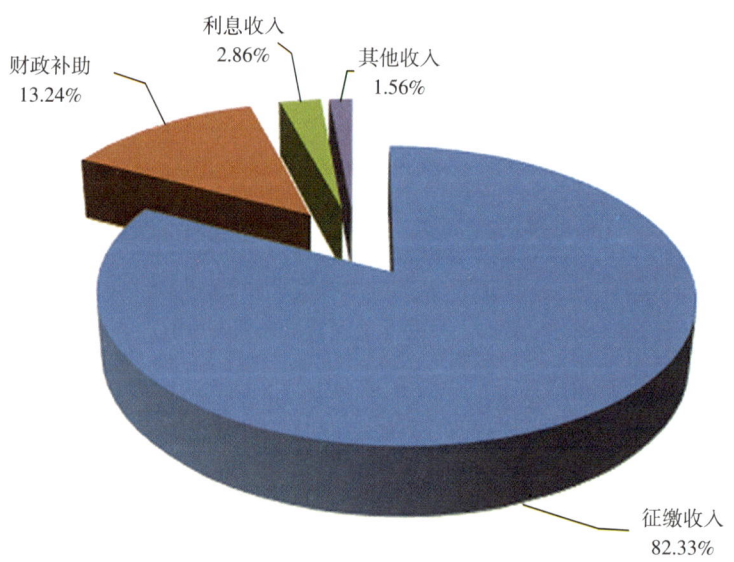

图1　2012年城镇职工基本养老保险基金总收入中各因素所占比例

资料来源：由人力资源和社会保障部提供。

---

① 本报告的企业部门包括参加城镇职工基本养老保险的企业和其他人员。

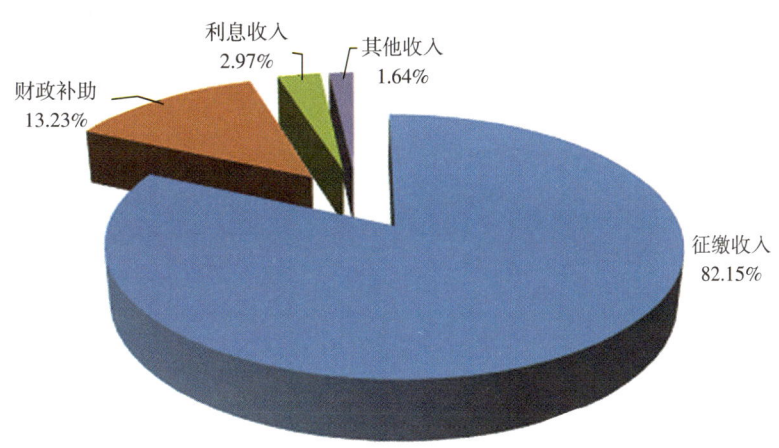

图2　2012年企业部门基本养老保险基金总收入中各因素所占比例

资料来源：由人力资源和社会保障部提供。

在2010~2012年，城镇职工基本养老保险基金总收入中各因素所占的比例正在悄然发生变化，虽然变动的幅度不是很大，但显露出积极的征兆。如图3所示，在这期间，其他收入所占比例从0.60%逐年上升至1.56%，利息收入所占比例从2.04%逐年上升至2.86%，而征缴收入所占比重从82.79%逐年下降至82.33%，但令人遗憾的是财政补助所占比重也从14.56%逐年下降至13.24%（见图3I）。同一时期，企业部门城镇职工基本养老保险基金收入中各因素所占的比例呈现出类似的变化：其他收入所占比例从0.62%逐年上升至1.64%，利息收入所占比例从2.13%逐年上升至2.97%，而征缴收入所占比重从82.39%逐年下降至82.15%，财政补助所占比重也从14.86%逐年下降至13.23%（参见图4）。

上述数据表明，其他收入和利息收入虽然所占比例仍然很低，但正以更快的速度增长，如果调整投资管理等方面的政策，应该还有很大的潜力可挖；征缴收入仍然是城镇职工基本养老保险基金收入的主渠道，应该继续通过扩面、强化征缴力度等手段加以巩固，为在适当的时候降低用人单位缴费负担打好基础；财政补贴虽然一直以较快的速度增长，但占总收入的比重还是呈逐年下降的趋势，政府应该进一步加大财政补贴力度。

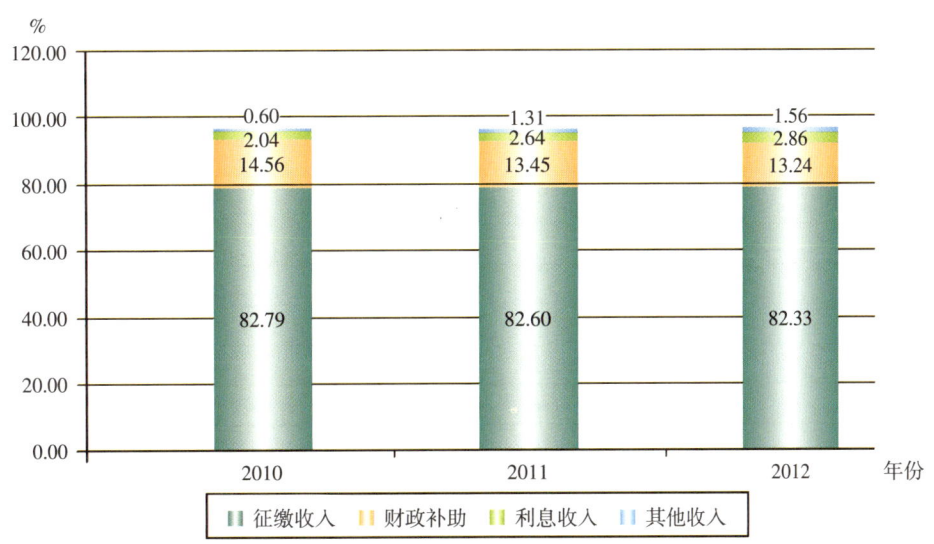

图3　2010~2012年城镇职工基本养老保险基金总收入中各因素所占比例

资料来源：由人力资源和社会保障部提供。

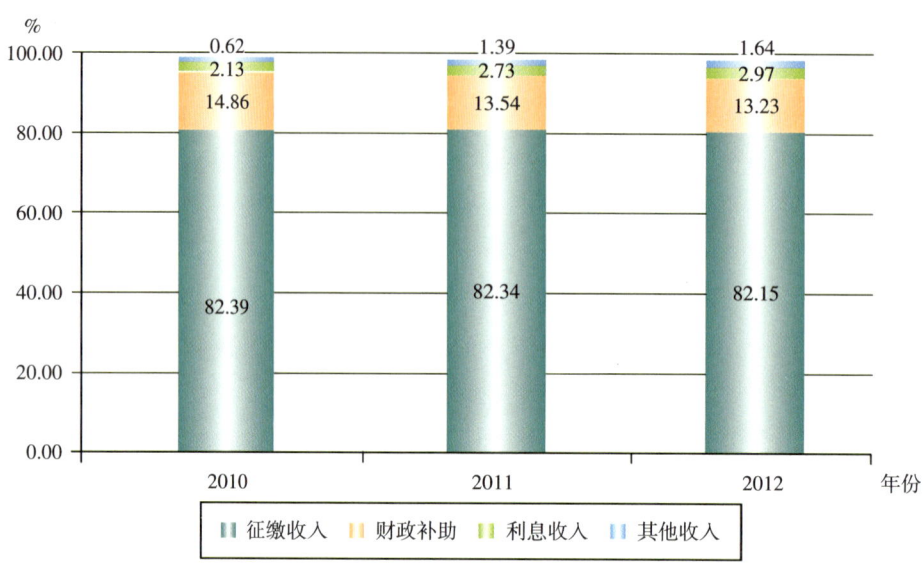

图4　2010~2012年企业部门城镇职工基本养老保险基金总收入中各因素所占比例

资料来源：由人力资源和社会保障部提供。

（二）征缴收入中非正常缴费所占比例有所下降

在2012年城镇职工基本养老保险基金征缴收入中，正常缴费14531亿元，非正常缴费1936亿元。在2010~2012年，非正常缴费所占的比例先是从2010年的11.72%上升至2011年的13.60%，然后又下降至2012年的11.76%（参见图5）。在2012年企业部门城镇职工基本养老保险基金征缴收入中，正常缴费13196亿元，非正常缴费1890亿元。在2010~2012年，企业部门非正常缴费所占的比例也呈现同样的趋势：先是从2010年的12.64%上升至2011年的14.56%，然后又下降至2012年的12.53%（参见图6）。非正常缴费所占比例的下降通常意味着征缴管理工作效率得到了提高。

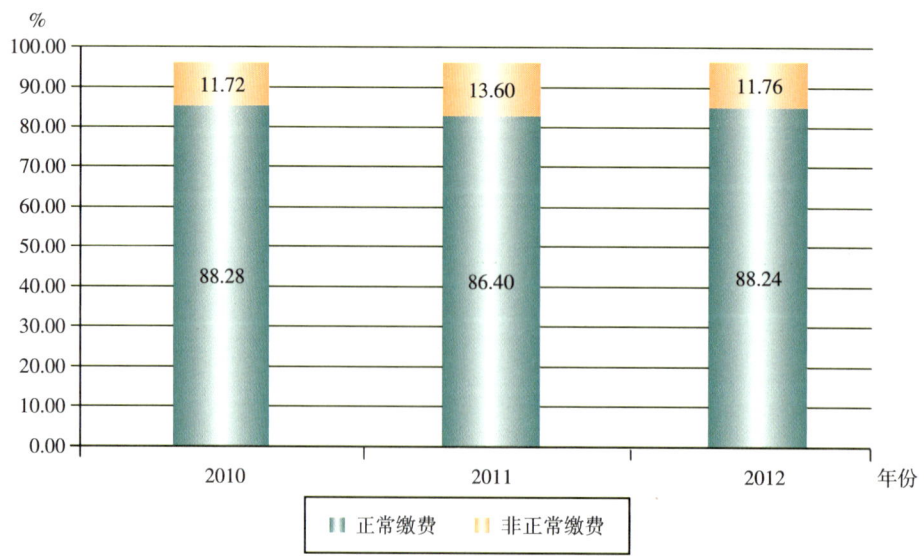

图5　2010~2012年城镇职工基本养老保险基金征缴收入中各因素所占比例

资料来源：由人力资源和社会保障部提供。

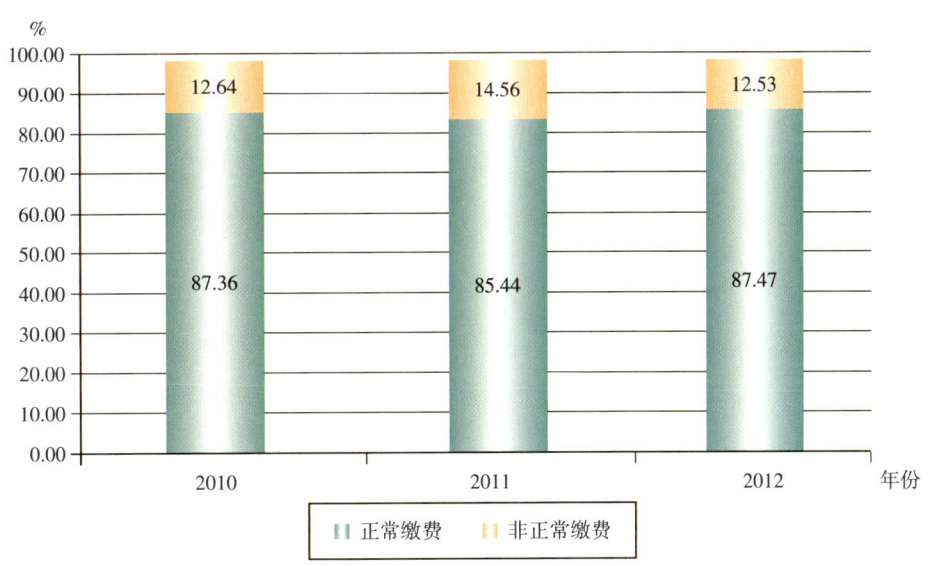

图6 2010~2012年企业部门城镇职工基本养老保险基金征缴收入中各因素所占比例

资料来源：由人力资源和社会保障部提供。

在2012年企业城镇职工基本养老保险征缴收入中，正常缴费13196亿元，占87.47%；非正常缴费1890亿元，占12.53%。在非正常缴费中，预缴83亿元，补缴1553亿元，清理历史欠费232亿元，其他22亿元，占征缴收入的比重分别为0.55%、10.29%、1.54%和0.15%（参见图7）。与2011年相比，正常缴费所占比重上升了2.03个百分点；而预缴、补缴、清欠和其他所占比重分别下降了0.01个百分点、1.33个百分点、0.53个百分点和0.16个百分点。这说明企业城镇职工基本养老保险费征缴工作得到了改善。

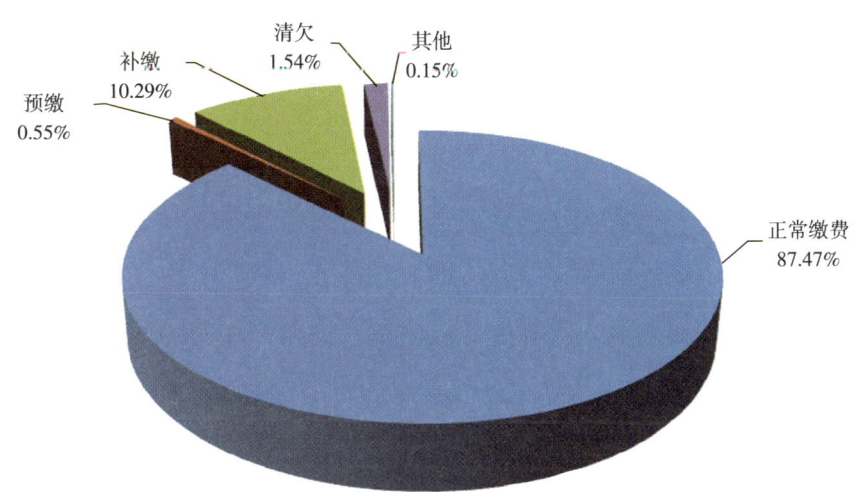

图7 2012年企业城镇职工基本养老保险基金征缴收入中各因素所占比例

资料来源：由人力资源和社会保障部提供。

（三）绝大部分省份基金收入增速开始放缓

2012年城镇职工基本养老保险基金收入最多的省份是广东，高达1680.93亿元，江苏紧随其后为1629.93亿元，上海、山东、浙江、辽宁、四川5个省份也都超过了1000亿元；西藏只有18.22亿元，青海和宁夏也都低于100亿元。2012年绝大部分省份城镇职工基本养老保险基金收入都继续增长，增长最快的省份是江西，增长率为38.73%，浙江和陕西的增长率也都超过了30%；而宁夏和青海的基金收入出现了负增长，分别减少了19.80%和4.34%（参见表1）。与2011年相比，2012年绝大部分省份城镇职工基本养老保险基金收入增速开始下滑，其中，宁夏下滑了53.35个百分点，青海和湖北分别下滑了49.10个百分点和42.06个百分点，海南、云南和四川都下降了30多个百分点；少数省份基金收入增速有所提高，其中，广西和江西分别提高了20.31个百分点和19.58个百分点（参见图8）。

表1　2012年各个省份城镇职工基本养老保险基金收入及其增长率

省 份	基金收入（亿元）	增长率（%）	省 份	基金收入（亿元）	增长率（%）
江 西	382.85	38.73	山 西	563.05	16.36
浙 江	1227.22	36.17	河 北	793.00	15.86
陕 西	480.57	30.55	安 徽	515.68	15.79
重 庆	535.83	29.03	中国农业发展银行	3.80	15.68
上 海	1391.60	27.77	内蒙古	405.82	14.18
江 苏	1629.93	26.85	新疆兵团	133.68	13.91
天 津	420.49	25.22	新 疆	267.62	13.60
北 京	995.10	22.43	湖 南	607.84	12.23
黑龙江	720.15	21.66	吉 林	390.58	11.47
贵 州	216.94	21.04	山 东	1316.61	10.53
福 建	322.02	20.97	云 南	298.48	7.62
广 东	1680.93	20.04	海 南	123.03	6.34
河 南	728.77	19.82	甘 肃	233.89	4.72
全国总计	20000.99	18.39	四 川	1132.01	4.27
西 藏	18.22	17.59	湖 北	764.29	4.14
广 西	326.19	17.08	青 海	71.77	−4.34
辽 宁	1212.30	16.68	宁 夏	90.74	−19.80

注：表中各个省份按照基金收入增长率由高至低排序。
资料来源：由人力资源和社会保障部提供。

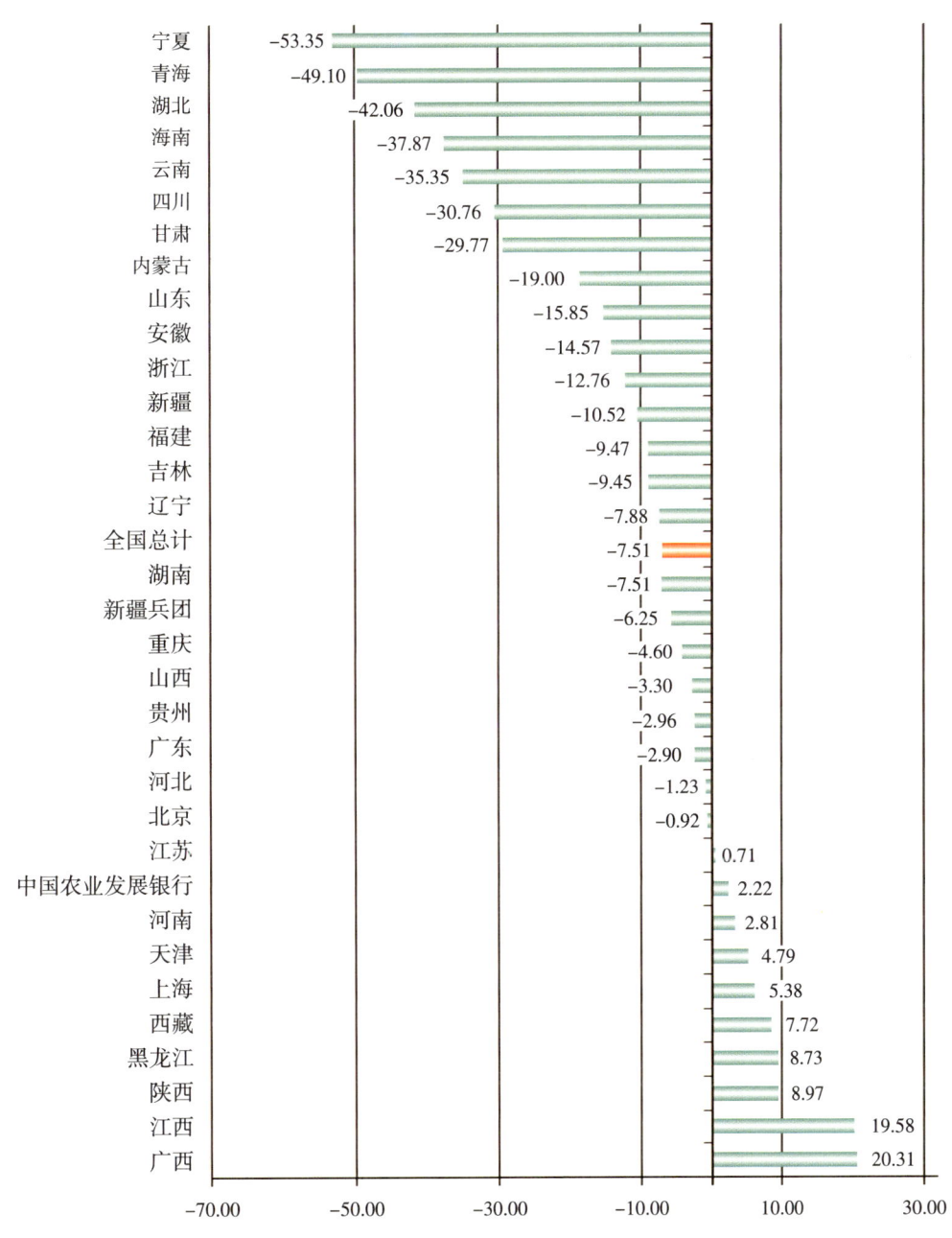

图 8　2012 年各个省份城镇职工基本养老保险基金收入增长率变动① （单位：%）

资料来源：由人力资源和社会保障部提供。

---

① 这里的增长率变动指的是 2012 年增长率与 2011 年增长率之差，下同。

2012年企业部门城镇职工基本养老保险基金收入存在类似的情况。广东是企业部门基金收入最多的省份，有1609.63亿元，江苏有1480.73亿元，上海、浙江、辽宁、四川和山东也都超过了1000亿元；而西藏、宁夏和青海仍然是基金收入较少的省份。企业部门基金收入增长最快的省份仍然是江西，增长率为39.37%，浙江、陕西和上海的增长率也都超过了30%；而宁夏和青海仍然是基金收入负增长的两个省份（参见表2）。与2011年相比，2012年大部分省份企业部门城镇职工基本养老保险基金收入增速也出现了下滑，其中，宁夏、青海和湖北的下滑点数仍然处于前三位，云南、四川和海南也都下降了30多个百分点；少数省份企业部门基金收入增速有所提高，其中，广西和江西仍然分别是提高点数最多的省份（参见图9）。

表2 2012年各个省份企业部门城镇职工基本养老保险基金收入及其增长率

省份	基金收入（亿元）	增长率（%）	省份	基金收入（亿元）	增长率（%）
江 西	374.26	39.37	山 西	498.37	16.64
浙 江	1129.24	35.58	安 徽	499.39	15.92
陕 西	447.23	32.60	新疆兵团	133.51	13.91
上 海	1257.72	31.91	河 北	639.36	13.90
重 庆	531.13	29.22	新 疆	257.39	13.56
天 津	405.54	25.45	湖 南	515.11	13.16
黑龙江	654.34	24.96	内蒙古	382.62	12.80
福 建	235.35	24.57	吉 林	390.58	11.47
江 苏	1480.73	23.46	山 东	1025.83	10.02
北 京	995.10	22.43	海 南	94.12	8.48
贵 州	214.91	21.29	云 南	286.49	7.92
河 南	661.01	20.63	甘 肃	233.12	4.67
广 东	1609.63	20.59	湖 北	732.50	3.88
全国总计	18363.03	18.59	四 川	1048.63	3.59
西 藏	18.22	17.59	青 海	71.77	-4.34
辽 宁	1122.90	17.14	宁 夏	90.74	-19.80
广 西	326.19	17.08			

注：表中各个省份按照企业部门基金收入增长率由高至低排序。
资料来源：由人力资源和社会保障部提供。

图9　2012年各个省份企业部门城镇职工基本养老保险基金收入增长率变动（单位：%）

资料来源：由人力资源和社会保障部提供。

(四) 绝大部分省份征缴收入继续增长，但占基金收入的比重下降

2012年城镇职工基本养老保险基金征缴收入最多的省份是广东，达到了1552.95亿元，江苏、上海、山东和浙江也都超过了1000亿元；而西藏只有13.16亿元，青海、新疆兵团、宁夏、海南等省份都只有几十亿元。2012年绝大部分省份城镇职工基本养老保险基金征缴收入都保持继续增长，增速最快的省份是江西，增长率为43.96%，浙江、上海和陕西的增长率也都超过了30%；而宁夏、青海和甘肃出现了负增长，其中，宁夏减少了27.48%（参见表3）。

表3 2012年各个省份城镇职工基本养老保险基金征缴收入及其增长率

省份	征缴收入（亿元）	增长率（%）	省份	征缴收入（亿元）	增长率（%）
江 西	283.05	43.96	河 北	638.01	13.91
浙 江	1123.22	34.14	西 藏	13.16	13.83
上 海	1272.92	31.44	广 西	245.01	13.07
陕 西	377.22	31.25	山 东	1224.56	12.08
江 苏	1491.14	25.09	安 徽	398.60	11.89
天 津	303.33	24.59	内蒙古	306.21	11.17
重 庆	400.87	23.25	湖 南	427.01	11.15
北 京	963.03	21.17	新 疆	207.21	10.93
广 东	1552.95	21.03	新疆兵团	56.15	10.54
黑龙江	507.94	20.62	吉 林	269.97	7.48
贵 州	169.05	20.59	云 南	227.11	4.05
福 建	305.00	20.02	湖 北	570.29	3.61
河 南	546.34	18.39	海 南	78.15	3.60
山 西	449.54	18.13	四 川	901.44	3.58
全国总计	16467.41	17.99	甘 肃	179.81	-0.88
辽 宁	848.40	16.67	青 海	55.04	-7.01
中国农业发展银行	3.53	15.21	宁 夏	72.15	-27.48

注：表中各个省份按照征缴收入增长率由高至低排序。
资料来源：由人力资源和社会保障部提供。

从2012年各个省份城镇职工基本养老保险基金征缴收入占基金收入的比例看，比例最高的北京达到96.78%，福建、山东、广东、浙江、江苏、上海等省份的比例也都高于90%，主要原因在于，这些省份目前城镇职工基本养老保险制度赡养率较低，基金积累较多，制度财务压力不大，因而，制度所获得的财政补贴等其他收入较少。与此相反，征缴收入占基金收入的比例最低的是新疆兵团，只有42.00%，海南、吉林和辽宁也都低于70%（参见图10），主要原因正好与前述比例较高的省份相反。与2011年相比，大部分省份2012年城镇职工基本养老保险基金征缴收入占基金收入的比例有所下滑，其中，宁夏是该比例下降最多的省份，下降了8.42个百分点，甘肃和重庆也分别下降了4.35个百分点和3.51个百分点。而江西、上海、山东、山西、广东、陕西6个省份征缴收入占基金收入的比例有所上升（参见图11）。

2012年各个省份企业部门城镇职工基本养老保险基金征缴收入占基金收入的比例存在类似的情况。北京、福建、山东、上海、江苏、广东、浙江仍然是该比例超过90%的7个省份；而比例最低的仍然是新疆兵团，只有41.93%，海南、湖南、黑龙江和吉林也都低于70%。大部分省份2012年企业部门城镇职工基本养老保险基金征缴收入占基金收入的比例有所下滑，其中，宁夏下降了8.42个百分点，甘肃下降了4.33个百分点，重庆和海南分别下降了3.51个百分点和3.15个百分点；江西、山东、上海、山西、陕西、广东、黑龙江、辽宁8个省份的该比例有所提高（参见表4）。

这种情况可能说明，越来越多的省份认识到仅仅依靠征缴收入难以保持制度的长期财务可持续性，因而花更多的力气去拓展其他资金来源对于城镇职工基本养老保险制度的可持续发展而言应该是有益的。

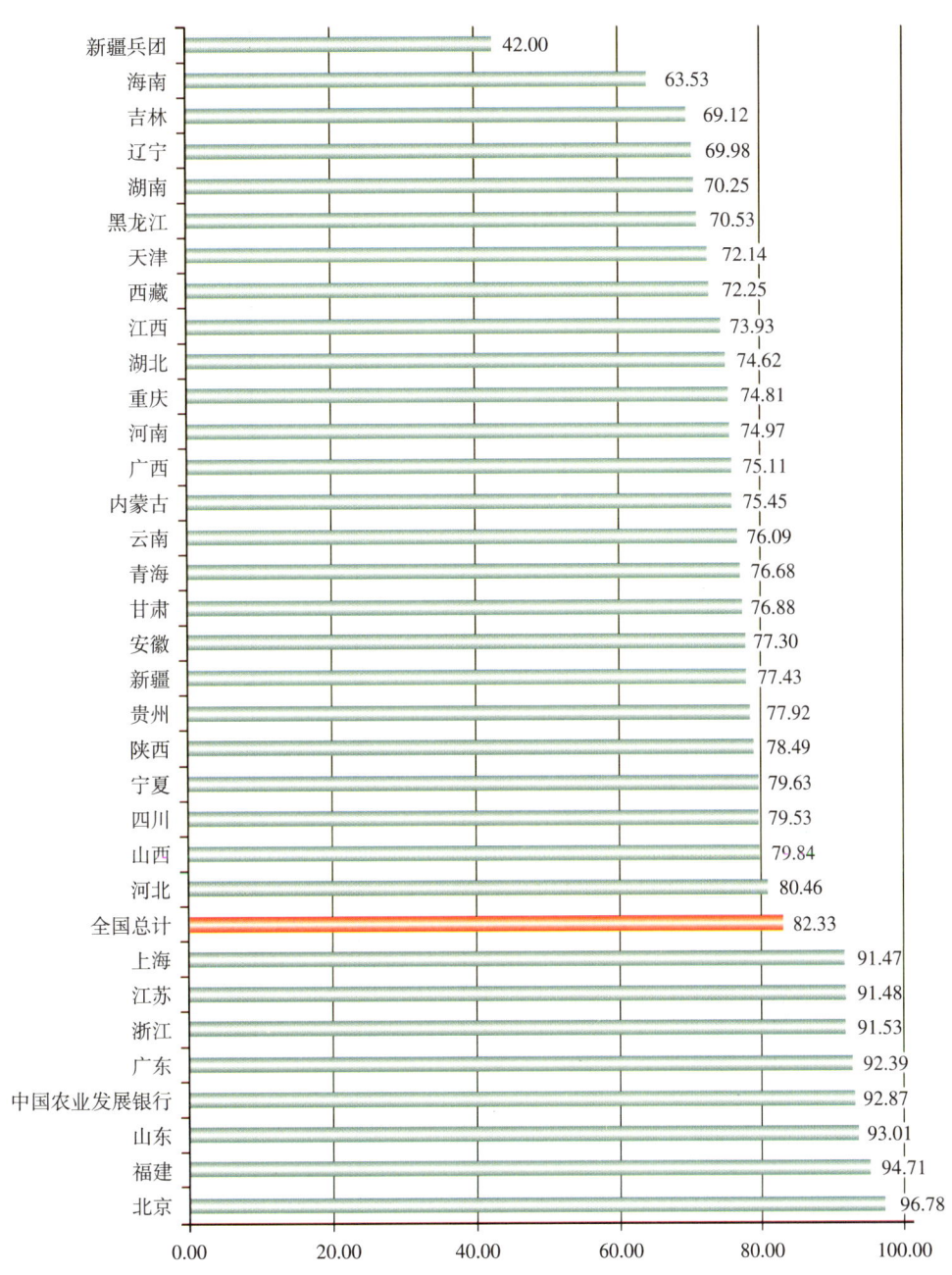

图 10　2012 年各个省份城镇职工基本养老保险基金征缴收入占基金收入的比例（单位：%）

资料来源：由人力资源和社会保障部提供。

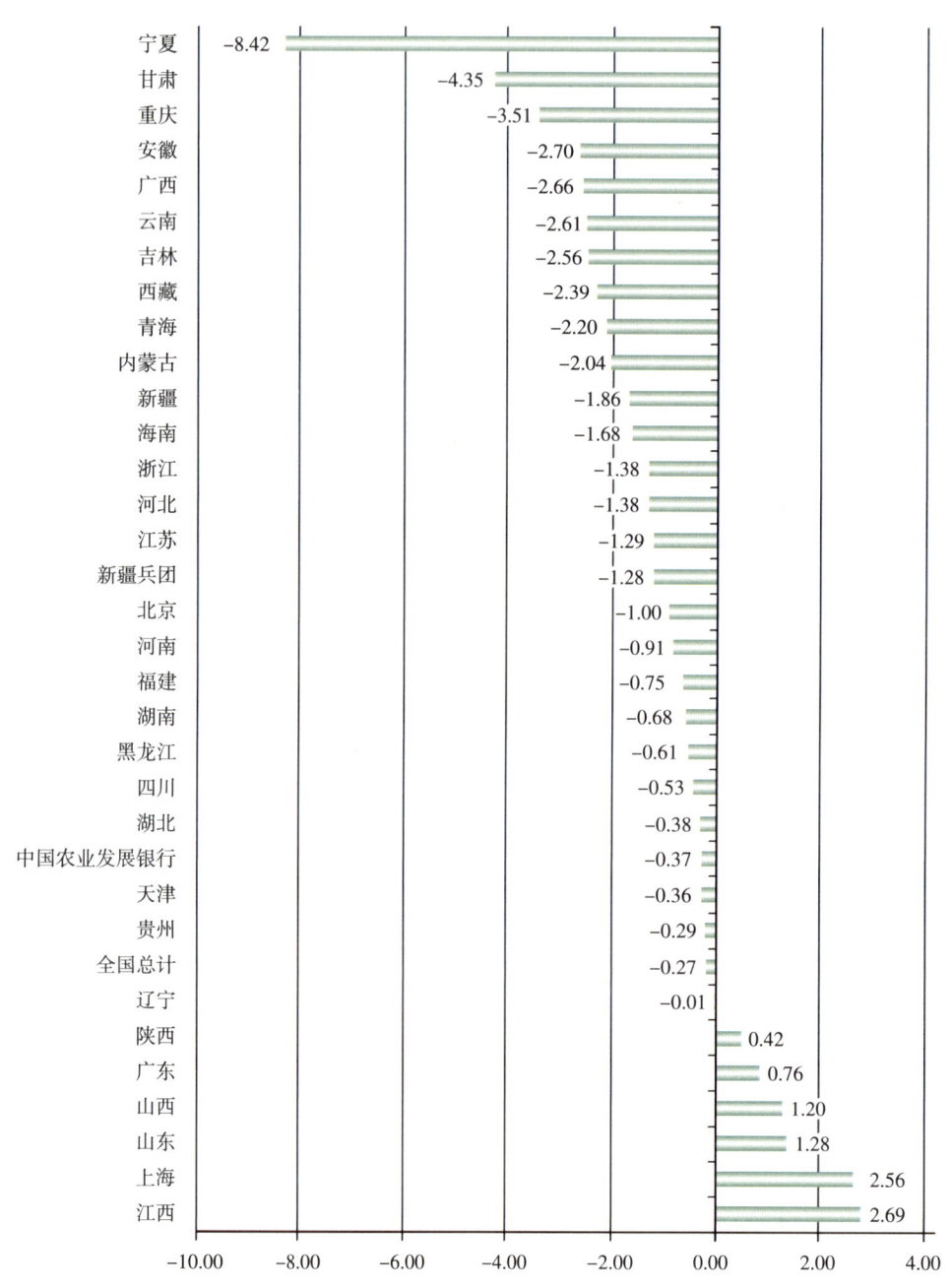

图 11　2012 年各个省份城镇职工基本养老保险基金征缴收入占基金收入比例变动（单位：%）

资料来源：由人力资源和社会保障部提供。

表4 2012年各个省份企业部门城镇职工基本养老保险基金征缴收入占基金收入的比例   单位：%

省份	比例	变动	省份	比例	变动
北京	96.78	-1.00	甘肃	76.86	-4.33
福建	95.68	-0.34	青海	76.68	-2.20
山东	93.83	1.71	云南	75.47	-2.54
上海	93.51	1.36	广西	75.11	-2.66
江苏	92.58	-0.35	重庆	74.69	-3.51
广东	92.50	0.77	湖北	73.97	-0.37
浙江	92.33	-1.32	江西	73.54	2.92
全国总计	82.15	-0.19	河南	72.99	-0.55
宁夏	79.51	-8.42	天津	72.61	-0.15
四川	78.86	-0.58	西藏	72.25	-2.39
山西	78.65	1.22	辽宁	70.34	0.28
河北	78.63	-1.72	吉林	69.12	-2.56
内蒙古	78.12	-1.56	黑龙江	68.37	0.31
贵州	78.02	-0.15	湖南	66.44	-0.29
陕西	77.55	0.79	海南	63.63	-3.15
安徽	77.39	-2.76	新疆兵团	41.93	-1.28
新疆	76.97	-1.88			

注：表中各个省份按照企业部门征缴收入占基金收入比例由高至低排序。
资料来源：由人力资源和社会保障部提供。

二、城镇职工基本养老保险基金支出加速增长，基本养老金所占比重下降

2012年城镇职工基本养老保险基金总支出为15562亿元，比上一年增加了2797亿元，增长率为21.91%，增速上升了0.97个百分点，比2012年基金总收入的增速高3.52个百分点。其中，企业部门城镇职工基本养老保险基金支出为14009亿元，比上一年增加了2583亿元，增长率为22.61%，增速上升了1.18个百分点，比同期企业部门基金收入增速高4.03个百分点；机关事业单位城镇职工基本养老保险基金支出为1553亿元，比上一年增加了214亿元，增长率为15.98%，增速下降了0.99个百分点，但仍然比同期机关事业单位基金收入增速慢0.19个百分点。

（一）城镇职工基本养老保险基金支出快速增长，增速变动出现分化

2012年城镇职工基本养老保险基金支出最多的是江苏，高达1142.13亿元，上海、山东和辽宁也都多于1000亿元；中国农业发展银行是3.62亿元，西藏是12.05亿元，青海和宁夏也都低于100亿元。2012年所有省份城镇职工基本养老保险基金支出都以较快的速度增长，其中，中国农业发展银行和浙江的增长率分别达到了48.11%和44.24%；即使是增速最慢的上海，增长率也达到了

13.51%（参见表5）。

不过，与2011年各个省份城镇职工基本养老保险基金支出增速相比，2012年各个省份城镇职工基本养老保险基金支出增速变动出现了分化。一些省份的增速有所下降，其中，西藏下降了25.97个百分点，新疆和宁夏也分别下降了13.24个百分点和12.07个百分点；而另外一些省份的增速有所提高，其中，中国农业银行提高了30.11个百分点，浙江也提高了17.64个百分点（参见图12）。

表5　2012年各个省份城镇职工基本养老保险基金支出及其增长率

省份	基金支出（亿元）	增长率（%）	省份	基金支出（亿元）	增长率（%）
中国农业发展银行	3.62	48.11	青海	64.96	21.13
浙江	783.51	44.24	河南	612.04	20.89
河北	723.48	28.79	湖南	502.75	20.68
内蒙古	343.60	27.44	海南	114.36	20.18
江西	296.97	27.26	贵州	153.07	20.01
安徽	406.66	27.09	山东	1059.03	19.41
江苏	1142.13	27.08	辽宁	1052.57	19.18
宁夏	86.20	27.00	新疆	192.88	19.08
甘肃	193.21	25.49	福建	273.33	18.90
湖北	647.75	23.76	山西	391.58	18.90
云南	211.33	23.75	黑龙江	717.22	18.76
四川	927.72	23.05	广东	900.86	17.84
重庆	412.66	22.79	天津	365.02	15.85
吉林	377.60	22.55	新疆兵团	127.57	15.06
陕西	401.08	22.16	北京	640.16	14.14
广西	297.09	21.94	西藏	12.05	13.53
全国总计	15561.79	21.91	上海	1127.74	13.51

注：表中各个省份按照基金支出增长率由高至低排序。
资料来源：由人力资源和社会保障部提供。

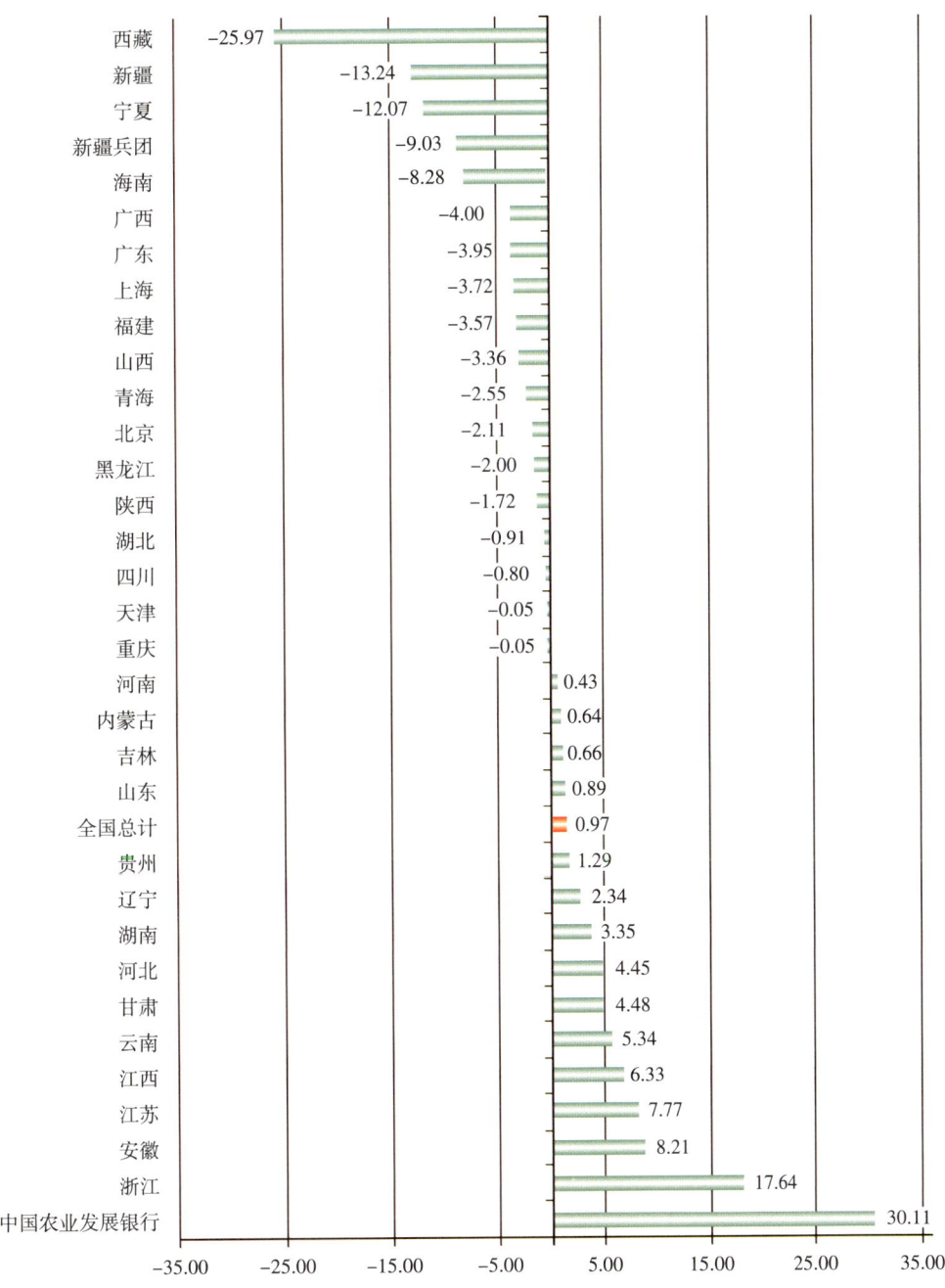

图 12　2012 年各个省份城镇职工基本养老保险基金支出增长率变动（单位：%）

资料来源：由人力资源和社会保障部提供。

2012年企业部门城镇职工基本养老保险基金支出最多的省份上海达到了998.86亿元，江苏、辽宁也都有900多亿元；而西藏只有12.05亿元，青海、宁夏和海南也都低于100亿元。2012年企业部门城镇职工基本养老保险基金支出增速最快的省份是浙江，增长率为42.59%，河北的增长率也达到了30.52%；即使是增速最慢的西藏，增长率也达到了13.53%（参见表6）。

同样地，与2011年各个省份企业部门城镇职工基本养老保险基金支出增速相比，2012年各个省份企业部门城镇职工基本养老保险基金支出增速变动出现了分化。一些省份增速有所下降，西藏、新疆、宁夏等省份仍然是下降最多的省份；一些省份增速有所提高，其中，浙江提高了14.12个百分点，安徽也提高了9.16个百分点（参见图13）。

表6 2012年各个省份企业部门城镇职工基本养老保险基金支出及其增长率

省份	基金支出（亿元）	增长率（%）	省份	基金支出（亿元）	增长率（%）
浙 江	681.92	42.59	河 南	548.77	21.95
河 北	584.56	30.52	广 西	297.09	21.94
海 南	85.15	29.94	江 苏	992.61	21.89
江 西	289.61	27.78	山 东	765.27	21.66
安 徽	389.89	27.56	青 海	64.96	21.13
宁 夏	86.20	27.00	辽 宁	962.19	20.58
内蒙古	321.05	26.23	山 西	333.34	19.96
甘 肃	192.60	25.54	贵 州	151.01	19.48
云 南	201.16	25.21	广 东	858.33	19.28
湖 北	614.82	24.80	黑龙江	653.03	19.17
湖 南	414.01	24.55	新 疆	187.54	19.16
四 川	852.52	24.24	上 海	998.86	17.28
陕 西	369.05	23.58	天 津	349.14	15.20
福 建	198.12	23.40	新疆兵团	127.39	15.09
重 庆	408.47	22.98	北 京	640.16	14.14
全国总计	14008.51	22.61	西 藏	12.05	13.53
吉 林	377.60	22.55			

注：表中各个省份按照企业部门基金支出增长率由高至低排序。
资料来源：由人力资源和社会保障部提供。

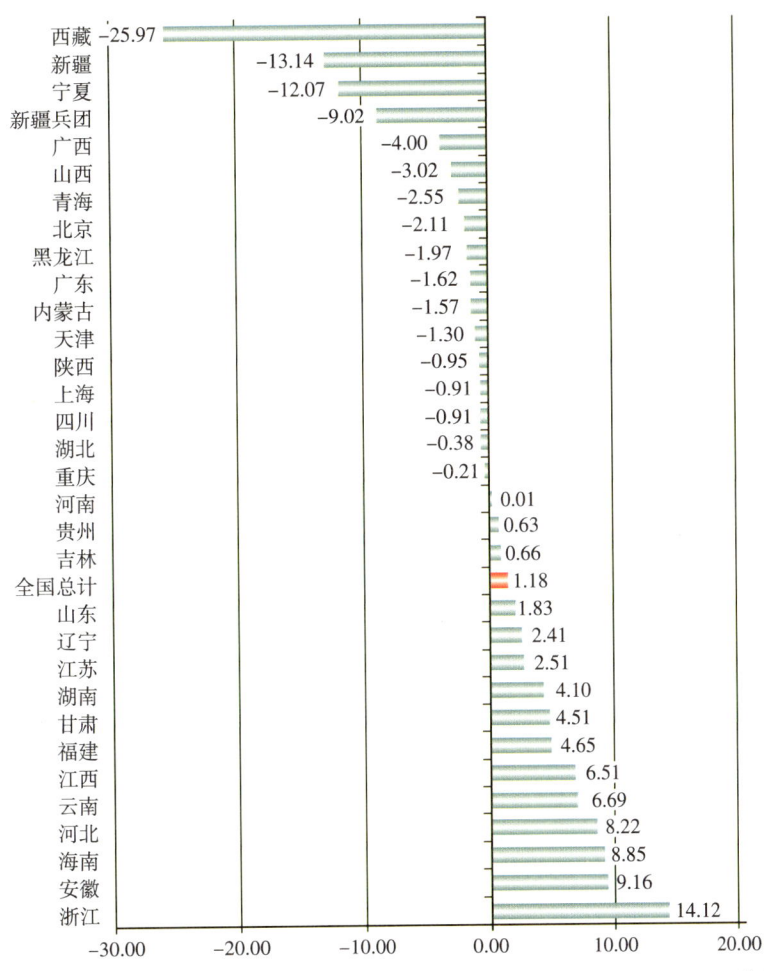

图 13　2012 年各个省份企业部门城镇职工基本养老保险基金支出增长率变动（单位：%）

资料来源：由人力资源和社会保障部提供。

（二）基本养老金支出占比略有下降

2012 年全国城镇职工基本养老金支出为 15032.27 亿元，比 2011 年增加了 2673.37 亿元，增长率为 21.63%，增速比 2011 年提高了 1.57 个百分点；但 2012 年全国城镇职工基本养老金支出占城镇职工基本养老保险基金总支出的比例为 96.60%，比 2011 年下降了 0.22 个百分点。在各个省份中，该比例最高的是陕西，达到了 98.99%，这意味着基本养老保险基金总支出中只有 1.01% 不是用于发放基本养老金；天津、北京、青海、山西等省份的这一比例也都高于 98%。该比例最低的是广东，为 92.80%，意味着基本养老保险基金总支出中有 7.20% 不是用于发放基本养老金；新疆兵团、新疆、辽宁、贵州、湖北、海南、宁夏、河南、安徽 9 个省份该比例也都低于 96%。与上一年相比，大部分省份基本养老金支出占城镇职工基本养老保险基金总支出的比例有所下降，其中，河北下降了 2.04 个百分点；西藏、山西、江苏、内蒙古、广西、宁夏、重庆、江西 8 个省份和中农业发展银行有所上升，其中，西藏和山西分别上升了 4.14 个百分点和 2.18 个百分点（参见表 7）。

2012 年全国企业部门城镇职工基本养老金支出为 13509.72 亿元，比 2011 年增加了 2470.61 亿元，增长率为 22.38%，增速比 2011 年提高了 1.97 个百分点；但 2012 年全国企业部门城镇职工基本养老金支出占企业部门城镇职工基本养老保险基金总支出的比例为 96.44%，比 2011 年下降了 0.18 个百分点。2012 年各个省份企业部门城镇职工基本养老金支出占企业部门城镇职工基本养老保险基金总支出的比例及其变动如表 8 所示，也是大部分省份有所下降，少数省份有所提高。

2011~2012年，全国城镇职工基本养老金支出占城镇职工基本养老保险基金总支出的比例已经连续两年下滑（2011年下降了0.71个百分点），特别是一些省份这个比例已经偏低，必须要引起有关部门的足够重视。

表7 2012年各个省份基本养老金支出占基金支出的比例及其变动 单位：%

省份	比例	变动	省份	比例	变动
陕　西	98.99	-0.18	甘　肃	96.94	-0.07
天　津	98.81	-0.08	全国总计	96.60	-0.22
北　京	98.70	-0.23	西　藏	96.56	4.14
青　海	98.59	-0.17	河　北	96.42	-2.04
山　西	98.30	2.18	山　东	96.36	-0.27
中国农业发展银行	97.92	0.11	浙　江	96.19	-0.39
黑龙江	97.84	-0.08	上　海	96.03	-0.49
湖　南	97.78	-0.29	安　徽	95.88	-0.54
广　西	97.72	0.34	河　南	95.84	-0.33
吉　林	97.61	-0.01	宁　夏	95.79	0.27
云　南	97.58	-0.18	海　南	95.59	-0.52
内蒙古	97.56	0.56	湖　北	95.42	-0.04
福　建	97.54	-0.37	贵　州	95.40	-0.70
江　西	97.41	0.06	辽　宁	95.34	-0.74
江　苏	97.18	0.81	新　疆	95.18	-0.40
四　川	97.02	-0.23	新疆兵团	94.99	-0.22
重　庆	97.00	0.10	广　东	92.80	-0.81

注：表中各个省份按照基本养老金支出占基金支出的比例由高至低排序。
资料来源：由人力资源和社会保障部提供。

表8 2012年各个省份企业部门基本养老金支出占基金支出的比例及其变动 单位：%

省份	比例	变动	省份	比例	变动
陕　西	98.98	-0.12	西　藏	96.56	4.14
天　津	98.77	-0.09	全国总计	96.44	-0.18
北　京	98.70	-0.23	浙　江	95.98	-0.52
青　海	98.59	-0.17	河　北	95.92	-2.38
山　西	98.34	2.69	贵　州	95.87	-0.20
黑龙江	97.73	0.00	宁　夏	95.79	0.27
广　西	97.72	0.34	安　徽	95.75	-0.53
内蒙古	97.65	0.72	上　海	95.74	-0.61
吉　林	97.61	-0.01	山　东	95.66	-0.16
福　建	97.51	-0.25	河　南	95.53	-0.27
云　南	97.50	-0.16	湖　北	95.38	0.01
江　西	97.40	0.09	辽　宁	95.17	-0.71
湖　南	97.32	-0.28	新　疆	95.16	-0.49
重　庆	97.00	0.11	海　南	95.11	-0.32
江　苏	96.96	0.79	新疆兵团	94.99	-0.22
四　川	96.95	-0.11	广　东	92.78	-0.50
甘　肃	96.94	-0.07			

注：表中各个省份按照企业部门基本养老金支出占基金支出的比例由高至低排序。
资料来源：由人力资源和社会保障部提供。

（三）离退休人员待遇得到进一步提高

2012年，参加基本养老保险的离退休人员（包括纯企业单位、其他以个体身份参保人员和机关事业单位的离退休人员）的人均基本养老金为1750元/月，比2011年提高了176元/月，增长率为11.18%。其中，企业（包括其他以个体身份参保的离退休人员）离退休人员的人均基本养老金为1700元/月，比2011年提高了172元/月，增长率为11.26%。

三、城镇职工基本养老保险基金结余继续增长，出现势头放缓苗头

（一）城镇职工基本养老保险基金当期结余继续增长，但增速放缓

2012年全国城镇职工基本养老保险基金当期结余为4439.20亿元，比上一年增加了309.42亿元，增长率为7.49%。当期结余最多的省份是广东，有780.06亿元，江苏和浙江的当期结余也分别有487.80亿元和443.71亿元；而中国农业发展银行的当期结余是0.19亿元，黑龙江、宁夏、新疆兵团、西藏、青海和海南的当期结余都不到10亿元。与2011年相比，2012年一些省份城镇职工基本养老保险基金当期结余实现了快速增长，其中，黑龙江当期结余由负转正，上海增长率达到175.88%，天津和江西的增长率也分别达到了167.45%和101.52%；而近一半省份当期结余出现了负增长，其中，宁夏减少了89.96%，中国农业发展银行、吉林和青海分别减少了77.96%、69.30%和68.17%（参见表9）。

表9 2012年各个省份城镇职工基本养老保险基金当期结余及其增长率

省份	当期结余（亿元）	增长率（%）	省份	当期结余（亿元）	增长率（%）
上 海	263.86	175.88	新疆兵团	6.11	-5.88
天 津	55.48	167.45	安 徽	109.01	-13.03
江 西	85.89	101.52	山 东	257.58	-15.35
陕 西	79.49	99.75	湖 南	105.08	-15.93
重 庆	123.17	55.52	广 西	29.10	-16.79
北 京	354.93	40.87	云 南	87.15	-18.23
福 建	48.69	34.10	内蒙古	62.22	-27.50
西 藏	6.17	26.42	四 川	204.29	-38.41
江 苏	487.80	26.32	甘 肃	40.69	-41.37
浙 江	443.71	23.94	河 北	69.52	-43.35
贵 州	63.87	23.57	湖 北	116.53	-44.64
广 东	780.06	22.69	海 南	8.67	-57.77
河 南	116.73	14.53	青 海	6.81	-68.17
山 西	171.48	10.97	吉 林	12.98	-69.30
全国总计	4439.20	7.49	中国农业发展银行	0.19	-77.96
辽 宁	159.73	2.50	宁 夏	4.54	-89.96
新 疆	74.74	1.53	黑龙江	2.93	—

注：表中各个省份按照当期结余增长率由高至低排序。
资料来源：由人力资源和社会保障部提供。

与上一年相比，2012年全国城镇职工基本养老保险基金当期结余增速急剧下滑，下降了71.68个百分点。绝大部分省份2012年城镇职工基本养老保险基金当期结余增速都出现了下滑，其中，海南下降了616.08个百分点，天津也下降了521.71个百分点；除了黑龙江由负转正外，江西、西藏、广西和新疆兵团实现了加速增长（参见图14）。

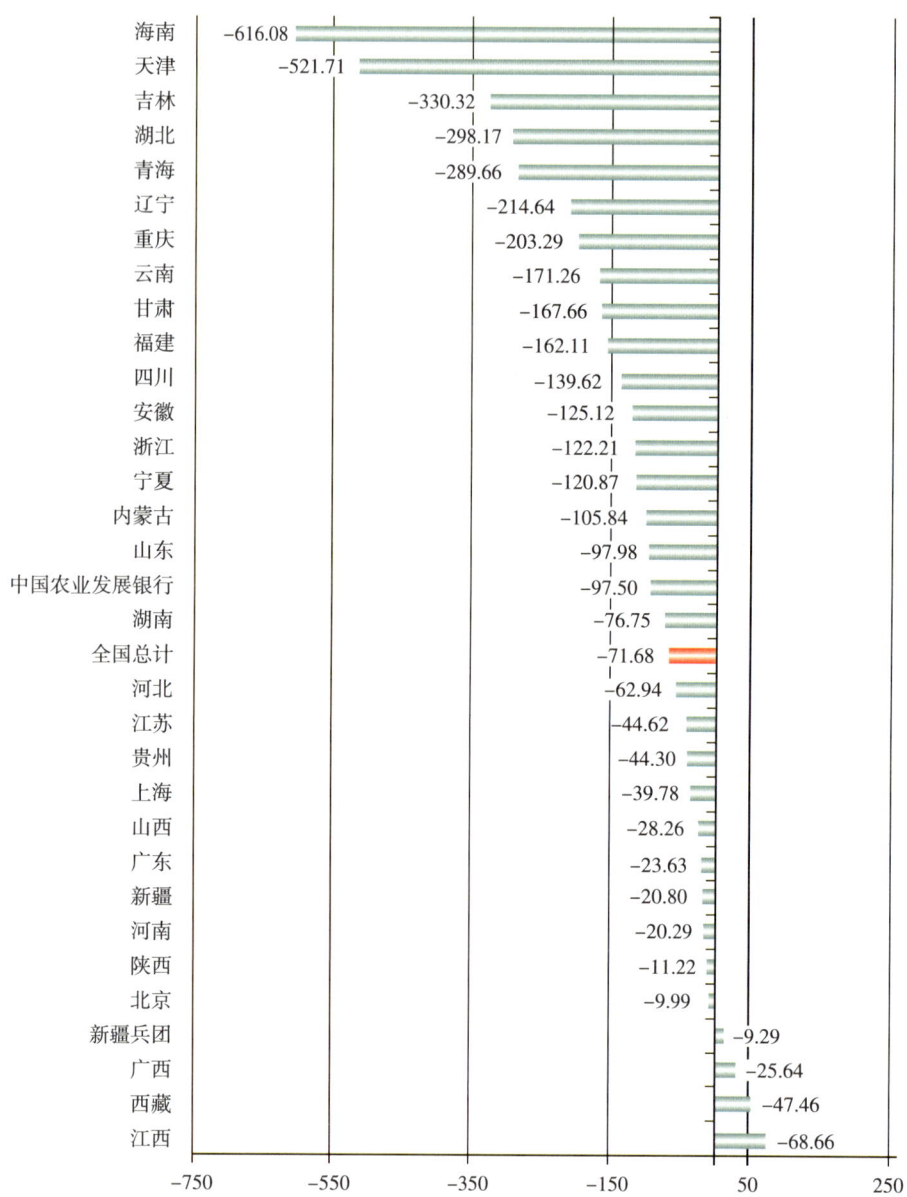

图14　2012年各个省份城镇职工基本养老保险基金当期结余增长率变动（单位：%）

注：黑龙江省2011年当期结余为-12.02亿元，2012年为2.93亿元，当期结余由负转正，故未在图中体现当期结余增长变动率。
资料来源：由人力资源和社会保障部提供。

从当期结余率(即当期基金结余与当期基金收入之比)看,2012年全国城镇职工基本养老保险基金当期结余率为22.19%,比2011年下降了2.25个百分点,这意味着基金当期收支结余略显下滑。此外,各个省份之间的基金结余率差异很大。广东的基金结余率最高,达到了46.41%,浙江和北京也分别有36.16%和35.67%,西藏和山西也都超过了30%;而黑龙江为0.41%,吉林和新疆兵团分别为3.32%和4.57%,宁夏、海南、河北、广西、青海5个省份和中国农业发展银行也都在10%以下(参见图15)。与2011年相比,2012年一些省份城镇职工基本养老保险基金当期结余率出现了大幅度下降,例如,宁夏下降了35.01个百分点,中国农业发展银行和青海分别下降了20.82个百分点和19.03个百分点,甘肃、湖北、四川和海南也都下降了超过10个百分点;而另外一些省份的基金结余率却出现了一定程度的上升,例如,上海上升了10.18个百分点,天津和江西也分别上升了7.02个百分点和6.99个百分点(参见图16)。对于各个省份基本养老保险基金管理者而言,如何采取措施维持一定的基金结余率将是一个重大课题。

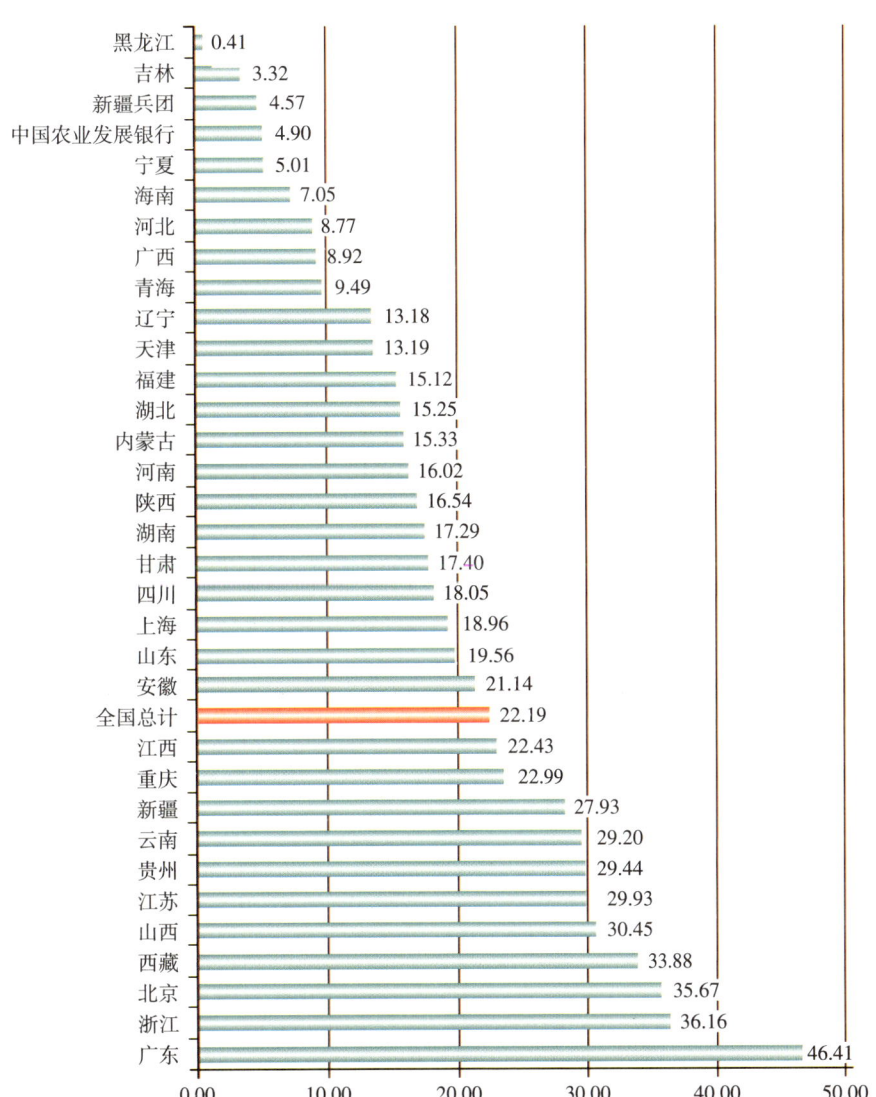

图15 2012年各个省份城镇职工基本养老保险基金当期结余率(单位:%)

资料来源:由人力资源和社会保障部提供。

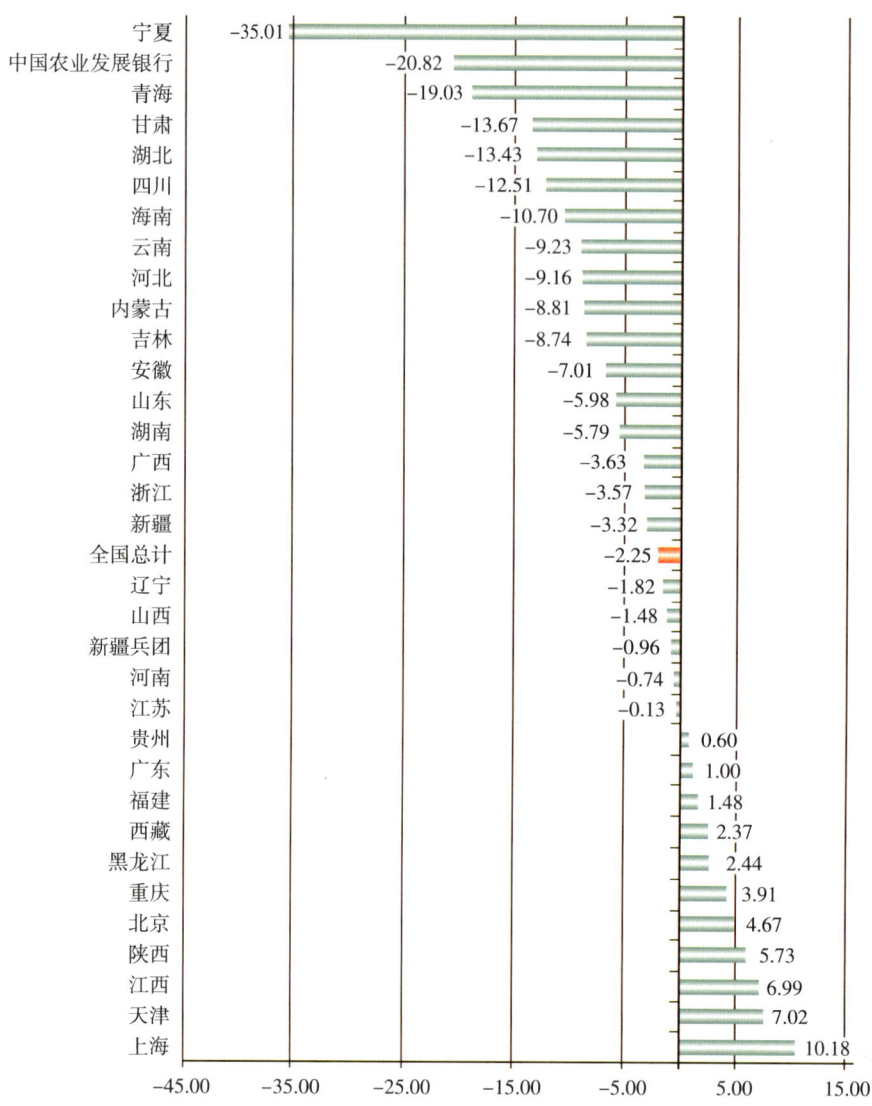

图16　2012年各个省份城镇职工基本养老保险基金当期结余率的变化（单位：%）

资料来源：由人力资源和社会保障部提供。

如果只考虑征缴收入（不含财政补助等），2012年全国城镇职工基本养老保险基金当期结余只有906亿元，比2011年减少了286亿元。只有12个省份征缴收入大于支出，其中，广东仍然高达652.09亿元，江苏、浙江和北京也都有300多亿元。19个省份和新疆兵团、中国农业发展银行当期征缴收入小于当期基金支出，缺口共计1205.60亿元，其中，辽宁和黑龙江的缺口均超过200亿元，吉林也超过100亿元（参见表10）。由于当前城镇职工基本养老保险制度统筹层次较低，这种状况显然不利于资金在全国范围内的调剂与运用，这也证明了尽快实现全国统筹的必要性和重要性。

表10 2012年各个省份城镇职工基本养老保险征缴收入减总支出的结余情况

省份	结余（亿元）	省份	结余（亿元）	省份	结余（亿元）
广东	652.09	西藏	1.12	内蒙古	-37.39
江苏	349.01	中国农业发展银行	-0.08	广西	-52.07
浙江	339.71	安徽	-8.07	天津	-61.68
北京	322.87	青海	-9.93	河南	-65.71
山东	165.53	重庆	-11.80	新疆兵团	-71.42
上海	145.18	甘肃	-13.39	湖南	-75.74
山西	57.96	江西	-13.92	湖北	-77.46
福建	31.67	宁夏	-14.05	河北	-85.47
贵州	15.97	陕西	-23.86	吉林	-107.63
云南	15.79	四川	-26.28	辽宁	-204.17
新疆	14.33	海南	-36.20	黑龙江	-209.28

注：表中各省份按照结余数额由高至低排序。
资料来源：由人力资源和社会保障部提供。

（二）累计结余继续以较高的速度增长，大部分省份增速有所下降

截至2012年底，全国城镇职工基本养老保险基金累计结余已经达到23941.31亿元，比2011年底增加了4444.72亿元，增长率为22.80%，增速比上一年下降了4.09个百分点。各个省份累计结余额差异很大：广东已经达到了3879.61亿元，江苏也超过了2000亿元，浙江、山东、四川、北京和辽宁也都有1000多亿元，这7个省份的累计结余占全国累计结余的55.86%；中国农业发展银行只有8.32亿元，西藏、新疆兵团、青海和海南也都低于100亿元。与2011年相比，2012年累计结余增长最快的是西藏，增长率为68.87%，上海和北京的增长率也都超过了40%；而黑龙江只是艰难地实现了正增长，增长率为0.63%，中国农业发展银行、宁夏、吉林、广西和青海的增长率也都低于10%（参见表11）。

表11 2012年各个省份城镇职工基本养老保险基金累计结余及其增长率

省份	累计结余（亿元）	增长率（%）	省份	累计结余（亿元）	增长率（%）
广东	3879.61	24.82	广西	443.06	7.03
江苏	2145.79	29.42	云南	423.02	25.95
浙江	1963.86	29.19	吉林	407.06	3.29
山东	1639.47	18.64	内蒙古	405.89	18.10
四川	1464.33	16.21	陕西	338.92	32.29
北京	1224.78	40.80	江西	332.17	34.87
辽宁	1054.88	17.84	贵州	293.41	27.82
山西	963.31	21.66	甘肃	288.29	16.43
上海	821.50	47.32	天津	279.23	24.79
河北	755.10	10.14	福建	226.22	27.43
湖北	754.60	18.26	宁夏	158.49	2.95
河南	717.68	19.42	海南	94.07	10.15
湖南	685.93	18.09	青海	78.79	9.46
安徽	594.00	24.18	新疆兵团	26.62	31.78
新疆	520.36	16.77	西藏	24.56	68.87
黑龙江	469.92	0.63	中国农业发展银行	8.32	2.29
重庆	458.07	36.81	全国总计	23941.31	22.80

注：表中各省份按照累计结余数额由高至低排序。
资料来源：由人力资源和社会保障部提供。

与2011年相比，2012年大部分省份累计结余增速下滑，其中，宁夏下降了38.71个百分点，青海和湖北分别下降了32.85个百分点和30.96个百分点，甘肃、海南和云南也都下降了20多个百分点；上海、西藏、天津、江西、陕西、重庆、黑龙江、福建、北京7个省份实现了加速增长，其中，上海和西藏的增速分别提高了26.62个百分点和18.32个百分点（参见图17）。

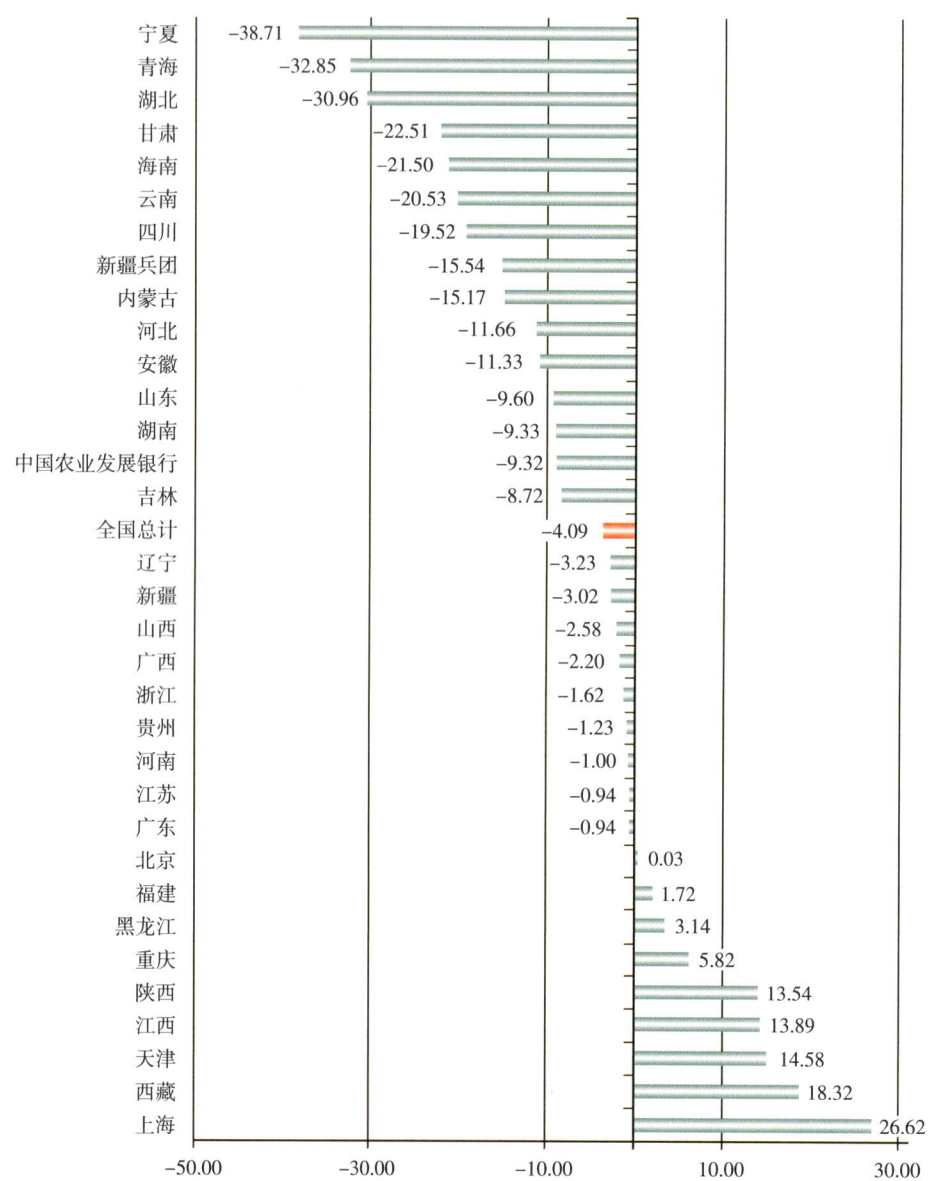

图17　2012年各个省份城镇职工基本养老保险基金累计结余增长率变动（单位：%）

资料来源：由人力资源和社会保障部提供。

（三）备付月数进一步提高，但地区差异仍然显著

由于累计结余保持了较快增长，2012年城镇职工基本养老保险基金的支付能力得到进一步增强，备付月数已经达到18.46个月，比2010年提高了0.13个月。但是，各个省份之间的差异仍然十分显著。广东的备付月数最高，达到了51.68个月；新疆和浙江也都超过了30个月。而新疆兵团的备付月数只有2.50个月；黑龙江、上海、天津、海南和福建的可支付月数也都低于10个月（参见表12）。

表12 2012年各个省份城镇职工基本养老保险基金累计结余的备付月数

省份	可支付月数	省份	可支付月数	省份	可支付月数
广 东	51.68	山 东	18.58	吉 林	12.94
新 疆	32.37	全国总计	18.46	河 北	12.52
浙 江	30.08	甘 肃	17.91	辽 宁	12.03
山 西	29.52	广 西	17.90	陕 西	10.14
中国农业发展银行	27.60	安 徽	17.53	福 建	9.93
西 藏	24.47	湖 南	16.37	海 南	9.87
云 南	24.02	青 海	14.55	天 津	9.18
贵 州	23.00	内蒙古	14.18	上 海	8.74
北 京	22.96	河 南	14.07	黑龙江	7.86
江 苏	22.55	湖 北	13.98	新疆兵团	2.50
宁 夏	22.06	江 西	13.42		
四 川	18.94	重 庆	13.32		

资料来源：由人力资源和社会保障部提供。

与2011年相比，2012年一些省份的城镇职工基本养老保险基金备付月数发生了明显的变化。13个省份和新疆兵团的备付月数得到了提高，其中，西藏提高了8.02个月，北京提高了4.35个月，广东和上海也分别提高了2.89个月和2.01个月；18个省份和中国农业发展银行的备付月数有所下降，其中，中国农业发展银行下降了12.36个月，宁夏和浙江分别下降了5.15个月和3.50个月，广西、吉林和河北也都分别下降了超过2个月。与上一年相比，备付月数下降的省份增加了11个（参见图18）。

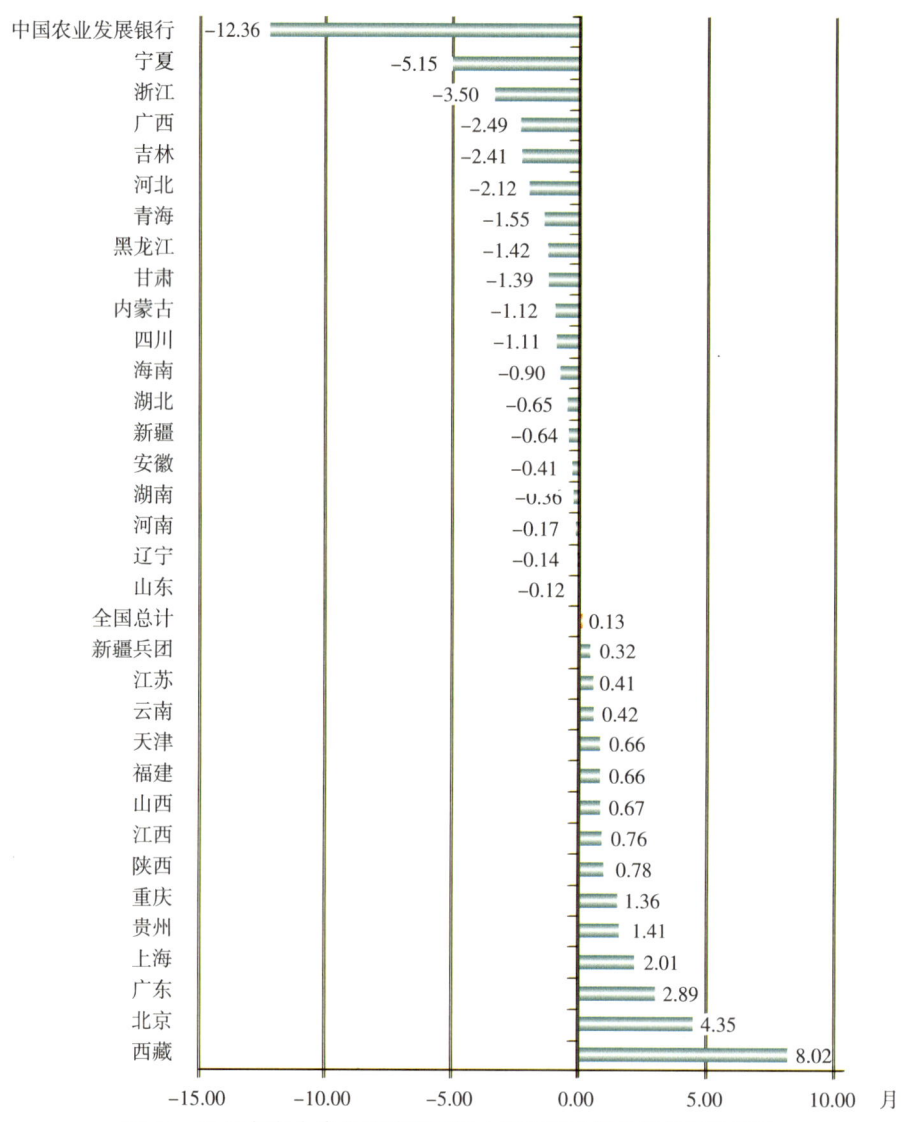

图18 2012年各个省份城镇职工基本养老保险基金备付月数变动

资料来源：由人力资源和社会保障部提供。

（四）个人账户累计记账额继续扩大，做实个人账户工作艰难推进

2012年城镇职工基本养老保险（包括纯企业单位、其他以个体身份参保人员和机关事业单位）个人账户累计记账额达到29543亿元，比2011年增加了4684亿元，增长率为18.84%。其中，企业养老保险（包括其他以个体身份参保人员，下同）个人账户累计记账额达到28086亿元，比2011年增加了4524亿元，增长率为19.20%。与2012年城镇职工基本养老保险基金累计结余额（即23941亿元）相比，基本养老保险个人账户累计记账额要超出5602亿元。也就是说，即使把城镇职工基本养老保险基金积累的所有资金用于填补个人账户，个人账户仍然会有空账。而且，与上一年相比，这一缺口扩大了大约240亿元。

在2012年当年做实企业养老保险个人账户试点的13个省份中，基金收入共计722亿元。截至2012年底，全国13个试点省份累计做实个人账户基金收入3499亿元，比2011年底增加了796亿元，增长率为29.45%。

四、城乡居民基本养老保险基金收支和累计结余继续增长，增速放缓

2012年，城乡居民基本养老保险基金收入1829.24亿元，比2011年新型农村养老保险基金收入增长了71.01%，但增速比2011年新型农村养老保险基金收入的增速下降了1005.67个百分点。基金支出为1149.74亿元，比2011年新型农村养老保险基金支出增长了95.64%，增速比2011年新型农村养老保险基金支出的增速下降了1743.26个百分点。基金累计结余为2302.18亿元，比2011年新型农村养老保险基金累计结余增长了91.98%，增速比2011年新型农村养老保险基金累计结余的增速下降了91.85个百分点。

无论是基金收入、基金支出，还是基金累计结余，城乡居民基本养老保险都呈现出明显的地区差异。

首先，从城乡居民基本养老保险基金收入看，2012年山东、江苏、河南、四川和重庆都已经超过了100亿元；而新疆兵团只有0.40亿元，西藏、宁夏、青海和海南也都低于10亿元。与2011年各个省份新型农村养老保险基金收入，2012年城乡居民基本养老保险基金收入增长最快的是内蒙古，增长率为203.92%；而甘肃出现了负增长（-29.48%），天津的增长率也只有0.46%（参见表13）。与2011年各个省份新型农村养老保险基金收入增长率相比，除了2012年刚开始进入该制度的新疆兵团外，2012年所有省份的城乡居民基本养老保险基金收入增长率都要低得多。

表13 2012年各个省份城乡居民基本养老保险基金收入及其增长率

省份	基金收入（亿元）	增长率（%）	省份	基金收入（亿元）	增长率（%）
内蒙古	33.07	203.92	四 川	114.21	71.60
江 苏	145.92	162.84	全国总计	1829.24	71.01
吉 林	24.27	138.12	陕 西	58.50	68.77
海 南	8.90	127.85	西 藏	4.22	66.64
湖 南	94.29	115.89	上 海	30.65	64.97
福 建	40.34	115.14	青 海	7.78	64.13
浙 江	92.43	107.56	广 东	95.34	61.80
云 南	47.24	105.06	江 西	47.99	54.28
黑龙江	28.93	101.17	山 东	169.73	45.17
河 南	116.56	95.72	新 疆	19.40	33.42
贵 州	58.51	92.59	重 庆	112.28	28.08
辽 宁	36.01	86.04	北 京	26.85	19.13
广 西	46.50	84.46	宁 夏	5.76	7.86
山 西	41.49	79.91	天 津	31.12	0.46
安 徽	96.07	76.08	甘 肃	29.99	-29.48
河 北	91.01	73.27	新疆兵团	0.40	—
湖 北	73.50	72.67			

注：表中各个省份按照基金收入增长率由高至低排序。
资料来源：由人力资源和社会保障部提供。

其次，从城乡居民基本养老保险基金支出看，2012年只有江苏和山东超过了100亿元；而新疆兵团只有0.13亿元，西藏、宁夏、青海和海南也都低于10亿元。与2011年各个省份新型农村养老保险基金支出相比，2012年城乡居民基本养老保险基金支出增长最快的是广东，增长率为207.80%，而重庆只增长了4.86%（参见表14）。与2011年各个省份新型农村养老保险基金支出增长率相比，除了2012年刚开始进入该制度的新疆兵团外，2012年所有省份的城乡居民基本养老保险基金支出增长率也都要低得多。

表 14 2012 年各个省份城乡居民基本养老保险基金支出及其增长率

省份	基金支出(亿元)	增长率(%)	省份	基金支出(亿元)	增长率(%)
广 东	54.79	207.80	湖 南	54.56	91.95
内蒙古	19.70	192.72	河 北	49.12	91.58
浙 江	80.28	165.78	上 海	29.44	91.34
江 苏	109.13	165.33	山 东	106.82	87.52
黑龙江	13.33	155.37	新 疆	11.31	87.32
河 南	74.25	145.50	湖 北	37.73	82.26
广 西	34.29	138.88	青 海	4.55	81.17
贵 州	48.93	129.69	四 川	68.99	79.31
福 建	22.15	128.05	安 徽	53.12	79.17
辽 宁	22.36	119.93	宁 夏	3.17	64.10
海 南	5.64	117.11	西 藏	2.39	57.66
云 南	24.18	111.20	甘 肃	14.14	41.58
山 西	20.95	109.75	北 京	13.55	33.33
吉 林	12.52	104.13	天 津	14.00	22.49
江 西	24.58	100.45	重 庆	86.70	4.86
全国总计	1149.74	95.64	新疆兵团	0.13	—
陕 西	32.91	94.94			

注：表中各个省份按照基金支出增长率由高至低排序。
资料来源：由人力资源和社会保障部提供。

最后，从城乡居民基本养老保险基金累计结余看，江苏和山东已经分别有 294.75 亿元和 286.03 亿元，广东、四川、河南和浙江也都有 100 多亿元；而新疆兵团只有 0.44 亿元，西藏、宁夏、青海和海南也都不到 10 亿元。与 2011 年各个省份新型农村养老保险基金累计结余相比，2012 年城乡居民基本养老保险基金累计结余增长最快的是广东，增长率为 309.96%；而上海只增长了 3.45%（参见表 15）。与 2011 年各个省份新型农村养老保险基金累计结余增长率相比，除了 2012 年刚开始进入该制度的新疆兵团外，2012 年所有省份的城乡居民基本养老保险基金累计结余增长率同样都要低得多。

表15 2012年各个省份城乡居民基本养老保险基金累计结余及其增长率

省份	累计结余（亿元）	增长率（%）	省份	累计结余（亿元）	增长率（%）
广东	163.39	309.96	云南	48.74	102.14
吉林	20.61	267.07	河北	93.29	95.09
福建	46.23	194.71	全国总计	2302.18	91.98
内蒙古	38.07	187.45	陕西	64.48	83.40
重庆	40.46	171.81	浙江	112.81	83.06
西藏	2.93	167.10	贵州	28.07	78.86
湖南	68.08	165.27	山东	286.03	77.11
黑龙江	30.11	144.87	青海	8.85	72.34
海南	9.87	138.44	江苏	294.75	68.49
四川	161.27	133.21	新疆	24.47	62.57
山西	62.79	131.07	宁夏	8.53	44.03
辽宁	30.47	130.44	甘肃	51.30	41.49
安徽	84.47	126.61	天津	73.07	30.56
湖北	73.03	123.27	北京	88.67	17.66
广西	35.67	113.02	上海	72.33	3.45
江西	49.31	112.94	新疆兵团	0.44	—
河南	129.61	106.31			

注：表中各个省份按照累计结余增长率由高至低排序。
资料来源：由人力资源和社会保障部提供。

从城乡居民基本养老保险基金支出占收入的比重看，全国总计达到了62.85%，比上一年提高了7.91个百分点。上海高达96.05%，浙江和贵州分别达到了86.86%和83.63%，重庆、江苏和浙江也都超过了70%；而新疆兵团为33.02%，天津、黑龙江和甘肃也都低于50%（参见表16）。与2011年相比，2012年一些省份城乡居民基本养老保险基金支出占收入的比重下降，其中，重庆下降了17.10个百分点，吉林和湖南也分别下降了8.59个百分点和7.22个百分点。另外一些省份该比重则上升，其中，广东和甘肃分别上升了27.26个百分点和23.67个百分点（参见图19）。这种支出收入比上升的趋势可能会影响未来城乡居民基本养老保险的财务可持续性。

表16 2012年各个省份城乡居民养老保险基金支出占收入的比重

省份	支出占收入的比重（%）	省份	支出占收入的比重（%）	省份	支出占收入的比重（%）
上海	96.05	四川	60.40	河北	53.98
浙江	86.86	内蒙古	59.58	吉林	51.59
贵州	83.63	青海	58.46	湖北	51.33
重庆	77.22	新疆	58.30	江西	51.23
江苏	74.79	湖南	57.87	云南	51.19
广西	73.74	广东	57.47	山西	50.50
河南	63.70	西藏	56.58	北京	50.48
海南	63.35	陕西	56.26	甘肃	47.15
山东	62.93	安徽	55.30	黑龙江	46.07
全国总计	62.85	宁夏	55.07	天津	44.98
辽宁	62.10	福建	54.91	新疆兵团	33.02

注：表中各个省份按照基金支出占收入的比重由高至低排序。
资料来源：由人力资源和社会保障部提供。

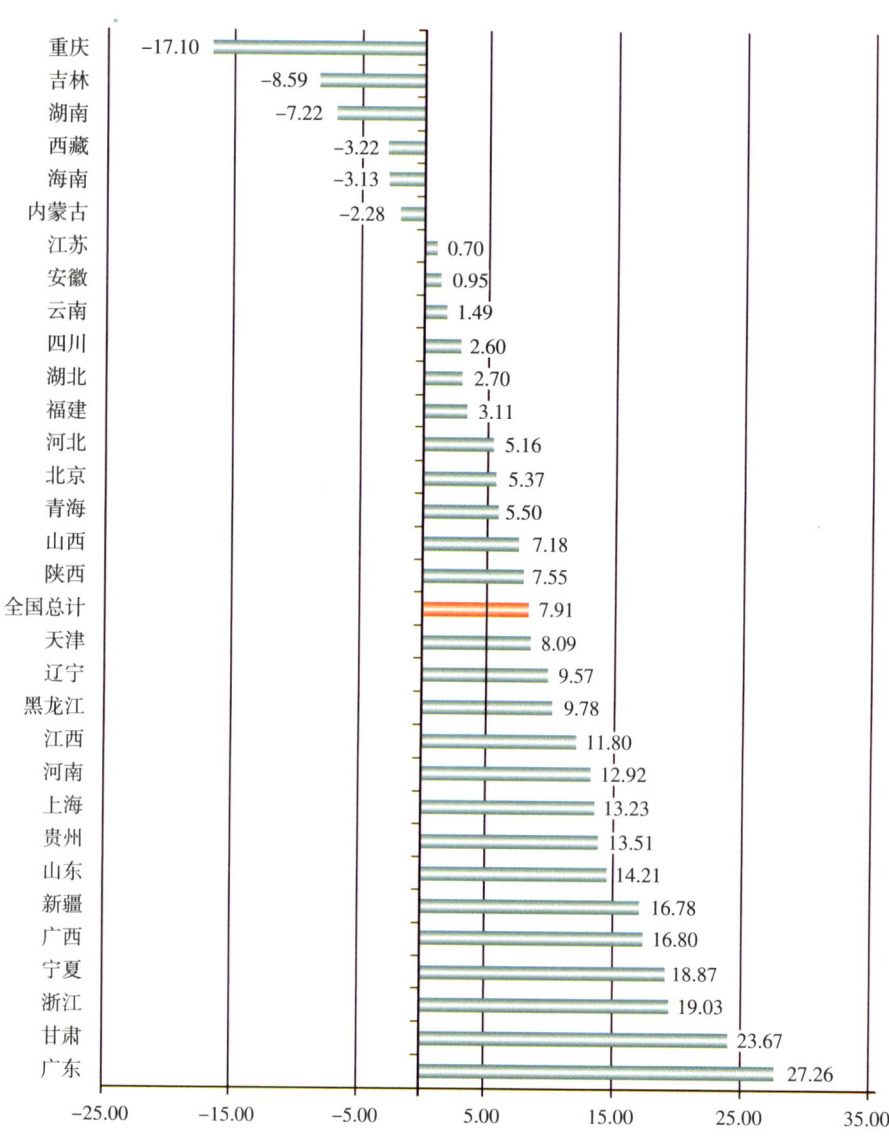

图 19　2012 年各个省份城乡居民基本养老保险基金支出占收入比重变动（单位：%）

资料来源：由人力资源和社会保障部提供。

分报告三
2012年企业年金基金市场状况评估
——投资业绩回归较高增长，地位提升有待跨越式发展

摘要： 在资本市场并不尽如人意的情况下，2012年各家投资管理人取得了还算令人满意的投资绩效，全年企业年金基金加权平均收益率为5.68%。但是，目前企业年金在中国养老保障体系中地位不高，作用和影响也极为有限，也是不争的事实。因此，这就需要借助本届政府继续深化改革并对养老保障体系进行全方位顶层设计之际，彻底改善企业年金发展的社会和经济环境、积极调整养老保障体系结构、大胆创新年金制度设计、不断加大财税政策扶持力度，有重点地解决一些核心问题，而不是一开始就陷入纠缠一些细枝末节的状态。

关键词： 企业年金基金　跨越式发展　顶层设计　集中度

一、中国企业年金基金市场总体状况

(一) 2008 年以后投资业绩再次出现比较高的增长

经历了 2011 年"股债双熊"行情后，2012 年中国债券指数和股票指数总体上都呈现上行走势。首先，银行间市场债券指数由年初的 139.78 点升至年末的 144.68 点，上升 4.9 点，升幅 3.51%。同样，交易所市场国债指数也由年初的 131.44 点升至年末的 135.79 点，上升 4.35 点，升幅 3.31%。其次，2012 年末上证指数报收于 2269.13 点，比 2011 年末上涨 69.71 点，涨幅 3.17%[①]。

但是，笔者通过进一步分析发现，2012 年股票市场整体业绩并未如上述数据显示的那么乐观。上证综指在年初经历了两波中级反弹后，5 月份后便开始从年度高位一路震荡下跌，历经长达 7 个月的煎熬，几近"熊"霸全球股市，市场充满了恐慌性气氛，只是在年底凭借金融、地产和基建等板块的轮番发力，上证综指才得以反弹，部分收复"失地"。总的来说，2012 年中国资本市场并不尽如人意。但就是在这种不利的市场情况下，各家企业年金基金投资管理人取得了还算令人满意的投资绩效，全年企业年金基金加权平均收益率为 5.68%，一举扭转了 2011 年 -0.78% 的加权平均收益率，业绩提高了 6.46%，成为近 5 年来投资绩效仅次于 2009 年（见表 1）。其中，固定收益类组合的加权平均收益率为 5.17%；含权益类的加权平均收益率为 5.77%[②]。

表 1 2008~2012 年企业年金基金投资收益率

年份	2008	2009	2010	2011	2012
加权平均收益率 (%)	-1.83	7.78	3.41	-0.78	5.68

资料来源：人力资源和社会保障部网站。

(二) 参保职工人数增加成为基金规模快速扩大的主因

截至 2012 年底，企业年金基金累计结存 4821 亿元，相对于 2011 年的 3570 亿元增长了 35.04%，不仅明显高于 2011 年 27.09% 的增长率，而且是 2008 年以来增长最快的年份（参见图 1）。理论上讲，企业年金基金规模的增长来自三个方面：一是参加企业年金职工人数的增长，2012 年建立企业年金的企业数和参加企业年金的职工人数分别从 2011 年的 4.49 万个和 1577 万人分别提高到 5.47 万个和 1847 万人，增长幅度分别为 21.83% 和 17.12%（前者高于后者说明新建立企业年金企业的职工人数规模在下降）[③]；二是参加企业年金职工工资总额的提高幅度；三是企业年金基金投资收益的增加，2012 年的投资收益率为 5.68%。从上述分析不难匡算出 2012 年参加企业年金职工工资总额增长率，即为 9.10%[④]。显然，企业年金基金规模的激增主要得益于参加企业年金职工人数的增长。

[①] 见中国人民银行网站：《2012 年金融市场运行情况》。
[②] 见人力资源和社会保障部网站。
[③] 上述数据来自人力资源和社会保障部网站，历年《人力资源和社会保障事业发展统计公报》。
[④] 因为无法获得详细数据，只能按如下公式粗略估算：工资总额增长率 = (1+35.04%) / (1+17.12%) / (1+5.68%) -1。

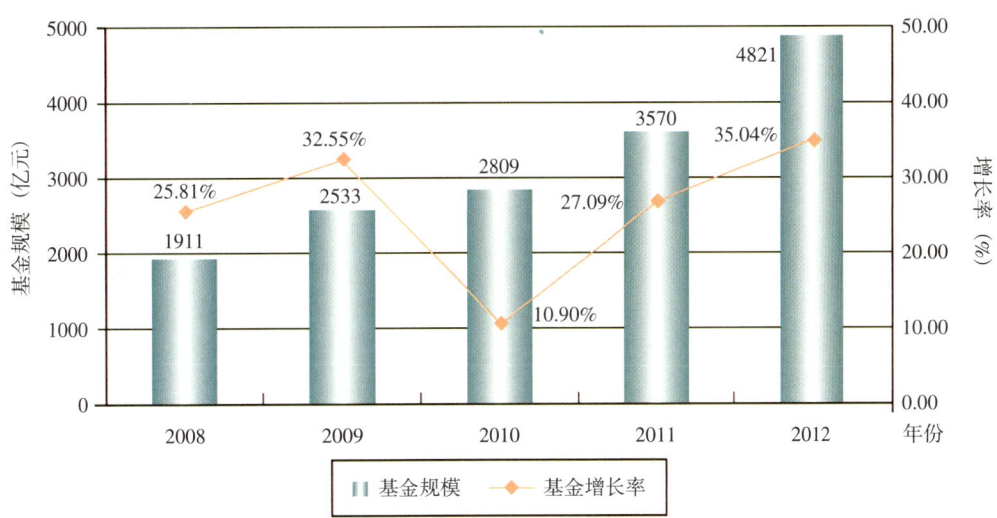

图 1　2008~2012 年企业年金基金规模增长情况

资料来源：根据历年《人力资源和社会保障事业发展统计公报》等有关资料整理。

(三)"市场集中度指数"显示市场竞争依然充分

在企业年金基金投资运营过程中涉及四种业务类型，并由取得相应资格的机构来分别经营，因此整个企业年金市场可以细分为受托人市场、账户管理人市场、托管人市场和投资管理人市场四个相对独立的子市场。

为分析企业年金的市场竞争/垄断程度，中国社会科学院世界社保研究中心 2011 年就开发编制了中国企业年金"市场集中度指数"。"市场集中度指数"具体反映的是企业年金基金各个子市场的竞争程度，取值区间均为 0~1000，数值越大说明市场集中度越高，反之则越小。该中心认为：如果集中度指数低于 100 则意味着市场竞争非常充分；如果集中度指数介于 100~300 则意味市场竞争不够充分，但可以接受；如果集中度指数高于 300，则认为市场已经出现了垄断倾向或实质上的垄断。

根据企业年金基金的"市场集中度指数"，2012 年受托人市场、账户管理人市场、托管人市场和投资管理人市场都继续保持较强的竞争格局（参见表 2）。具体解读如下：

（1）受托人市场集中度指数只是从 2011 年的 165 点轻微提高到 2012 年的 174 点，说明受托人市场竞争程度仍然较高。

（2）账户管理人市场集中度指数在这几个子市场中最高，2012 年该指数为 243 点，但比 2011 年的 259 点下降了 16 个点，说明账户管理人市场的竞争程度在加强。

（3）托管人市场集中度指数在这几个子市场中也较高，2011 年为 220 点，但 2012 年下降到 218 点，没有出现实质性变化。

（4）投资管理人市场集中度指数在这几个子市场中最低，2011 年仅为 80 点，到 2012 年进一步下降了 2 个点至 78 点，说明市场竞争程度还在不断加强。

比较而言，投资管理人市场竞争最为充分，而其他三个市场集中度指数虽然相对较高，但鉴于目前中国企业年金市场规模非常有限，我们认为较高的集中度指数也是完全可以接受的。

表 2　2008~2012 年中国企业年金市场集中度指数

年份	2008	2009	2010	2011	2012
受托人市场集中度指数	201	176	162	165	174
账户管理人市场集中度指数	280	270	270	259	243
托管人市场集中度指数	234	209	216	220	218
投资管理人市场集中度指数	92	86	82	80	78

资料来源：中国社会科学院世界社保研究中心研究并编制（CISS Index Series）。

（四）必须尽快实现企业年金跨越式发展

中国企业年金制度（2000年前被称为企业补充养老保险）建立以来，特别是2004年两个《试行办法》实施后，法律体系和制度架构逐步建立并日趋完善，覆盖范围不断扩大，基金规模持续增加。特别是从2007~2012年，参保企业数、职工数和基金规模的年均复合增长率分别达到了11.32%、14.73%和25.98%，所取得的成绩不容否定。但是，目前企业年金在中国养老保障体系中地位不高，作用和影响也极为有限，这是不争的事实。例如，截至2012年底，中国实有企业1366.6万户，而同期只有5.47万户企业建立了企业年金计划，只占企业总数的0.40%。又如，2012年底中国沪深证券交易所总市值超过23万亿元，而同期全部企业年金基金累计规模仅为4821亿元，只相当于两市市值的2.10%①。

进一步，在与一些主要国家对比时，这种差距表现得就更为突出，下面以"企业年金计划成员数占社会总就业人口数的百分比"和"企业年金计划资产占GDP的百分比"两个指标分别进行衡量。

首先，从"企业年金计划成员数占社会总就业人口的百分比"这一指标上看②，中国仅为2.41%，不仅远远落后于瑞典（90.00%）、比利时（55.60%）、英国（47.10%）、美国（46.00%）、爱尔兰（41.10%）和加拿大（39.40%）等私人养老金市场十分发达的国家，同时也与奥地利（13.90%）、意大利（10.60%）、西班牙（8.70%）和葡萄牙（8.70%）等公共养老金占主体地位的国家存在较大的差距。

其次，从"企业年金资产占GDP的百分比"这一指标上来说，截至2012年底中国企业年金资产仅仅相当于GDP的0.93%，与世界上其他一些国家的差距也十分明显。一般来说，凡是在公共养老金制度上具有贝弗里奇传统的国家，其企业年金制度就越发达，这些国家主要集中在北欧地区和盎格鲁·撒克逊等英语国家。例如，在丹麦、美国、芬兰和加拿大等国，企业年金资产占GDP的百分比都高达70%以上，甚至超过100%。相对而言，在俾斯麦模式盛行的欧洲大陆国家，企业年金发展比较滞后，即便如此，其占GDP的百分比也大大高于中国。例如，在法国、西班牙和意大利，企业年金资产占GDP的百分比分别是6.12%、5.63%和2.92%。另外，需要注意的是，即使在一些发展中国家，企业年金资产占GDP的百分比也是明显高于中国的。例如，在墨西哥、韩国和土耳其，企业年金资产占GDP的百分比分别为3.44%、2.87%和1.06%。

通过比较可以看出，任何常规性的发展（尽管自身速度很快）根本无法弥合中外企业年金之间地位和作用的巨大差异，也无法应对中国社会正在到来的种种挑战和迫切需要。因此，尽快扩大企业年金覆盖范围、全面提升中国企业年金的地位和作用已经成为一项重大的历史使命，当然也是一项艰巨而复杂的系统工程，为此有必要把加快企业年金发展提高到一个战略高度来认识和贯彻，在未来5~10年通过一定的制度变革和资源整合，掀起企业年金大发展或者跨越性发展的一次全国性高潮，把企业年金迅速锻造成中国养老保障体系一个重要且不可或缺的坚强支柱。

毋庸讳言，目前无论是养老保障体系本身还是宏观经济社会环境都存在着严重的制度性障碍，从而制约了企业年金的跨越式发展。诸如以下若干方面：基本养老保险较高的缴费费率已经严重挤压了企业年金的缴费空间；现行的企业年金制度主要是针对单一计划而设立，对促进集合计划发展作用有限；年金计划税收优惠幅度极为有限，企业建立计划的积极性不高；对养老金知识的社会宣传和教育不足，人们对企业年金的认知度不高；工会组织建设滞后，在建立企业年金计划的谈判中必然与企业主或其行会组织谈判地位不对等；资本市场"强融资、弱投资"功能错位取向始终没有明显改善，人们对企业年金投资效果表示怀疑；投资领域和范围有限，基金很难有出色表现；垄断和宏观税负较重导致民营企业负担较重，没有能力和意愿建立企业年金计划；等等。

显然，这些问题纷繁复杂、纵横交错，牵一发而动全身，几乎任何一个问题都牵涉到经济和社会的深层次领域矛盾，而且即使选择性地解决了其中一部分问题，也难以从根本上克服企业年金跨越式发展的障碍。因此，这就需要借助本届政府继续深化改革并对养老保障体系进行全方位顶层设计之际，彻底改善企业年金发展的社会和经济环境、积极调整养老保障体系结构、大胆创新年金制度设计、不断加大财税政策扶持力度，有重点地解决一些核心问题，而不是一开始就陷入纠缠一些细枝末节的状态。具体来说，应该马上着手解决以下核心问题：

第一，通过深化经济体制改革，打破垄断尤其是行政

---

① 本节相关数据为作者计算所得，使用的基础数据来自OECD网站与人力资源和社会保障部等网站。
② 这里的企业年金计划是指与就业相关并自愿参加的养老金计划，换言之，不考虑强制性企业年金计划，例如，澳大利亚的超级年金计划只要求雇主缴费，允许个人自愿缴费，因此只有个人缴费的超级年金计划才被纳入该统计口径内。

垄断，纠正扭曲的价格信号和资源分配格局，营造公平的市场竞争环境，让民营企业及其从业者更多地分享经济发展成果。这对于促进企业年金跨越式发展的贡献主要体现在：①打破某些国有企业对经济的垄断，才能让民营企业从中受益，才能增强他们为其职工建立企业年金的能力；②只有打破垄断，才能消解人们对企业年金是"富人俱乐部"的担忧，才能为争取优厚的税收政策释放舆论空间；③只有打破垄断，才能增强经济活力，实现人才在各类所有制企业之间的无障碍流动，在人口红利日渐消失的情况下，增强企业为留住人才而建立企业年金的意愿。

第二，税收优惠模式应尽早抉择，税收优惠政策应尽快给出完整设计，推动企业年金跨越式发展并纳入到整个社保体系建设之中。基于目前分类个人所得税制和税务机关征管能力薄弱等硬约束及"退休皆免税"社会文化环境软约束，应结合现有制度和社会文化环境及早制定并实施"部分 TEE"税优政策，即提高企业缴费比例上限至8.33%并全部在企业所得税前列支，但在划入个人账户时，维持"国税通知"的规定，独立课征个人所得税，与现有税收优惠政策保持一致，同时也要对个人缴费部分提供同样比例的税收优惠。待到时机成熟时，特别是分类个人所得税制向综合与分类个人所得税制相结合的混合所得税制转变后，再适时将"部分 TEE"转变为"纯粹 EET"，因为实行 EET 才是发展企业年金的最优选择。只有通过末端征税，才可以调节消费差距（而不仅是收入差距），并与未来的遗产税相衔接，防止税优补贴用于非个人养老消费目的。对于后一方面，美国 401k 计划给了我们很好的启示。美国国内税务局对雇主缴费和雇员缴费做出了明确规定，并针对提前支取、借款、困难支取和不支取等一系列行为制定了详细的惩罚性措施。例如，计划参加者只有在年龄超过59.5岁、死亡、永久丧失工作能力、发生较大医疗费用或者适用提前退休等几种情况下才可以支取，否则将被加收惩罚性征税，其原则就是税收优惠被看成一种福利，因此不能被滥用。另外，如果 401k 计划参加人年龄超过70.5岁，则必须从个人账户中取款，否则政府将会征收50%高额惩罚性税收，其目的是平滑终身收入，鼓励老年人当期消费，而不能将养老金资产转成子女或亲属遗产。

第三，全面改造现有养老保障制度的整体架构，为企业年金跨越式发展创造宽松的制度环境。一方面，增强缴费型制度的透明性和激励性（例如将现有的统账结合制度彻底改造成名义账户制），让人们由被迫缴费转向主动缴费，在降低名义缴费费率的同时，不断做实实际缴费基数，从而为有能力、有愿望建立年金的企业提供缴费空间。另一方面，尽快建立惠及低收入人群的非缴费型养老金制度，为企业年金跨越式发展创造宽松的社会环境。因为一般来说，有能力参加企业年金计划的职工收入相对较高，他们参加企业年金计划所享受税收优惠是以在社会保障中向低收入者进行补贴为前提的，这是社会福利向低收入者倾斜的基本社会价值理念所决定的。例如在美国，雇员参加企业年金计划缴费享受慷慨税收优惠必须以参加社会保障制度并缴费为前提。美国的社会保障制度几乎覆盖全民，而且具有较大的社会互济功能，低收入者相对于其在职收入的替代率水平明显要高于高收入者，实际上相当于高收入人群向低收入者提供了补贴。当然，不同于美国，作为发展中国家的中国，劳动力市场中非正规就业比重较高，这就加大了实现基本养老保险全覆盖的难度，但作为一个替代，应该把现有的城乡居民养老保险制度彻底改造成一个非缴费型养老金制度，并明显提高待遇标准，让低收入者通过非缴费型养老金获益，而高收入者借助企业年金获得税收优惠，使得财政资金通过不同途径惠及全体国民，这是现代社会保障制度应该有的基本公平理念之一。

第四，在指导企业年金集合计划相关规定已经出台的基础上，还应尽早推出针对参保中小企业及其职工的优惠措施，满足中小企业及其职工对企业年金的潜在需求，促进标准化集合企业年金产品市场的繁荣。中国企业年金制度建立以来，主要针对单一计划做出了较为具体的规定安排并促进其较快发展。相比之下，对于适用于中小企业的集合计划的相关制度安排出台的时间较晚，并导致集合计划发展相对滞后，这就极大地抑制了中小企业参加计划的潜在需求。道理很简单，目前的企业年金制度特别有利于大型企业建立企业年金计划并有效降低运行成本，实现规模经济效应。但是，对于广大中小企业来说，由于员工人数少，所形成的企业年金基金规模较小，很难有效解决建立计划的流程相对繁复、管理费率相对较高的现实问题，导致占城镇总就业人口80%的中小企业职工被企业年金制度拒之门外。另外需要在这里着重强调的是，在现有的集合计划基础上，可以参照美国个人退休账户（IRA）的模式，为城镇职工、城乡居民、农民建立个人退休账户，享受与企业年金账户相同的税收优惠，允许他们自愿加入，从而最大限度地体现税收优惠政策的公平性和普适性。

第五，重新定位资本市场功能，推动多元化资本市场建设，加强对投资人的保护、实现投资人和筹资人的利益平衡，使得资本市场逐渐进入良性循环轨道。同时，还要在23号文和24号文的基础上进一步扩大企业年金基金的投资范围，例如在不动产领域和海外市场上的投资，并增加投资品种，例如增加基础设施证券化、国债期货等产品。通过以上措施，不仅可以使企业年金基金更多地分享国内经济发展的成果，而且可以在国内人口红利逐渐消失的同时获得其他国家人口结构年轻国家的人口红利，从而提高企业年金收益，吸引更多的企业和职工建立企业年金计划或个人退休账户。

第六，应加强社会宣传和养老金教育，让人们更加理性地看待人口老龄化所带来的各种冲击，引导他们正确认识未来养老责任需要在国家、企业和个人之间合理配置，既不能完全依赖国家，也不能单纯靠自己，并让他们意识到企业年金对其退休收入的重要性，在就业选择上更加倾向于已经建立企业年金计划的公司，让更多企业意识到建立企业年金计划是吸引和留住人才的重要措施。

此外，从长远来看，考虑到劳资双方在谈判地位上的不平等，还要重视工会组织建设，增强职工在建立企业年金计划上的话语权，等等。

二、2012年企业年金基金受托管理市场分析

（一）市场份额

2012年底共有11家法人受托机构参与企业年金受托管理，接受受托管理的全部企业数、职工数和基金额分别为44508个、1018.43万人和2870.28亿元[①]。

1. 受托管理的企业数量

从各受托人受托管理的企业数上来看，具有一定的集中化倾向。其中，排在第1位的平安养老保险股份有限公司管理的企业数高达20708个，占全部法人受托企业数的47%，几乎占了一半的市场份额；排在第2位和第3位的太平养老保险股份有限公司和中国人寿养老保险股份有限公司也取得了较大的市场份额，即分别管理的企业数为6737个和5514个，分别占有的市场份额为15%和12%；排在第4位的长江养老保险股份有限公司管理的企业数和市场份额为5396个和12%；排在第5位的泰康养老保险股份有限公司管理的企业数和市场份额为2975个和7%。进一步，将排在前5位的受托人管理的企业数和市场份额加总后发现，前5家受托人管理的企业数多达41330个，占全部市场份额的93%，也就是说，其余6家法人受托机构仅仅分享全部市场份额的7%（参见图2）。

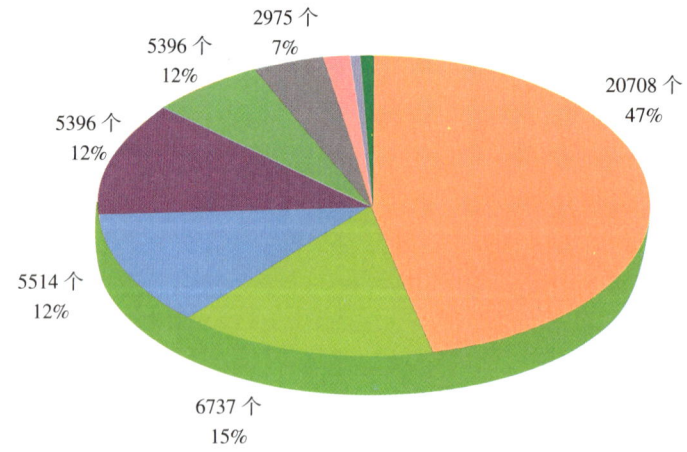

图2 2012年底受托人管理的企业数和份额

资料来源：人力资源和社会保障部网站。

2. 受托管理的职工数量

从各法人受托机构获得的参加企业年金的职工数上来分析，前5家受托人均占有较大的市场份额。其中，排在第1位和第2位的中国人寿养老保险股份有限公司和平安养老保险股份有限公司对应的职工数分别为308.56万人和240.08万人，分别占所有参保职工数的30%和24%；排在第3位和第4位的中国工商银行股份有限公司和太平养老保险股份有限公司也取得了较大的市场份额，即分别对应

[①] 凡是没有给出注释的数据，均引自人力资源和社会保障部网站。

的职工数为130.79万人和105.35万人，分别占到市场份额的13%和10%；排在第5位的中国建设银行股份有限公司管理的职工数为83.97万人，相应的市场份额为8%。可以看出，前5家受托人对应的职工数高达868.75万人，占全部市场份额的85%，而余下15%的市场份额被其他的6家受托人分享（参见图3）。

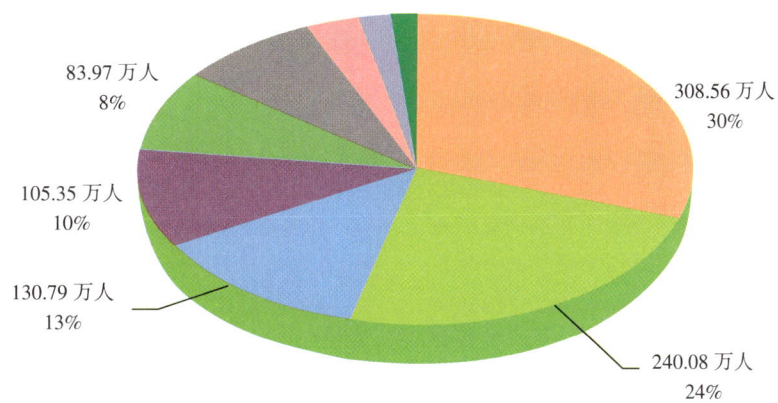

图3　2012年底受托人管理的职工数和份额

资料来源：人力资源和社会保障部网站。

3. 受托管理的资产规模

从各法人受托机构管理的基金额上来看，中国人寿养老保险股份有限公司管理的基金额高达805.14亿元，占全部受托基金额的28%，以非常明显的优势占据第1位；平安养老保险股份有限公司和中国工商银行股份有限公司管理的基金额分别为581.14亿元和454.36亿元，分别占到全部受托基金额的20%和16%；紧随其后的是排在第3位和第4位的长江养老保险股份有限公司和太平养老保险股份有限公司，即分别管理的基金额为315.22亿元和247.76亿元，分别占有市场份额的11%和9%，也取得了不错的市场份额。总的来看，排在前5位的受托人管理的基金额达到2403.62亿元，占全部市场份额的84%，而剩下的6家受托人共同分享了16%的市场份额（参见图4）。

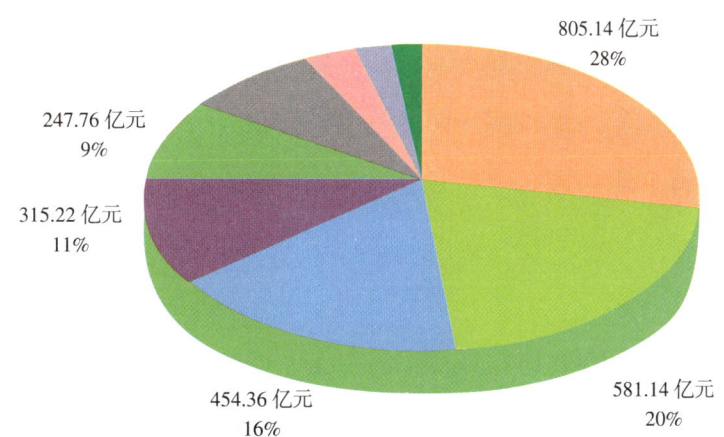

图4　2012年底受托人管理的基金额和份额

资料来源：人力资源和社会保障部网站。

(二)市场分析

总体来看,2012年企业年金基金受托市场继续保持了较快发展,全部受托人管理的企业数和职工数比2011年分别增加了5618个和270.28万人,增长幅度相应为14.45%和36.13%;全部受托金额比2011年增加了819.32亿元,实现了39.95%的较高增长幅度。

1. 受托管理的企业数量

从各受托人管理的企业数增长情况来看,2012年中国建设银行股份有限公司增长最为迅猛,从2011年的307个直接蹿升到2012年的1897个,增加了1590个,提高幅度高达517.92%;中国人寿养老保险股份有限公司和招商银行股份有限公司也取得了较快增长,受托管理的企业数分别从2011年的3948个和274个提高到2012年的5514个和324个,相应地增加了1566个和50个,提高幅度分别为39.67%和18.25%,增长速度均高于全国平均水平。与之相比,其他8家公司增长速度均低于全国平均水平,而上海国际信托有限公司、中信信托有限责任公司、华宝信托有限责任公司和太平养老保险股份有限公司4家均出现了负增长,所管理的企业数比上一年度分别减少了6个、5个、36个和27个,下降幅度分别为-50.00%、-17.24%、-11.76%和-0.40%(参见表3)。

2. 受托管理的职工数量

从各受托人管理的职工数增长情况来看,2012年中国人寿养老保险股份有限公司、平安养老保险股份有限公司和泰康养老保险股份有限公司增长速度最为可观,受托管理的职工数分别从2011年的184.41万人、169.15万人和23.40万人,增长到2012年的308.56万人、240.08万人和32.01万人,相应增加了124.15万人、70.93万人和8.61万人,增长幅度分别是67.32%、41.93%和36.78%,均超过全国36.13%的平均水平。与之对比,剩下8家公司受托管理的职工数则在不同程度上低于全国平均水平。其中,上海国际信托有限公司和中信信托有限责任公司在2012年出现了负增长,受托管理的职工数分别比上一年度下降了0.03万人和0.28万人,下降幅度相应为-68.75%和-33.63%(参见表4)。

3. 受托管理的资产规模

从各受托人管理的基金额增长速度上来分析,泰康养老保险股份有限公司、中国人寿养老保险股份有限公司、平安养老保险股份有限公司和中国建设银行股份有限公司分别从2011年的38.35亿元、514.48亿元、374.00亿元和165.75亿元分别增长到2012年的67.53亿元、805.14亿元、581.14亿元和245.52亿元,相应增加了29.18亿元、290.66亿元、207.14亿元和79.77亿元,增长幅度分别高达76.08%、56.50%、55.38%和48.13%,均高于全国39.95%的平均水平。对比之言,其他公司增长速度则在不同程度上低于全国平均水平。其中,只有上海国际信托有限公司在2012年出现了负增长,降低幅度为25.41%(参见表5)。

表3 2012年底企业年金基金法人受托市场的动态变化(受托管理的企业数)

管理人	2012年底受托管理企业数(个)	2011年底受托管理企业数(个)	受托管理企业数变化(个)	(%)
中国建设银行股份有限公司	1897	307	1590	517.92
中国人寿养老保险股份有限公司	5514	3948	1566	39.67
招商银行股份有限公司	324	274	50	18.25
总体情况	38890	44508	5618	14.45
中国工商银行股份有限公司	657	585	72	12.31
平安养老保险股份有限公司	20708	18533	2175	11.74
泰康养老保险股份有限公司	2975	2832	143	5.05
长江养老保险股份有限公司	5396	5300	96	1.81
太平养老保险股份有限公司	6737	6764	-27	-0.40
华宝信托有限责任公司	270	306	-36	-11.76
中信信托有限责任公司	24	29	-5	-17.24
上海国际信托有限公司	6	12	-6	-50.00

资料来源:人力资源和社会保障部网站。

从以上受托管理的总体情况来看，具备企业年金基金受托管理资格的金融机构主要包括银行、保险公司和信托公司三种类型。但在现有体制下，似乎只有银行和保险公司这两种金融机构更多地在承担着这一职责，而信托公司在受托管理市场上作用却日渐下降。

表4 2012年底企业年金基金法人受托市场的动态变化（受托管理的职工数）

管理人	2012年底受托管理职工数（万人）	2011年底受托管理职工数（万人）	受托管理职工数变化	
			（万人）	（%）
中国人寿养老保险股份有限公司	308.56	184.41	124.15	67.32
平安养老保险股份有限公司	240.08	169.15	70.93	41.93
泰康养老保险股份有限公司	32.01	23.40	8.61	36.78
总体情况	1018.43	748.14	270.28	36.13
中国工商银行股份有限公司	130.79	97.29	33.50	34.43
中国建设银行股份有限公司	83.97	65.38	18.59	28.44
招商银行股份有限公司	18.89	15.13	3.76	24.85
太平养老保险股份有限公司	105.35	98.79	6.56	6.64
长江养老保险股份有限公司	83.20	79.11	4.09	5.17
华宝信托有限责任公司	15.00	14.59	0.41	2.79
中信信托有限责任公司	0.56	0.84	-0.28	-33.63
上海国际信托有限公司	0.02	0.05	-0.03	-68.75

资料来源：人力资源和社会保障部网站。

表5 2012年底企业年金基金法人受托市场的动态变化（受托管理的基金额）

管理人	2012年底受托管理金额（亿元）	2011年底受托管理金额（亿元）	受托管理金额变化	
			（亿元）	（%）
泰康养老保险股份有限公司	67.53	38.35	29.18	76.08
中国人寿养老保险股份有限公司	805.14	514.48	290.66	56.50
平安养老保险股份有限公司	581.14	374.00	207.14	55.38
中国建设银行股份有限公司	245.52	165.75	79.77	48.13
总体情况	2870.28	2050.96	819.32	39.95
太平养老保险股份有限公司	247.76	178.27	69.49	38.98
招商银行股份有限公司	96.04	75.86	20.18	26.59
中国工商银行股份有限公司	454.36	380.89	73.47	19.29
长江养老保险股份有限公司	315.22	272.58	42.64	15.64
华宝信托有限责任公司	55.19	48.66	6.53	13.43
中信信托有限责任公司	2.34	2.07	0.27	12.90
上海国际信托有限公司	0.04	0.05	-0.01	-25.41

资料来源：人力资源和社会保障部网站。

三、2012 年企业年金基金账户管理市场分析

（一）市场份额

2012 年底共有 15 家账户管理人开展了企业年金基金账户管理业务，全部账户管理业务涉及 54737 个企业账户和 1846.54 万个个人账户。

1. 账户管理的企业数量

从各账户管理人管理的企业账户数上来看，集中化倾向进一步加剧。其中，排在第 1 位的中国工商银行股份有限公司获得的企业账户数高达 25495 个，占全部企业账户数的 47%，优势非常明显；排在第 2 位和第 3 位的中国银行股份有限公司和中国建设银行股份有限公司也取得了较大的市场份额，即分别得到企业账户数 6291 个和 5981 个，相应地占了 11% 的市场份额；排在第 4 位和第 5 位的长江养老保险股份有限公司和长江养老保险股份有限公司管理的企业账户数分别为 5425 个和 3021 个，分别占到市场份额的 10% 和 6%。将排在前 5 位的账户管理人管理的企业账户数和市场份额加总后发现，前 5 家账户管理人管理的企业账户数高达 46213 个，占全部市场份额的 85%，而剩下 15% 的市场份额被余下的 10 家账户管理人不同程度地分享（参见图 5）。

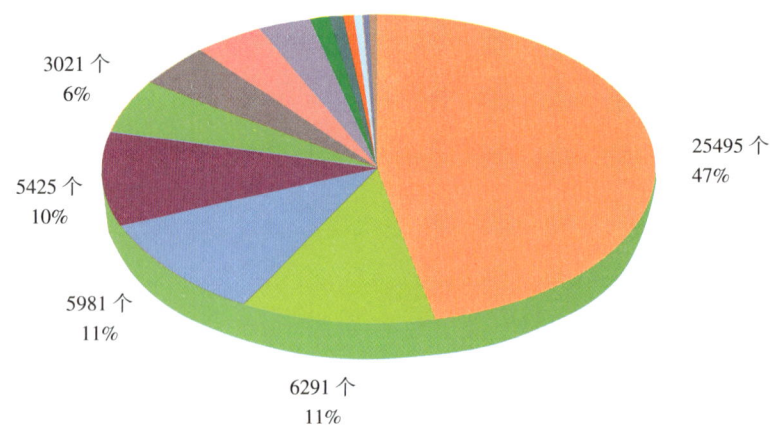

图 5　2012 年底企业账户数和份额在各账户管理人之间的分布

资料来源：人力资源和社会保障部网站。

2. 账户管理的职工数量

与企业账户数在各家账户人之间的分布类似，各账户管理人管理的个人账户数也继续保持一定的集中化倾向。其中，排在第 1 位的中国工商银行股份有限公司获得的个人账户数高达 823.49 万个，占全部个人账户数的 45%，接近一半的市场份额；排在第 2 位的中国建设银行股份有限公司也取得了很好的市场份额，即得到的个人账户数为 255.77 万个，占有 14% 的市场份额；排在第 3 位的中国银行股份有限公司管理的个人账户数和市场份额为 179.35 万个和 10%；排在第 4 位和第 5 位的招商银行股份有限公司和中国人寿养老保险股份有限公司管理的个人账户数分别为 131.33 万个和 115.10 万个，分别占到市场份额的 7% 和 6%。将排在前 5 位的账户管理人得到的个人账户数和市场份额加总后发现，前 5 位账户管理人管理的个人账户数高达 1505.04 万个，占全部市场份额的 82%，而剩下不到 18% 的市场份额被余下的 10 家账户管理人分别获得（参见图 6）。

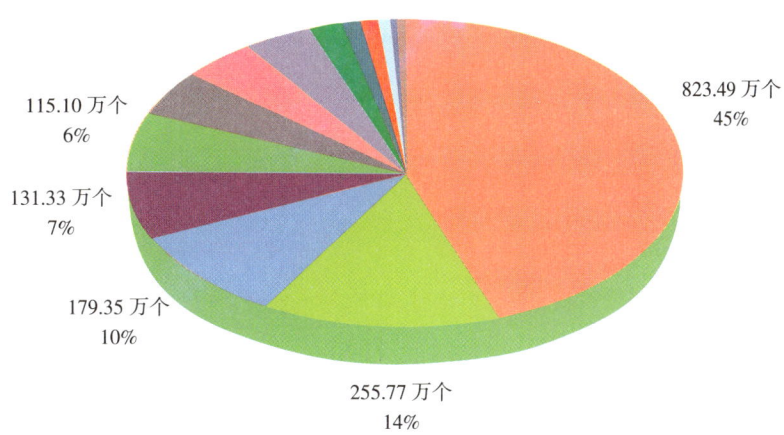

图6 2012年底个人账户数和份额在各账户管理人之间的分布

资料来源：人力资源和社会保障部网站。

(二) 市场分析

总体来看，2012年企业年金基金账户管理市场继续保持较快的发展速度，全部管理人管理的企业账户数和个人账户数比2011年分别增加了9794个和270.01万个，增长幅度相应为21.79%和17.13%。

1. 账户管理的企业数量

从各账户管理人管理的企业账户数增长速度上来看，共有4家公司超过全国的平均水平。其中，上海浦东发展银行股份有限公司增长速度最快，管理的企业账户数由2011年的382个扩大到了2012年的603个，增加了221个，增长幅度为57.85%；中国建设银行股份有限公司和中国银行股份有限公司也增长加快，管理的企业账户数分别增加了1972个和2054个，增幅相应为49.19%和48.48%；中国工商银行股份有限公司更是增加了5464个，由于已有的基数较大，增长幅度只有27.28%，但也超过了全国平均水平。相比之下，其他11家公司都在不同程度上低于全国平均水平。其中，新华人寿保险股份有限公司、中信信托有限责任公司、招商银行股份有限公司、长江养老保险股份有限公司和中国光大银行管理的企业账户数均出现了绝对数量的下降，其下降幅度相应为-70.87%、-14.50%、-4.59%、-3.79%和-0.44%（参见表6）。

2. 账户管理的职工数量

从各账户管理人管理的职工账户数增长情况来分析，2012年共有6家公司超过全国的平均水平。其中，中国人寿养老保险股份有限公司和中国银行股份有限公司管理的职工账户数增长最为明显，即分别从2011年的58.20万个和117.92万个快速提高2012年的115.10万个和179.35万个，相应增加了56.90万个和61.43万个，增长幅度分别高达97.75%和52.10%；泰康养老保险股份有限公司、中信信托有限责任公司、平安养老保险股份有限公司和中国建设银行股份有限公司，也取得了不错的成绩，管理的职工账户数增长幅度分别高达29.34%、27.85%、27.66%和25.43%。与之对比，其他9家公司的增长速度没能达到全国平均水平。新华人寿保险股份有限公司、华宝信托投资有限责任公司和长江养老保险股份有限公司管理的职工账户数均出现了绝对数量的下降，其下降幅度相应为-50.98%、-44.67%和-2.41%（参见表7）。

表 6　2012 年底企业年金基金账户管理市场的动态变化（企业账户数）

管理人	2012年底企业账户数（个）	2011年底企业账户数（个）	企业账户数变化（个）	（%）
上海浦东发展银行股份有限公司	603	382	221	57.85
中国建设银行股份有限公司	5981	4009	1972	49.19
中国银行股份有限公司	6291	4237	2054	48.48
中国工商银行股份有限公司	25495	20031	5464	27.28
总体情况	54737	44943	9794	21.79
泰康养老保险股份有限公司	262	218	44	20.18
中国人寿养老保险股份有限公司	2453	2174	279	12.83
华宝信托投资有限责任公司	295	269	26	9.67
中国民生银行股份有限公司	215	203	12	5.91
平安养老保险股份有限公司	491	467	24	5.14
交通银行股份有限公司	3021	2906	115	3.96
中国光大银行	2245	2255	−10	−0.44
长江养老保险股份有限公司	5425	5639	−214	−3.79
招商银行股份有限公司	1706	1788	−82	−4.59
中信信托有限责任公司	224	262	−38	−14.50
新华人寿保险股份有限公司	30	103	−73	−70.87

资料来源：人力资源和社会保障部网站。

表 7　2012 年底企业年金基金账户管理市场的动态变化（个人账户数）

管理人	2012年底个人账户数（万个）	2011年底个人账户数（万个）	个人账户数变化（万个）	（%）
中国人寿养老保险股份有限公司	115.10	58.20	56.90	97.75
中国银行股份有限公司	179.35	117.92	61.43	52.10
泰康养老保险股份有限公司	8.27	6.39	1.88	29.34
中信信托有限责任公司	7.49	5.86	1.63	27.85
平安养老保险股份有限公司	20.40	15.98	4.42	27.66
中国建设银行股份有限公司	255.77	203.92	51.85	25.43
总体情况	1846.54	1576.53	270.01	17.13
上海浦东发展银行股份有限公司	34.59	30.23	4.36	14.43
中国民生银行股份有限公司	12.13	10.67	1.46	13.69
中国工商银行股份有限公司	823.49	740.67	82.82	11.18
中国光大银行	81.02	74.11	6.91	9.33
交通银行股份有限公司	84.23	78.13	6.10	7.81
招商银行股份有限公司	131.33	123.96	7.37	5.94
长江养老保险股份有限公司	74.67	76.52	−1.85	−2.41
华宝信托投资有限责任公司	17.99	32.52	−14.53	−44.67
新华人寿保险股份有限公司	0.71	1.45	−0.74	−50.98

资料来源：人力资源和社会保障部网站。

四、2012 年企业年金基金托管市场分析

(一) 市场份额

2012 年共有 10 家金融机构对企业年金基金提供托管服务，全部托管金额为 4821.04 亿元，除 1 家金融机构取得较多企业年金基金托管业务外，其余 9 家金融机构获得的托管业务较为均衡。具体来看，排在第 1 位的中国工商银行股份有限公司获得的基金额高达 1975.64 亿元，占全部托管基金额的 41%，优势特别明显；排在第 2 位和第 3 位的中国建设银行股份有限公司和中国银行股份有限公司也取得了较大的市场份额，即分别得到的企业年金基金额为 640.74 亿元和 523.57 亿元，对应占有 13% 和 11% 的市场份额；排在第 4 位和第 5 位的招商银行股份有限公司和交通银行股份有限公司获得的基金额分别为 402.30 亿元和 352.23 亿元，分别占到市场份额的 8% 和 7%。将排在前 5 位的金融机构托管的企业年金基金额加总后发现，前 5 家托管人获得的企业年金基金托管业务高达 3894.48 亿元，占全部市场份额的 80%，而剩下 20% 的市场份额被余下 5 家托管人不同程度地分享（参见图 7）。

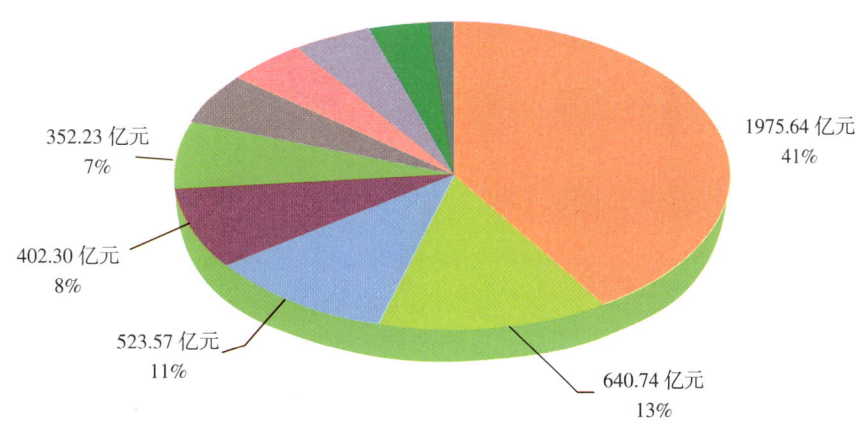

图 7　2012 年底各托管人管理的基金额和份额

资料来源：人力资源和社会保障部网站。

(二) 市场分析

2012 年企业年金基金托管总额比 2011 年增长了 1250.70 亿元，增幅为 35.03%。就市场占有份额增长速度来看，各家托管人都出现了较快增长，共有 4 家金融机构的增长速度超过了全国平均水平。其中，中国光大银行股份有限公司增长速度最快，从 2011 托管的 133.11 亿元大幅增加到 2012 年的 218.15 亿元，提高了 85.04 亿元，增长幅度高达 63.89%；而中国银行股份有限公司、中信银行股份有限公司和中国民生银行股份有限公司也取得了较好的成绩，其托管金额分别增加了 198.57 亿元、61.21 亿元和 20.97 亿元，增幅相应为 61.10%、59.10% 和 43.53%。另外，其他 6 家金融机构托管的基金额虽然都低于全国平均水平，但都取得了明显的正增长（参见表 8）。

表 8　2012 年底企业年金基金托管市场的动态变化

管理人	2012 年底托管金额（亿元）	2011 年底托管金额（亿元）	托管金额变化	
			（亿元）	（%）
中国光大银行股份有限公司	218.15	133.11	85.04	63.89
中国银行股份有限公司	523.57	325.00	198.57	61.10
中信银行股份有限公司	164.77	103.56	61.21	59.10
中国民生银行股份有限公司	69.14	48.17	20.97	43.53
总体情况	**4821.04**	**3570.34**	**1250.70**	**35.03**
中国工商银行股份有限公司	1975.64	1474.02	501.62	34.03
中国建设银行股份有限公司	640.74	481.82	158.92	32.98
中国农业银行股份有限公司	251.90	192.50	59.40	30.86
招商银行股份有限公司	402.30	316.18	86.12	27.24
上海浦东发展银行股份有限公司	222.60	187.68	34.92	18.60
交通银行股份有限公司	352.23	308.29	43.94	14.25

资料来源：人力资源和社会保障部网站。

五、2012 年企业年金基金投资管理市场分析

（一）市场份额

2012 年共有 21 家金融机构参与企业年金基金投资管理，全部投资组合数量和资产规模分别为 2206 个和 4451.61 亿元。无论从各投资管理人管理的投资组合数量来看，还是从这些投资管理人持有的资产规模上来分析，整个市场没有出现过分集中现象。

1. 投资管理的组合数量

就各投资管理人管理的基金组合数量看，排在第 1 位的中国人寿养老保险股份有限公司管理的基金组合数量为 400 个，占全部组合数量的 18%；排在第 2 位和第 3 位的平安养老保险股份有限公司和太平养老保险股份有限公司也持有较多的组合数量，即分别管理组合数量为 325 个和 222 个，分别占有市场全部组合数量的 15% 和 10%；排在第 4 位和第 5 位的泰康资产管理有限责任公司和博时基金管理有限公司管理的组合数量分别为 191 个和 148 个，分别占到全部组合数量的 9% 和 7%。如果把前 5 家公司投资管理的组合数加总后将会发现，它们的组合数量共计为 1286 个，占全部市场份额的 59%，超过全部组合数量一半以上，而剩下 41% 的组合数量由其他 16 家投资管理人共同分享（参见图 8）。

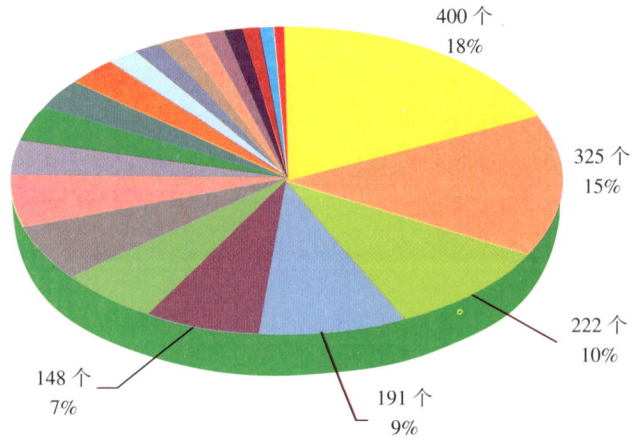

图 8　2012 年底各投资管理人管理的投资组合数和份额

资料来源：人力资源和社会保障部网站。

2. 投资管理的资产规模

再从投资管理人管理的企业年金资产规模上来看，排在第1位的平安养老保险股份有限公司管理的资产规模为670.66亿元，占全部资产规模的15%；排在第2位和第3位的中国人寿养老保险股份有限公司和华夏基金管理有限公司也取得了较大的市场份额，即管理的资产规模分别为542.12亿元和380.77亿元，分别占有的市场份额为12%和9%；排在第4位和第5位的泰康资产管理有限责任公司和嘉实基金管理有限公司管理的资产规模分别为329.69亿元和304.87亿元，分别占到总市场份额的7%左右。进一步，将排在前5位的投资管理人管理的资产规模加总后发现，前5家投资管理人管理的资产规模为2228.11亿元，占到全部市场份额的50%，即整个市场份额的一半，而剩下50%的市场份额由其他16家投资管理人共同分享（参见图9）。

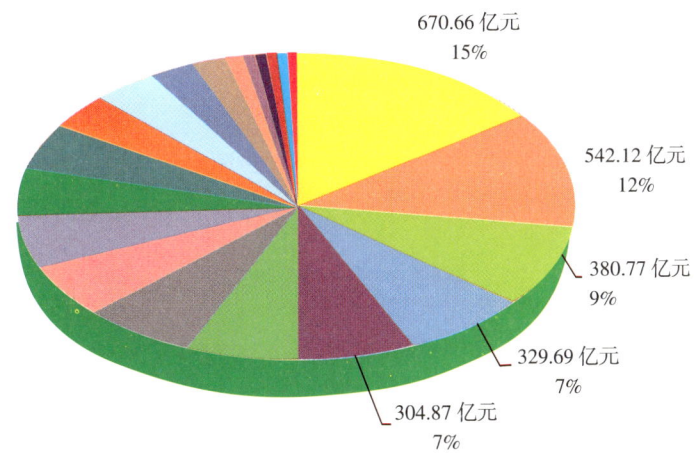

图9　2012年底各投资管理人管理的资产规模和份额

资料来源：人力资源和社会保障部网站。

（二）市场分析

总体来看，2012年企业年金基金投资组合数量和资产规模都有明显幅度的增加。其中，企业年金基金投资组合数量由1882个增加到2206个，增加了324个，增长幅度为17.22%；企业年金基金资产规模由3325.48亿元增加到4451.61亿元，增加了1126.13亿元，增长幅度高达33.86%。

1. 投资管理的组合数量

就各家投资管理人持有组合数量的增长幅度来看，只有招商基金管理有限公司和南方基金管理有限公司持有的组合数出现了下降，即从2011年的20个和89个分别下降到了2012年的15个和84个，降幅相应为-25.00%和-5.62%，而其余各家投资管理人的组合数量都出现了不同幅度的增长。具体来看，长江养老保险股份有限公司增长最为明显，由2011年的27个提高到2012年的42个，增长幅度为55.56%；银华基金管理有限公司和中国人保资产管理股份有限公司也出现了明显的增长，其增幅分别为44.00%和42.11%；另外，泰康资产管理有限责任公司和工银瑞信基金管理有限公司等6家公司也取得了不错的成绩，相应增幅都在20%到40%之间。不难看出，上述这9家公司持有的组合数量的增幅均超过了全国平均水平。另外，海富通基金管理有限公司和富国基金管理有限公司等10家公司持有组合数量的增幅虽然低于全国平均水平，但都在不同程度上出现了正增长（见表9）。

表 9 2012 年底企业年金基金投资管理市场的动态变化（组合数）

管理人	2012年底组合数（个）	2011年底组合数（个）	组合数变化（个）	（%）
长江养老保险股份有限公司	42	27	15	55.56
银华基金管理有限公司	36	25	11	44.00
中国人保资产管理股份有限公司	27	19	8	42.11
泰康资产管理有限责任公司	191	138	53	38.41
工银瑞信基金管理有限公司	71	52	19	36.54
中信证券股份有限公司	132	106	26	24.53
平安养老保险股份有限公司	325	268	57	21.27
中国人寿养老保险股份有限公司	400	333	67	20.12
华泰资产管理有限公司	18	15	3	20.00
总体情况	2206	1882	324	17.22
海富通基金管理有限公司	77	66	11	16.67
富国基金管理有限公司	32	28	4	14.29
华夏基金管理有限公司	130	117	13	11.11
国泰基金管理有限公司	31	28	3	10.71
太平养老保险股份有限公司	222	203	19	9.36
易方达基金管理有限公司	61	56	5	8.93
博时基金管理有限公司	148	137	11	8.03
嘉实基金管理有限公司	119	112	7	6.25
广发基金管理有限公司	22	21	1	4.76
中国国际金融有限公司	23	22	1	4.55
南方基金管理有限公司	84	89	-5	-5.62
招商基金管理有限公司	15	20	-5	-25.00

资料来源：人力资源和社会保障部网站。

2. 投资管理的资产规模

从企业年金投资资产规模增长情况来看，中国人保资产管理股份有限公司提高幅度最大，即由2011年的17.25亿元提高到2012年的41.92亿元，增加了24.67亿元，增长幅度高达143.01%。同时，投资管理的资产规模增长速度在50%的公司还有泰康资产管理有限责任公司、广发基金管理有限公司和中信证券股份有限公司。另外，工银瑞信基金管理有限公司、华泰资产管理有限公司、中国人寿资产管理有限公司、银华基金管理有限公司和富国基金管理有限公司也取得很高的成绩，所管理的资产规模都在不同程度上超过了全国平均水平。除了上述这9家公司外，剩下的12家公司管理的资产规模虽然没有超过全国平均水平，但出现了比较明显的正增长（参见表10）。

表 10 2012 年底企业年金基金投资管理市场的动态变化（资产规模）

管理人	2012年底资产规模（亿元）	2011年底资产规模（亿元）	资产规模变化	
			(亿元)	(%)
中国人保资产管理股份有限公司	41.92	17.25	24.67	143.01
泰康资产管理有限责任公司	329.69	176.81	152.88	86.47
广发基金管理有限公司	28.41	18.14	10.27	56.61
中信证券股份有限公司	288.88	189.17	99.71	52.71
工银瑞信基金管理有限公司	167.56	113.08	54.48	48.17
华泰资产管理有限公司	30.76	21.98	8.78	39.97
中国人寿资产管理有限公司	542.12	389.21	152.91	39.29
银华基金管理有限公司	24.15	17.43	6.72	38.57
富国基金管理有限公司	87.82	63.95	23.87	37.32
总体情况	**4451.61**	**3325.48**	**1126.13**	**33.86**
国泰基金管理有限公司	30.08	22.51	7.57	33.66
华夏基金管理有限公司	380.77	288.55	92.22	31.96
海富通基金管理有限公司	207.81	158.87	48.94	30.80
嘉实基金管理有限公司	304.87	238.01	66.86	28.09
长江养老保险股份有限公司	231.18	181.04	50.14	27.69
博时基金管理有限公司	289.39	231.73	57.66	24.88
平安养老保险股份有限公司	670.66	539.30	131.36	24.36
中国国际金融有限公司	169.92	137.52	32.40	23.56
招商基金管理有限公司	28.83	23.38	5.45	23.33
太平养老保险股份有限公司	260.15	213.63	46.52	21.78
南方基金管理有限公司	221.68	182.11	39.57	21.73
易方达基金管理有限公司	114.96	101.82	13.14	12.91

资料来源：人力资源和社会保障部网站。

分报告四
2012年全国社保基金投资管理状况评估
—— 资产规模突破万亿元，投资收益率获三年来最高

摘要： 2012年，全国社会保障基金理事会（以下简称社保基金会）坚持以建设一流社会保障资产管理机构为目标，紧紧把握稳中求进的工作总基调，坚持审慎投资，落实精细管理，各项工作取得了新的成绩。至年末，全国社保基金理事会管理的资产总额11082.75亿元，首次突破1万亿元；2012年基金年投资收益率达7.01%，为近3年来的最高水平。同时，全国社保基金在拓宽筹资渠道、投资管理和法制建设等方面均取得了长足进步。

关键词： 全国社保基金理事会 筹资渠道 投资管理

2012年，社保基金理事会的工作目标是：根据中央经济工作会议精神，结合社保基金具体情况，以建设一流社会保障资产管理机构为目标，稳中求进，审慎投资，精细管理，继续改革创新管理体制和运行机制，提高社保基金投资运营水平，实现基金稳健增值。按照中央经济工作会议关于2012年"稳中求进"的工作总基调，社保基金会结合基金实际对"稳"和"进"的科学内涵进行了研究，提出："稳"，就是要以建设一流社会保障资产管理机构为目标不动摇，继续坚持审慎投资的理念，确保基金投资收益稳中有升。"进"，就是要坚持改革创新，争取资产规模有新增长，精细管理水平有新提高，体制机制改革有新突破。

一、大力推进基金筹集和受托投资工作，资产规模突破万亿元

（一）全国社会保障基金筹资渠道进一步拓宽

2011年，社保基金会多次向国务院领导及有关部门建议扩大对全国社保基金的拨款，这些建议得到国务院领导及有关部门的重视。在财政部的支持下，全国社保基金规模继续壮大。2012年中央财政性资金净拨入526.14亿元，比上年增长9%。其中，中央财政预算拨款180亿元，比上年增长20%；彩票公益金收入241.26亿元，比上年增长40.57%；国有股减转持收入84.88亿元，比上年减少47.33%；财政部首次从中央企业国有资本经营预算收入中拨入20亿元，为全国社保基金筹资开辟了新渠道。

自全国社保基金成立以来，累计财政性净拨入社保基金5445.93亿元。其中，中央财政预算拨款2078.36亿元，国有资本经营预算20亿元，国有股减、转持2222.31亿元，彩票公益金1144.05亿元，因实业投资执行国有股减持政策而减少的国有股份11.98亿元，财政调回6.81亿元。

（二）受托投资运营广东省1000亿元社保基金，支持地方养老基金保值增值

在继续受托管理好9个试点省（区、市）做实个人账户中央补助资金的同时，社保基金会积极推动省级政府直接委托投资业务。2012年1月，国务院正式批准广东省将1000亿元养老保险基金委托社保基金会投资运营，投资期限暂定两年。3月19日，社保基金会和广东省签署委托投资运营协议。根据协议规定，受托资金的投资运营采取并入现有社保基金大账统一运营的方式，统一进行资产配置，统一进行收益核算。社保基金会为委托省份建立台账，定期公布受托资金的本金和收益情况。10月底资金全部到账，投资运营工作有序展开，受托资金充分分享了社保基金2012年7.01%的良好收益，在不到半年的时间内实现收益额34.09亿元。社保基金会接受省级政府委托投资运营城镇职工基本养老基金，并为这部分资金的保值增值开辟了一条新路，标志着我国在养老保险基金投资管理体制改革方面迈出了坚实的一步。

（三）基金资产首次突破1万亿元，基金权益大幅增长

到2012年底，社保基金会管理的资产总额11082.75亿元，比上年增长27.5%，首次突破1万亿元。其中，负债338.93亿元，权益10743.82亿元。在权益中，中央所有的全国社会保障基金权益达8923.22亿元，比上年增加1195.91亿元，增长15%；广东省委托资金1034.03亿元；9个试点省（区、市）做实个人账户资金786.57亿元。

二、加强投资精细管理，动态调整资产配置

2012年，受欧洲主权债务危机蔓延升级、美国经济复苏前景不确定以及新兴经济体增速放缓等多重因素影响，金融市场波动加剧。面对严峻复杂的形势，社保基金会进一步加强对宏观经济和资本市场的分析预测，动态调整季度资产配置，编制季度分月资金来源和运用计划，并先后召开26次投资决策委员会会议和9次风险管理委员会会议审议投资事项，全面落实基金投资精细管理的各项措施。

（一）调整固定收益类产品的投资结构

2012年，受需求减弱、成本上升、企业盈利下滑、产能过剩等因素的影响，中国经济调整压力增大。前三个季度经济增长逐季下行。在政策刺激及房地产、基建、外需恢复的拉动下，第四季度经济增长有所恢复。全年经济整体呈现前低后高的走势。债券市场走势结构性分化特征明显。在经济见底回升的背景下，2012年利率债、高等级债收益率先下后上，基本回到年初水平，全年走势疲弱。受益于流动性情况有所改善、企业违约风险下降、投资人信用风险偏好上升、市场供需两旺等因素，低评级信用债牛市行情贯穿全年。就产品看，信用债、信托、银行表外业务、民间金融等影子银行产品大行其道，传统的利率债被边缘化。

2012年，社保基金会抓住利率债收益率相对较高的机会，制定了早投资早收益的策略。针对年初以来银行存款增速下降、协议存款需求增加且利率较高的实际，加大了对协议存款投资力度，为稳定基金整体收益奠定了基础。

为了进一步优化存量，在研判市场的基础上，对存量债券进行置换。将收益不高且有大量估值浮盈的利率债售出，置换为收益率更高的信用债、信托、存款等；或者是选择收益率较高时点，将快到期、收益率不高且估值浮盈的债券出售，置换为期限较长、收益更高的债券，从而提高社保基金整体存量债券的持有收益。此外，对存量债券进行盘活、优化，增加盘活产品组合和综合债券产品组合，优化信用价值产品组合，进一步丰富和完善债券委托产品链。扩大收益较高的信托产品投资，对提升基金固定收益类资产的总体收益起到了积极的作用。

（二）择机增加股票投资，加强委托投资管理

股票作为资本市场的基本投资品种，具有长期回报较高、短期波动较大的特点。随着投资期限的拉长，股票的波动风险将逐步降低。从控制风险的角度出发，社保基金的股票投资比例一直控制在合理的范围内。社保基金过去12年获得了良好的投资回报，股票投资发挥了重要作用。社保基金股票投资的特点是坚持长期投资、价值投资、责任投资的理念，跟踪、研究、分析境内外股票市场，充分利用不同市场的机会、不同投资方式的优势，实现长期稳健的投资收益。

2012年受益于政策协同作用，特别是央行的非常规操作，全球金融市场风险溢价大幅回落。发达经济体由于经济复苏乏力和货币政策宽松，实际利率进一步走低。在经历了2011年的紧缩后，新兴经济体于2012年呈现出通货膨胀回落、货币政策宽松、经济温和复苏的良好态势。2012年发达国家出现了传统的风险资产和避险资产都表现较好的景象。受到资金面趋于紧张、经济增速回落及股市制度建设中一些长期问题的影响，境内股票市场整体表现疲弱，先涨后跌，主要股指全年小幅上涨。

2012年，社保基金及时跟踪和分析市场走势，根据境内外市场的不同走势，择机增加对境内外股票的投资，对部分境外转持股票适时进行适当减持，获得较好收益。此外，社保基金从产品设计、考核标准、管理制度等方面着手，进一步完善委托投资管理。2012年社保基金会多次召开投资管理人座谈会，采取一系列积极有效的措施提升委托投资业绩。一方面，与委托投资管理人共同设计推出了4大类14个股票委托组合，较好地兼顾了绝对收益与相对收益目标。另一方面，改进委托投资组合的评判要求，增加对投资管理人业绩考核的维度，强化激励约束机制，有效调动委托投资管理人提升业绩的积极性。制定出台境外委托管理人选聘办法、考评办法等制度，更好地规范和加强委托投资管理。

（三）优选投资项目，扩大实业投资规模

2012年中国私募股权市场投资规模大幅收缩。据投中集团统计，2012年中国市场披露PE投资案例275件，投资总额198.96亿美元，相比2011年分别下降31.9%和31.4%。在全球资本市场低迷态势下，2012年中国企业IPO数量和融资金额大幅下滑，融资规模同比缩水近五成，融资金额创下近四年新低。受此影响，直接股权投资市场竞争更加激烈。上市公司定向增发成为机构投资者和PE基金开展直接股权投资的重要手段。通过借壳上市或向上市公司注入资产实现退出，成为机构投资者直接股权投资退出的重要手段。

针对市场出现的不利变化，社保基金积极增加项目储备，采取灵活多样的投资方式，2012年实业投资规模稳定增长。为寻找优质项目，加强项目储备，社保基金会在2011年4月召开"全国社保基金投资中央企业座谈会"，与中央企业共同探讨投资合作。2012年，投资中石油西气东输三线管道项目和投资国电电力定向增发项目基本完成。社保基金继续加大直接股权投资力度，完成入股信达资产管理公司、中国南车定向增发、交通银行A+H股定向增发战略投资、入股建信人寿等项目。此外，社保基金还按照循序渐进的原则，推进股权基金投资。截至2012年12月底，全国社保基金已累计投资16只股权基金。

（四）基金投资收益创近三年最好水平

2012年社保基金收益创近三年最好水平。境内股票委托抓住市场下跌时机大幅追加投资，境外股票采取多项业务创新，积极增加投资品种，境内外实业投资收益连续两年取得较高收益，固定收益整体收益率超过5%，各大类资产都为稳定全年投资收益做出积极贡献。

2012年，全国社保基金投资收益646.59亿元，比上年增加573.22亿元。各大类资产的投资收益分别为：固定收益类产品收益237.49亿元，境内外股票收益195.32亿元，实业投资收益209.49亿元，其他投资收益（现金及等价物）5.31亿元[①]。在基金投资收益中，已实现收益398.66亿元，已实现收益率4.33%，投资收益创近三年来的最好水平。全国社保基金历年的投资收益情况见表1。

---

① 基金资产收益额分项之和与合计项的差额，为返回的2011年沪、深交易所印花税退税收入。

表1 全国社保基金历年投资收益情况

年 份	投资收益额（亿元）	投资收益率（%）	通货膨胀率（%）
2000	0.17	—	—
2001	7.42	1.73	0.70
2002	19.77	2.59	−0.80
2003	44.71	3.56	1.20
2004	36.72	2.61	3.90
2005	71.22	4.16	1.80
2006	619.79	29.01	1.50
2007	1453.50	43.19	4.80
2008	−393.72	−6.79	5.90
2009	850.43	16.12	−0.70
2010	321.22	4.23	3.30
2011	73.37	0.84	5.40
2012	645.59	7.01	2.60
累计投资收益	3492.45	8.29（年均）	2.44（年均）

资料来源：全国社保基金理事会网站。

三、推动社保基金投资管理的法律制度建设

经过多年的不懈努力，《全国社会保障基金条例》（草案送审稿）（以下简称《条例》（草案））于2012年8月经社保基金会、财政部、人力资源社会保障部共同会签，报送国务院审查。国务院法制办已经启动《条例》（草案）的审查工作，分别征求了27个中央单位和31个省（区、市）政府的意见，举办了起草部门座谈会、法学和社会保障专家座谈会、社保基金投资管理经验座谈会，目前审查工作进展顺利。

《全国社会保障基金投资管理暂行办法》是规范全国社会保障基金投资管理活动的重要部门规章。为了总结社保基金十余年的投资管理经验和监管部门制度创新的成果，结合基金未来投资业务发展的需要，社保基金会与监管部门共同研究暂行办法的修订工作。在充分听取各方意见的基础上，社保基金会启动《全国社会保障基金投资管理暂行办法》的修订调研工作，并提出了修订工作的总体思路和初步建议。

此外，根据投资业务发展需要，社保基金会扎扎实实做好法律服务和合规监管工作，积极防范相关投资的法律风险和合规风险。

四、研究提出促进养老金中长期收支平衡的建议

十八大报告提出要"逐步做实养老保险个人账户，实现基础养老金全国统筹"，"扩大社会保障基金筹资渠道，建立社会保险基金投资运营制度，确保基金安全和保值增值"。社保基金会在认真学习讨论的基础上，充分利用历年研究成果，形成了"全国社保基金理事会关于实现社会养老保险金中长期收支平衡、确保基本养老保障可持续等建议"，并对逐步做实个人账户、多渠道扩大全国社保基金规模和完善社保基金管理体制提出了具体实施建议。

五、对外加强国际交流，对内提升信息系统

2012年，社保基金会围绕建设一流社会保障资产管理机构的目标，在提高内部管理水平等方面取得了新的成绩。

（一）扩大对外合作，增进国际交往

为了深入探讨养老基金投资管理的理念、方式、资产配置及其发展趋势，学习借鉴先进经验，推动中国养老基金投资运营，2012年社保基金会举办了养老金投资国际研讨会。会议邀请了一批国际领先的养老基金管理机构、专业投资机构、政府监管部门、专家和学者，就养老基金的

投资理念和投资方式、资产配置与风险管理、养老基金投资运营的发展趋势、积极稳妥地推进中国养老金积极投资运营四方面展开广泛深入的讨论。国际研讨会的成功召开为国内养老基金机构的国际交流打造了高端平台，也让国际同行及时了解了中国养老基金投资管理领域的发展现状，有助于双方进一步增进交往、加强合作。

(二) 加强信息系统建设

根据社保基金会《2011~2015年IT规划》，2012年基本完成金融数据中心（一期）、股权基金管理系统、资金管理系统和信息系统运行平台的建设，部分项目已经投入试运行。完成对投资交易系统的升级改造，为投资业务发展提供了有力信息支持。完善信息系统应急管理，开展了一系列技术培训、桌面演练和系统切换演练，确保灾备中心的安全运行。

六、总结经验，提高投资管理水平

截止到2012年，社保基金已经走过了12年的不平凡路程，过去五年是全国社保基金发展承前启后的关键时期。社保基金会坚持改革创新，积极应对国际金融危机等一系列重大挑战，取得了显著成绩。

截止到2012年底，按同口径比较，社保基金会管理的资产比五年前增长94.7%，其中全国社会保障基金权益比五年前增长了65.13%。基金来源渠道不断拓宽，2009年境内国有股减转持政策实现历史性突破，2012年国有资本经营收益首次用于补充全国社保基金，完成受托投资管理广东省部分基本养老保险金。投资范围进一步扩大，股权投资基金、信托贷款等新投资品种为降低风险和提高收益做出了积极贡献。社保基金会自成立以来的年均收益率达到8.29%，比同期通货膨胀率高出5.85个百分点。社保基金在国内外树立了良好形象，为促进经济体制改革和资本市场的发展发挥了重大作用。同时，在基金投资运营实践中也积累了一些宝贵经验。

第一，坚持立足全局、开拓创新、追求最好的创业思想，研究和推进解决涉及社保基金发展的重大问题。五年来，社保基金会始终把主要精力放在促进基金保值增值上。同时，积极研究涉及全国社保基金筹集和投资管理的重要政策、措施，提出意见和建议，供国务院及有关部门决策。认真总结12年投资经验，推动修订《全国社会保障基金条例》和《全国社会保障基金投资管理办法》的出台。

第二，完善管理体制，提高基金投资的决策水平和执行能力。经过多年的探索，社保基金会基本建立与基金管理职能相适应的管理体制。投资决策委员会按一人一票制审定投资项目；风险管理委员会审议重大投资项目的投资风险，提供投资决策委员会决策。社保基金会通过定期资讯、当面汇报和年中座谈会，向理事报告工作，充分发挥理事大会的作用。

第三，完善社保基金投资管理体系，努力稳定和提高收益水平。近年来，国内外金融市场大幅波动，全国社保基金保值增值面临前所未有的挑战。对此，基金坚持更加审慎的投资方针，奉行长期投资、价值投资、责任投资的理念，实行长期投资战略，进行长期考核。主动选择投资回报有潜力的地区、产业和企业进行投资，在实现全国社保基金保值增值的同时，也为改善投资企业的治理结构、促进资本市场稳定和经济社会发展积极发挥作用。

第四，坚持走养老金投资管理专业化、市场化的道路，实行直接投资与委托投资相结合的投资方式。将资金在直接投资与委托投资之间进行合理分配，充分发挥理事会内部与外部管理人在不同领域的专业优势。坚持公平、择优原则选聘投资管理人和基金托管人，目前共有18家境内投资管理人、33家境外投资管理人和6家境内外托管银行。全国社保基金的投资业绩处于行业领先水平，在市场上树立了负责任机构投资者的良好形象。

第五，坚持资产配置多元化和动态资产配置执行体系。经过多年的努力，全国社保基金投资范围已经涵盖固定收益、股票和实业投资三大类的一系列产品，投资地域横跨境内、境外两个市场，并探索形成了由五年滚动的战略资产配置、年度战术资产配置、季度执行计划组成的资产配置体系。

第六，坚持基金投资精细管理，提高基金投资效益。总结10多年投资经验，制定和实施《基金投资精细管理实施办法》，在合理配置资产、监测和实现各类资产投资收益率基础上，获取长期较好收益。

分报告五
2012年商业养老保险发展状况评估
——市场规模稳步扩大，发展潜力有待提升

摘要：2012年，商业养老保险以服务民生为己任，发挥行业优势，创新管理机制，在养老保障体系各方面发挥了积极作用。商业保险公司在个人年金和团体年金保险业务、企业年金投资管理以及经办农村社会保险等方面均取得了一定进展。但是，商业保险参与社会养老保障的广度和深度仍受到限制。未来我国老龄化形势将日益严峻，在养老保障体系的顶层设计中，应更加注重发挥市场机构的作用，统筹规划商业保险参与模式，以优惠政策引导，激发发展潜力。

关键词：商业养老保险　养老保险公司　企业年金　团险

保险业养老金既包括作为养老保险体系第二支柱的补充养老保险，又包括作为养老保险体系第三支柱的纯商业养老金，是整个社会养老保险体系的重要组成部分。在我国人口老龄化和养老保障制度改革的大背景下，保险业养老金已走过了20多年的发展历程，在养老金市场中一直处于重要的地位，积累了丰富经验，形成了较为成熟的养老金经营模式，为行业培养了大批人才，打下了良好的发展基础，形成了明显的先发优势。

一、商业养老保险市场发展情况

（一）年金保险业务增长回升

年金保险是商业保险提供养老保险产品的主要形式，包括个人年金保险和团体年金保险，产品形态既包括DC型的投资连结险，也包括DB型的传统型商业养老保险以及分红型、万能型商业养老保险等，能满足个人和企业的不同群体、多样化、多层次的养老需求。

1. 个人年金保险稳定增长

目前，个人年金保险已经成为个人养老保险的主要形式。2012年，个人年金保险保费规模达到1227亿元，较2011年增长18%。

2. 团体年金保险略有回升

长期以来，团体年金保险作为企业补充养老保险的重要形式，在2005年以前，一直是企业员工补充养老保险的主要形式。自2005年以后，团体年金保险规模急剧萎缩，从2005年的595亿元降到2011年的37亿元。2012年保费规模略有回升，为92亿元，较2011年增长149%（参见图1）。

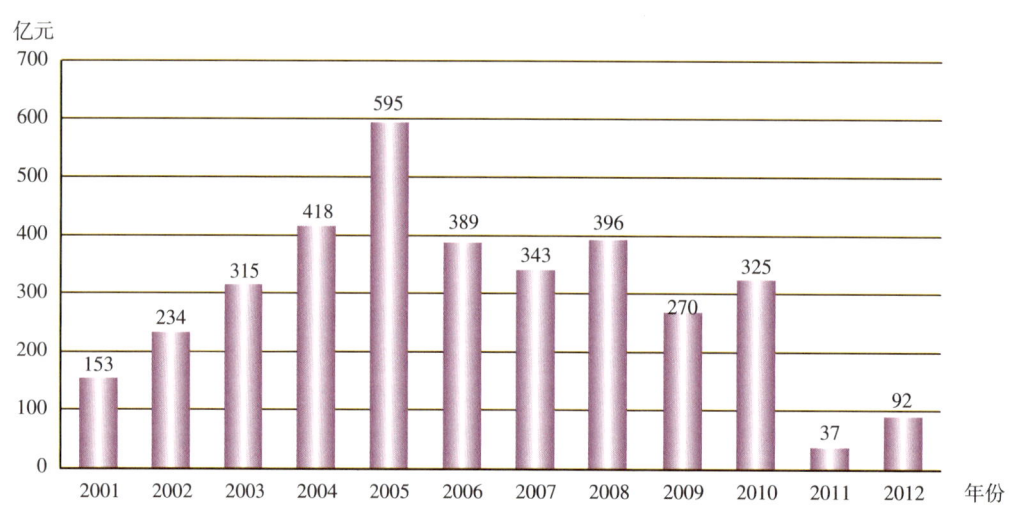

图1　2002~2012年团体年金保险保费收入规模

资料来源：中国保险监督管理委员会。

（二）养老保障管理业务发展缓慢，制度需进一步完善

2009年，保监会发布《关于试行养老保障委托管理业务有关事项的通知》（保监发〔2009〕19号），允许养老保险公司试营养老保障委托管理业务。该项业务由养老保险公司作为受托人，接受政府部门、企事业单位等团体客户的委托，为其提供有关养老保障方案设计、账户管理、投资管理、待遇支付等服务。自试行以来，截至2012年底，5家养老保险公司的养老保障委托管理业务累计规模仅为9.1亿元，发展速度较慢。

经过3年的试行，目前养老保障委托管理业务已初具规模，但是相比潜在需求，还有较大差距。主要原因是养老保障委托管理业务还在试行阶段，制度设计尚不成熟，难以跟上市场的发展变化。一方面，养老保障委托管理业务在承接资金的范围和投资范围等方面限制较多，实务操作也不够灵活，相关管理规定较基金、信托业严格；另一方面，产品缺乏竞争力，在一定程度上限制了养老保障委托管理业务的拓展。

（三）经办新农保试点规模有待扩大

商业保险发挥自身在精算技术、风险管理、资金管理和服务网络等方面的优势，参与社会保险的经办管理，有利于提高社会保险的运行效率，扩大社会保险的覆盖面。2009 年国务院印发了《关于开展新型农村社会养老保险试点的指导意见》提出，开展新农保试点的地区，要按照精简效能原则，整合现有农村社会服务资源，加强新农保经办能力建设，运用现代管理方式和政府购买服务方式，降低行政成本，提高工作效率。保监会积极引导和鼓励商业保险公司参与新农保经办管理，目前，已在四川德阳、江苏宜兴地区参与新农保经办管理服务。截至 2012 年年底，保监会为两地 70 万人承担了新农保的参保手续办理、个人账户管理、养老待遇结算和发放等工作。商业保险经办新农保，实现了"征、管、监"的分离，有利于充分发挥政府、保险公司的优势，提高新农保的运行效率，促进新农保覆盖面的扩大。

目前，保监会经办新农保试点已满三年，但试点区域仍仅限于德阳和宜兴两地，未来保监会将在总结四川德阳和江苏宜兴地区经办新农保经验的基础上，积极创新管理机制，提升服务水平，做好风险防范，进一步扩大商业保险经办新农保试点，更好地服务于新农保扩面工作。

二、养老保险公司发展情况

为促进养老保险业务专业化发展，从 2004 年开始陆续成立了 5 家养老保险公司。目前，5 家养老保险公司主要经营企业年金管理业务，部分公司还经营团险业务和养老保障委托管理业务，主要面对的是企业客户。其中，企业年金和养老保障委托管理业务为资产管理类业务，团险业务为保险业务。

（一）企业年金业务保持平稳较快发展，但市场后劲不足

截至 2012 年底，在受托管理方面，养老保险公司受托管理资产 2016 亿元，较 2011 年增长 638 亿元，增幅达 46%，业务规模占企业年金法人受托业务的 70%；在投资管理方面，保险业[①]投资管理资产余额 2108 亿元，业务规模占企业年金基金投资市场份额的 47%。保险业受托管理和投资管理市场份额较上年均略有上升（参见表 1）。

目前，由于中小企业规模小，社保支出成本超过企业总工资水平的 40%，企业负担偏重，中小企业设立企业年金的积极性普遍不高，中小企业市场一直难以打开。在经历了前期开发国企和高收入企业市场后，市场增量不足，发展缺乏后劲。同时，受近两年宏观经济增速放缓、企业效益减少等因素影响，企业年金资产管理规模增长放缓，养老险公司难以形成规模化、集约化的经营模式，经营成本居高不下。预计一家公司的受托管理资产要达到 800 亿~1000 亿元的规模，投资管理资产要达到 700 亿元的规模，并且在严格控制成本的情况下，才能实现收支平衡。从现有情况来看，养老险公司通过企业年金业务实现盈利还需要一段时间。

表 1 2012 年保险业企业年金业务情况

公司名称	受托管理资产				投资管理资产
	累计额（亿元）	2011 年年末值（亿元）	2012 年		累计额（亿元）
			增量（亿元）	增幅（%）	
太平养老	248	179.9	68.1	38	261
平安养老	581	374	207	55	671
国寿养老	805	513.3	291.7	57	542
长江养老	315	272.6	42.4	16	231
泰康养老	67.5	38.4	29.1	76	
泰康资产					330
华泰资产					31
人保资产					42
合计	2016.5	1378.2	638.3	46	2108

资料来源：中国保险监督管理委员会。

[①] 具备投资管理人资格的除了 5 家养老保险公司外，还有泰康资产、华泰资产、人保资产。

（二）团险业务保持较快增长

目前，经营团险业务的养老险公司有平安养老、泰康养老和太平养老。2012年以来，3家公司团险业务均保持较快增长，从业务结构来看，加大了利润率较高的团短险业务，特别是非健康险业务的发展力度。

（三）前期亏损严重，近年来盈利情况有所改善

总体看，由于企业年金业务整体亏损7.6亿元，2012年养老险公司整体仍处于亏损状态，净利润为-1.7亿元，但亏损金额较2011年的3.5亿元有所改善。其中，2家公司盈利，3家公司亏损。养老险公司盈利情况改善主要源于团险业务盈利5.5亿元，企业年金管理资产规模增长、投资业绩提升，受托和投资管理费收入增长等因素。

平安养老、泰康养老在其集团公司支持下，将原本由寿险公司经营的团险业务转入养老险公司经营，形成了"企业年金+团体保险"的经营模式。这种模式有利于养老险公司借助集团优势，整合资源、增加业务收入、降低经营成本，依靠团险盈利弥补企业年金业务的亏损。目前，平安养老已连续4年实现整体盈利；泰康养老也首次实现整体盈利。太平养老只获得了团险新业务的经营权，利润率较高的团险存量业务仍由太平人寿经营，仍处于亏损状态。国寿养老、长江养老主要经营企业年金业务，未经营团险业务，一直处于亏损状态，但与2011年相比，亏损都有所减少。

（四）养老金管理领域面临诸多行业的挑战

从养老保险公司的业务看，无论是企业年金业务，还是养老保障委托管理业务，其本质都是资产管理业务，投资能力是养老险公司的核心竞争力。在国内金融混业经营的大趋势下，银行、证券、信托、基金和保险公司等全面角力资产管理市场。相比之下，我国养老保险公司成立时间较晚，受投资经验积累不足、人才储备缺乏、监管政策等因素制约，投资能力和投资业绩差强人意，主要表现为：投资管理规模偏小，发展速度偏慢，无法形成规模效益；投资范围限制较多，投资核心竞争力尚未形成；产品创新能力不足，难以满足客户需求和应对市场竞争。多行业、多主体竞争的局面给养老保险公司业务拓展和维护形成了较大的压力。

三、关于充分发挥商业保险作用的几点建议

养老问题是一个国际性难题，近年来，世界各国面对日益严峻的老龄化形势，纷纷着手对养老保障制度进行改革，重新调整了政府、雇主、个人三者责任，运用市场效率弥补政府的不足和失灵。主要做法包括：第一，转变政府角色，调整公共养老金给付标准，政府从社会保障的主要提供者逐渐转变为退休人员基本需求和弱势群体最低需求的提供者；第二，加快公共管理模式转型，大力推进政府购买服务；第三，运用税收优惠等政策，鼓励企业补充养老保险和个人储蓄性养老保险等市场化养老方式的快速发展。

目前，我国养老保障体系的三大支柱发展水平极不均衡，第一支柱所占比重大的情况十分突出，个人养老意识薄弱，过分依赖政府，导致政府财政负担重。现行养老保障体系下，发展商业养老保险具有推进阻力小、总体成本低、覆盖范围广、监管较成熟等优势。大致可概括为以下三点：一是服务优势。保险公司具有覆盖广泛的经营网点、数量众多的从业人员、功能强大的信息系统等，能够提供高效、便捷、专业的服务。二是管理优势。保险公司专于精算和资产负债匹配管理，能够对长寿风险、投资风险等进行有效管理。三是产品优势。与储蓄、基金等金融产品相比，商业养老保险产品期限一般较长，可超过20年乃至终身，符合养老保障的基本要求；可以通过价值积累、退保损失等方式，对养老资金进行锁定，使养老资金真正用于养老；可附加其他风险保障，丰富养老保障的内容。为推进商业养老保险发展，提出以下改进意见和建议。

（一）在顶层设计中明确商业保险的地位和作用

一是合理设定三支柱目标替代率。限定基本养老保障水平，大力提升市场化养老方式发展水平，鼓励二三支柱平衡发展。从OECD国家经验来看，养老保障总替代率至少应达到60%~70%，其中，二三支柱替代率应达到20%~30%。二是探索以政府购买服务的方式，引入保险公司参与基本养老保险运营，使新农保实现高起点、高水平的信息化管理。三是创新企业补充养老保险的产品形式，形成包括企业年金与团体补充养老保险等在内的多品种、多层次的产品体系，满足不同类型企业的补充养老需求。四是明确以商业养老保险为第三支柱的主要发展方向。充分发挥保险业在精算技术和长寿风险管理方面的专业优势，通过提供固定年金、变额年金、开放式养老金账户管理等多种养老保险服务，加强领取服务创新，满足人民群众多样化的养老保障需求。

（二）探索商业保险在完善"三支柱"体系中的发展模式

一是不断提升第一支柱运营效率。逐步放开个人账户

资金的委托投资管理，拓宽受托主体范围、简化委托管理流程、加强投资风险管控。在放开个人账户资金委托投资后，可试点对统筹账户结余资金进行委托投资管理，改善投资收益。引入保险公司参与经办基本养老保险的资金管理、账户管理、养老金发放等服务。二是进一步发挥商业保险作用，引导第二支柱加快发展。应加大第二支柱的税收优惠力度，为各类企业参与企业补充养老保险减负。明确团体补充养老保险等契约型业务作为第二支柱的组成部分，享受与企业年金同等的税收优惠政策。探索通过多种形式，鼓励个人参与企业补充养老保险。三是加快推进第三支柱发展。研究通过税收优惠等多种方式，鼓励个人参与养老保险，自担养老责任。加快产品研发，丰富第三支柱的实现形式。

（三）运用多种手段鼓励商业保险服务养老保障

一是研究制定系统的税收优惠政策，鼓励保险公司参与养老保障，对经办基本养老保险服务，承保商业养老保险的保险公司，以及专业养老保险公司等给予必要的税收优惠。二是研究建立财政补贴机制。对于经办基本养老保险服务的保险公司，可适当予以补贴，调动其积极性，增强业务可持续性。三是尽快启动税收递延型个人养老保险试点。税延保险是我国首次以税收优惠的形式，鼓励消费者投保的一种商业养老保险。税延保险具有显著的撬动效应，据测算，每年延缓收取1元的税收，可在20年时间内吸引个人积累形成养老金150元左右。应在财政可接受、可持续的情况下，向消费者提供尽可能高的延税额度，早日启动税延保险试点，并在总结经验的基础上，择机推广。四是积极参与养老服务业。我国养老服务业快速发展，以居家为基础、社区为依托、机构为支撑的养老服务体系初步建立。总体上看，养老服务和产品供给不足、市场发育不完善、养老服务的扶持政策不健全、体制机制不完善、城乡区域发展不平衡等问题还十分突出。保险公司可以通过其在养老保险和健康保险领域的专业技术强、客户群体大、服务网络全等专业优势，通过投资养老社区等形式，以养老社区为核心，产业链向上连接养老保险、健康保险、退休理财、投资基金等金融产业，向下延伸至医疗护理、老年医学、老年生活服务等，从而为老年人口提供全面的保障服务。

第二部分
改革主题篇

分报告六
中国社会保险经办服务体系发展现状
——基于三省调研的思考

摘要： 新中国成立至今，我国社会保险经办服务体系历经计划经济下的"工会和企业自管"、"多部门管理"和"归口管理"三个阶段的改革和发展，最终形成了多层级的经办机构框架体系。社会保险经办机构作为服务型政府的一线执行部门，为保障我国社会保险制度的顺利运行，促进经济健康发展发挥了重要作用，在建设中取得了长足的进步。但是，与我国社会保险事业快速发展的局面相比，社保经办和服务派送体系还较落后，凸显地方经办机构服务能力的脆弱。为深入了解我国地方社会保险经办服务体系的现状，本报告以甘肃、河南和广东三省为例，详细分析了三省社会保险经办服务体系的基本发展现状，并比较分析了三省经办机构建设中存在的突出问题和制约因素。

关键词： 社会保险　经办服务体系　甘肃省　河南省　广东省

随着社会保险制度的改革和完善，我国社会保险经办服务体系不断发展壮大。社会保险经办机构作为服务型政府的一线执行部门，是提供社会保险公共服务的主要载体，具有公共服务性、权威性、公平性和社会效益性等特点。当前，我国社会保险经办机构分为中央和地方两个层次，包括中央、省、地（市），和县（市）四级机构，部分农村、乡街道、城镇社区还设有基层服务工作站。中央机构主要负责对地方经办机构进行业务上的指导及统筹管理，省、地两级机构肩负指导和具体经办的双重职能，县一级机构一般只负责经办业务。

一、我国社会保险经办服务体系的历史沿革

中国的社会保障制度始建于 20 世纪 50 年代初期，迄今可以分为两个发展阶段。20 世纪 80 年代前，社会保障制度与计划经济相适应，制度安排具有典型的国家负责、集体包办、封闭运行等特征。在此期间，我国板块化的社会保险业务经办部门，并不是严格意义上的社会保险业务管理服务机构。1951 年，中华人民共和国政务院颁布了全国国营、公私合营、合作社等统一的《中华人民共和国劳动保险条例》（以下简称《劳动保险条例》），标志着我国社会保险业务经办机构雏形的出现。自 1951 年以来，我国社会保险经办机构的改革和发展历程，大致可以分为三个阶段。

（一）计划经济下的工会和企业自管阶段（1951 年至 20 世纪 80 年代初）

在 1951~1968 年，中华全国总工会及其各级工会是全国企业社会保险业务的主要管理机构。1951 年《劳动保险条例》颁布后，原政务院规定全国国营、公私合营、合作社等企业的职工及其供养的直系亲属所享受的社会保险待遇统一由原劳动部和中华全国总工会负责管理①。1950~1955 年末，国家先后发文规定了革命工作人员、机关和事业单位工作人员的社会保障问题②。期间，国家机关工作人员的社会保险和社会福利以及社会救济，基本上由民政部统一管理。1957~1965 年，我国社会保障制度逐步改进和完善阶段。在此时期，原劳动部是全国企业劳动保险业务的最高监督机构，负责贯彻《劳动保险条例》的实施工作。中华全国总工会是全国企业劳动保险事业的最高领导机关，由各级工会管理企业劳动保险业务。

在 1966~1976 年的十年"文化大革命"时期，我国的社会保障事业几乎处于瘫痪状态。1962 年 2 月，财政部颁布《关于国营企业财务工作中几项制度的改革意见》（草案），该草案规定国营企业一律停办提取劳动保险金，企业退休职工、长期病员工资和其他的劳动保险开支都在营业外开支。至此，我国的社会保险统筹工作停止，社会保险变成了"企业保险"。1969 年，民政部被撤销，主管民政工作的专职机构不复存在。民政工作被分割到财政部、卫生部、公安部和国务院政工组。同时，原来由民政部负责的社会福利事业也分割或移交到各部门分别管理。1978~1980 年，中华人民共和国民政部、原国家劳动总局、原国家人事局相继成立，结束了全国社会救济、社会福利、社会保险事务无主管部门的局面。

（二）多部门管理阶段（20 世纪 80 年代初期至 1998 年）

这一时期，我国的社会保险工作由原劳动部、民政部、人事部、卫生部和国务院医疗保险制度改革领导小组五部委分别承担对应保险的监管职能，但社会保险的主要服务管理工作仍由企业负责③。此阶段，根据社会保险经办机构发展步伐的不同，又可细分为两个阶段。

1. 现代社会保险经办服务体系初步建立阶段（1980~1991 年）

1982 年 3 月，改革开放后第一次行政体制改革正式启动④。同年 5 月，原劳动人事部成立。国务院在关于各部委的分工中明确规定："社会保险工作由劳动人事部综合管理。"⑤在此基础上，劳动人事部机构增设保险福利司，专管社会保险工作。从 1984 年开始，一些地方开始实行企业职工养老保险费用社会统筹的改革，这揭开了我国社会保障制度改革的序幕，也促成我国现代意义的社会保险经办机构的成立。1986 年，国务院审议通过四项国营企业劳

---

① 1951 年，《劳动保险条例》规定全国国营、公私合营、合作社等企业的职工在疾病、伤残、死亡、生育及年老后获得必要的物质帮助的办法，同时规定职工所供养的直系亲属也可以享受一定的保险待遇。
② 1950 年后，内务部先后颁发了《革命工作人员伤亡褒恤暂行条例》、《关于人民政府、党派、团体及所属事业单位的国家机关工作人员实行公费医疗预防措施的指示》、《关于各级人民政府工作人员在患病期间待遇暂行办法》等文件。
③ 各部委承担的职能分别为：原人事部承担机关事业单位工作人员社会保险职能、原民政部承担农村社会保险职能、原卫生部承担公费医疗管理、国务院医疗保险制度改革领导小组承担医疗保险改革职能和原劳动部承担企业职工社会保险职能。
④ 1982 年 3 月，第五届全国人大常委会第 22 次会议通过国务院机构改革问题的决议。
⑤ 钱振伟：《覆盖城乡居民社会保障管理制度研究——基于对部分州（市）县实际的调查》，西南财经大学博士学位论文，2010 年。

动制度改革的《暂行规定》，各省市人民政府遵循中发〔1986〕9号文和国发〔1986〕77号文通知的精神，结合当地实际，不断加强劳动人事部门的组织建设，并相继建立经办社会保险业务的专门机构①。1986~1987年，省、地（市）、县（区）三级经办社会保险业务的专门机构陆续在本级劳动人事部门下成立，一般称为"××省（市）社会劳动保险公司"，这标志着我国社会保险经办机构初步建立，并逐步成为社会保障体系的重要组成部分，主要承担执行政策、承办事务、管理基金和提供服务等重要职能。在此期间，由于新制度尚在形成之中，社会保险的管理服务工作仍主要由企业承担。

2. 社会保险经办机构初步发展阶段（1991~1997年）

在此期间，以养老保险社会统筹为主要内容的社会保障改革作为国有企业改革的配套措施在全国铺开②。1991年国务院发出《关于企业职工养老保险制度改革的决定》（以下简称《决定》）（国发〔1991〕33号）对社会保险经办机构的职能做出了规定。《决定》第十条明确规定："社会保险管理机构可从养老保险基金中提取一定的管理服务费用……管理费用主要用于支付必要的行政和业务经费"等。为适应社会主义市场经济体制改革的步伐，1993年中共中央发出《关于建立社会主义市场经济体制若干问题的决定》，《决定》明确建立统一的社会保险管理机构，并将社会保险的行政管理与基金经营分开③。为配套实施新制度，参照《中华人民共和国劳动法》规定，遵循政事分开原则，各地普遍设立了各自的社会保险经办机构（以下简称"社保经办机构"），来开展社会保险的管理服务工作④。1994年，原劳动部成立社会保险事业管理局，负责指导各地经办管理工作。此时，社会保险经办工作以养老保险经办工作为主，主要负责养老保险基金的征缴、调剂及管理等工作。由于养老保险费实现了差额缴拨、企业发放等原因，许多管理服务工作仍由企业来承担。1996年，根据财会字〔1996〕68号和财社字〔1996〕175号两个文件，财政部明确规定企业职工养老保险基金、失业保险基金、社会经办机构的会计核算工作，进一步规范了社保经办机构的财政行为⑤和经费使用原则⑥。自1997年1月起，我国各级经办机构的经费收支执行核定收支、核定拨付的预算管理办法。1997年，劳动部印发《社会保险业务管理程序》，这是第一个社保经办机构规程。之后，劳动和社会保障部陆续颁布了《关于城镇居民基本医疗保险经办管理服务工作的意见》、《基本养老保险经办业务规程（试行）》、《工伤保险经办业务规程（试行）》等规定。在以上规定的约束下，社保经办机构管理体制逐步趋向规范化、法制化。

(三) 归口管理阶段（1998年至今）

1998年至今，社会保险经办机构进入了快速发展时期，期间五项保险经办工作全面展开。在此阶段，社会保险经办机构由完全依托企业、事业单位管理向经办机构社会化管理转变，由单纯管理开始向管理与服务并重方向转变。此阶段又可细分为两个小阶段。

1. 社保经办机构整体框架的形成阶段（1998~2000年）

1998年，国务院大部制改革，将国务院40个部委缩减为29个，并在原劳动部基础上组建了劳动和社会保障部，结束了我国社会保险"五龙治水"的多头管理局面。1998年《国务院关于实行企业职工基本养老保险省级统筹和行业统筹移交地方管理有关问题的通知》（国发〔1998〕28号）提出，对社会保险经办机构实行省级垂直管理，从此经办机构开始独立承担社会保险基金的管理、社会化服务的经办管理等工作。为避免社会保险基金被挤占、挪用，1999年10月，财政部、劳动部和社会保障部联合发布财社字〔1999〕173号文件，通知各地级经办机构从1999年1月起不得再从社会保险基金中提取和列支任何费用，所需经费列入财政预算拨付，预算外的开支不予列支。自1999年起，我国开始试行养老金社会化发放，由各类商业银行通过其服务网点直接向享受养老金保险待遇的企业退休人员发放养老金，至此我国养老金社会化率逐年提升。2000年，中央级社保经办机构即原劳动和保障部社会保险事业管理中心（以下简称"部社保中心"）正式成立。这标志着我国中央、省、市、县四级社保经办机构的整体架构基本形成。

2. 社保经办管理体制的快速发展阶段（2001年至今）

进入21世纪以来，我国的社会保险事业实现了跨越式发展，《新型农村合作医疗保险制度》（国办发〔2003〕3

---

① 详见《国营企业实行劳动合同制暂行规定》、《国营企业招用工人暂行规定》、《国营企业辞退违纪职工暂行规定》、《国营企业待业保险暂行规定》。
② 孟昭喜：《我国社会保险经办管理服务事业改革开放30年来取得长足发展》《中国劳动保障报》，2008年12月12日。
③ 详见1993年11月14日通过的《中共中央关于建立社会主义市场经济体制若干问题的决定》第二十八条。
④ 详见1995年1月1日正式实施的《中华人民共和国劳动法》第九章第七十四条。
⑤ 具体规定了社会保险经办机构会计记账原则和业务归类问题。
⑥ 如社会保险经办机构经费主要用于社会保险经办机构开展社会保险业务以及社会保险基金运行过程中所发生的各项费用，包括人员经费、公用经费、补助下级支出、上解上级支出和其他支出。

号)、非全日制用工保险制度(劳社部发〔2003〕12号)、企业职工养老保险制度(国发〔2005〕38号)、城镇居民基本医疗保险制度(国发〔2007〕20号)、新型农村居民养老保险制度(国发〔2009〕32号)以及城镇居民养老保险制度相继建立和完善,我国的社保经办机构也逐步由单纯管理向管理与服务并重转变,社保经办工作范围也逐步向农村、非正规就业人群和城镇居民延伸。另外,为方便群众社会保险业务的办理,适应国家社保扩面工作及经办服务能力水平提高的需求,经办机构由全权管理服务开始向建立基层社会保障平台,委托和利用包括银行、邮局、定点医疗机构、定点药店等社会服务组织共同开展管理转变。2010年10月,《中华人民共和国社会保险法》(以下简称《社会保险法》)颁布,该法全面、系统地规定了社会保险经办管理的服务细则①。

二、全国社会保险经办服务体系建设取得的成绩

回顾我国现代社保经办机构走过的30年,其伴随着我国国有企业改制、企业经营模式和用工制度的转变以及社会保障制度的改革,从劳动保险到社会保险制度,改革不断深入。特别是以城镇职工基本养老保险制度和基本医疗保险制度为重点的社会保险制度的不断完善,社会保险经办机构得到了长足发展,在保障社会保险制度运行中起到了重要的推动作用,并取得了显著的成效。

(一)全国社会保险经办服务体系已初步建成

经过多年的改革建设,我国社会保险经办服务体系业已初步形成以各级社会保险经办机构为主干、以社会服务机构为依托、以市场服务机构为辅助、以社区服务为基层平台、以网络通信服务为基础平台、以信息化手段为基本技术支撑的服务网络②。从中央到省、市、县政府的社会保障职能部门均设有社会保险经办机构,形成了一个覆盖全国的分层设置分级管理的经办组织系统。

从机构设置来看,我国社会保险经办机构数量逐年增加(参见图1),尤其社会保险经办业务逐级下沉后,县(区)级经办服务机构数量增加更为明显,一般每个行政区划平均设立经办机构2.6个③。截止到2012年底,全国社保经办机构共有8411个,比2000年增加了3627个,年平均增长4.81%。其中,省级63个,地(市)级1040个,县(区)级7308个④。

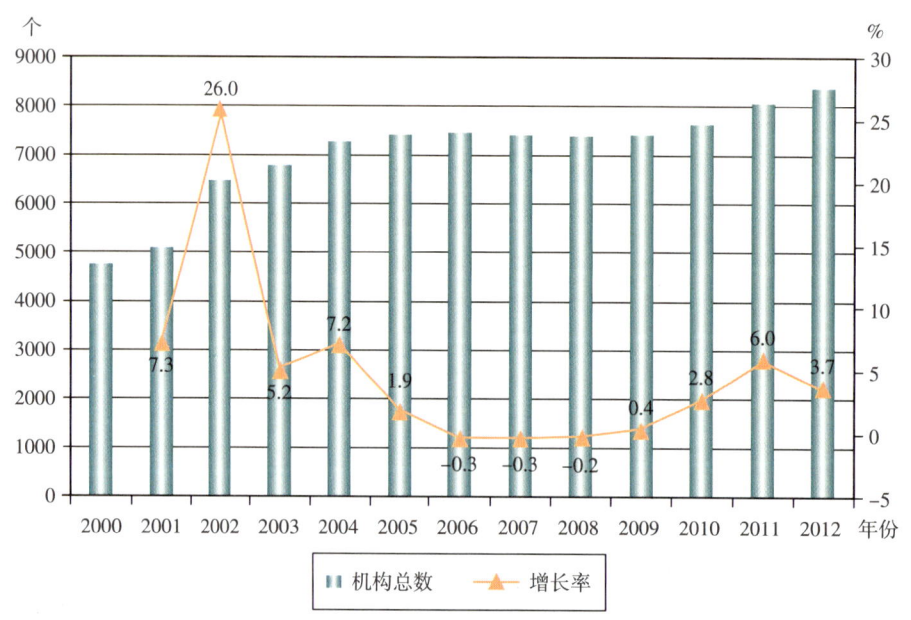

图1 2000~2012年社会保险经办机构数量变化

资料来源:由人力资源和社会保障部提供。

---

① 《中华人民共和国社会保险法》中共有36处提及经办,不仅在每一章节中涉及社保经办工作内容,还在第九章中对社会保险经办管理服务做出了专门规定。
② 《中华人民共和国社会保险法》第九章。
③ 根据2012年全国经办机构总数和县级以上区划总数相除获得。其中,全国机构总数8411个,县级以上区划3137个。
④ 引自2012年人力资源和社会保障部网站。

从人员编配情况来看,经办人数实有数和编制数绝对额均呈现逐年递增趋势(参见图2)。截止2012年底,全国经办机构编制总人数15.67万人,实有人数17.22万人,实有人数比2000年增长了129.7%,年均增长7.18个百分点①。其中,省级0.44万人,地(市)级4.34万人,县(区)级12.44万人,分别占实有总人数的2.6%、25.2%、72.2%②。

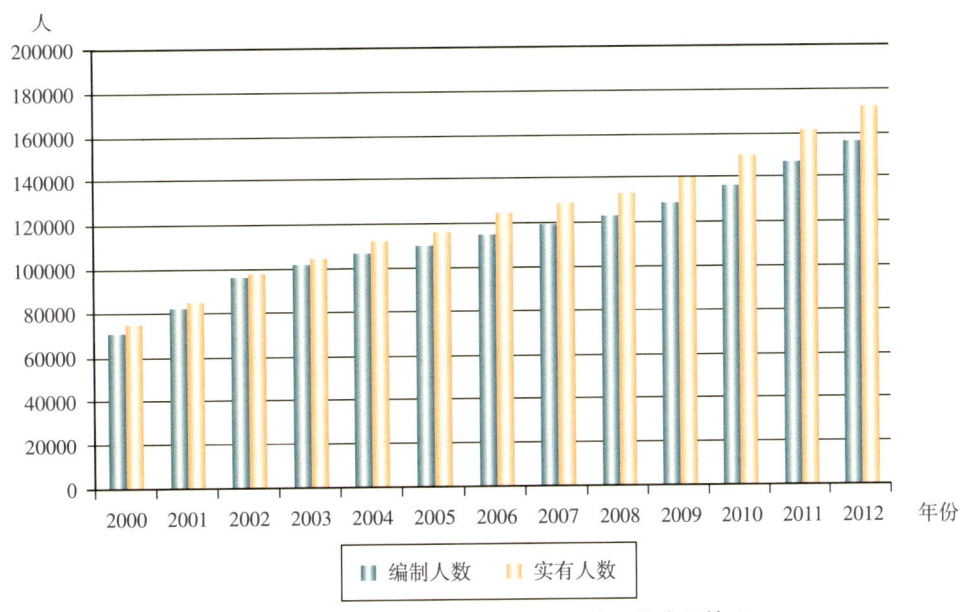

图 2 2000~2012年全国社会保险经办机构人员情况

资料来源:由人力资源和社会保障部提供。

(二)社保经办机构服务规模不断扩大,保障能力稳步提升

整体来看,我国社会保险参保人数再创新高,覆盖范围不断向各个社会群体延伸。全国五项保险基金累计余额不断增加,待遇支付不断增强。

1. 覆盖城乡的社会保险制度逐步建立,各险种参保人数纪录不断刷新

1993年以来,全国城镇职工五险参保人数纪录不断刷新,其中基本医疗保险覆盖面年均扩张幅度高居五险之首(参见图3)。截止到2012年底,全年五险合计参保人数已达13.37亿人次,加上参加农村养老保险的人数,社保经办机构实际管理服务对象已超过17.97亿人次。截至2012年底,我国城镇基本养老保险参保人数为30427万、城镇基本医疗保险参保53641万人、失业保险19010万人、工伤保险15225万人、生育保险15429万人③。在城镇职工社会保险覆盖面扩展的同时,城乡居民社会保险制度也获得了快速发展,并逐步向农村延伸。2003年国家启动新型农村合作医疗,2007年启动城镇居民医疗保险制度,2009年实施新型农村社会养老保险制度,2011年实施城镇居民社会养老保险制度。上述几项城乡居民社会保险制度在启动后得到快速推进,至2012年末,城乡医疗保险和养老保险制度试点已覆盖到全国所有县(市)区,"新农合"参保人数已超过8.3亿人④,城镇居民医疗保险参保人数达到2.72亿,城乡居民社会养老保险制度覆盖人数达到4.84亿⑤。

---

① 全国经办机构所涉及数据,凡未标明出处的均来自本报告。
② 引自2012年人力资源和社会保障部网站。
③ 根据《2012年度人力资源和社会保障事业发展统计公报》和《中国劳动统计年鉴(2012)》数据计算所得,下同。
④ "新农合"参保人数已超过8.3亿,http://info.pharmacy.hc360.com/2011/06/140840301021.shtml。
⑤ 2012年全国社会保险情况,引自人社部官网。

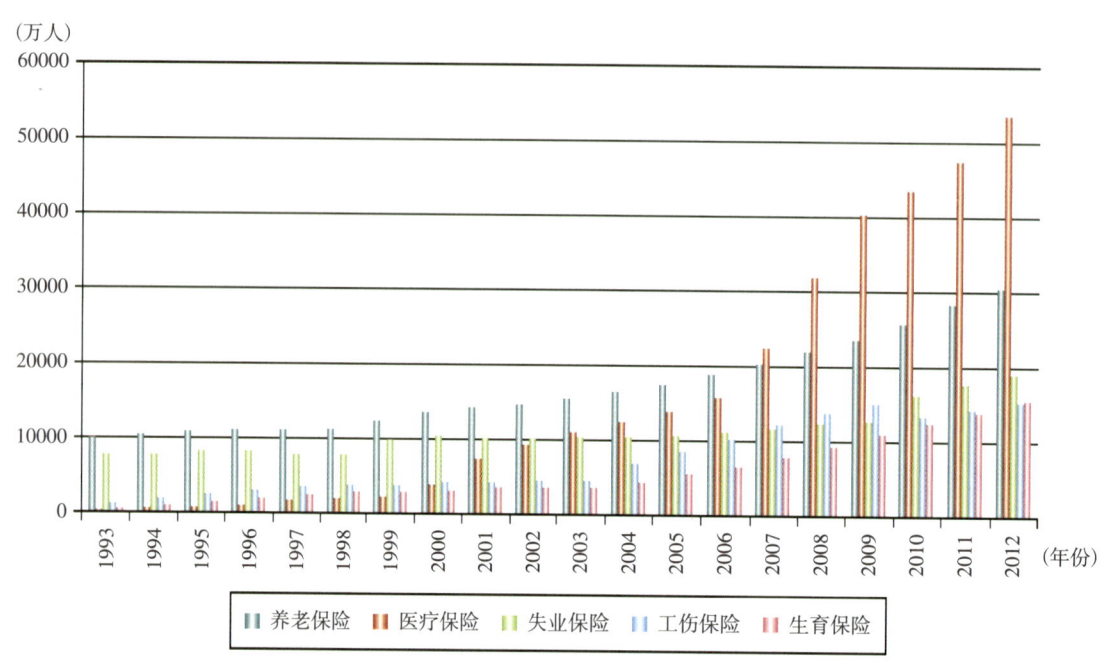

图3 1993~2012年全国五项社会保险覆盖人数年度变化趋势

资料来源：根据《2012年度人力资源和社会保障事业发展统计公报》和《中国劳动统计年鉴（2012）》数据整理绘制。

2. 经办机构管理社会保险基金规模不断扩大

伴随着社会保险覆盖面的扩展，各项社会保险基金收支和结余规模也迅速扩大，截止到2012年底，全国五项社会保险基金总收入达到28909亿元，五项保险基金总支出达22182亿元，分别比1989年末增长了近187倍和182倍[①]。其中，全年城镇基本养老保险基金总收入20001亿元，比1989年增加19854亿元，支出从1989年的119亿元增加到15562亿元，增长了近130倍；城镇职工基本医疗保险基金收入6939亿元，支出5544亿元；失业保险基金收入1139亿元，支出451亿元；工伤保险基金收入527亿元，支出406亿元；生育保险基金收入304亿元，支出219亿元[②]（参见图4）。在基金规模不断扩大的同时，基金的征管方式不断完善，各经办机构更加注重加强基金管理，实现基金保值增值，推动社会保险基金管理工作的规范化、科学化。

[①] 根据《中国劳动统计年鉴（2012）》数据计算所得。
[②] 根据《中国劳动统计年鉴（2012）》数据整理所得。

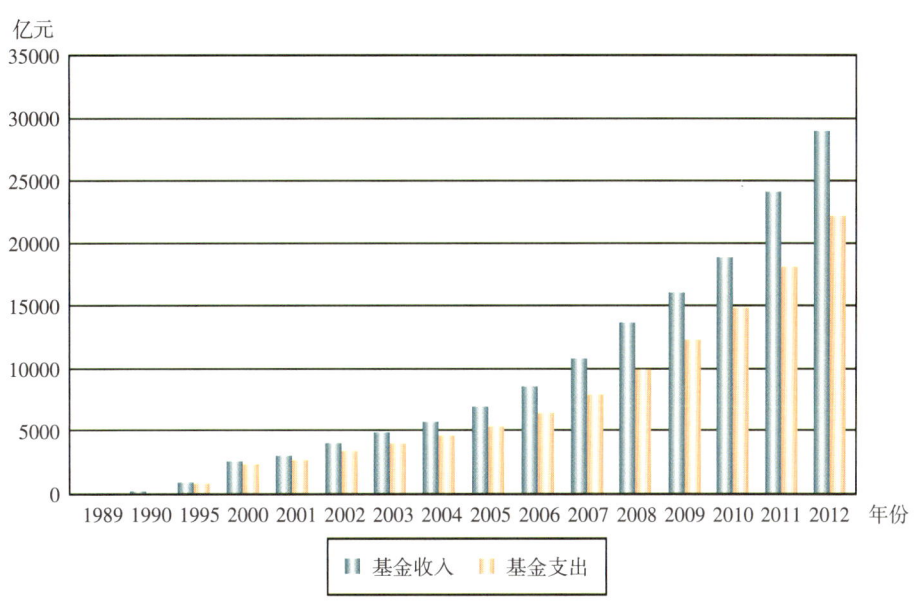

图4 我国社会保险基金收支情况变化（1989~2012年）

资料来源：根据《中国劳动统计年鉴（2012）》数据整理绘制。

3. 社会保险待遇支付和结算服务能力不断增强

2004年全国首次实现了企业离退休人员基本养老金全部按时足额发放[1]。随着我国社会保险制度的推进以及区域间人口流动加速，全国各地领取保险待遇的人数和人均领取的保险金额不断增加。从1989年到2012年末，全国年度领取养老金的离退休人员从893.4万人增加到7466万人，24年间累计发放的养老金共84465.1亿元[2]。截止到2012年底，全国共有13075万城乡居民领取了基本养老金，且全年跨省转移基本养老保险关系114.7万人次[3]。其他四项保险的待遇也实现了按时按规足额发放与结算。与2007年相比，2012年全年城镇居民基本医疗保险享受医疗服务总人次达12.3亿，比2007年增长了近22倍，住院医疗费用中统筹基金人均支付额从4289元上升到6522元，年均增长8.7%；享受生育保险待遇人次共计353万，年均增长25.6%，人均生育待遇支出从7771元上升到11287年，每年增长703元；享受工伤保险待遇累计1062万人次[4]。1993~2012年，累计共支付医疗保险待遇11283亿元，失业保险待遇2370亿元，工伤保险待遇635亿元，生育保险待遇368亿元[5]。

（三）经办机构经费投入和支出规模不断增加

1. 经办机构运营经费以财政预算拨款为主，以自筹为辅

整体来看，我国社保经办机构经费来源与其作为参照公务员管理的事业单位身份密不可分，经过数次变革后，最终确定以各级财政预算拨款为主。1987~1998年，各地社会保险经办机构可以根据实际情况，按一定的比例从社会保险基金的征缴收入中计提管理费用[6]。但是出于社保基金的安全问题，1999年劳财两部颁发《关于社会保险经办机构经费保障等问题的通知》明令禁止经办机构从社会保险基金中提取任何费用，所需经费全部列入财政预算拨付。2012年末，全国8411个经办机构中全额拨款机构有8401个，占比99.8%；差额拨款机构5个，占比0.1%；自收自支机构及其他类机构共5个，占比0.1%，分别比2010年增加了883个、减少了29个、减少了78个，机构运行经费财政保障略有提升[7]。

---

[1] 陈柳东、刘广君、杨娟：《社会保险经办机构的回顾与发展》，中国劳动社会保障出版社2011年版。
[2][4][5] 根据《中国劳动统计年鉴（2012）》数据计算所得。
[3] 《2012年人力资源和社会保障事业发展统计公报》，引自人社部官网。
[6] 1991年，国务院颁发《关于企业职工养老保险制度改革的决定》（国发〔1991〕33号），该决定第13条对经办机构经费提取及使用原则做了详细规定。
[7] 由人力资源和社会保障部提供。

2. 经办机构经费预算支出额和实际支出额均呈上升趋势

根据财社字〔1996〕175号文件规定，我国社会保险经办机构经费主要包括人员经费、公用经费、补助下级支出、上解上级支出和其他支出①。根据《人力资源和社会保障部2012年度部门预算》，2012年全国经办机构总预算为132.37亿元，比上年增长16.18%。实际总支出148.11亿元，增长12.77%。其中，商品和服务49.85亿元，基本建设5.29亿元，人员经费80.36亿元，其他12.61亿元，分别比上年增加7.58亿元、减少0.39亿元、增加11.25亿元、减少1.66亿元，分别占总支出的33.7%、3.6%、54.2%、8.5%。与2010年相比，四项经费支出分别增长了19.1倍、16.1倍、19.2倍和16.8倍②。

3. 经办机构经费使用绩效水平得到进一步提升

随着经办机构服务对象和基金管理规模的增大，每个经办人员年度平均管理的社保基金额和服务对象量明显提高，单位经费使用的绩效水平得到进一步提升。按实有人员人均经费支配额来看，2012年经办人员年人均支出8.60万元，比上年增加0.48万元。按经办机构管理的基金量来看，2012年全年五项保险基金征缴收入合计28909亿元，四项经费支出相当于同口径基金征缴收入额的0.51%；2012年全国经办机构共提供社会保险服务16.68亿人次（含城乡居民社会养老保险），年人均服务经费为8.88元③。从以上分析数据可以看出，我国社会保险经办机构以较少的经费开支，提供了现有的社会保险服务工作，经费利用率较高。

（四）经办机构信息化服务水平不断提升

社会保险要实现"以人为本，创新管理"的服务理念和服务方式，需要由现代化的信息管理手段来提供强有力的技术支撑。截止到2012年底，我国社会保险信息化建设已初具规模，公共服务手段逐步由单一化向多元化转型，网络应用、电信服务多面开花，机构服务能力和服务水平不断提升。

1. "金保工程"逐步推进

1999年，我国开始全面施行电子政务，2002年10月社会保险信息化建设工程，即"金保工程"开始试点并逐步向全国推行。截止到2011年末，全国金保工程一期实际累计投资80.1亿元④。2012年末，金保工程一期建设全面完成，并顺利通过竣工验收。经过10多年的发展，全国31个省份实现了部、省、市三级网络贯通，城域网加速向街道、社区、乡镇基层服务机构延伸，截至2013年9月末，全国街道乡镇平均联网率达92%⑤。当前，全国通过社会保障卡发行审批注册程序的地级以上城市已达到324个，实际发卡地区已达293个，实际持卡人数达到3.41亿⑥。城乡居民社会养老保险系统在所有省份得到全面实施，全国近2700个县（市、区、旗）通过信息系统办理城乡居保业务，占94%。社保跨地区系统建设迈出坚实步伐，养老、医保关系转移系统分别已有12个省份、256个县市和44个地市入网⑦。据最新统计数据，全国累计认证异地居住退休人员社会保险待遇资格44.67万人次，当期核查比对疑似重复领取养老保险待遇47.8万人⑧。

2. 信息化公共服务能力进一步提升

社会保险公共服务手段不断多样化，12333咨询电话已成为我国社会保障系统的又一公共服务品牌，在政策咨询、业务办理、缓解矛盾等方面发挥了重要作用。截至2013年8月，全国已有314个地级以上城市开通了12333专用公益服务电话号码，近25个省份建设了全省集中的电话咨询服务系统，其中261个地级以上城市依托电话咨询服务系统提供服务⑨。2012年末，全国共有从事人力资源社会保障电话咨询服务工作人员3700余人，其中咨询员3012人，电话咨询服务中心座席总数近3200个，12333全年的话务量将近6100万次，其中人工接听电话2128.41万次⑩。

---

① 各项经费详细构成如下：人员经费包括个人方面的经费开支，如工资、补助、福利费及离退休人员经费等；公用经费包括机构公务费、设备购置费、修缮费及业务费等；补助下级支出指经同级财政核准向下级经办机构拨付的管理费；上解上级支出指经同级财政核准向上级经办机构缴拨的管理费；其他支出指社保基金运行过程中所发生的手续费及社会保险经办机构发生的扣除过失人的赔款后所需支付的罚款等；专项经费指经同级财政部门核准从社会保险经办机构经费划出用于购置固定资产的费用。
② 《人力资源和社会保障部2012年度部门预算》，引自人社部官网。
③ 基金征收额口径包括职工基本养老保险（大口径），职工基本医疗保险（大口径）、工伤保险、生育保险、城乡居民养老保险和医疗保险的基金。根据《2012年人力资源和社会保障事业发展统计公报》和人力资源和社会保障部提供数据测算所得。
④⑥ 《人力资源和社会保障部信息化建设"十二五"规划》，引自人社部官网。
⑤⑦⑧⑨ 由人力资源和社会保障部提供。
⑩ 《2012年度人力资源和社会保障事业发展统计公报》，引自人社部官网。

(五)经办机构管理体制逐步理顺,管理手段更加有效

近年来,我国社保经办机构资源整合和配置优化的工作稳步推进,管理体制逐步理顺,企业退休人员社会化管理服务水平迈上了新台阶。

1. 经办机构资源整合全面铺开,实施"五险统管"模式的地区逐年增加

截至2012年底,全国有广东、天津等12个省市建立了"五险合一"管理体制,江苏、北京等19个省市设立医疗保险管理机构负责医疗及工伤、生育保险业务,河南、重庆2个省市另设立工伤保险管理机构,河北、四川等6个省单独设立机关事业单位社会保险管理机构[1]。与此同时,随着农村养老保险事业的发展,江苏、山西等8个省市还陆续设立了农村养老保险经办机构。广西全面推进机构整合,全区14个地级市全部组建了"五险合一"社保局,需要整合的86个县(市、区),已有23个完成了"五险合一"。但是,当前我国实施"五险统管"的地区,社保经办管理模式仍然不一致,五险统一申报,一票征收等方式还有待提升。

2. 经办机构垂直化管理模式逐步推广

根据国内外实践经验,社保经办机构实行垂直管理模式比属地管理模式、机构管理体制运行更流畅,系统执行力相对更强。2000年11月,陕西省首先对各级养老保险经办机构实行省级垂直管理,实现"统一政策、统一费率、统一统筹项目、统一缴拨方式、统一调剂使用基金、经办机构统一垂直管理"[2]。此后,这一管理机制逐步在全国范围内推开,到2012年末,陕西、天津、吉林、黑龙江、上海、山东青岛、河南洛阳等地陆续加入社保经办机构垂直管理的行列。当前,绝大多数省份已实现养老保险实施省级统筹,其他险种市县级统筹,经办机构的统筹层次得到提升。

3. 经办机构社会化管理服务水平不断提高

随着我国社会保险制度改革的深化,经办服务网络逐步向街道、社区延伸,这为经办工作乃至社区管理创造了有利条件。2003年6月,中共中央办公厅、国务院办公厅转发了原劳动保障部等13个部门共同制定《关于积极推进企业退休人员社会化管理服务工作的意见》(中办发〔2003〕16号)的通知,有力地推动了企业退休人员社会化管理工作水平的提升。截至2012年底,全国纳入社区管理的企业退休人员达5328万人,占企业退休人员总数的78.3%,比上年增长了11.31%[3]。2010年,基层社保服务设施建设开始试点,到2012年末全国已有266个县1300个乡镇(街道)完成试点项目建设并投入使用,办公效率和服务能力得到有效提高[4]。

三、地方社会保险经办服务体系建设情况——甘肃、河南和广东三省调研案例分析

整体来看,甘肃、河南和广东三省的三级社保经办服务体系已基本建成,但三省之间乃至省际内部地市之间经办机构差异性较大。相比之下,甘肃省经办机构运营经费短缺问题突出,县(区)级及以下经办机构平台建设缺失,社保基金数据采集和分析均未实现部、省联网,难以适应城乡居民社会保险需求快速上涨的势头。河南省是一个人口大省,参保人数增幅较大,但全省多数经办机构按险种不同单独设立,同一区域同一险种又按照参保人群不同分别设立机构,经办机构分散是该省突出的问题,严重阻碍了该省经办机构信息化系统的统一。广东省是一个人口流入大省,社保经办体系整体运行状况较好,但是广东省地市间差异明显,是全国经办机构建设现状的一个缩影。

(一)甘肃省

1. 甘肃省社会保险经办机构基本现状

(1)经办机构设置情况。

从1986年开始,甘肃省逐步对社会保险制度进行改革,相对应的社会保险经办机构建设也随之展开。1986年11月,甘肃省政府开始着手建立省、市、县三级养老保险经办机构,其中省人社厅下设社会保险事业管理局(县团级),地区和省辖市设社会保险事业管理处(县、市、区)设社会保险事业管理所[5]。至1987年末,全省地市、县也陆续成立以养老保险为核心的社会保险经办机构,称为

---

[1] 李向阳:《广东省社会保险经办管理体系建设研究》,华南理工大学硕士学位论文,2012年12月。
[2] 2000年5月,陕西省委组织部、省劳动和社会保障厅联合下发了《关于我省养老保险经办机构实行垂直管理有关问题的通知》(陕组通字〔2000〕29号),决定由陕西省社会保障局对各市地、县区养老保险经办机构实行垂直管理。
[3] 引自2012年人力资源和社会保障部《全国社会保险情况报告》,引自人社部官网。
[4] 《2012年度人力资源和社会保障事业发展统计公报》,引自人社部官网。
[5] 1986年11月,甘肃省人民政府《关于发布贯彻国务院改革劳动制度四个暂行规定实施办法的通知》(甘政发〔1986〕206号)提出:"省政府原则同意在省劳动人事厅设社会保险事业管理局(县团级);地区和省辖市设社会保险事业管理处(县、市、区)设社会保险事业管理所。"

"××劳动保险公司"。2000年11月甘肃省兰州市医疗保险管理局成立，8个县区也相继设立医保局。2002~2005年，甘肃省省级、市级经办机构陆续升格。2009年12月起，甘肃省新型农村养老保险制度开始试点，对应的经办机构也逐步在各地设立。2011年4月，甘肃省社会保险事业管理局由原甘肃省社会保险事业管理中心改制而成，实行属地管理。

2012年末，甘肃全省县级以上社保经办机构共150个，其中市州级经办机构21个，县（区）级经办机构128个，较上年增加了6个，增加机构均为城乡居民养老保险经办机构。现有机构中共有52个经办机构实行"五险合一"模式，占机构总数的34%，其中市县两级分别有7家、44家，占其机构总数的33%、40%；内设机构按照流程设置的共有13个，占机构总数的9%，其中市县两级分别有1家和12家，占机构总数的4%和9%[①]。各区县的经办机构设置情况同市州的情况基本一致。

（2）经办人员编配情况。

甘肃全省经办机构人员数量在波动中略有增加。2006~2012年甘肃省社保经办队伍实有人数和编制人数绝对额均呈倒U形增长趋势，2008年经办人员总人数略有下降（参见图5）。截止到2012年底，甘肃省经办机构人员编制3195人，比2006年增加791人，年均增幅达3%。其中地（市）级644人，县（区）级2460人[②]。实有人数3347人，其中省级79人，地（市）级716人，县（区）级2552人[③]。

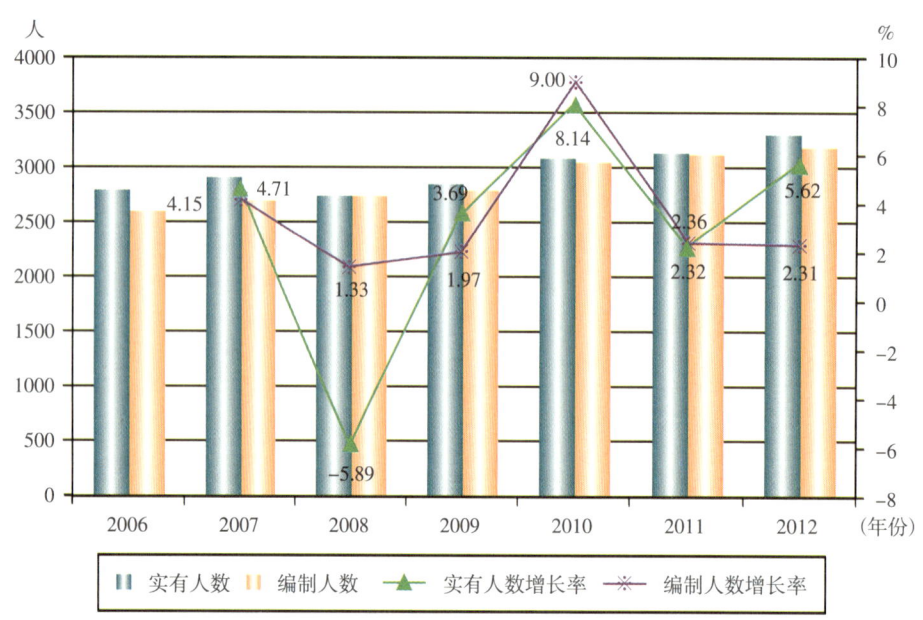

图5 2006~2012年社保机构经办人员编配人数变化

资料来源：据《甘肃省社会保险经办机构调研表格》整理所得。

（3）经办机构运行经费来源及支出结构。

甘肃省经办机构运行经费来源渠道单一，主要以各级财政拨款为主，财政专项补贴和自筹资金为辅。截止到2012年底，甘肃全省150个社会保险经办机构全部为全额拨款的参公管理事业单位，其人员经费、业务经费和基本建设经费均由同级财政予以保障，四项经费总预算1.73亿元，实际总支出1.96亿元，分别比上年增加了5215.2万元和3536.9万元。实际总支出中，商品和服务支出0.46亿元，基本建设支出0.26亿元，人员经费支出1.19亿元，其他支出0.05亿元，分别比上年增加1043.21万元、增加1937.27万元、增加1603.05万元、减少1046.63万元，其中基本建设支出较2011年增长了2.88倍，增长幅度明显，

---

①② 由甘肃省社会保险事业管理局提供数据整理所得。
③ 甘肃省经办数据，凡未标出处的均来自本报告。

主要原因是各地积极推进经办机构"三化"建设，相继启动了社会保障服务中心建设项目[1]。

（4）经办管理信息服务平台建设情况。

截止到2012年底，甘肃省省、市两级数据中心基本建成，金保专网骨干网络连接完成，省、市、县三级网络实现互联互通；12333电话咨询平台建成，全省现有座席话务员36人，年平均接听群众来电19000多人次[2]。与此同时，城乡居民社会养老保险信息系统在全省87个县区（含嘉峪关市）全面部署运行，各地审核入库1199万参保人员数据，参保人员100%纳入系统管理，为238万享受待遇人员发放养老金1.29亿元，有47万人就近通过农行、农信社基层网点缴纳养老保险费0.69亿元[3]。信息网络延伸到基层1308个乡镇、街道，接入服务终端2724个。信息系统全面上线运行结束了城乡居民社会养老保险工作手工经办历史，提高了全省经办机构办事效率。

2. 甘肃省社会保险经办服务体系存在的问题分析

经过数十年发展，甘肃省社保经办机构取得了一定成效，但也不同程度地存在以下几个方面的问题：

（1）管理体制分割。

甘肃省社会保险经办机构建设中存在的首要问题是管理体制分割。主要体现在：一是城乡医疗保险分别由不同的部门管理，制度、机制间缺乏衔接和协调，存在重复参保和政府重复补贴、机构重复建设、资源浪费等问题。二是甘肃省社保基金征缴职能地税部门与社保部门交叉行政成本高，经办服务效率偏低。此外，部分经办机构的名称设置与其职能不符，如兰州市的医疗保险经办机构，名称实为"×××医疗保险局"，但实际上主要负责各项社会保险待遇的发放工作。

（2）基层经办能力薄弱，服务质量和服务水平难以保障。

甘肃省经办机构服务体系起步较早，但基层经办机构服务平台建设滞后，信息化服务水平较低。全省绝大多数"新农保"试点县还未建立正式的经办机构，经办人员不固定。乡镇经办人员以聘用人员为主，服务质量和服务水平难以保障。随着城乡居民社会养老保险参保人数的增长，基本经办人员工作量将不断增加，这一掣肘将更加凸显。

（3）空编和超编现象并存，部分地区经办人员人均负荷比趋高。

甘肃省经办机构空编和超编现象并存。2012年末，甘肃全省社保机构定编人数3195人，编外人员共有152人，而省本级经办机构编制人数91人，在编人数79人，空编12人[4]。社保经办队伍人均负荷比趋高，地区之间差异明显。2012年全年甘肃省参保人数共2551.87万人次[5]，其中省、市、县三级经办机构参保人数分别为112.6万人次、520.47万人次、1918.8万人次，对应经办机构实有人员编制分别为91名、644名、2460名，人均负荷比分别为12000人次/人、8100人次/人、7800人次/人，明显处于超负荷运转状态（参见表1）。

表1 甘肃省经办机构经费支出情况

年份	经办机构人员数量（人）	经办机构经费支出总额（亿元）	经办机构人均支出费用（万元/人）	经费支出占基金征缴额比例（%）	参保人员人均服务费用支出（元/人次）
2010	3097	1.73	5.60	0.78	9.83
2011	3169	1.60	5.06	0.54	8.09
2012	3347	1.96	5.85	0.62	7.67
年均增速（%）	4.00	6.26	2.22	-10.93	-11.67

资料来源：据甘肃省社会保险事业管理局提供数据整理所得。

（4）工作经费投入严重不足，阻碍机构服务能力提升

从四项经费支出情况看，甘肃省社保经济机构四项经费支出中人员经费支出（即工资性支出）占比最大，比全国54.2%的平均水平高出6.44个百分点，经费支出呈现工资性支出的特点。同时，商品和服务经费支出低于全国占比33.7%水平的10.05个百分点，工作经费占比较低。从

---

[1][4] 由甘肃省社会保险事业管理局提供。
[2][3] 由甘肃省社会保险事业管理局信息化中心提供。
[5] 引自《2012年甘肃省国民经济和社会发展统计公报》，引自甘肃省政府官网。

工作人员人均经费支配额来看，2012年全省经办人员年均经费支配额为5.85万元，比全国平均水平低2.76万元；从参保人人均服务经费支出来看，2012年全省社会保险人均服务经费7.67元/人次，比全国平均水平低1.21元/人次[①]（参见表1）。整体上看，甘肃省经办机构经费总量少，工作经费占比低，工作经费呈现严重不足，经费支出与工作量不相适应。

（5）信息化建设滞后，难以满足业务发展。

由于受金保工程建设进度影响，甘肃全省除城乡居民社会养老保险实现了参保地区的全部联网和资源共享外，其他所有险种均未实现省、市、县联网，社保基金数据无法实行网上采集和自动分析，非现场监督主要依靠社保数据统计分析等人工手段进行。各险种均未建立全省统一的社保核心信息数据平台、转移接续平台、待遇支付和结算平台、待遇领取资格认证平台、运行监控平台五大支撑平台。城镇职工基本养老保险实现了全省的经办软件统一，但未实现全省数据联网；城乡居民社会保险实现了全省统一的软件和联网，但数据提取、交换仍有困难；医疗保险、生育保险仅在兰州、金昌、嘉峪关等部分市州实现了信息化管理；失业保险、工伤保险仍然以手工和电子表格方式进行业务登记和操作[②]。

（二）河南省

1. 河南省社保经办服务体系基本情况

（1）机构设置情况。

20世纪80年代中期，河南省在全国统一部署下进行社会保险制度改革，各地劳动部门陆续建立了经办社会保险业务的专门机构，一般称为"××劳动保险公司"。1996年，河南省城镇企业社会保险基金管理中心和河南省机关事业单位社会保险基金管理中心（以下简称"两中心"）成立，分别负责河南省的企业职工养老保险和机关事业养老保险经办工作。2000年，河南省城镇职工医疗保险中心成立，主要负责河南省医疗和生育保险经办工作。2004年12月，河南省工伤保险中心成立，主要负责河南省工伤和失业保险经办工作。2008年3月26日，"两中心"合并成立河南省社会养老保险事业管理局。

从机构设置来看，河南省社会保险以分散管理模式为主，除洛阳和郑州市以外，从省到县基本上都按险种不同单独设立经办机构，各机构分别管理相关社会保险业务，分散办公。截止到2012年底，河南省共有社保经办机构657个，包括养老保险经办机构（含多险合一）185个，医疗保险经办机构（含医疗、工伤、生育合一）186个，工伤保险经办机构70个，城乡居民养老保险经办机构109个，机关事业单位养老保险经办机构107个[③]。

从各险种经办机构地区构成来看，2012年末全省401个社会养老保险经办机构（含多险合一、城居保和机关保）中省辖市级机构33个（包括12个单设的机关事业和3个单设的城乡居保养老保险经办机构），县（市、区）级机构367个[④]；全省186个医疗生育保险经办机构中省辖市级18个，县（区）级167个，其中省医疗保险中心主要负责基本医疗保险和生育保险业务，而洛阳市医疗保险中心实行"五险合一"[⑤]；河南省工伤保险经办机构共86个，其中省本级1个，省辖市级13个，县（区）级72个。目前，河南省工伤保险中心是我国唯一一个单设的省级工伤保险经办机构[⑥]。

（2）经办机构人员编配情况。

河南全省各险种经办机构人员数量都呈逐年上升趋势。截止到2012年底，全省社会保险经办机构系统编制总人数14327人，实有总人数14032人，实有人员中养老保险经办机构（含多险合一）人员5058人，医疗保险经办机构人员（含医疗、工伤、失业合一）5040人，工伤保险经办机构人员579人，城乡居民养老保险经办机构人员1646人，机关事业单位养老保险经办机构人员1709人[⑦]。以河南省社会养老保险经办机构人员配置为例，2012年全省社会养老保险经办机构编制人数8818人，实有人数8413人，其中，省级编制人数91人，实有人数87人，占编制总人数的1.03%；地（市）级编制人数1305人，实有人数1458人，占总编制人数的14.80%；县（区）级编制人数7422人，实有人数6869人，占编制总人数的84.17%[⑧]。河南省还有44000多名城乡居民养老保险协管员。

---

① 由甘肃省社会保险事业管理局提供。
② 由甘肃省社会保险事业管理局信息中心提供。
③⑦ 由人力资源和社会保障部提供。
④⑧ 由河南省社会养老保险事业管理局提供。
⑤ 由河南省城镇职工医疗保险中心提供。
⑥ 由河南省工伤保险中心提供。

(3) 经办机构经费来源及支出情况。

河南省各级经办机构经费来源均为财政拨款①。当前，全省仍有个别县级农保经办机构由于刚成立不久，机构不完善，财政专项不明确，经费来源于上级人社局。截止到2012年底，河南省各级社会养老保险经办机构经费支出总预算3.95亿元，实际总支出4.15亿元。其中，商品和服务支出1.03亿元，基本建设支出0.21亿元，人员经费支出2.69亿元，其他支出0.21亿元，分别占总支出的28.33%、4.53%、58.47%、8.67%②（参见表2）。河南省各级医疗生育保险经办机构经费总预算额为1.78亿元，其中，商品和服务经费4601万元，基本建设经费556万元，人员经费12470万元，其他支出132万元。经费实际总支出额1.96亿元，其中，商品和服务经费5678万元，基本建设经费580万元，人员经费13168万元，其他支出165万元③。河南省各级工伤保险经办机构经费实际总支出0.17亿元④。

表2 2008~2012年河南省社会养老保险经办机构经费预算及实际支出情况

年份	经费总预算		经费实际总支出		分项经费实际总支出数额				
	数额(亿元)	增长率(%)	数额(亿元)	增长率(%)	商品和服务经费(亿元)	基本建设费(亿元)	其中：信息系统建设费(亿元)	人员经费(亿元)	其他支出(亿元)
2008	2.16		2.43		0.69	0.09	0.03	1.35	0.29
2009	2.66	23.06	2.79	15.05	0.87	0.08	0.03	1.66	0.18
2010	3.09	16.02	3.20	14.75	0.88	0.15	0.04	1.89	0.28
2011	3.40	10.13	3.65	13.86	1.06	0.17	0.08	2.09	0.32
2012	3.95	16.24	4.15	13.83	1.03	0.21	0.07	2.69	0.21

资料来源：河南省社会养老保险管理局提供。

(4) 经办机构信息化建设情况。

整体来看，河南省社会保险经办机构信息化程度相对较高。2005年，河南省"金保工程"启动，一期建设累计投资4.68亿元，其中省本级7900万元⑤。2010年12月，金保工程一期顺利完工。截止到2012年底，河南省各类经办机构综合联网率91%，其中街道、乡镇、社区联网率分别为100%、100%、92%。截至2013年6月，全省通过信息系统实现参保登记5215.6万人，复核4963.22万人，缴费入库3687.24万人，领取待遇1233.58万人，各项业务在基层单位顺畅办理。此外，17个省辖市开通门户网站，16个省辖市开展了12333电话咨询服务。

2. 河南省社会保险经办机构存在的问题分析

当前，河南省社会保险事业发展仍然面临着许多困难和问题，经办管理手段和管理体制还不能适应新形势的要求，这些问题已经制约了社会保险事业的快速发展，必须加快解决。

(1) 管理体制不畅。

从管理体制来看，河南省社会保险以五险分散管理为主，除洛阳、郑州市为"五险合一"外，从省到县各地经办机构均按险种单独设立，部分地区同一险种又按照参保人角色不同单独设立社保经办机构，每个行政区划的社保经办机构有2~5个。河南省多数社保经办机构没有自有的办公场所，经办机构以租房办公为主，办公地点分散，给参保人员办理社保手续带来很大不便，与国家整合社会保险经办资源的要求不一致。此外，社会保险经办机构名称混杂，一定程度上影响了社保形象和群众对公共服务的满意度。

---

① 此处的经办机构包括养老保险经办机构、医疗保险经办机构、工伤保险经办机构以及新型农村社会养老保险经办机构。
② 由河南省社会养老保险管理局提供。
③ 由河南省城镇职工医疗保险中心提供。
④ 由河南省工伤保险中心提供。
⑤ 由河南省社会养老保险管理局信息中心提供。

(2) 人员编制与服务对象数量不相适应。

人员编制不足问题是河南省社会保险经办服务体系建设的另一个突出问题。以调研的新乡市为例，新乡市社保局现有人员编制是2003年开展社会保险市级统筹试点核定的。经过9年的时间，该社保局负责管理的参保服务对象由2003年的45万人增加到2012年底的76万人，增幅69%，而工作人员仍然维持在原来的245人编制，特别是县（区）级社保经办机构核定编制人数更少，每个机构统一为6人，由于受到岗位编制的制约，岗位设置方面各经办机构存在一人多岗的现象①。新乡市医疗保险经办机构166名工作人员，承担着全市医疗、工伤、生育保险220万服务对象的管理服务，人均负荷比为13000:1，工作人员超负荷趋高②。个别情况下，经办机构通过招聘或借调临时人员来缓解人员不足的问题，但这将导致队伍的不稳定、业务水平和队伍整体素质难以稳步提高，制约经办效率和服务质量的提高。

（三）广东省

1. 广东省社会保险经办服务体系基本情况

（1）机构设置情况。

1986年，广东省社会劳动保险公司成立，是全国首个省级社会保险专职经办机构。之后，21个地（市）陆续成立"××县（市）社会劳动保险公司"。1992年，广东省社会保险事业局成立，统一管理企业、机关事业单位和农村的养老、失业、医疗、工伤及生育等各项社会保险。1996年，广东省社会保险管理局成立，年内全省21个地级市和123个县级行政区也基本上组建起社会保险管理局。2000年，广东省社会保险管理体制进一步改革，省社会保险基金管理局成立。2009年，广东省人力资源和社会保障厅成立后，社保经办机构模式一直延续至今。

从机构设置来看，广东省社会保险经办形成了具有广东特色的"五险统管、三级管理"的经办管理服务体制，内设机构按"综合、参保、待遇"三条线及"前台服务"、"基金管理"、"信息技术"三个层次设置，建立了"纵向指导监督，横向协调制约"的业务运作机制③。截止到2012年底，广东省县（区）级以上社会保险经办机构共195个，其中，省级1个，地（市）级23个，县（区）级171个④。目前，全省现有19个市级机构实行"五险统一"管理，广州、韶关两市则是实行"五险"集中征缴，保险关系"入口"统一管理，另设立医疗保险经办机构负责医疗保险待遇支付与定点医疗机构监管业务。其中，"五险统管"的经办机构共178个，占经办机构总数的91.3%，医疗保险单设经办机构和农保单设经办机构分别为13个和4个，所占比例很小⑤。

（2）经办机构人员队伍建设情况。

近年来，广东省各级经办机构人员队伍规模不断壮大。截至2012年底，广东省经办机构编制总人数8197人，实有总人数10395人，其中实有人数中参公人数5236人，女性人数3588人，分别比上年减少2.07%、增加0.63%⑥（参见图6）。从岗位配置来看，广东省社保经办队伍中管理人员1791人，专业技术人员1873人，业务人员5144人，其他人员1587人，分别占实有总人数的17.2%、18.0%、49.5%、15.3%。其中，专业技术人员中财会人员760人，统计人员210人，稽核审计人员465人，计算机人员438人⑦。

（3）经办机构经费来源及支出情况。

广东省各级社保经办机构（包括五险统筹、医保和农保）均为财政全额拨款单位，从制度上给予经办有力的保障。根据广东省社会保险基金管理局提供数据，2009~2012年全省经办机构运营经费预算额及实际总支出额均呈逐年增长趋势，年均增长率分别为15.0%、18.8%，其中商品和服务经费、基本建设费、人员经费等分项支出也逐年增加（参见表3）。从整体看，广东省经办机构经费预算支出增速高于实际总支出。2012年全年广东省经办机构四项经费预算额为13.9亿元，比上年增加3.0亿元，增长了27.3%；实际总支出14.5亿元，比上年增长2.9亿元，增长了25.4%，其中分项支出中商品和服务4.8亿元，基本建设0.6亿元，人员经费7.2亿元，其他支出1.3亿元，分别占总支出的33.4%、3.2%、53.4%、10.0%⑧。

---

① 由新乡市社会养老保险管理局提供。
② 由《2012年度新乡市国民经济和社会事业发展统计公报》和新乡市社会养老保险管理局提供数据计算所得。
③ 李向阳：《广东省社会保险经办管理体系建设研究》，华南理工大学硕士学位论文，2012年12月。
④⑤⑥⑦⑧ 由广东省社会保险基金管理局提供。

分报告六　中国社会保险经办服务体系发展现状　131

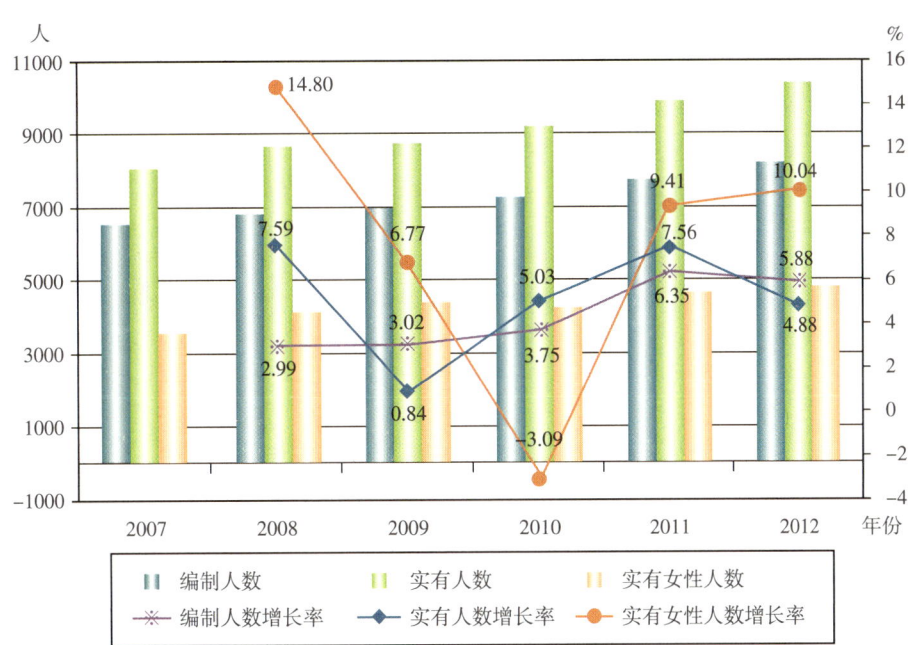

图6　2008~2012年广东省社会保险经办机构人员编配情况

资料来源：广东省社会保险基金管理局提供。

表3　2009~2012年广东省社保经办机构经费预算及实际支出情况

年份	经费总预算		经费实际总支出		分项经费实际总支出数额				
	数额（亿元）	增长率（%）	数额（亿元）	增长率（%）	商品和服务经费（亿元）	基本建设费（亿元）	其中：信息系统建设费（亿元）	人员经费（亿元）	其他支出（亿元）
2009	8.3	—	9.5	—	3.4	0.3	0.2	4.9	0.9
2010	9.5	14.5	10.9	14.4	3.9	0.4	0.2	5.4	1.2
2011	10.9	15.1	11.5	6.1	4.1	0.4	0.5	5.7	0.9
2012	13.9	27.3	14.5	25.4	4.8	0.6	0.1	7.2	1.3

资料来源：广东省社会保险基金管理局提供。

（4）广东省社保经办管理信息系统服务平台建设情况。

2003年开始，在金保工程国家立项以及省社会保障信息系统建设项目的推动下，广东省开展以全省劳动保障网络系统、全省劳动保障业务软件和省市劳动保障数据中心为主要内容的全省劳动保障信息网络平台建设工作。截止到2004年底，全省劳动力市场省市联网工作完成，21个市均建立了社会保险信息系统，其中17个市建成了适应市级统筹需要的社会保险信息系统。2005年，完成了部—省—市养老保险信息联网工作，21个地市的养老保险参保数据通过联网，实现了与省厅交换共享。2008年4月，全省21个市全部实现省市联网，广域网覆盖率达到100%；市域网已经覆盖到121个县、区，46个镇，网络延伸到了街道社区基层社保服务平台[①]。

2. 广东省社会保险经办机构建设存在的问题分析

从全国层面看，广东省社会保险经办机构建设已经走在前列。当前，全省经办机构覆盖范围、人员编配、经费保障等各项指标整体优于其他省份。但是，相对全省超过6200多亿元的社保基金总量，年度2.4亿人次的参保个人账户管理量[②]，广东省现行社保经办管理体系的现状还存

[①] 由广东省社会保险基金管理局信息建设中心提供。
[②] 《2012年度广东省国民经济和社会事业发展统计公报》，来自广东省政府官网。

在许多不尽如人意的地方,有些问题已经成为阻碍社保事业和经办体系运行的瓶颈。比如,广东省省内基层社会保险经办机构建设程度参差不齐,珠三角地区机构整体状况明显好于粤东、粤西、粤北地区。广东省各地(市)间差异巨大可以看做是我国整体情况的一个缩影。

(1) 经办管理体制不顺。

目前,广东全省各级经办机构性质、名称和级别都不统一,管理体制分散。2009年机构改革至今,广东省已有11个地级市社保经办机构实行了全市人、财、物垂直管理,但是大部分市级机构仍处于各自为政的状态,导致经办管理体制不顺,工作协调力度不足。这主要表现在以下三个方面:一是各级社会保险经办机构的事权和责任划分不清晰,部分地区上下级机构之间的业务管辖权交叉。二是全省范围内经办机构设置缺乏科学统一规划,名称不统一,还存在按险种分设机构的情况。例如,广东省省级经办机构为广东省社会保险基金管理局,而地(市)级机构中既有××市社会保险基金管理局也有××市社会保险基金管理中心,到县(区)级经办机构名称更加多样化。三是同一城市有多个统筹区,同一参保单位不同险种业务由不同层级的社保经办机构经办。如广东省从化市医保工作分别有从化市医疗保险服务管理中心(中心)和从化市城乡居民医疗保险管理中心(股级),两家机构分别服务于不同参保人群。这种较混乱的机构设置降低了经办工作效率,导致广东省经办服务能力的提升受限。

(2) 经办队伍人均负荷比趋高。

随着广东省三级信息管理系统和网络服务系统建设和使用,社会保险经办工作的压力得到有效的缓解,经办服务效率也得到了大力提高,但是社保经办队伍作为提供经办服务的主体,在应对新的社保经办业务要求下,经办工作压力有进一步扩大的趋势。截至2012年末,广东省各个险种总参保人次已达2.2亿人次,同比增长17.1%,而社会保险经办队伍实有人员10395人,比上年仅增长4.7%,全省经办人员人均负荷比高达21343∶1(包含新型农村养老保险及居民养老保险参保人数),已远远超过全国社保经办机构的平均水平,而且这一比例还有继续扩大的倾向[1](参见表4)。县区级经办机构人员负荷比超标更为严重。如湛江市参保人数由2001年的90多万人次剧增到目前的1000万人次,全市平均每天经办近4万人次的业务[2];江门市县级社保经办机构工作人员人均负荷比达53000∶1,社保服务工作量严重超负荷[3]。

表4 2008~2012年广东省社会保险经办人员人均负荷比

年度	实有人员数(人)	参保人次(万人次)	人均负荷比
2008	8700	9339	10734∶1
2009	8773	11307	12888∶1
2010	9214	12955	14060∶1
2011	9911	16716	16866∶1
2012	10395	22186	21343∶1

资料来源:广东省社会保险基金管理局提供。

(3) 财政经费投入不足。

2012年广东省经费支出总体有所增加,是自2008年以来增加最多的一年。但是随着社会保险业务范围的扩大,参保人员和离退休人员的不断增加,经办机构任务量的增加和机构运营经费增加不成正比,财政核拨的预算已不能适应新业务开展的需求,进而阻碍了机构的进一步发展。由表5可见,从经费支出与服务对象比较来看,2012年全省年度服务参保人次2.2万亿人次,据此计算,年人均服务费为7.47元,比上年增加0.92元,明显低于2012年年人均服务费用8.88元的全国平均水平[4];从经费支出与基金征收比较来看,2012年末全省五个险种实现征缴收入2449亿元,经费支出与基金征收额相比较,四项经费支出相当于基金征收额的0.59%,比上年增加了0.03%,同样低于2012年的全国平均值0.62%[5]。

---

[1] 由广东省社会保险基金管理局提供。
[2] 由湛江市社会保险基金管理局提供。
[3] 由江门市社会保险基金管理局提供。
[4][5] 由《2012年广东省国民经济与社会发展统计公报》及人社部提供数据计算所得。

表 5　2009~2012 年广东省经办机构经费支出情况

年份	经办机构人员数量（人）	经办机构经费支出总额（亿元）	经办机构人均支出费用（万元/人）	经费支出占基金征缴额比例（%）	参保人员人均服务费用支出（元/人次）
2009	8773	9.51	10.84	0.77	7.45
2010	9214	10.88	11.81	0.71	7.46
2011	9911	11.55	11.65	0.56	6.55
2012	10395	14.48	13.93	0.59	7.47
年均增速（%）	4.33	11.08	6.47	-6.43	0.09

资料来源：据广东省社会保险事业管理局提供数据计算整理，《2012 年广东国民经济与社会发展统计公报》。

（4）省级内部经办机构基础设施差异明显。

广东省珠三角地区的社保经办机构多拥有独立办公场所，而粤东、粤西和粤北等地区的经办机构以租赁办公场所为主，经办场所稳定性差；所辖县（区）级经办机构的办公场所条件简陋，参保人信息资料管理风险性大，给参保人业务办理造成很多问题。

分报告七
中国社会保险经办服务体系改革的紧迫性
——基本思路与政策建议

摘要：社会保险经办服务体系是实现服务型政府转型的重要组成部分，对于构建均等型的基本公共服务体系，实现社会保险制度的可持续发展至关重要。但是，随着全国社会保险制度的快速发展，社保经办服务体系建设明显滞后，存在着能力建设不足、管理体制混乱、信息化建设滞后等突出问题，尤其是人员编制不足和经费投入受限成为制约发展的两个关键性因素，迫切需要做出改革的顶层设计。笔者建议，结合事业单位分类改革，将社保经办机构划分为特殊类公益事业单位，实行以理事会制为核心的法人治理结构，统一经办机构设置，实行全行业的垂直管理和五险统管；社保经办机构人员身份脱离事业单位编制限制，实行聘任制，建立人力资源配置与工作负荷相挂钩的动态配比机制；借鉴国际经验，实行社保基金大收大支，健全经办机构经费预算制度，从社保基金中划拨经办管理费用；做好社保信息化建设战略规划，打破地区分割和重复建设，建设全国统一的信息化服务网络；理顺政府部门职能，整合社保经办资源，建立"大社保"经办服务体系。

关键词：社会保险　经办服务体系　人员配置　经费支出　信息化建设

自20世纪90年代以来,伴随着中国社会保障制度的建立与改革完善,社会保险经办管理体系经历了从无到有、不断发展壮大的历程,取得了长足的进步。但从当前形势看,整个社保经办体系面临着管理体制混乱、经办能力不足、发展瓶颈难以突破等种种难题,社保公务服务体系建设明显滞后于社保制度快速发展的形势,难以适应广大参保群体日益增长的社保服务需求,与建设服务型政府和公共社会保障服务体系的目标要求有较大差距。从总体上判断,整个社保经办体系的改革已迫在眉睫。

一、建设服务型政府,社会保险经办服务体系面临的形势和挑战

(一)完善社保经办服务体系是服务型政府建设的重要组成部分

随着市场经济体制改革的不断深入,建设服务型政府、完善社会公共服务体系已成为我国政府职能转变的重点方向。随着我国经济发展逐步迈入中高等收入国家行列,人民生活走向小康社会,关系人民群众根本利益的社会公共服务体系建设越来越重要。建设服务型政府的关键在于执政理念的转变,即由传统的社会行政管理向公共服务意识转变,提高政府部门为经济社会发展服务、为公众服务的能力和水平,完善社会管理和服务体系。党的十八大报告明确提出了深化行政体制改革的目标:"要按照建立中国特色社会主义行政体制目标,深入推进政企分开、政资分开、政事分开、政社分开,建设职能科学、结构优化、廉洁高效、人民满意的服务型政府。"2013年2月出台的《国务院机构改革和职能转变方案》进一步强调:"以职能转变为核心,继续简政放权、推进机构改革、完善制度机制、提高行政效能,加快完善社会主义市场经济体制,为全面建成小康社会提供制度保障。"

社会保险公共服务是服务型政府建设的重要内容。作为我国多支柱社会保障体系的第一支柱,社会保险已成为惠及全体国民、关系国民福祉的一项最基本的保障权益。2011年国家标准委员会发布的《社会保险服务总则》(编号GBT27768-2011)指出:"社会保险服务是政府公共服务的重要组成部分,增强社会保险服务工作的科学性、公正性、便捷性,不断提高社会保险服务的质量和效率,适应我国社会保险制度向城乡统筹、全民覆盖、人人享有社会保障发展的需要,满足公众对社会保险服务的客观需求,对构建社会主义和谐社会具有重要意义。"社会保险服务作为社会公共服务的一个基本组成部分,其服务特征有着与其他行业不同的特殊之处,主要体现在以下几个方面:

第一,社保服务具有普ույ性特征。社会保险是国家强制建立、面向全体公民的保障性制度,其服务对象为参保人和受益人,随着全民社保时代的到来,社保公共服务逐步成为社会基本服务中涉及人数最多、管理基金规模最大的普及性项目之一,直接关系到亿万参保群体的福利权益保障。

第二,社保服务具有公共产品的特性。社保经办机构作为国家的代理机构向社会派送社保服务,不同于商业保险制度,其提供的服务具有准公共品性质,全体参保人享有同等权利。

第三,社保服务具有权利与义务的对称性。参保人通过社会保险缴费获得享受服务的权利,针对全体参保人而言,享受社保服务具有购买性特征;针对服务提供者而言,服务成本具有从管理基金中提取的补偿性特征。在这一点上,社保经办机构与税收部门有着区分之处,后者更加强调行政执法以及征收的无偿性,而前者的服务对象享有权利与义务的对称性更强。

第四,社保服务具有专业性强的行业特征。社保制度的可持续发展需要做出合理精密的机制设计,社保经办管理为执行社保政策提供支撑基础,社保经办涉及收入征缴、信息记录、基金管理和投资运作、审核监督以及待遇给付等一系列的管理流程业务,在人口统计、保险精算、基金管理和金融投资以及信息化技术等方面有很强的技术专业性,对服务行业的人力资源储备有较高要求。

第五,社保服务具有社会公共治理特征。社保制度作为社会的安全网,其管理服务体系直接关系到社会和谐和稳定。在西方福利国家中,社保经办管理和服务派送体系是体现政府执政能力和现代社会服务业发展的一个标志,得到高度重视。因此,许多国家在社保经办管理中引入社会多方参与机制,对服务体系进行监管和制约。同时,在社保经办管理部门内部建立起合理的治理结构和绩效考核制度,对外进行服务信息和绩效披露,接受服务对象的打分评价和监督。

从以上特征可以看出,社会保险经办作为国家提供的一项基本社会公共服务,承担着向亿万参保者输送社会保险服务的基本职能,是体现国家公共部门形象的一个主要窗口,该体系的建设直接关系到服务型政府转型的成效。长期以来,由于种种原因,我国社保经办服务体系建设日益滞后于社保制度发展的需要,突出表现在经办机构能力

不足、服务格局分割、服务手段落后、管理效率低下等种种问题,难以满足参保人日益增长的多元化社保服务需求,影响到服务型政府建设的社会形象。近些年来,社会保障日益成为社会公众关注的热门话题,在每年"两会"期间的议题中,社会保障都名列榜首,充分说明了社会对社保问题的关注。据有关对"公众对城市基本公共服务的满意度"的抽样调查结构显示,"社会保障和就业"远不及文化体育、公共交通、城市环境等的满意度高①。从实际情况看,社会突出反映的社保服务问题主要表现在"参保难"、服务机构和网点散乱、社会形象不统一、服务设施落后、业务办理等候时间长、手续烦琐复杂、成本高、缺乏"一站式"服务功能、社保关系异地难以转移接续等方面。前些年的"农民工退保"现象以及近年来逐步增多的社保行政申诉案都说明了社保公共服务建设中存在的隐患,这种状况长期发展下去,势必影响社会稳定和团结。党的十八大提出,"全面建成覆盖城乡居民的社会保障体系,健全社会保障经办管理体制,建立更加便民快捷的服务体系",这对社保经办管理体系建设改革提出了迫切要求。

(二) 未来社保经办服务体系建设面临的形势和挑战

从总体上看,未来10年仍然是我国社会保险制度发展的战略机遇期,国家已经确立了"到2020年让人人享有基本生活保障"的目标。在此期间,社保制度仍处于快速度发展阶段,同时,人口、经济社会结构等多方面因素的变化将为社保公共服务体系建设提出严峻的挑战。

1. 社保服务总需求仍会大幅上升

根据《国家社会保障"十二五"规划纲要》,到"十二五"期末,全国社会保险总参保人次将超过26.2亿,在未来几年规划期内,社会保险覆盖面仍将以较快速度增长②。至2020年,全国将实现城乡社保制度全体覆盖的目标,预计总参保人次将达到30亿以上。在覆盖人群快速扩大的同时,随着社会平均工资水平的上升,社保基金收支和结余规模将呈现出更加快速的增长趋势。此外,在经过20多年发展后,社会保险制度将逐步进入制度运行的成熟期,在大幅扩面的同时,享受待遇的受益人群和基金支付规模也将快速增长。全民社保时代的到来必然要求建成城乡一体、整合管理的大社保经办管理体系,

快速上升的服务需求对社保经办服务体系的供给能力形成了巨大压力。

2. 参保人群结构变化对服务需求的影响

第一,人口老龄化带来的服务需求压力。人口老龄化加速发展势必会给社保经办服务带来压力。2012年中国60岁及以上人口为19390万,占总人口的14.3%,其中,65周岁及以上人口达到12714万人,占总人口的9.4%③。今后20年内我国人口老龄化的加速发展趋势,预测从2015年开始我国65岁以上老龄人口比例将超过10%,到2013将接近20%,届时65岁以上老年人口抚养比将达到30%以上④。目前,我国城乡社会养老保险制度尚处于扩面窗口期,制度赡养率较低,总体上支付压力较小。从2012年开始,参加我国城镇职工养老保险制度的"新人"开始陆续进入待遇领取期,参保职工年龄结构的老化势必加重养老金待遇给付和退休人口的社会化管理任务。在城乡医疗保险制度方面,人口老龄化也必然会带来医疗保险基金支付和经办业务工作量的大规模增加。同时,庞大的老年人口群体必然引致健康照顾和护理业务需求的大幅上升,这些都将对社保经办服务体系的转型提出挑战。

第二,就业非正规化对社保服务需求的影响。随着市场化改革的推进和经济结构的转型,我国劳动力市场的非正规性日益增强,弹性用工和灵活就业群体大规模增加。在社会保险制度启动初期,参保人口主要集中在国有企业、集体企业等正规部门,随着正规部门就业人员的应保尽保,扩大灵活就业群体的参保覆盖面将是扩大社保制度收入来源的重点。随着我国劳动力市场结构的变化,在近10年来的社保征缴扩面过程中,参保人群的分布格局已发生了明显变化,非国有单位参保大幅增加。以2011年为例,参加城镇职工养老保险制度的国有企业职工为22.26%,而其他经济成分企业和以个体身份参保人员的占比则分别达到33.96%和21.74%,合计达到55.7%,超过了参保总量的一半⑤。相对于正规部门,处于非正规部门的小微企业、个体工商户等群体具有单位规模较小、人员相对分散、流动性强、管理成本高等特点,社保服务需求具有多样化、个性化的特征,必然要求社保服务方式做出适应性的转变。

---

① 侯惠勤等编著:《中国城市基本公共服务力评价 (2010~2011)》,社会科学文献出版社2011年版。
② 《国务院关于批转社会保障"十二五"规划纲要的通知》,http://news.xinhuanet.com/politics/2012-06/27/c_112303844.htm。
③ 国家统计局:《2012年国民经济与社会发展统计公报》,http://www.stats.gov.cn/tjgb/ndtjgb/qgndtjgb/t20130221_402874525.htm。
④ United Nations, World Population to 2300, http://www.un.org/esa/population/。
⑤ 郑秉文等主编:《中国养老金发展报告2012》,经济管理出版社2012年版。

第三，城镇化进程对社保服务需求的影响。在过去10年内，我国城镇人口比例上升了13个百分点，年均增长1.3个百分点。至2012年我国的城镇化率达到52.57%[①]。在新型城镇化道路的推进下，未来10~20年我国城镇化率仍将保持较快的增长速度。根据《中国2010年人口普查资料》的估算，2010年全国流动人口总量为2.61亿，其中跨省城镇流动人口为7158.95万人[②]。流动人口的主体为农民工，按照现行政策框架，这部分群体既可参加城镇社保制度，也可加入农村制度。目前，在养老保险和医疗保险制度方面，城乡制度仍处于分立状态，政策之间衔接困难。城镇化加速意味着越来越多的参保群体将纳入城镇社保体系，大量的失地农民以及往返于城乡之间的农民工群体，势必带来社保转移接续手续的增加，养老保险、医疗保险关系在不同制度之间和跨统筹地区间的转移接续，以及异地就医结算等新的业务将迅速增加，这些都对社保经办服务能力提出了挑战。在工伤保险和失业保险项目上，随着农民工参保覆盖面的不断扩大，向参保者提供方便快捷的社保服务，保障其合法的社保权益，也将是未来社保经办管理体系建设的重要内容。

3. 服务需求形式变化带来的挑战

第一，服务需求日益多样化。一方面，需求方式的多样化来自于参保群体身份的多元化。在社保制度实施初期，参保群体以城镇职工为主，随着就业形式的多元化，私营企业雇员、灵活就业者、个体工商户以及以个体身份参保的群体日益扩张。在农村地区，新型农村合作医疗保险和新型社会养老保险制度迅速普及。这些因素都要求社保经办服务机构提供面向全民的服务网络，将处于服务前端的派送体系下沉到基层社区和乡镇，向不同身份、不同地域的参保群体提供多层次的社保服务。另一方面，随着现代网络和信息技术的应用，现代社保服务的需求方式日益向电子化、网络化方向发展，电话、视频、网络以及手机移动终端等设施将得到广泛应用，为参保者提供多种形式和方便灵活的服务。

第二，个性化服务特点更加明显。现代社保公共服务强调以参保人的利益为核心，针对其个性化的需求提供全程式的社会保险公共服务，对参保人和受益人记录一生、服务一生。随着社保制度的全民普及，不同身份、不同职业、不同地域的参保人具有不同参保特征和服务需求特性，这要求经办服务体系能够提供有弹性、差异化的个性

化服务。尤其是针对特殊参保人群，例如医疗患者、伤残人员、孤寡老年人等群体，需要考虑到其服务特殊性服务需求。

第三，具备"一站式服务"功能。一站式服务是为参保者提供"一次性完成"（once and done）的社保经办服务，实现各个社会保险项目统一申报、一次登记、一票征缴、一个窗口支付、一个实名制下的终身参保记录管理。一站式服务对社保经办机构提出了以下几个方面的基本要求：首先是实现经办服务机构设置的统一性，包括机构的名称、办公地点和业务流程都要统一，避免目前普遍存在的多地点办公、多部门审批以及标准不统一等原因造成的不便利；其次是应对五项社会保险项目经办服务体系进行整合，在保险征缴、记账管理和待遇给付等方面实现信息共享和分类管理，提高经办管理的规模效应；最后是要求社保经办机构具有复合型的专业人才，熟悉各项社保业务流程，同时通过技术整合和信息交换机制，处理复杂的社保经办业务。

4. 推进社保制度改革对经办管理体系改革的要求

经办管理体系的建设与社保制度改革是相辅相成的。一方面，社保制度的设计和改革方向决定了经办服务的业务内容和管理体制；另一方面，作为国家社会保险政策的执行机构和社保服务的派送机构，经办管理体系为社保制度运行提供了基础支撑。目前，我国社保改革中仍面临着一些深层次的问题，例如，城乡二元制度结构、碎片化分割、统筹层次低下、制度激励性差、设计复杂、保险关系难以转移接续、投资体制尚未建立等，都是社保改革中的攻坚性难题。这些问题也势必影响到经办服务体系的建设，需要伴随社保制度的改革，同步进行加以解决。

第一，统筹城乡社会保险制度，整合制度碎片，消除不同身份、不同地区参保群体的制度差别，向公平性的全民社保制度迈进。目前，城乡居民的社会养老保险制度和医疗保险制度均已呈现出制度整合的发展趋势，在未来十年内，我国还将就城镇职工社保制度与农村社保制度之间的待遇衔接、转移接续等问题做出规划，并推进机关、事业单位养老保险制度改革，加快与企业职工制度间的"并轨"进程。与社保制度整合的趋势相对应，经办管理体系建设也应做出转变：一方面，社保经办服务工作量将进一步扩大，经办能力需要进一步提升；另一方面，传统上依附于城镇职工社保制度的经办服务模式将难以适应全民社

[①] 国家统计局：《中国统计年鉴（2012）》，http://data.stats.gov.cn/workspace/index;jsessionid=1824236C685E35975F9A4F0142609B57?m=hgnd。

[②] 国家统计局：《中国2010年人口普查资料》，http://www.stats.gov.cn/tjsj/pcsj/rkpc/6rp/indexch.htm。

保时代的服务需求，社保经办管理体系应逐步弱化行政管理，以满足参保群体的服务需求为核心，向建设高效型的社会公共服务行业目标靠近。

第二，提高社保制度统筹层次，基本养老保险实现全国统筹，医疗保险等其他四类逐步向省级统筹过渡。统筹层次低是制约我国社保制度发展的一个全局性问题，由此带来了基金收支管理、待遇发放、参保记录等经办业务涉及地区层级多、行业垂直管理受阻、经办机构设置分散、资源条块分割、职能交叉与界定不清等种种弊端。随着全国统筹目标的逐步实现，社保经办服务行业的垂直化管理势在必行，合理划定各级经办机构的职责和业务范围将是改革的重点。

第三，社保制度的设计更加简单、透明，制度的缴费率降低，参保激励性加强，待遇给付具备便携性。社保制度参数的调整将简化经办机构的业务复杂性，降低管理成本，为参保人提供更加方便快捷的服务。

第四，社保政策的出台更加精细化和具有时效性，涉及社保管理体制改革的一些关键性问题，例如建立社保基金投资管理体制、完善账户管理体系以及建立待遇的指数化调整机制等政策措施将得到完善，进一步丰富和规范经办管理体系的业务范围。

5. 现代信息化技术给社保服务体系建设带来的挑战

信息化技术是现代社保服务体系建设的桥梁和纽带，在提高社保服务效率中发挥着至关重要的作用。在社保制度建立初期，大部分国家的社保经办业务依赖于手工操作，大量的工资收入记录、纸质档案保存以及待遇确认等工作，给社保经办服务带来繁重的工作负荷。随着20世纪下半叶以计算机技术为代表的信息化时代到来，信息技术在社保经办管理中的应用越来越深入，对于提高服务绩效、降低管理成本发挥着越来越突出的作用。随着服务对象规模的扩大，许多国家的经办机构人员编制和预算规模都出现下降趋势，这与信息化技术的应用有着直接关系。例如，美国社会保障总署（SSA）的社保经办业务信息化水平很高，在2007~2012年的5年中，平均每年经办服务效率提高为4.7个百分点[1]。目前，美国社会保障总署正在提议建设全国参保人的个人账户信息港，处理个人的收入记录、社保申请和待遇支付等信息，参保者可采取类似网上购物的方式递交社保申请，届时90%以上的退休手续可通过网上自助系统完成[2]。从发展趋势看，未来的社保派送服务方式将日益呈现出电子化特征，包括参保申请、账单记录、资格确认和待遇给付等全方位的社保服务都可通过互联网络和电子服务来完成。电话、视频会议以及智能移动通信设备将在服务沟通中发挥基础性作用，人工操作将转向提供辅助性的操作服务。

我国的社保信息化建设尚处于起步阶段，目前全国统一的信息化服务网络尚未建成，电子社保服务在经办管理中的作用亟待提高。因此，如何理顺管理体制，做好全国社保信息化建设规划，加强基础设施建设，实现社保电子服务的现代化，将是社保经办服务体系建设的重中之重。

二、提升服务供给能力，社会保险经办服务体系改革的紧迫性

（一）社保经办服务体系供给能力明显不足，发展中存在制约瓶颈

与快速增长的社保服务需求相比，我国社保经办服务体系的供给能力明显不足，经办机构建设长期处于滞后状态，发展中存在着人员编制和经费等方面的瓶颈制约因素，已在很大程度上影响到社保制度的可持续发展。

1. 机构建设滞后，基层服务平台薄弱

近年来，随着城乡居民社会保险制度的快速发展，各项社保经办业务逐步呈现出向基层下移的趋势，城市街道（社区）和农村乡镇承担的社会保险经办业务工作量越来越大。但是，从机构设置情况看，目前全国县级以下经办机构建设十分薄弱，普遍存在着经办人手少、服务网点少、办公场所狭小、服务窗口拥挤、信息系统建设落后等问题。截至2012年底，全国有1364个县（区）设立了城乡居民养老保险（以下简称"居保"）经办机构，占全国县级行政区划的47.7%；在未设置独立的经办机构的基层社区和乡镇，经办人员大都由其他部门人员兼任或为临时雇用[3]。在一些缺乏基层社保网点的地区，经办业务探索了由邮储银行、农村信用社等合作单位代理的做法，办公场所和服务都由合作单位提供。由于经办机构属事业单

---

[1] 美国社会保障总署，SSA's FY 2012 Performance and Accountability Report，http://www.socialsecurity.gov/finance/2012/COSS%20Message,%20TOC,%20Introduction.pdf。

[2] 美国社会保障咨询委员会（SSAB），The Social Security Administration: A Vision of the Future，The First Steps on the Road to 2020，www.ssab.gov/Publications/Miscellaneous/Vision2011.pdf。

[3] 根据中国社会科学院世界社保研究中心《全国经办机构调研问卷》数据，在所调查的60家经办机构中，自有办公楼所为22家，仅占36%，租赁场地、与其他单位合用及其他形式的有38家。在其中42家经办机构所处地区，乡镇（或街道）有专门社保经办机构的25家，约占60%。

位，在许多地区，尤其是县级经办机构经费紧张，财政资金投入少，基础工作薄弱，信息化条件落后，管理人员素质参差不齐，工作效率不高，管理漏洞较多，数据安全存在隐患。

专栏一 吴川市社会保险基金管理局机构概况

吴川市位于广东省西南部，为湛江地区的县级市。该市社保局成立于1992年5月，现为市人力资源和社会保障局属下的公益一类事业单位，副科级。所内设办公室、保险关系股、医疗保险股、待遇核发股以及综合调研股5个股室。具体负责经办本市城镇职工养老保险、城乡居民养老保险、城镇职工医疗保险、城乡居民医疗保险、工伤保险、失业保险和生育保险七大险种的经办管理。

该局机构建设和经办工作主要存在如下困难：

（1）社保办公场所简陋。1996年吴川市社保局由政府安排搬入位于该市闹市区的一栋5层商品楼的第4楼层办公，该大楼建于20世纪80年代初期，年久失修；1层为商场，2层为幼儿园，3层和5层均为居民住房，办公场所夹杂其中，环境非常复杂，给前来办事的群众带来不便。该局办公场所面积仅有720平方米，各股室混杂一起，服务窗口窄小。由于受办公场地限制，该局尚未建立起档案库，档案资料整理订装后由于没有库房，只能堆放在业务股室，管理较混乱。

（2）工作负荷重。随着参保人数（由成立初期的1万多人增加到目前的110万人）、参保险种（由3大险种增加到目前的7大险种）的增加，该局经办业务量近年来激增。该局平均每天承办近200人次的经办业务，平均每月审核5000多万元的社保基金，但编制多年来增长缓慢。目前除19名在编人员外，还聘用了11名工作人员，月工资为700元，全局工作人员经常加班加点，难以确保工作正常开展，难以实现科学化、精细化管理。

（3）经费严重不足。2011年社保经办机构下放地方属地管理后，市财政对该局实行经费包干，每年总额152万元，3年来没有增加预算，局机关经费严重不足，有时因拖欠电费、水费导致停水停电，影响正常办公。

资料来源：中国社会科学院世界社保中心调研资料；《关于吴川市社保局机构建设及经办工作的情况汇报》。

---

2. 经办人员数量不足，工作负荷日益加重

相对于经办业务工作量的激增，全国社保经办机构的工作人员数量增长缓慢。在2000~2012年的13年期间，全国经办机构人员增长了1.3倍，年均增速为6.6%，明显远远落后于五项社会保险制度参保人员总量和管理基金规模的增速。表1说明了自2000年以来全国社保经办机构人员的工作负荷变化情况。以参保人次为例，在此13年期间，各项社会保险的参保人次总量增加了7倍，由2000年的2.07亿上升到2012年的16.69亿；以基金收入规模为例，各项社会保险基金收入规模增长了10倍，由2000年2645亿元增加到2012年的28909亿元；经办机构人均管理社保基金收入额由2000年的353万元上升到2012年的1679万元，增加了3.7倍，年均增速为11.2%；以基金支出规模为例，各项社会保险基金支出增长了约9倍，由2000年的2386亿元增加到2012年的28909亿元；经办机构人均管理基金支出规模由2000年的318万元增加到2012年的1325万元，增长了3.1倍，年均增速为11.6%。

表 1 社保经办机构人均工作量负荷比情况

年份	经办机构人员数量（个）①	五险参保总人次（万人次）②	五险基金收入（亿元）③	五险基金支出（亿元）④	经办机构人均服务参保人员负荷比（人次/人）⑤=②/①	经办机构人均管理基金收入额（万元/人）⑥=③/①	经办机构人均管理基金支出额（万元/人）⑦=④/①
2000	74945	20663	2645	2386	2757:1	353	318
2001	85056	24073	3102	2748	2830:1	365	323
2002	98071	25949	4048	3470	2646:1	413	354
2003	104494	27851	4883	4016	2665:1	467	384
2004	112675	32524	5780	4628	2887:1	513	411
2005	116445	37028	6975	5401	3180:1	599	464
2006	124736	51225	8643	6477	4107:1	693	519
2007	129085	62397	10812	7888	4834:1	838	611
2008	133043	76371	13696	9925	5740:1	1029	746
2009	140656	89445	16116	12303	6359:1	1146	875
2010	150376	97444	18823	14819	6480:1	1252	985
2011	161824	139966	24043	18055	8649:1	1486	1116
2012	172177	166876	28909	22812	9692:1	1679	1325

注：表中社会保险项目参保人次和基金收支额统计口径包括职工基本养老保险（包括退休职工）、职工基本医疗保险（包括退休职工）、工伤保险、生育保险、城乡居民养老保险和城乡居民医疗保险。
资料来源：人力资源和社会保障部社会保险事业管理中心提供；《2012 年度人力资源和社会保障事业发展统计公报》。

从经办机构人均服务参保人次负荷比分析，该指标由 2000 年的 2757:1 上升到 2012 的 9692:1，增长了 2.5 倍，年均增速为 10.2%。从整体上看，全国社保经办机构人员工作负荷已明显超出国际平均水平，整个系统处于超负荷运转状态。

3. 经费保障不足，制约经办服务质量提升

经费投入是保障社保经办服务质量的基本条件。根据《社会保险法》规定，"社会保险经办机构的人员经费和经办社会保险发生的基本运行费用、管理费用由同级财政按照国家规定予以保障"。截至 2012 年底，全国除福建、湖北以外，其他省区市社保经费全部由财政予以保障，经办机构全额拨款比例达 99.8%。2012 年全国社保经办机构总预算费用为 132.37 亿元，实际总支出 148.11 亿元。经费困难的状况在基层尤为突出，2012 年市县两级预算内经费占实际支出的比重分别为 92.4% 和 85.6%，分别存在 7.6% 和 14.4% 的缺口[①]。

表 2 说明了近 3 年来全国经办机构的经费支出情况。2012 年经办机构经费支出总额为 148 亿元，相当于当年社保基金收入额的 0.62%。全国社保经办机构人员人均经费支出为 8.6 万元，服务参保群体人均支出为 8.9 元。上述数字说明了我国社保经办机构投入不足的情况，以 2012 年为例，经办机构人均各项经费支出（包括人员工资、办公和建设经费等全部费用）仅为全国城镇非私营单位平均工资（4.7 万元）的 2 倍；平均为每位参保人服务的费用支出为 8.9 元（在欧美国家该数字大多高于 30 美元），按社会平均工资的 40% 缴费率（五险合计）计算，人均服务费用仅为参保人当年缴费额的 0.047%。

---

① 由人力资源和社会保障部社会保险事业管理中心提供。

表2 2010~2012年经办机构经费支出情况

年份	经办机构人员数量（人）①	经办机构经费支出总额（亿元）②	经办机构人均支出费用（万元/人）③	经费支出占基金征缴额比例（%）④	参保人员人均服务费用水平（元/人次）⑤
2010	150376	112.48	7.48	0.73	11.54
2011	161824	131.33	8.12	0.64	9.39
2012	172177	148.11	8.60	0.62	8.88
年均增速（%）	4.62	9.61	4.77	-5.30	-8.36

注：③=②/①；④=②/社会保险基金收入；⑤=②/社会保险参保人次合计。其中，社会保险项目参保人次和基金收支额统计口径包括职工基本养老保险（包括退休职工）、职工基本医疗保险（包括退休职工）、工伤保险、生育保险、城乡居民养老保险和城乡居民医疗保险。

资料来源，2011年和2012年数据由人力资源和社会保障部社会保险事业管理中心提供资料；2010年数据来自人社部社保中心通报分析2010年全国社保经办机构情况，http://www.jshrss.gov.cn/shbxfww/jsylbxyj/2012phase1/ybdt/201203/t20120306_93893.html。

从各险种人均服务服务费用的支出情况看，最高为城镇职工养老保险，参保人人均服务费用为34.86元，而城镇医疗保险、城乡居民养老保险以及工伤保险人均服务费用均处于相对较低的水平（参见表3）。

表3 2012年全国经办机构各险种经费支出情况

险种 \ 科目	经办机构经费支出（亿元）	参保人次（万人）	参保人员人均服务费用（元/人次）
城镇职工养老保险（含多险合一管理）	98.64	2.83	34.86
城镇医疗保险（含多险合一管理）	32.63	6.89	4.74
工伤保险	1.11	1.90	0.58
城乡居民养老保险	9.88	4.84	2.04
机关事业单位养老保险	5.85	0.21	27.45
合计	148.11	16.67	8.88

注：表内城镇职工养老保险包含多险合一管理的情况，即在部分地区，养老保险经办机构同时经办其他险种业务；城镇医疗保险也包含多险合一情况，即在部分地区医疗、工伤、生育三险合一管理。

资料来源：由人力资源和社会保障部社会保险事业管理中心提供。

从经费来源机制上看，我国社保经办机构的经费主要来源于财政拨款以及部分专项经费支出，财政对经办机构的经费拨付额采取按机构行政编制人数和人均办公经费定额来制定。因此，经费投入与经办机构的工作业务量缺乏直接关联，尚未建立按公共服务成本核算的动态投入机制。近年来，随着基层社保经办业务"井喷"式增长，经费不足已经严重影响到经办系统服务能力的提升，社保的规范化、信息化、专业化建设受到制约，服务手段难以改进。由于经办机构人员和设施长期超负荷运行，管理服务的边际效益递减效应日益明显，出现了风险防控能力减弱、追求任务数量型的粗放式管理态势，严重削弱了社保经办机构的执行能力。随着社保参保人数的增长，基金规模越大，管理成本越大，基层经办服务机构的财政负担越沉重。

4. 信息化建设滞后，制约电子社保服务发展

信息化建设是开展社保经办服务的基础性支撑条件。自2004年全国启动"金保工程"以来，全国社保信息化有了长足进展。但总体来看，全国社保信息化建设仍处于

初期阶段，信息化服务能力明显滞后于社保制度的快速发展，全国统一的社保信息化服务平台尚未形成，制约了经办机构的服务效率，主要表现在以下五个方面：一是全国信息化建设大都处于地（市）级统筹层次，省际之间、省内各地区之间尚未实现统一的信息化服务网络，数据和基金管理层次低，在中央层面上尚未建立全国结算平台和数据中心，地区间经办业务、流程和标准不一致，信息难以共享；二是县级以下经办机构信息化建设滞后，办公自动化和电子服务设施投入不足，网络建设滞后，在有些地区仍采用传统的手工记账方式；三是城乡之间社保制度间的信息化衔接平台尚未建立，经办体系处于分立状态；四是从地域范围来看，东部地区社保信息化程度较高，但中西部地区系统建设相对滞后，部分偏远地区的一些业务工作尚处于信息化初级阶段，甚至存在手工或单机操作的现象；五是社保"一卡通"在覆盖险种范围和服务功能上仍较为单一，跨地区应用存在障碍，全国尚未形成完整统一的跨地区业务办理平台。

（二）社会保险经办管理体制改革滞后，急需出台顶层设计

我国社保经办服务体系改革明显滞后于社保制度建设，在机构设置、人事管理、五险统管以及信息化建设等诸多方面都存在着管理体制上的散乱性特征，缺乏前瞻性的发展规划，影响到经办服务能力的提升和行业的可持续发展。

1. 机构定位不清，独立性不强

从机构性质上看，全国社保经办机构包括行政机构、事业单位，还有的为企业化管理，而事业单位又分为财政全额拨款、差额拨款等类别。2012 年，全国经办机构参照公务员法管理（以下简称"参公"）的有 4421 个，占机构总数的 52.6%，实行全额拨款的有 8401 个，差额拨款的有 5 个，自收自支 5 个①。从机构的行政级别上看，社会保险事业管理中心为隶属人社部的司（局）级事业单位。地方经办机构有的为人社厅（局）下属的二级局，有的直属政府序列。从机构行政地位上看，经办机构改革中存在着行政规格较低、政事不分、独立性不强、执法权较弱、承担职责与机构地位不对称等问题。

2. 机构名称多样，组织形象不统一

在经办机构多年的建制过程中，国家编制部门并没有对经办机构的名称做出统一标准的规定，目前各地经办机构名称有中心、局、办、所、室等多种类型，在具体称谓上，有的地方称为社会保险管理中心，有的地方称为社会保险局，其他还有机关事业社会保险局、农村社会保险处、医疗保险结算中心、医疗保险管理中心、医疗保险局等，五花八门，不一而足。社会保险经办机构内部设置以处、科、部、室等来区分，极易混淆社会保险行政机关与社会保险经办机构之间的界限。在县级以下基层单位，经办机构的名称尤为不规范，在有些地区的乡镇和社区，社保经办机构挂靠其他政府部门办公，并没有单独挂牌标识。全国社保机构名称的多样化、标识不够鲜明，造成经办机构的社会组织形象不统一，公众识别度不高，容易产生误解，并带来办事的不方便。

3. 机构设置分散，五险经办分立

在过去 20 多年中，各地社保经办机构是随五险制度项目的实施根据而陆续建立起来的，由于各地社保制度改革进程不一以及机构改革等原因交叉在一起，全国经办机构设置呈现突出的分散化格局，从目前情况看，全国大部分省份尚未实现"五险合一"经办；大部分地区养老保险经办机构与医疗保险机构分设，部分地区将医疗保险与工伤保险、生育保险整合在一起管理。从整合的经办业务看，有的地区实现了征缴、基管和待遇发放的全部整合，也有的地区仅仅是整合部分业务，例如统一征缴，而基金管理和社待遇发放又由不同的机构管理。除了上述针对城镇职工的"五险"主要项目外，大部分地区还有机关事业单位社会保险以及近几年来迅速发展起来的城乡居民社会保险业务，部分地区还有针对征地农民的保险业务以及针对特殊群体或行业的保险经办业务等。上述情况的存在进一步加剧了经办机构设置的散乱性。2012 年，全国县级以上行政区划平均设立经办机构 2.6 个，其中山西、福建、江西、山东、河南、湖北、湖南、陕西等省在 3 个以上，充分说明了基层经办机构设置的分散性②。

从经办机构的内部职能部门设置上看，大部分机构按业务流程设置（征缴、基金管理以及待遇发放），部分机构仍按险种设置部门③。从总体情况看，全国各地社保经办机构在管理的险种项目、部门职责定位、管理流程以及内部业务部门的设置上都存在着很大的差异。即使在同一地区、同一层级的社保经办机构之间，机构设置也不尽一致。五险制度分设，管理机构之间缺乏衔接和协调，一方面造成重复参保、政府重复补贴、机构重复建设、资源浪

---

①② 由人力资源和社会保障部社会保险事业管理中心提供。
③ 根据中国社会科学院世界社保研究中心《全国经办机构调研问卷》数据，在所调查的 60 家经办机构中，有 36 家按业务流程设置内部部门，占 60%；14 家按险种设置，占 23%；其余 10 家为混合方式，占 17%。

费等问题；另一方面又给社保经办带来制度壁垒，提高了服务的交易成本。参保单位和参保人在办理相近社保业务时，通常要面对三四个部门和多个网点的服务窗口，办事程序和政策标准不统一，信息不能共享，无法享受一站式服务，造成服务效率低下，管理成本较高。

专栏二　2012年全国社保经办机构整合进展情况

为了提高经办效率和服务质量，2012年我国有些地区积极进行资源整合，优化经办资源配置，主要进展情况如下：

广西全面推进机构整合，全区14个地级市全部组建了"五险合一"社保局，需要整合的86个县（市、区），已有23个完成了"五险合一"机构组建，自治区明确要求其余县（市、区）在2013年底前全部完成"五险合一"机构组建工作。

山西将省企业养老保险管理服务中心、农村养老保险管理服务中心、机关事业养老保险管理服务中心合并，组建新的山西省社会保险局，机构规格为副厅级。同时将医疗保险和失业保险基金征缴职能划入省社会保险局。

上海市撤销市农保中心和19个区（县）社保中心单位建制，其职能划入市社保中心。市社保中心机构规格为副局级，下设18个派出机构，实行垂直管理。

山东青岛市将市社会劳动保险事业办公室、国家机关事业单位养老保险办公室、城乡居民社会养老保险工作办公室、医疗保险管理中心合并，组建青岛市社会保险事业局，同时将失业保险费征缴职能划入市社保局。市社保局对所属5个区经办机构实行垂直管理。

北京朝阳、海淀、门头沟、顺义、平谷5区撤销区农保机构单位建制，职能划入区社保中心。

资料来源：由人力资源和社会保障部社会保险事业管理中心提供。

---

4. 行业管理体制交叉，经办资源受地方财力掣肘

从全国社保经办系统的管理体制上看，全国部分地区的社保经办管理体制实行垂直管理（天津、吉林、黑龙江、陕西等地），但大部分地区仍实行平行管理，即社保机构隶属于地方政府部门。但是具体到经办机构人、财、物的管理权限上，社保行政部门和地方政府又存在着职责交叉，从已实现全行业垂直管理的省份看（例如最早实现的陕西省），机构的业务经费保障存在着可持续性问题，省级财政部门划拨的财政经费经过省、市、县三级部门的人社行政部门和社保经办部门层层划拨后，到基层县区的已所剩无几，还要依赖同级地方财政支持。在各级财政"分灶吃饭"的条件下，地方经办机构的经费保障受到地方财力的制约，经办机构在人力资源和财务上的管理权限与事权明显不匹配，经济发达地区和穷困地区投入呈现出巨大差别（例如天津市和甘肃省）。即便是在沿海经济发达省份内部，不同地区间的经费投入也存在着很大差距（例如东莞市和湛江市），造成地区之间经办服务质量上的差异。因此，类似于社保制度的二元结构、地区分割等问题，全国社保经办服务体系同样存在着碎片化和制度建设分割带来的公平性问题，都需要从改革行业管理体制上入手，解决发展瓶颈。

5. 人力资源配置不合理，人事制度改革滞后

从人员身份上看，全国经办机构存在公务员编制、参公编制、事业编制、合同制、社会公益岗位、退休返聘、临时用工、社会兼职人员、志愿者等多种用工形式。由于经办力量不足，经办机构人员超编现象严重，2012年全国有25个省区市和新疆兵团不同程度超编，共计超编15431人，其中超编500人以上的有13个省区市，最多的是广东、江西、湖北、山西、河北、内蒙古，分别为2198人、1668人、1459人、1433人、1211人、1158人。在人员的层级配置结构上看，全国社保经办机构平均人数为20人，其中省级平均为70人，市级平均为42人，县级平均为17人[①]。由于基层经办人员队伍规模过小，除去必要的领导和管理岗位人员之外，为参保人直接提供服务的一线人员力量匮乏。近5年来，随着城乡居民社会保险制度的快速推行，基层县（市）、乡镇和社区的经办业务量激增，由

---

① 由人力资源和社会保障部社会保险事业管理中心提供。

于人员编制有限,许多经办机构开始从社会雇用大量合同制或临时工,从事经办业务的前端工作,甚至承担重要的管理工作岗位。由于雇佣人员工资薪酬水平较低、专业性差、人员流动性强,造成了业务管理中的风险因素。在人员的素质结构方面,2012年全国经办机构人员学历在本科以下的比重达到50%,其中高中以下占到了10%左右;专业技术职称的人员占比为32.9%,其中高级职称人员仅为3.1%,而无职称人员高达67.1%,说明整个经办队伍素质仍有待大幅提高①。在知识结构上,由于社会保险工作涉及的政策性、法律性、专业性越来越强,经办人员的专业素质有待提高。以医疗保险管理为例,经办机构管理人员在从事医保业务审核、基金支出监管和服务人群数量预测分析等方面需要具备非常强的卫生学和医学专业知识,这对经办队伍的专业性提出了高要求。此外,由于分险管理格局运行多年,各自培养了专业队伍,目前熟悉综合业务的人员也十分缺乏。在人力资源紧缺的同时,还应看到经办队伍建设在传统人事制度下的一些弊端,表现在行政干部管理体制僵化,进人用人机制不合理、官僚作风、人浮于事,办事效率低等诸多方面。

6. 信息化建设缺乏统一规划,存在重复建设和资源浪费等现象

从全国情况看,社保信息化建设存在着分散建设、分散管理的局面,缺乏统一的规划和信息化建设规范标准。由于政策差异和分级投资等原因,社会保险信息化分业务项目管理,各个地区分散建设,不少地区"五合一"的系统模式尚未形成,各地区系统封闭运行,各险种之间、地区之间不能互联共享,缺乏有效的数据比对和业务协同。目前,大部分省份的基本养老保险和医疗保险基金管理主要集中在市级统筹层次上,与之对应,信息化系统建设统筹层次也主要集中地(市)级,社保基础数据管理和维护主要集中在市级经办层次,由于各地(市)在使用的管理软件和信息化系统方面存在差异,数据标准和格式不一致,接口不能相连等原因,造成了信息化建设的地区分割壁垒。在国家层面上,全国统一的数据结算平台尚未建立,各省之间的社会保险关系转移存在困难,全国近1/4地市尚未将养老保险关系转移业务接入部级系统,半数省份尚未利用部级系统开展重复待遇核查、跨地区待遇资格协助认证等工作,各项跨地区社保经办业务存在较高的管理成本②。这种信息化建设中地区分割、各自为政的局面势必带来全国社保信息化建设的混乱,造成地区之间的信息"鸿沟"和"孤岛"现象,影响到全国统一信息化平台的形成。从国际经验看,各国的社保经办信息化建设都由中央层面统一规划、统一建设、统一标准,建立全国性的中央数据库和网络服务平台,信息化成为提高社保服务效率的关键性因素。因此,我国社保信息化建设中存在的地区分割、重复建设和资源浪费现象已到了刻不容缓的地步。

7. 政府部门职能交叉,亟须整合管理职责

社会保险经办管理作为一项面向全民的社会公共服务项目,涉及政府公共服务部门间的职责划分和协调配合。党的十八大明确提出了整合城乡基本社会保险制度,健全社会保障经办管理体制的明确要求。从社保管理体制上看,目前涉及理顺部门职责划分的突出问题有两个:一是农村新型合作医疗管理职责的整合问题。经过10年来的发展,我国"新农合"制度已在农村地区普及,传统上该制度主要由卫生部门管理。从建立国家"大医保"体系的角度出发,整合城乡医疗保险管理资源已势在必行。二是社会保险费的"双重征缴"体制问题。目前,全国17个省(市)的社会保险费的征缴主体为税务部门,其余为社保部门征缴;在部分省份还存在部分参保群体由税务部门代征,部分群体由社保征缴的格局。这种双重征缴体制造成社保经办管理中的责、权、利不对称,增大了部门间在参保信息共享、交换和核对方面的交易成本,影响到社会经办服务的时效,也不利于社保制度的长期建设。除上述两个问题外,在人社系统内部也存在着不同险种管理体制的整合问题。例如,在全国大多数地区,失业保险的经办职能仍由各级人力资源和社会保障行政部门负责,不利于五险统管。这些涉及社保管理部门职责划分的改革决策,关系到全国建立统一社保经办管理服务体系的发展方向,都需要国家从顶层上出台改革政策,解决部门间的职责划分问题。

---

①② 由人力资源和社会保障部信息中心提供。

专栏三　东莞市社会保障经办业务整合情况

东莞市市级社会保险经办管理涉及两个机构：东莞市社会保障局和东莞市社会保险基金管理中心。东莞市社会保障局是市人民政府主管社会保障行政事务的正处级职能部门；东莞市社会保险基金管理中心系社会保障局的直属机构，为副处级事业单位。东莞市在各镇（街）设立社会保障分局和社会保险基金管理中心，为两块牌子、两套人员的合署办事机构，全称分别为"东莞市社会保障局xx分局"和"东莞市xx社会保险基金管理中心"，实行市镇双重管理，以社会保障局管理为主，党（团）务工作由镇（街）负责管理。社会保障分局局长、副局长分别兼任社会保险基金管理中心主任、副主任。

近年来，东莞市探索了全市统一的社会保险制度，制度不再按群体划分。在养老保险制度上，城镇职工和城乡居民加入统一的基本社会保险制度，筹资水平有所不同，但待遇发放都按城镇职工制度计发；在医疗保险制度上，自2013年10月起，东莞市实行医保新政，医保体系由基本险、补充险、大病险构成，所有城乡居民、职工以及其他人员均参加统一的基本医疗保险，并且无须另外缴费，即可获得大病保险待遇。

在管理的经办业务上，东莞市社保局管理的业务不仅包括五大险种，同时，还承接了原民政等部门管理的低保户待遇、残疾人补助、医疗救助以及计生人员保险等业务。尤其是在医保业务的管理上，市社保局承担大病医保的经办管理，定点医疗机构供"一站式服务"，参保人在办理基本医疗保险待遇结算的同时，通过社保结算系统即可自动完成重大疾病保险待遇的核算。

在经办业务的垂直管理上，市社保局负责全市基金收支和数据信息管理，负责对分局的业务指导。各社保分局的管理权和人财物都下放到镇街，针对参保人的经办业务全部由镇社保分局来完成。

资料来源：中国社会科学院世界社保研究中心调研资料。

三、加快推进社会保险经办服务体系改革的基本思路和政策建议

社会保险服务管理体系是服务型政府的重要组成部分，是政府职能转变、推进事业单位分类改革的重要内容。改革的关键在于经办机构的定性、人员的编制、经费的保障以及管理体制的理顺等制约经办能力提升的关键性问题。这些问题的根本解决迫切需要从制度顶层设计上介入，在建设服务型政府和高效型社保公共服务体系的总体要求下，突破现有体制的束缚，借鉴国际经验，拓展改革思路，进行管理体制的创新和经办机构的重塑，实现社保经办管理体系的可持续发展。

（一）实现社保经办服务体系的重塑

1. 关于社保经办机构的定性

（1）经办机构的法律地位现状。

我国社会保险行政管理模式遵循"政事分开"的原则，按照1993年《国务院批转国家体改委关于一九九三年经济体制改革要点的通知》的规定，社会保险工作机构包括社会保险行政部门和社会保险经办机构。社会保险行政部门（人力资源与社会保障部门）主要负责社会保险有关政策、法规的制定，而社会保险经办机构主要负责贯彻落实国家有关社会保险的政策和法律、法规，并承办有关社会保险的具体工作。1994年《中华人民共和国劳动法》第七十四条规定："社会保险基金经办机构依照法律规定收支、管理和运营社会保险基金，并负有社会保险基金保值增值的责任。"在2001年原劳动和社会保障部发布《社会保险行政争议处理办法》（劳动和社会保障部第13号令）中，首次对经办机构名称做了解释，该办法第2条第2款指出，"本办法所称的经办机构，是指法律、法规授权的劳动保障行政部门所属的专门办理养老保险、医疗保险、失业保险、工伤保险、生育保险等社会保险事务的工作机构"。2011年《社会保险法》第九章专门对经办机构的设置和职责做出了规定，该法第八条规定："社会保险经办机构提供社会保险服务，负责社会保险登记、个人权益记录、社会保险待遇支付等工作"；第七十二条规定："统筹地区设立社会保险经办机构。社会保险经办机构根据工作需要，经所在地的社会保险行政部门和机构编制管理机关批准，可以在本统筹地区设立分支机构和服务网点。社会保险经办机构的人员经费和经办社会保险发生的基本运行费用、管理费用，由同级财政按照国家规定予以保障"。

2011年国家标准化管理委员会公布的《社会保险服务总则》(GB/T27768-2011)中指出,"社会保险经办机构是由社会保险行政部门设立的,承担基本养老保险、基本医疗保险、工伤保险、失业保险、生育保险等的运行管理、经办事务和社会服务职责的机构"。从以上法律和文件内容可以看出,已出台的法律政策主要对经办机构的职责进行了界定,国家并没有出台专门的社保经办机构管理条例,对经办机构的性质和法律地位做出规定。

从机构编制情况看,目前全国经办机构绝大部分为事业单位[①],在中央层面上,人力资源和社会保障部社会保险事业管理中心为隶属于该部司局级事业单位,地方各级社保经办机构为隶属于同级人力资源和社会保障行政部门或由上级社保经办机构垂直管理的事业单位。在有些已进行事业单位分类改革的地区,经办机构被划定为公益一类,即"承担义务教育、基础性科研、公共文化、公共卫生及基层的基本医疗服务等基本公益服务,不能或不宜由市场配置资源的"公益类事业单位。

(2)经办机构组织定位不合理带来的主要问题。

从实践情况看,由于定位不清,全国社保经办机构主要面临以下突出问题:一是独立性差,政事不分,管办不分。主要表现在政府序列中,社保经办部门多为隶属于同级人社厅(局)的下级事业单位,在行政管理和财政经费拨付等方面受到制约和束缚,在经办业务的审批和管理权限上也存在着与上级行政部门的职责交叉。二是作为参公管理的公益类事业单位,在政府职能转变和事业单位改革的大背景下,经办机构的人员规模严格受到编制部门的限制。党的十八大报告提出严格控制机构编制,李克强总理强调在本届政府内财政供养的人员只减不增。因此,在经办人员不足和社保服务需求量日益增长的情况下,必须跳出传统行政管理体制下的人事编制政策局限,改革传统的人事管理制度,建立人员规模与业务量挂钩的动态增长机制。三是机构经费来源受到制约。在目前的管理体制下,公益类事业单位的人员、公办和建设经费拨付与机构编制紧密挂钩。根据《中共中央办公厅、国务院办公厅关于进一步加强和完善机构编制管理严格控制机构编制的通知》(国务院办公厅、中共中央办公厅厅字〔2007〕2号)规定,"强化机构编制管理与组织(人事)管理、财政管理等的综合约束机制。只有在机构编制部门审核同意设置的机构和核批的编制范围内,组织(人事)部门才能配备人员和核定工资,财政部门才能列入政府预算并核拨经费,银行才能开设账户并发放工资。对擅自增设的机构,财政部门不得纳入政府预算范围、核拨经费,银行不得开设账户"。四是激励机制不足,机构缺乏活力,管理效率差。在传统行政管理和人事管理体制下,经办机构作为政府的委托部门从事社保服务业务,人员业绩目标与参保人的利益诉求无直接关联,工薪补偿与服务成本不挂钩,难以建立起有效的内部治理结构和绩效考核机制,人员缺乏激励机制。尤其是在近年来经办业务量激增,工作强度日益提高的情况下,行业内普遍存在着士气不高的问题。

(3)社保经办机构组织定位的国际比较。

从国际比较情况看,社保经办机构的设置与一国的社保制度类型、覆盖人群和基金统筹层次等因素相联系。从大的方面划分,全球社会保险管理的组织机构设置主要有三类模式:

第一类是政府直接管理类型,或称为统一模式。其特点是社会保险经办机构由国家设立,统一集中管理和执行社保经办事务。实行这种模式的国家有英国、美国、加拿大、澳大利亚、日本、韩国、新西兰、瑞典和挪威等国家。有些国家的经办机构为政府部门,即隶属于社会保障行政部门管理的社保执行机构,例如英国、瑞典和挪威等;有的国家设立独立的社保经办管理部门,例如美国的社会保障总署(SSA);还有的国家设置独立的公共法人(类似我国的事业单位),例如日本的年金管理机构(JPS)和韩国的国民年金公团(NPS)等机构。在地区分支机构的设置上,这些国家的经办机构大都为行业性的垂直管理结构,中央层级机构负责政策的制定、基金和数据信息的集中管理(包括投资等)以及对地方的监督工作,在各国各大区(或州)设立的地区性分支机构负责执行中央政策、数据集中和转移以及对基层服务点的管理等职责,遍布全国市(镇)的地区基层服务点负责具体经办业务,包括基金收支、信息记录和待遇核发等。在经办机构的人员身份上,有些国家为政府公务员(如英国),有些国家为政府部门雇员(如美国和韩国),还有的属于公共法人机构的私人雇员(如日本JPS)。根据工作岗位的划分,经办机构雇员还有全日制和非全日制之分。在经费来源上,经办机构服务成本大都从管理基金中提取,其他还有财政拨款和服务性收费等渠道。一般来说,从事社会保险性质经办业务的经费大都来自基金提取,部分针对社会福利物质的服务类业务,由财政拨款支持。

第二类为社会组织管理模式,或称为自治模式。在这种模式下,社保经办机构为民间的非政府性组织或保险公司,向社会提供非营利性的社会保险经办服务。该类经办

[①] 新疆维吾尔自治区社会保险管理局为政府行政部门。

机构包括行业协会（联合会）、保险公司、基金管理会等自治机构，一般采取"三方"治理结构，由雇员、雇主和政府等部门代表组成董事会（理事会）做出管理决策，国家行政部门进行监督。采取这种方式的大多为欧洲大陆国家，包括德国、法国、西班牙、葡萄牙、意大利、荷兰等，其社保制度大多"五险分立"，经办业务也具有分行业管理的特征。这类机构的人员大多采用聘用制，服务成本从社保基金中提取进行补偿，机构的经费核定通过与政府部门的协商或由预算审批完成。

第三类为私营公司管理模式，或称为商业模式。这类模式主要针对的是社保基金投资完全市场化运作的完全积累制社保制度，由特许的养老基金管理公司、保险公司或其他金融机构负责基金的征收管理、投资运营和年金的发放等经办业务，国家成立监管部门进行行业监督。实行这种运作模式的国家有20多个，包括拉丁美洲和东欧进行社保私有化改革的部分国家以及中国香港地区。这些国家的经办机构人员为私人部门雇员，经费来自于参保人缴费的扣取。

从经办模式上比较，我国社保经办采用的是第一类，即政府部门直接管理的模式。但与这些国家比较，我国经办模式存在着明显的不足。以美国、日本、韩国三国为例，其社保经办机构改革的趋势特点如下：一是机构独立性越来越强。例如，美国的社会保障总署自1994年从国家健康和福利部中独立出来，成为联邦政府的直属机构；韩国和日本的年金管理机构都为独立于政府部门的公共特殊法人，在近年来的改革中，日益远离政府行政管制，例如日本在2010年的改革中取消了原社会保险厅，成立了年金管理机构（JPS）独立法人，其人员为私人部门雇员。二是内部法人治理结构越来越健全。这三个国家的社保经办中央机构都采用董事会制，实行署长或主席负责制下的部门层级制，各个副署长（副主席）、部门经理的职责权限和预算费用确定，都以法规形式加以确定，内部实行严格的业绩考核体系，每年向社会发布机构工作绩效报告，例如美国社会保障总署每年公布的《绩效和会计报告》（PAR）。三是经办机构的服务效率越来越高。随着社保制度的成熟和信息化技术的应用，从总体上看，这三国经办机构的人均服务成本均呈下降趋势（参见表4）。

表4　美国、日本和韩国社保经办机构特点比较

国家	社保管理经办名称	机构性质和法律地位	经办业务内容	治理结构	人员身份	机构经费来源	地区组织结构
美国	美国社会保障总署（SSA）	独立的政府机构	老遗残计划的管理及待遇发放	董事会制	政府部门雇员	基金提取	10个地区分支，1400多个基层办事处，共6.2万雇员
日本	年金管理机构（JPS）	独立的公共法人机构	国民养老金收支管理和投资	理事会制	私人雇员	财政拨款和基金提取	9个地区分部，47个事务中心，312个基层办事处，共1.2万名正式雇员（2012年）
韩国	年金管理公团（NPS）	独立的公共法人机构	公共养老金收支经办业务	董事会制	政府雇员	基金提取	89个地方的分支，共4708人（2005年）

资料来源：美国社会保障总署，http：//www.ssa.org；韩国国民年金管理公团，http：//english.nps.or.kr/jsppage/english/main.jsp；日本年金管理机构，http：//www.nenkin.go.jp/n/www/english/。

2. 关于社保经办机构重构的基本思路

综上所述，中国社保经办机构面临着定位不清、受传统行政管理体制束缚、人员和经费来源保障不足的突出矛盾。借鉴国际经验，社保经办体系改革的首要因素在于经办机构的重新定位，弱化行政管理职能，向独立自主运营的社会公共服务机构过渡，实行全系统的垂直化管理，明确划分各层级经办机构职责，建立全行业统一的管理经办体制。

（1）创新事业单位分类改革做法，界定社保经办机构为特殊类社会公益事业单位。

事业单位改革是我国政府职能转变、建设社会公共服务体系的重要组成部分，也是多年来经济社会管理体制改革中的难点问题。2011年国务院出台《中共中央国务院关于分类推进事业单位改革的指导意见》（中发〔2011〕5号）（以下简称《意见》），指出了事业单位改革的方向，计划5年内在清理规范基础上完成事业单位分类：承担行政职能事业单位和从事生产经营活动事业单位的改革基本完成；从事公益服务事业单位在人事管理、收入分配、社会保险、财税政策和机构编制等方面改革取得明显进展，管办分离、完善治理结构等改革取得较大突

破；到2020年，建立起功能明确、治理完善、运行高效、监管有力的管理体制和运行机制，形成基本服务优先、供给水平适度、布局结构合理、服务公平公正的中国特色公益服务体系。《意见》指明了公益类事业单位改革的方向，具体落实到社保经办机构改革，还需要进一步结合该行业的特殊性，拓展思路，开辟公益类事业单位改革的创新途径，基本改革思路如下：

第一，关于经办机构的事业单位性质定位。《意见》指出，根据职责任务、服务对象和资源配置方式等情况，公益服务类事业单位细分为两类：一类为承担义务教育、基础性科研、公共文化、公共卫生及基层的基本医疗服务等基本公益服务，资源不能或不宜由市场配置；二类为承担高等教育、非营利医疗等公益服务，资源可部分由市场配置。从上述规定可以看出，区分两类公益单位的依据为资源的配置特征。从社保经办服务的特点看，社会保险作为国家强制性制度，经办机构承担面向全体参保者的服务职责，其中大部分服务是公益性质的，但其经费来源却是对应性质的，即专款专用。从服务的提供机制看，市场可以参与社保经办资源的配置管理，例如在上述全球的第二类和第三类经办模式中，经办服务是由社会自治组织或私营部门提供的，在第一类模式中，也有部分经办资源是通过政府购买私人部门服务来完成的。上述三类模式的区别在于经办主体不同，服务成本和效率有高低区别。一般来说，私人部门的管理成本较高，但其服务质量和个性化服务更强；公共部门的管理成本较低，但也面临着服务效率低、服务质量差等问题。以上特征说明了社保经办行业的特殊性，在经办机构的法律地位上，具有公法和私法的混合型特征，其服务目标是社会公益性的，但服务资源既可以由政府提供，也可由市场配置。

因此，本报告认为，根据上述分析，在事业单位分类改革中，应将社保经办机构定位为特殊类公益事业单位，以示与公益一类和公益二类相区别。

第二，关于经办行业的行政管理体制改革。《意见》要求实行政事分开，理顺政府与事业单位的关系；行政主管部门要加快职能转变，创新管理方式，减少对事业单位的微观管理和直接管理，强化制定政策法规、行业规划、标准规范和监督指导等职责，进一步落实事业单位法人自主权；对面向社会提供公益服务的事业单位，积极探索管办分离的有效实现形式，逐步取消行政级别。

根据以上改革精神，本报告认为，应设立法律地位独立的社保经办管理部门，逐步弱化经办行政管理，使之与政府行政部门的隶属关系脱钩，强化服务职能，成为独立的法人治理机构。在中央层面上，设置独立的国家社会保险管理总局，行业实行垂直管理，依托现有各级经办机构，在地方层面，应相应设立省级分局和地市级设立分局，在县市级设立分局，在社区和乡镇级设立服务办事处。

第三，关于经办机构的编制改革。《意见》指出不同类型事业单位实行不同的机构编制管理，科学制定机构编制标准，合理控制总量，着力优化结构，建立动态调整机制，强化监督管理。同时，在人事制度改革上，要求转换用人机制和搞活用人制度，健全聘用制度和岗位管理制度。

根据以上原则，本报告认为，经办机构应突破目前定位为参公管理类事业单位的人员身份限制，具备用人自主权，人员管理实行全员聘用制，根据服务需求和业务量设定动态调整的人员岗位。

第四，关于经办机构的法人治理结构。《意见》指出，面向社会提供公益服务的事业单位，应探索建立理事会、董事会、管委会等多种形式的治理结构，健全决策、执行和监督机制，提高运行效率。

本报告认为，社保经办机构的治理结构应引入理事会制。在国际上可借鉴美国、日本和韩国以及部分实行行业自治欧洲国家的经验，在国内可以学习证监会、银监会、保监会以及全国社保基金理事会等执法或管理机构的做法。公益类事业单位的治理结构与现代企业制度类似，实行政事分开，管办分离，一般由决策层和执行层两级组成。决策层为理事会，由来自政府部门、工会组织、企业和参保人的代表组成。执行层为部门经理，在经办机构内部建立分工合理和有效制衡的层级结构；出台科学的绩效考核体系和审计制度，并向社会公布每年的工作绩效报告和财务报告（包括主要领导层的薪资水平）；在外部建立社会监督机制，接受法律部门、基金监管部门、审计部门以及社会公众和媒体的监督。

第五，关于经办机构的财政政策。《意见》指出，根据不同事业单位的具体特点和财力，对不同类型事业单位实行不同的财政支持办法，合理制定标准，实行动态调整，健全事业单位经费的预算管理和采购制度。

本报告认为，针对社保经办管理公共服务行业的特殊性，通过从社保基金中提取管理费用、建立成本服务补偿经办服务的做法符合国际惯例，也是目前突破经办机构经费投入不足和能力建设滞后的一条根本途径。在实践中，主要基于以下两点考虑：

一是历史上经办机构的经费来源渠道经历过几次波折。在1997年之前，由于社保经办机构处于建设初期，经费财务管理办法大都由各地、部门和行业自行制定，缺乏统一管理；1997年财政部《社会保险经办机构财务管理办法》（财社字〔1996〕175号）出台，规定：社会保险经办机构经费采用核定收支、定额拨付的预算管理办法；社会保险经办机构根据同级财政部门批准的经费预算按期填写用款申请书，财政部门审核后将经费从社会保障基金财政专户拨入社会保险经办机构经费支出账户。根据该文件，各地分别制定了相应的经办机构账务管理办法，机构经费按基金征收额的一定比例进行提取。由于在当时环境下社保基金收支管理制度的不健全和基金在地方的分散状态等原因，各地社保基金管理出现了挤占、挪用和违规建设等问题。为此，1999年财政部出台《财政部、劳动和社会保障部关于社会保险经办机构经费保障等问题的通知》（财社字〔1999〕173号）（以下简称《通知》），规定："从1999年1月起，经办机构经费，包括人员经费、公用经费和专项经费，由同级财政部门根据人事（机构编制）部门核定的编制人数核拨；各级经办机构不得再从社会保险基金中提取或列支费用。"此后，社保经办机构的经费来源一直沿用该文件的规定，并在2011年出台的《社会保险法》得到进一步确认。从以上政策的出台过程中可以看出，国家对经办机构的经费拨付政策有过反复，1999年的《通知》出台具有当时的历史和政策环境背景。经过10多年来的发展，我国社保基金管理已经步入法制化道路，各项基金管理采取严格的收支两条线和经管分离原则，基金的安全性得到了充足保障。同时，随着我国社保覆盖面的迅速扩展，基金结余量快速增加，基金的使用效率问题日益突出。在这种情况下，从基金中提取经办机构管理费用的做法具备可行性。

二是目前各地已进行了有益的探索。从征缴体制上看，我国各地为地税部门与社保部门分征的双重征缴格局。其中，在许多地税部门负责征缴地区，已采取了按征缴收入额0.6%~2%提取征缴奖励经费的做法，起到了一定的激励效果；在部分社保部门负责征缴的地区，也采取了对扩面征缴超额完成部分，给予一定比例经费奖励的做法，在很大程度上弥补了经办机构经费不足的困难。因此，在社保经办机构财务管理制度的改革过程中，应统筹考虑这些问题，在地税和社保部门间的征缴职责划分以及经费补偿机制上出台一致性的政策，并对各地提取基金管理费的试点做法进行统一规范，对于基金的提取标准和划拨方式等内容，从全国层面出台统一的政策。

在具体操作方法上，从长远看，随着我国各项社会保险统筹层次的提高，社保基金收支应实现国家层面上（养老保险）或省级层面（医疗保险等险种）的大收大支。因此，应借鉴国际上通行的做法，建立全行业的经费预算管理制度，各级经办机构根据服务量和岗位定额标准，向上申请经费预算，国家社会保险管理局向财政部提出预算申请，经财政部门审核后，从社保基金账户中逐级向下划拨。在向全国统筹（养老保险）和省级统筹（医疗保险等险种）过渡的过程中，暂可考虑采取由同级财政审核划拨的过渡办法。划拨经办机构服务的费用覆盖范围包括人员经费、公用经费以及专项建设等费用。经办机构应健全预算申请和决算报告制度，向社会进行信息披露，接受人大、审计部门和社会公众的监督。

（2）与社保制度改革同步改革，实行社保经办行业的垂直管理和五险统管。

统筹层次低和五险经办分管是制约机构服务效率的两个关键性体制结构问题，涉及经办管理体系纵向层级和横向业务范围两个方向的管理体制改革。从国际经验看，在行业管理上，全球大部分国家的社保经办服务体系为垂直管理，全行业统一名称、统一机构设置和人员编制，统一业务规范和标准，经费统一核算和划拨；中央、地区（州）和地方办事处的各级经办机构职责明确，分工合理，政策执行和服务派送渠道上下通畅，与地方政府间的交易成本低，从而提高了服务效率；在各社会保险项目的统一管理上，各个国家则具有不同的做法。一般来说，在社保制度结构一致、各险种参保人群范围相同的国家，大多采取五险统管的做法。

从我国目前的情况看，垂直管理已在部分省份运行多年，并得到推广。例如陕西省社保经办系统的垂直管理已有10多年的历史；而五险统管则处于起步状态，截至2012年底，海南、天津和新疆已基本实现全省内的"多险合一"管理；在省级社会保险经办机构中，全国有11个省实行"多险合一"，分别为天津、辽宁、江西、山东、广东、广西、海南、贵州、甘肃、宁夏和新疆；4家机构实行五险统一征缴，分别是北京、上海、山西和西藏[①]。广西壮族自治区提出"十二五"期内要实现"五险"自治区级统筹，至2013年3月，全区14个地市已全部组建统一的社保局[②]。在大多数省份，"五险合一"经办主要限于

[①] 朱文：《"五险合一"推进渐升温》，《中国社会保障》2013年第3期。
[②] 广西社保2015年前实现"五险合一"一卡通，http://news.gxnews.com.cn/staticpages/20130313/newgx51406b9e-7146656.shtml。

地市级的少数城市。一般来说，省会城市和经济发达城市推进较快，例如重庆、深圳、郑州、兰州等。表5说明了2012年全国各省份社会保险经办机构设置个数以及各省的平均数。从各省县级以上行政区划平均拥有的经办机构个数指标看，全国平均为2.6个，最低的为西藏和海南，主要原因在于这两个省份参保人口规模较小，经办机构数量较少；而广东和天津的指标也较低，说明机构整合度较高；而江西、山东、湖北、福建、陕西、河南、山西、湖南8个省份，平均机构数都超过了3个，说明经办机构设置较为分散。值得说明的是，实行行业垂直管理的省份机构设置数量并不一定低于全国平均水平，例如陕西省的平均数为3.7个。

表5 2012年各省份（市）社保经办机构设置个数 单位：个

省份	养老	医疗	工伤	居保	机保	合计	县以上行政区划平均拥有机构个数
西藏	10	8	2	4	—	24	0.3
海南	20	—	—	—	—	20	0.9
广东	178	13	—	4	—	195	1.4
天津	24	—	—	—	—	24	1.4
浙江	101	35	—	12	—	148	1.5
贵州	103	21	1	20	—	145	1.5
宁夏	20	24	—	—	—	44	1.6
甘肃	104	38	—	15	3	160	1.6
吉林	61	53	—	—	—	114	1.6
黑龙江	80	99	6	—	59	244	1.7
内蒙古	130	79	—	—	—	209	1.8
青海	57	40	—	—	—	97	1.9
辽宁	81	58	—	29	49	217	1.9
重庆	41	42	8	1	3	95	2.4
四川	204	180	—	72	55	511	2.5
安徽	125	92	4	87	5	313	2.6
新疆	297	—	—	—	—	297	2.6
上海	19	19	—	9	—	47	2.6
北京	18	18	—	9	—	45	2.6
江苏	150	50	—	63	57	320	2.7
广西	108	70	—	107	53	338	2.7
河北	204	145	26	96	31	502	2.7
云南	149	154	—	107	—	410	2.8
江西	121	106	—	116	1	344	3.1
山东	182	115	22	102	101	522	3.3
湖北	184	83	—	85	40	392	3.4
福建	89	83	—	89	82	343	3.6
陕西	119	121	19	118	58	435	3.7
河南	185	186	70	109	107	657	3.7
山西	136	135	68	118	100	557	4.3
湖南	147	152	103	128	112	642	4.7
合计	3447	2219	329	1500	916	8411	2.6

注：县级以上行政区划平均拥有经办机构个数计算方法为：各省经办机构总数/各省（县级区划数+地级区划数+1）。

资料来源：经办机构设置个数数据由人力资源和社会保障部社会保险事业管理中心提供；各级行政区划数据来自国家统计局，http://data.stats.gov.cn/workspace/index？a = q&type = global&dbcode = fsnd&m = fsnd&dimension = zb&code = A010103&region = 130000&time = 2011，2011。

经办管理统筹层次的提高和五险经办的整合推进在很大程度上是与社保制度的改革进度联系在一起的。目前全国大部分地区社会养老保险仍处在市县级统筹水平。《社会保险法》提出社会养老保险全国统筹、医疗保险实现省级统筹的目标，在"十二五"期间，随着社保制度改革的推进，社保基金管理统筹层次有望得到解决，为建立经办服务行业的垂直管理体制创造条件；在五险经办整合方面，目前各项社会保险项目在参保范围、征缴基数和口径等方面，也具备"五险一票"征缴的政策条件，并在许多地方得到实施，五险统一征缴、数据集中管理、基金分账管理、待遇按项目派送的统一经办管理体系，有利于整合五险分散管理的机构碎片，方便参保群体服务，提高服务效率。

在经办管理体制上，垂直管理的重点在于合理划分中央、省、地市和县级及以下经办机构的职责。从发展趋势看，社保经办服务的发展趋势是处于后端的数据信息和基金管理业务向上集中，面向参保人员的前端服务业务向基层下移。在这种情况下，应重新理顺省、市、县、镇四级管理机构的关系，合理分配事权。国家社会保险（管理）局将承担起行业管理和监管的作用，并承担基金和数据信息的集中管理；省级社保经办机构将逐渐退出具体的经办业务，省级主要负责组织规划、基金结算、信息统计以及对市县社保机构的业务指导；市级机构主要负责重要业务的复核、审批、基金结算、统计、稽核监督等管理和监督工作；县（区）级及以下经办机构则主要负责前台操作，直接向参保对象提供服务，承担起具体的经办服务业务，并对上级经办机构负责。在五险统管上，改革重点在于业务经办流程的整合、服务机构、人员和窗口的合并以及信息化建设的整合工作。同时，在实现统一征缴的同时，也要考虑到五险项目管理中的差异性，尤其是在待遇支付环节，要考虑医疗保险、工作保险等待遇审核支付的专业性，在流程设置、人员配备、信息系统建设等方面出台措施予以保障。

（二）经办机构的人员配置和管理成本绩效分析

1. 2020年社保经办机构人员规模的测算

（1）服务需求总量估算。

根据国家《人口发展"十一五"和2020年规划》，2020年我国总人口预计约14.5亿[①]。在目前的社会保险基本框架下，假定2020年五项基本社会保险实现制度目标参保人群的应保尽保，养老参保覆盖率为95%，医疗保险覆盖率为98%，可以预测到2020年社会保险服务需求主体的总人次，测算过程和结果如下：

① 养老保险参保人数为9.91亿。根据历史参保数据，在2002~2012年的10年内，城镇养老保险覆盖人数年均增速为7.5%，其中参保人数和领取待遇人数增速基本一致；根据《社会保障"十二五"发展规划纲要》，在2010~2015年，城镇职工养老保险参保人数年均增速为6.7%；假定在未来8年内，城镇职工养老保险参保人数增速为6.5%，至2020年末，预计覆盖人数总量将为5.03亿，其中，参保人数为3.88亿，领取养老金人数为1.23亿；城乡居民养老保险制度实现全部覆盖，总参保人口数为5.4亿（包括领取养老金人数），全口径参保人数合计约为10.43亿，按95%的覆盖率计算，参保人数为9.91亿。

② 医疗保险制度目前已基本实现全民覆盖，至2020年总参保人数为：14.5亿×0.98=14.21亿；假定新农合参保人数按总人口增速即14.5/13.8=1.05增长，至2020年总参保人数为8.32亿×1.05=8.74亿；城镇医疗保险制度覆盖人数为5.46亿人。

③ 失业保险主要覆盖城镇职工，假定失业保险与城镇职工养老保险参保人数保持同速增长，以2012年失业保险参保人数/城镇职工养老保险参保人数比例即15225/22981，得出系数为66.25%；2020年失业保险参保人数3.88亿×66.25%=2.57亿人。

④ 工伤保险主要覆盖城镇职工，假定工伤保险与城镇职工养老保险参保人数保持同速增长，以2012年工伤保险参保人数/城镇职工养老保险参保人数比例即19010/22981，得出系数为82.72%；2020年工伤保险参保人数3.88亿×82.72%=3.21亿人。

⑤ 生育保险主要覆盖城镇职工，假定生育保险与城镇职工养老保险参保人数保持同速增长，以2012年生育保险参保人数/城镇职工养老保险参保人数比例即15429/22981，得出系数为67.13%；2020年生育保险参保人数3.88亿×67.13%=2.60亿人。

将以上五项社会保险项目参保人数合并计算，到2020年，五险参保总人数约为32.5（9.91+14.21+2.57+3.21+2.60）亿人次，该服务主体规模相对于2012年增长了约23.8%。其中覆盖城镇职工的五项保险制度总参保人次约为18.87亿（5.03+5.46+2.57+3.21+2.60）亿人次，约为2012年的1.4倍，年均增速在7%以上。

（2）经办机构人员需求规模匡算。

根据2012年全国各省各险种经办机构的人员数及服务参保人员数，表6计算了各省各险种的人均负荷比情

---

① 国务院办公厅：《人口发展"十一五"和2020年规划》，http://www.sdpc.gov.cn/shfz/t20070608_140568.htm。

况。从全国情况看，城镇职工养老、城镇医疗、工伤保险、城乡居民养老保险和机关单位养老保险五类项目合计人均负荷比为9692∶1；各险种的经办负荷情况为：城镇职工养老保险为3171∶1；城镇医疗保险为10476∶1，城乡居民养老保险为26633∶1。值得说明的是，在全国各省大都存在着养老经办机构经办业务"多险合一"的情况，由于统计数据难以获得，这里采用了小口径估算方法，表中计算的城镇职工参保人员数量仅为每个省份的城镇职工养老保险参保人员数字，未包括"多险合一"的其他险种；由于部分省份工伤保险、生育保险纳入城镇医疗保险经办机构，医疗保险经办机构的统计数字也存在着类似情况。因此，这两类保险经办的负荷比实际数值要高于表中数字。表中按综合负荷比指标对各省进行了排名，负荷最低的省份为西部3省，指标低于5000∶1；最高为广东、重庆和上海，接近或超过了20000∶1，主要原因在于这些省（市）流动人口较多，参保人群规模较大。从险种比较看，养老经办机构的负荷比最低，在全国水平上，城镇医疗保险经办负荷比为职工养老保险的3倍以上；城乡居民养老保险的负荷比最高，超过了20000∶1，在有些省份负荷比甚至超过了10万，如西藏、浙江和重庆，充分说明了这些省份基层经办机构人员薄弱的状况。在实现五险统管的三个省份（天津、海南和新疆），除新疆外，其余两省负荷比均高于全国平均水平。

表6 2012年全国经办机构人均负荷情况

省份	养老机构人数（人）	医疗机构人数（人）	工伤机构人数（人）	居保机构人数（人）	机保机构人数（人）	机构人均服务参保人均负荷比（人次/人）	养老经办人均负荷比（人次/人）	医疗经办人均负荷比（人次/人）	城乡居保人均负荷比（人次/人）
青海	937	332	—	—	—	4310∶1	918∶1	4567∶1	—
内蒙古	4157	1648	—	—	—	4684∶1	1135∶1	5505∶1	—
山西	2997	2268	533	1461	999	4994∶1	2164∶1	4432∶1	10145∶1
新疆	4618	—	—	—	—	5256∶1	993∶1	—	—
陕西	1626	2677	255	1605	548	6023∶1	3958∶1	4073∶1	10626∶1
河南	5058	5040	579	1646	1709	6737∶1	2512∶1	4211∶1	28674∶1
黑龙江	3465	1768	23	—	832	6858∶1	2923∶1	8926∶1	—
甘肃	2542	715	—	131	11	6940∶1	1091∶1	8263∶1	89817∶1
广西	2763	917	—	1266	247	7056∶1	1855∶1	10701∶1	12420∶1
云南	2133	2277	—	1011	—	7167∶1	1709∶1	3802∶1	20803∶1
湖北	4634	2151	—	1103	793	7341∶1	2528∶1	8984∶1	20546∶1
江西	3009	1792	—	1206	25	7459∶1	2351∶1	7420∶1	14407∶1
河北	5898	2372	146	1203	323	7477∶1	1908∶1	6586∶1	27719∶1
湖南	2940	3225	1044	1414	1417	7719∶1	3565∶1	6019∶1	22068∶1
辽宁	4352	2237	—	438	614	8428∶1	3698∶1	9477∶1	23884∶1
四川	5253	3036	—	896	470	8463∶1	3075∶1	7406∶1	31567∶1
吉林	1889	1884	—	—	—	8675∶1	3347∶1	7169∶1	—
贵州	2366	259	1	320	—	9090∶1	1308∶1	24286∶1	39398∶1
宁夏	464	546	—	—	—	9941∶1	2828∶1	3457∶1	—
福建	1314	1303	—	852	628	10962∶1	5757∶1	9341∶1	16972∶1

续表

省份	养老机构人数（人）	医疗机构人数（人）	工伤机构人数（人）	居保机构人数（人）	机保机构人数（人）	机构人均服务参保人均负荷比（人次/人）	养老经办人均负荷比（人次/人）	医疗经办人均负荷比（人次/人）	城乡居保人均负荷比（人次/人）
山东	5958	2014	116	1353	945	11385:1	3463:1	14636:1	32529:1
西藏	93	72	6	12	—	12568:1	1431:1	6065:1	111706:1
海南	792	—	—	—	—	13864:1	2704:1	—	—
安徽	1892	1397	52	924	69	15418:1	4142:1	11545:1	36262:1
江苏	4320	1318	—	902	493	15756:1	5619:1	26559:1	26022:1
浙江	4453	950		117		16556:1	4903:1	23622:1	113869:1
天津	1236	—				17265:1	3966:1	—	—
北京	1768	724		60		17857:1	6823:1	18617:1	29463:1
广东	9884	472		39		19393:1	4081:1	143371:1	578250:1
重庆	1699	1031	51	9	13	20318:1	4219:1	12850:1	1256602:1
上海	1374	765	—	193		20356:1	10312:1	20808:1	4188:1
合计	95884	45190	2806	18161	10136	9692:1	3171:1	10476:1	26633:1

注：经办机构数量和人员统计口径包括职工养老保险（含多险合一）、医疗保险（含医疗、工伤、生育合一）、工伤保险、农村养老保险和城镇居民养老保险以及机关事业单位养老保险；经办机构人均负荷比为表中社会保险参保人数合计除以经办机构人数合计；养老、医疗和居保经办机构人均负荷分别为城镇职工养老保险（含退休职工）、城镇医疗保险（含退休职工）以及城乡居民养老保险（含待遇领取人口）参保人数除以经办机构人数。其中，城镇医疗保险参保人数采用2011年数据，其余均为2012年数据。

资料来源：人力资源和社会保障部提供资料；《中国人力资源和社会保障年鉴（2012）》。

在经办机构人员配备方面，目前国际上的通行做法是按照人均管理负荷计算管理人员数量。国内一些省市在这方面也做了有益的探索。比如北京市规定，区县的社保经办机构编制按略高于1:5000的标准配备。河南省规定，县级养老保险经办机构编制数，参保人数在10000人以下的按10~15名核定；参保人数在10001~20000人的按15~20名核定；参保人数在20001人以上的，每增加参保人数2000人，增加1名编制，最高不突破30名。四川成都市规定，市级经办机构编制按1:10000的标准配置，区县按1:4000人配置①。

借鉴国际经验，社保经办机构工作人员配备应建立与服务参保对象数量挂钩的动态增长机制。假定以人均负荷比上限8000:1为参考，至2020年全国社保经办机构人数约为32.5亿/8000=406000人左右。

在五险经办人员总数的核定上，还可考虑按各险种服务特性进行综合计算，再考虑各地差别设定地区调节系数进行调节：

$$I = [A/a + B/b + (C+D+E)/c] \times K$$

其中，I为编制总额，A为养老保险参保人数，a为养老保险人均负荷比标准；B为医疗保险参保人数，b为医疗保险人均负荷比标准；C为失业保险参保人数，D为工伤保险参保人数，E为生育保险参保人数，c为上述三项保险经过权衡的人均负荷比标准；K为地区调节系数（全国平均为1）。

从目前的情况看，全国各地各险种的经办均存在人员负担过重的问题，根据表6中全国目前的负荷比情况，参考国际各险种的经办负荷指标数值，考虑未来负荷比下降的空间，这里假定将上式中a设定为3000，b为5000，c为15000。在计算时，考虑到城乡居民养老保险、新农合经办业务与城镇职工社会保险经办业务的差别性，将上述三项制度的经办人员配置采用与生育、失业、工伤保险经办相同的标准，即每人服务15000参保人次。

根据以上公式，至2020年，全国社保经办机构的人员数量预测为：

$$I = [5.03亿/3000 + 5.46亿/5000 + (5.4+8.74+2.57+3.21+2.60)亿/15000]$$

= 167000（城镇职工养老）+ 109000（城镇医疗）+ 150000（新农合、失业、工伤、生育）= 426000人

---

① 林白桦等：《建设与覆盖城乡的社会保障体系相适应的社会保险经办管理体制》，http://www.csia.cn/hknr/200810/t20081007_199668.htm。

因此，以上估算表明到2020年，我国社保经办机构人员合理的配置需求为40万人以上，人员数量为2012年的2倍左右[1]，年均增长率约为10%。

2. 经办机构管理成本分析

表7列出了近3年来经办机构经费支出与社保基金征缴收入和基金结余的比较情况。2012年末，全国社保经办机构经费支出总额为148亿元，相当于当年社保基金征收额的0.62%，社保基金资产总额的0.37%[2]。从近3年的趋势看，社会保险基金征缴额以24.5%的年均速度增长，基金资产余额以29.14%的速度增长，而经办机构服务经费支出则相对较低，为9.61%，说明经办机构承担基金收支管理的负荷水平越来越高。

表7 2010~2012年经办机构经费支出水平分析

年份	经办机构经费支出总额（亿元）	社会保险基金征缴收入总额（亿元）	经办机构经费支出/基金征缴额（%）	社会保险基金资产总额（亿元）	经办机构经费支出/基金资产总额（%）
2010	112.5	15411	0.73	23886	0.47
2011	131.3	20515.6	0.64	30175	0.44
2012	148.1	23887.1	0.62	39835	0.37
年均增速（%）	9.61	24.5	-5.30	29.14	-11

注：基金征缴额包括职工基本养老保险（大口径）、职工基本医疗保险（大口径）、工伤保险、生育保险、城乡居民养老保险和医疗保险的基金；社会保险基金资产总额为各项社会保险基金累计结余合计。

资料来源：人力资源和社会保障部社会保险事业管理中心提供资料；《中国人力资源和社会保障年鉴（2012）》；人力资源和社会保障部提供数据（2013年）。

将经办机构服务成本与社保基金的管理规模相比较可以看出，随着社保基金征收额和基金资产余额的逐年扩大，两项占比指标数值都呈现出下降趋势，2012年分别为0.62%和0.37%。因此，按照本报告提出的建议，采取社保征缴收入中提取经办管理费用是可行的，对基金收入额和资产余额的影响都不足1%，并且经费成本占基金比指标在未来将逐年呈下降趋势。考虑到社保基金资产保值增值的困境，通过这种做法来置换社保资金使用效率就更迫切了。目前，我国社保基金资产的主要增值途径为银行存款，面临着巨大的隐性损失，表8假定以1年期定期存款利率为基金增值基准，估算了自2001年以来城镇职工基本养老保险基金结余的投资隐性损失情况。可以看出，养老保险基金隐性损失是非常大的：由于许多年份内1年期定期存款利率低于通货膨胀率，养老基金处于贬值状态，在1997~2012年的16年期间累计贬值497.7亿元；与全国社保基金历年收益率相比较，自2001年以来，基本养老保险基金累计贬值6054.4亿元；与全国企业年金基金历年平均收益率相比较，自2007年以来贬值累计达3023.7亿元。以2012年测算结果为例，城镇职工基本养老基金隐性损失情况为：相对通货膨胀率贬值12亿元；相对于全国社保基金当年投资回报率贬值897.8亿元；相对企业年金基金当年平均投资回报率贬值581.8亿元。

因此，本报告认为，从基金中提取不足1%的管理费用用于全国社保经办管理成本支出是一举多得之举措，既可以盘活社保基金资产，提高资金的投入产出效率；也可以解决当前社保经办管理体系投入不足的困境，提高整个社保行业的服务效率。

---

[1] 2012年，归口人力资源和社会保障部管理的社会保险经办机构人员数量为17.2万人，归口（原）卫生部管理的新农合经办管理机构人员数量约为4万人，两者合计21.2万人。

[2] 2012年末，全国城镇职工基本养老保险、居民社会养老保险、职工基本医疗保险、居民基本医疗保险、工伤保险、失业保险及生育保险基金资产总额为39835亿元。数据来源：《2012年度人力资源和社会保障发展统计公报》。

表8 1997年以来城镇职工基本养老保险基金隐性投资损失估算

年份	养老保险基金累计结余量（亿元）①	1年定期存款利息（%）②	居民消费价格指数（%）③	全国社保基金历年收益率（%）④	企业年金基金历年收益率（%）⑤	相比消费价格指数的隐性损失额（亿元）⑥=①×(③-②)	相比全国社保基金投资回报率的隐性损失（亿元）⑦=①×(④-②)	相比企业年金基金历年投资回报率的隐性损失（亿元）⑧=①×(⑤-②)
1997	683	5.67	2.8	—	—	−12.6	—	—
1998	588	4.77	−0.8	—	—	−9.1	—	—
1999	734	2.25	−1.4	—	—	−20.4	—	—
2000	947	2.25	0.4	—	—	−7.4	—	—
2001	1054	2.25	0.7	1.73	—	−16.3	−5.5	—
2002	1608	1.98	−0.8	2.59	—	−44.7	9.8	—
2003	2207	1.98	1.2	3.56	—	−17.2	34.9	—
2004	2975	2.25	3.9	2.51	—	49.1	7.7	—
2005	4041	2.7	1.8	4.16	—	−36.4	59.0	—
2006	5489	2.52	1.5	29.01	—	−56.0	1454.0	—
2007	7391	2.79	4.8	43.19	41.00	148.6	2986.0	2824.1
2008	9931	2.52	5.9	−6.79	−1.83	335.7	−924.6	−432.0
2009	12526	2.25	−0.7	16.12	7.78	−369.5	1737.4	692.7
2010	15365	2.5	3.3	4.23	3.41	122.9	265.8	139.8
2011	19497	3.25	5.4	0.85	−0.78	419.2	−467.9	−785.7
2012	23941	3.25	3.3	7	5.68	12.0	897.8	581.8
合计	—	—	—	—	—	497.7	6054.4	3020.7

资料来源：历年存款利率数据见中国人民银行网站，http://www.pbc.gov.cn/publish/zhengcehuobisi/631/index.html；居民消费价格指数见《中国统计年鉴（2012）》；全国社保基金投资收益率见历年《全国社会保障基金年度报告》；企业年金基金投资收益率见历年《中国人力资源和社会事业发展统计公报》。

表9进一步对全国各地经办机构的经费支出情况进行了比较，并按经费支出/基金收入指标对各省（市）进行了排名。可以看出，全国各省（市）经办机构经费支出绩效指标表现出很大的不平衡性。人均经费支出指标主要反映了经办机构经费投入的高低情况，指标越高说明机构建设情况越好，例如天津、上海、北京等地；参保人均服务费用指标反映各地针对参保人的经费平均投入情况，该指标全国各省份间的差距不大，最高为18元（天津），最低为4.6元（安徽），说明全国投入水平普遍较差；从经费支出/基金收入指标看，全国各省有较大的差距，最低为上海（0.33%），最高为吉林（1.06%），一般来说，投入经费水平相对较低和基金收入规模较大的省份，该指标水平较低，例如上海、山东、辽宁和江苏等地；从经费支出/基金资产总额指标分析，各省（市）数据的波动性并不大，最低为江苏（0.31%），最高为江西（0.96%），一般来说，外来流动人口多、资金结余规模较大的省份，该指标水平较低，例如山东、江苏、西藏、广东等省份。因此，从以上几项指标分析，各省经办投入水平和服务能力存在很大的地区不平衡性。

表9 各省份经办机构经费支出绩效

省份	经办机构人均负荷比（人次/人）	经办机构人均经费支出（元/人）	参保人员人均服务费用（元/人）	经办机构经费支出/基金收入（%）	各省社保基金资产总额（亿元）	经办机构经费支出/基金资产（%）
上 海	20356：1	24.1	11.8	0.33	1080.6	0.52
山 东	11385：1	6.8	6	0.36	2112.9	0.34
辽 宁	8428：1	7.3	8.6	0.39	1333.0	0.42
江 苏	15756：1	11.7	7.4	0.42	2682.6	0.31
安 徽	15418：1	7	4.6	0.46	736.9	0.41
西 藏	12568：1	7.6	6	0.46	39.0	0.35
黑龙江	6858：1	6.6	9.7	0.47	809.1	0.50
河 北	7477：1	5.7	7.6	0.53	1068.4	0.53
山 西	4994：1	4.5	9.1	0.53	1056.0	0.35
北 京	17857：1	26.4	14.8	0.54	1283.9	0.52
四 川	8463：1	9	10.6	0.56	1852.7	0.47
甘 肃	6940：1	5.8	8.4	0.59	383.4	0.52
贵 州	9090：1	6	6.6	0.62	371.6	0.48
浙 江	16556：1	16.4	9.9	0.63	2303.2	0.39
湖 北	7341：1	7.4	10.1	0.64	963.8	0.66
广 东	19393：1	13.9	7.2	0.66	4445.9	0.33
重 庆	20318：1	14.8	7.3	0.66	513.0	0.81
宁 夏	9941：1	9.7	9.7	0.67	202.8	0.48
福 建	10962：1	8.5	7.8	0.68	505.9	0.69
海 南	13864：1	16.2	11.7	0.68	156.0	0.82
河 南	6737：1	4.5	6.6	0.68	962.3	0.65
云 南	7167：1	6.1	8.5	0.74	567.6	0.58
天 津	17265：1	31.7	18.3	0.75	422.7	0.93
陕 西	6023：1	6.3	10.4	0.77	500.9	0.84
新 疆	5256：1	8.5	16.3	0.77	665.9	0.59
青 海	4310：1	6.9	16	0.78	133.8	0.65
湖 南	7719：1	6.8	8.7	0.80	854.4	0.79
内蒙古	4684：1	7.1	15.2	0.83	516.4	0.80
广 西	7056：1	7.1	10.1	0.89	668.2	0.56
江 西	7459：1	6.6	8.9	0.99	418.2	0.96
吉 林	8675：1	12.9	14.9	1.06	581.1	0.84
合 计	9692：1	8.6	8.9	0.58	30193	0.49

注：经办机构数量和人员统计口径包括职工养老保险（含多险合一）、医疗保险（含医疗、工伤、生育合一）、工伤保险、农村养老保险和城镇居民养老保险以及机关事业单位养老保险；参保人员数量和基金收入统计口径包括城镇职工养老保险、城镇医疗保险、工伤保险、生育保险和农村养老保险合计数据。其中，基金收入采用2011年的数据；社会保险基金资产总额为各项社会保险基金累计结余合计，采用2011年的数据。

资料来源：人力资源和社会保障部社会保险事业管理中心提供资料；《中国人力资源和社会保障年鉴（2012）》。

因此，笔者建议采用科学的经费编制方法，建立经费投入与基金征缴和管理总额相关联的动态增长机制，保障经办经费满足服务需求。在经办机构的经费预算核定上，国际上较常用的方法为按基金征缴额的一定比例进行拨付，提取比例的高低取决于社保项目的性质和服务内容，从实行"统一"模式的国家来看，社会保险项目管理费用按基金收入的提取比例一般为1%左右。按此标准计算，2012年我国经办机构的经费支出需求约为238亿元，为当年实际经费支出的1.6倍左右。除了按基金收支额比例核定预算经费的方式外，还可采用综合预算编制方法，例如借鉴税务和工商等机构定编和预算的经验，将参保人次、基金管理规模、基本服务量、地区面积人口比等因素纳入，建立综合权值测算公式，计算全国总服务费预算和各地区的经费预算。

（三）基本结论和主要政策建议

本报告的主要结论如下：

第一，社保经办服务体系是实现服务型政府转型的重要组成部分，对于构建均等型的基本公共服务体系，实现社会保险制度的可持续发展至关重要。

第二，随着全国社会保险制度的快速发展，社保经办服务体系建设明显滞后，难以适应日益增长的社保服务需求，未来面临着越来越大的需求压力。

第三，社保经办管理体系存在着能力建设不足、机构设置和管理体制混乱、信息化建设滞后等问题，人员编制不足和经费投入受限成为制约发展的两个关键性因素，迫切需要做出改革的顶层设计。

第四，通过测算分析，社保经办机构人员配置应有大幅增长，从社保基金中提取经办机构管理费用对提高资金使用效率、补偿经办服务成本具有可行性。

本报告的主要政策建议如下：

第一，在事业单位分类改革中，将社保经办机构定性为特殊类公益事业单位，给予独立法人地位。

第二，弱化社保经办机构行政管理，加强服务职能，实行理事会制式治理结构，建立绩效考核体系。

第三，理顺社保经办管理体制，统一机构设置，实行行业垂直管理和五险统管。

第四，社保经办机构人员身份脱离事业单位编制限制，实行面向市场的人员聘任制，建立人力资源配置与工作负荷相挂钩的动态配比机制。

第五，提高社保制度统筹层次，实行社保基金大收大支，健全经办机构经费预算制度，从社保基金中划拨经办管理费用。

第六，加大对基层社保经办机构人员和经费投入，健全基层社保经办服务平台。

第七，做好社保信息化建设战略规划，打破地区分割和重复建设，出台信息化建设标准，建设中央数据库和结算平台，建设全国统一的信息化服务网络。

第八，理顺政府部门职能，整合社保经办资源，建立"大社保"经办服务体系。

分报告八
国外社会保险经办服务体系现状*
——基于三种模式的分析

摘要：社会保险经办服务体系是提供社会保险公共服务的主要载体，其承载着实践社会保险制度、保障国民基本生活的重要职责。从世界各国社会保险经办机构的基本情况看，社会保险经办管理模式可以划分为三类：政府直接主导的"统一式"经办模式，政府监督、社会自治组织管理的"自治式"经办模式和私人机构运营的"公司制"经办模式。以上三种经办模式虽然机构设置各异、人员性质不同，但经办机构经费来源都可从基金中提取。

关键词：经办服务体系　统一式　自治式　公司制

---

* 本报告"统一式"社会保险经办管理模式由赵秀斋撰写，此外要特别感谢社会科学院拉丁美洲研究所房连泉为本部分的写作提供了大量资料，社会科学院研究生院民族所博日吉汗卓娜帮忙翻译了日本年金机构经费来源的资料；欧洲"自治式"经办管理模式主要撰写者为刘桂莲，同时本部分还得到娄宇、刘竹君、Stepan、何露杨等人的帮助，他们帮忙搜集了大量的外文资料，具体分工如下：娄宇搜集和整理了德国和奥地利社会保险经办机构材料，刘竹君搜集和翻译了法国社保经办机构的材料，Stepan 协助翻译了 2012 年荷兰社保银行的年报资料，何露杨协助搜集和翻译了葡萄牙社保经办机构的资料。"自治式"这一部分是在他们搜集资料的基础上扩充整理而来，这里对上述几位同志的贡献表示衷心的感谢。"公司制"运营管理模式由田青撰写，特别感谢社会科学院拉丁美洲研究所王帅为本部分撰写提供了拉丁美洲养老基金管理公司人员数量的资料。

一、"统一式"社会保险经办管理模式简介

世界上采取"统一式"经办管理模式的国家较多，包括美国、英国、日本、韩国、瑞典、挪威、加拿大、澳大利亚、新西兰等。该模式的主要特征是：由中央政府下属的行政部门（如美国的社会保障总署和英国的劳动年金部）或者依法成立的特殊公共机构（如日本年金机构），统一负责全国的社会保险经办业务[①]。从管理体制看，"统一式"管理模式下的经办机构采取垂直管理体制，由机构总部统一管理，各级机构之间职责明确、分工清晰；从经费来源看，管理成本或运营费用都可从基金收入中提取；从信息化水平看，所研究国家的信息化水平都很高，各级经办机构之间全部联网，数据和信息能够及时共享。

（一）美国的养老保险经办服务体系

美国的养老保险制度，美国人称其为 Social Security，即"社会保障"[②]，又称"老年、遗属和伤残保险"（Old-age, Survivors, and Disability Insurance，英文缩写为 OASDI，以下简称"老遗残保险"）。美国"老遗残保险"的经办机构为"社会保障总署"（Social Security Administration, SSA）。

1. 美国社会保障总署的机构设置

（1）历史沿革。

美国社会保障总署在 1935 年成立时是一个独立的政府机构，1939 年成为联邦安全局的一个下设机构，此后几经周折又于 1995 年恢复其独立地位。其大致过程如下：社会保障总署成立之初名为"社会保障委员会"（Social Security Board），于 1935 年 8 月 14 日罗斯福总统签署《社会保障法》时正式成立。当时的社会保障委员会是一个全新的政府机构，没有工作人员和办公设施，也没有办公经费。其最初的工作人员、办公设施和经费都是源于其他政府部门。1939 年 7 月 1 日，社会保障委员会作为独立机构的地位丧失，成为联邦安全局（Federal Security Agency）的一个附属机构。1946 年 7 月 16 日，社会保障委员会更名为社会保障总署，原社会保障委员会主席 Arthur Altmeyer 成为社会保障总署的第一任署长。1994 年 8 月 15 日克林顿总统签署《1994 年社会保障独立和计划完善法案》为（Social Security Independence and Program Improvements Act of 1994），决定恢复社会保障总署的独立地位，该法案于 1995 年 3 月 31 日生效[③]。

（2）机构职能。

在公众眼中，美国社会保障总署就是美国政府的"脸面"（"Face of the Government"），向公众提供多种"社会保障"经办服务[④]。其所提供的"社会保障"服务涉及"老遗残保险"和"补充保障收入计划"（Supplemental Security Income Program）。"老遗残保险"计划的供款方式为社会保障税，补充保障收入计划属于社会救助、计划资金源于一般性财政收入。此外，社会保障总署还帮助"医疗保险和医疗救助服务中心"（Centers for Medicare and Medicaid Services）管理住院保险（Medicare Hospital Insurance）、补充医疗保险（Supplementary Medical Insurance）以及与处方药计划（Prescription Drug programs）相关的一些工作[⑤]。

（3）组织架构。

美国社会保障总署在中央一级设立总部，总部下面分设 10 个区域办事处，基层设立多个办事处和服务中心。社会保障署总部位于马里兰州的巴尔的摩市，负责对全国的经办业务进行指导；区域办事处对辖区内的基层办事处、各服务中心进行监督并提供支持服务；其他办事处和服务中心则主要负责具体经办各类服务项目（参见图 1）。

[①] 英国的劳动年金部（Department for Work and Pensions，DWP）负责除北爱尔兰以外的英国地区有关福利、养老金政策以及儿童贫困等方面的工作，是英国政府中最大的公共服务提供部门，服务客户超过 2000 万名。源自英国政府网站：https://www.gov.uk/government/organisations/department-for-work-pensions/about。

[②] 这里"社会保障"加引号，是为了区别我们一般理解的社会保障概念（包括社会保险、社会救助和社会福利），而是专指美国的"老年、遗属和伤残保险"。

[③] 美国社会保障总署官网：http://www.ssa.gov/history/orghist.html。更多有关美国社会保障总署组织机构变革的情况参见该网站。

[④] 美国社会保障总署官网：http://www.ssa.gov/aboutus/。

[⑤] 美国社会保障总署官网：http://www.ssa.gov/budget/FY14Files/2014AE.pdf。

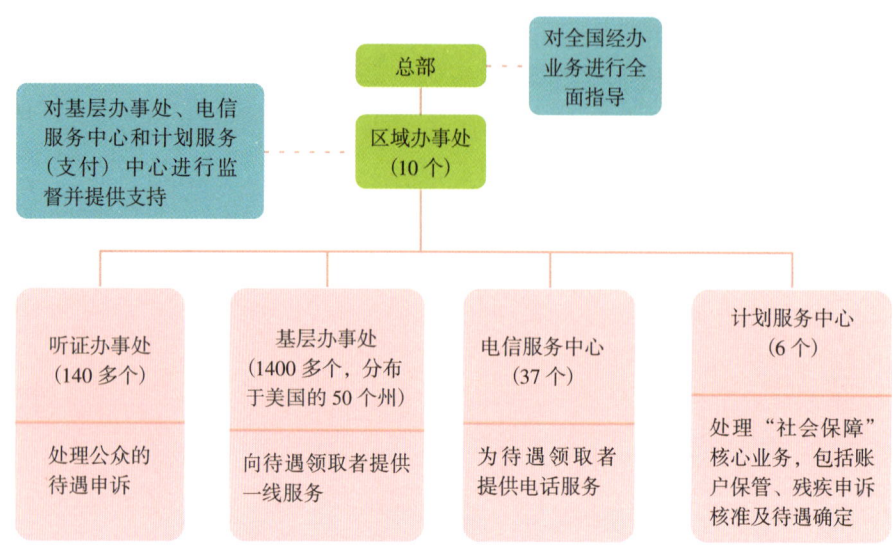

图1 美国社会保障总署的组织结构

资料来源：根据美国社会保障总署官方网站资料绘制，http://www.ssa.gov/careers/locations.html#a0=2。

美国社会保障总署实行这种集中管理模式的目的是向公众提供及时、准确和实时响应的服务①。在美国"联邦政府最佳工作场所"（the Best Places to Work in the Federal Government）排名中，社会保障总署排名靠前，2012年和2011年的排名分别为第6位和第2位（共19个政府部门）②。

2. 美国社会保障总署的人员编制

美国社会保障总署的最高行政长官为署长，由总统任命、参议院批准，任期为六年③。该署现有雇员人数约62000名，其身份均为政府雇员，他们分布在社会保障总署分设在全国各地的办事处。此外，在残疾鉴定中心还有14000名州政府雇员④。

2012年，美国有6100多万人次领取了"老遗残保险"待遇和补充保障收入⑤，同年"老遗残保险"的缴费人数为1.59亿⑥，所以照此计算美国社会保障总署的人均负荷比为［6100+15900］（万人次）/［6.2+1.4］（万人）= 2895:1⑦。

3. 美国社会保障总署的经费保障⑧

社会保障总署经办"老遗残保险"的管理成本支出均源自老年、遗属保险信托基金和伤残保险信托基金（统称"老遗残保险信托基金"）⑨。美国的老遗残保险信托基金由"社会保障"税收入、一般财政收入返还（Reimbursement from General Fund of the Treasury）、养老金纳税（Taxation of Benefits）以及投资收益四部分构成，支出只能用于待遇支付和管理成本支出。老遗残保险信托基金的管理成本包括社会保障总署经办"老遗残保险"发生的费用、财政部管理"老遗残保险"发生的费用以及"社会保障"税征收过程中发生的费用。2012年，美国"老遗残保险"的管理成本支出总额为63.38亿美元，其中支付社会保障总署管理成本56.54亿美元，占当年管理成本总支出的89%⑩。

---

① 美国社会保障总署官网，Annual Statistical Supplement, 2012, http://www.ssa.gov/policy/docs/statcomps/supplement/2012/oasdi.pdf。
② 参见：http://bestplacestowork.org/BPTW/rankings/overall/large。
③ 美国社会保障总署官网，Annual Statistical Supplement, 2012, http://www.ssa.gov/policy/docs/statcomps/supplement/2012/oasdi.pdf。
④ 美国社会保障总署官网，SSA FY2014 Budget Justification, http://www.ssa.gov/budget/FY14Files/2014AE.pdf。
⑤ 美国社会保障总署官网，SSA's FY 2012 Performance and Accountability Report, http://www.socialsecurity.gov/finance/2012/COSS%20Message,%20TOC,%20Introduction.pdf。
⑥ 美国社会保障总署官网，Annual Statistical Supplement, 2012, http://www.ssa.gov/policy/docs/statcomps/supplement/2012/oasdi.pdf。
⑦ 这里的人均负荷比是用补充保障收入的待遇领取者人数与"老遗残保险"的参保人数（包括待遇领取人数和缴费人数）总和，除以工作人员数量得出的。由于社会保障总署还为其他人员提供经办服务（但是相对而言数额不大，故此略去），所以此负荷比略小于实际的负荷比。
⑧ 如无特殊说明，以下有关美国社会保障总署管理成本的资料源自 Social Security Administration（SSA）：Budget Issues, http://greenbook.waysandmeans.house.gov/sites/greenbook.waysandmeans.house.gov/files/2012/R41716gb.pdf。
⑨ 美国社会保障总署官网，2010 OASDI Trustees Report, http://www.socialsecurity.gov/OACT/TR/2010/VI_glossary.html。
⑩ 美国社会保障总署官网，The 2013 OASDI Trustees Report, http://www.socialsecurity.gov/oact/TR/2013/tr2013.pdf。

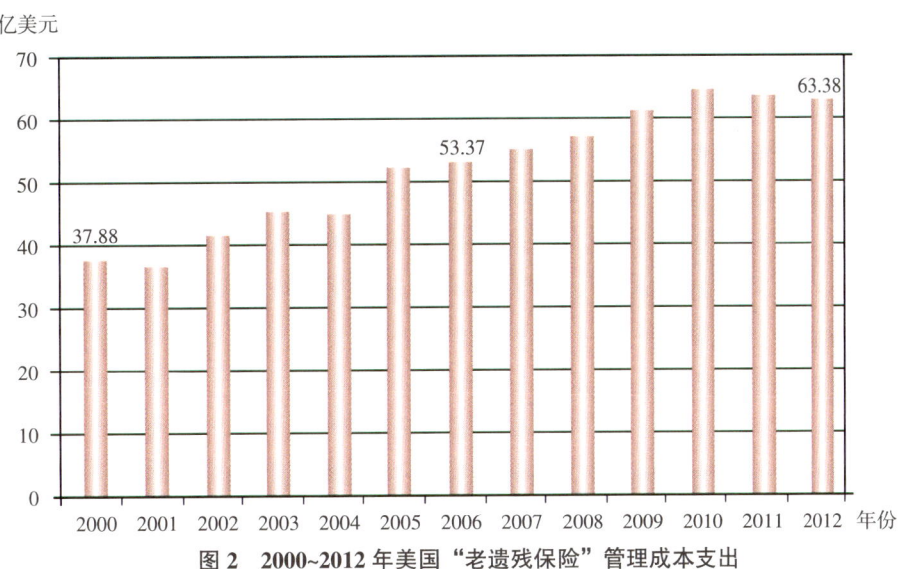

图2　2000~2012年美国"老遗残保险"管理成本支出

资料来源：美国社会保障总署官网，http://www.socialsecurity.gov/OACT/STATS/table4a3.html。

从图2可以看出，自2000年以来，美国"老遗残保险"的管理成本支出额基本上呈逐年增长趋势，从2000年的37.88亿美元增长到2012年的63.38亿美元。从占比情况看，"老遗残保险"的管理成本支出占非利息收入和基金总支出的比重则相对比较稳定（参见表1），近几年来维持在近1%的水平。

表1　2008~2012年美国"老遗残保险"管理成本占非利息收入和基金总支出的比重

年份	管理成本占非利息收入的比重（%）	管理成本占基金总支出的比重（%）
2008	0.8	0.9
2009	0.9	0.9
2010	1.0	0.9
2011	0.9	0.9
2012	0.9	0.8

注：非利息收入是指除投资收益外的基金收入。
资料来源：美国社会保障总署官网，The 2013 OASDI Trustees Report，http://www.socialsecurity.gov/oact/TR/2013/tr2013.pdf。

社会保障总署的管理成本除了包括经办"老遗残保险"的成本外，还包括经办补充保障收入、医疗保险相关业务的成本支出。因此，在总统预算草案（Budget Request）中，社会保障总署管理成本的资金来源除了老遗残保险信托基金外，还包括医疗保险信托基金、一般财政收入、社会保障总署的特定收费等，其中，老遗残保险信托基金占比约为50%。2013财年，总统预算草案中安排的社会保障总署管理成本为118亿美元，具体结构参见图3。

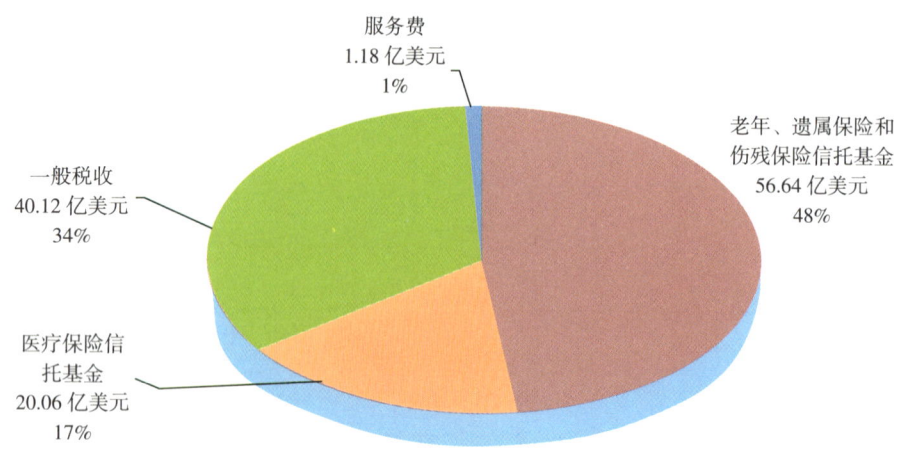

图3 社会保障总署管理成本预算（2013财年总统预算草案）

注：老年、遗属保险和伤残保险信托基金中包括向第二次世界大战老兵提供特殊待遇的行政成本。
资料来源：美国国会官网，Social Security Administration （SSA）：Budget Issues, http://greenbook.waysandmeans.house.gov/sites/greenbook.waysandmeans.house.gov/files/2012/R41716_gb.pdf。

4. 美国社会保障总署的信息化水平

美国社会保障总署的信息化水平非常高，其网上服务在美国联邦政府中排名前三甲，而且是联邦政府中首批用西班牙语提供交互式网上服务的机构之一。高效的信息化水平，有助于提高社会保障署职员的工作效率，从2007年至2012年的五年间社会保障总署的生产率年均提高4.7个百分点，这种提升速度无论对于公共机构还是私营机构都是难以企及的[1]。

美国的国家计算机中心（National Computer Center）是美国社会保障总署的主要计算机操作中心，该中心成立于1979年，位于巴尔的摩市的社会保障总署总部内。建立之初，该中心主要用于存储大型计算机主机处理器及其附属设备。这些年，国家计算机中心通过重组和更新计算机处理设备不断提升其数据处理能力[2]。

为了保持社会保障总署先进的信息化水平，在国家计算机中心的使用寿命结束之前建立新的信息技术系统，美国国会于2009财年拨款5亿美元用于建立一个新的国家支持中心（National Support Center）。该支持中心已经投入建设，预计2016年8月建成，届时社会保障总署将把国家计算机中心的所有信息技术服务转移至国家支持中心[3]。

（二）日本的养老保险经办服务体系

日本的公共养老保险制度主要包括国民年金（National Pension）和雇员年金保险（Employees'Pension Insurance）。国民年金是日本的基础年金，参保对象为全体国民，基金收入源于政府财政补贴和参保人缴费；雇员年金保险是收入关联年金，参保对象为受雇者，基金收入为雇员和雇主缴费[4]。日本公共年金制度的经办机构为"日本年金机构"（Japan Pension Service，JPS）。

1. 日本年金机构的机构设置[5]

（1）机构职能。

日本年金机构取代原来的社会保险厅（Social Insurance Agency），成立于2010年1月1日。受厚生劳动省（Ministry of Health, Labour and Welfare）的委托，日本年金机构负责日本公共年金制度的各项经办业务，包括参保登记/注销、缴费征收、参保记录管理、年金咨询、待遇支付等。

（2）组织架构。

日本年金机构总部位于日本东京，机构下设9个地区分部和312个基层办事处（参见图4）。

---

[1] SSA's FY 2012 Performance and Accountability Report, http://www.socialsecurity.gov/finance/2012/COSS%20Message,%20TOC,%20Introduction.pdf。
[2] Social Security Advisory Board: Bridging the Gap: Improving SSA's Public Service Through Technology, April, 2009.
[3] 美国社会保障总署官网，SSA'S FY 2014 Budget Justification, http://www.ssa.gov/budget/FY14Files/2014AE.pdf。
[4] 日本年金机构官网，Overview of the Social Insurance Systems, http://www.nenkin.go.jp/n/www/english/detail.jsp?id=43。
[5] 以下有关日本年金机构的介绍主要是根据《日本年金机构及其业务》（Japan Pension Service and its Operation）进行整理的，详见日本年金机构官网，http://www.nenkin.go.jp/n/www/share/pdf/existing/english/pdf/about_jps_operation.pdf。

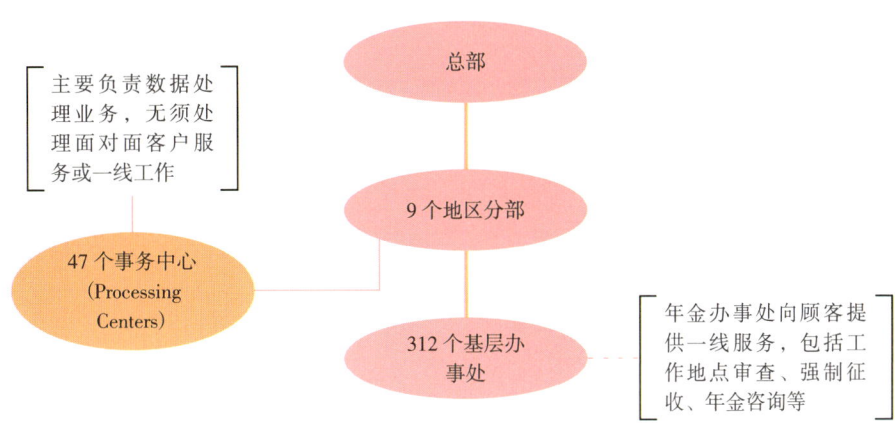

图4 日本年金机构组织结构

资料来源：日本年金机构官网，Japan Pension Service and its Operation, http://www.nenkin.go.jp/n/www/share/pdf/existing/english/pdf/about_jps_operation.pdf。

（3）职能划分。

日本年金机构总部、基层办事处以及在都、道、府、县一级设立的事务中心全部联网，各经办机构通过网络连接。各办事处通过一对一服务、集中办理和批量办理等形式履行其经办职能。同时各级办事处又有明确的职责划分，年金机构总部主要负责参保记录管理、数据管理、待遇支付和一些需要集中处理的业务；47个事务中心主要负责数据输入、报告审批、邮寄各种单据等需集中处理的业务；312个基层办事处主要负责参保登记、保费征收、年金咨询等需要一线经办的业务（参见图5）。

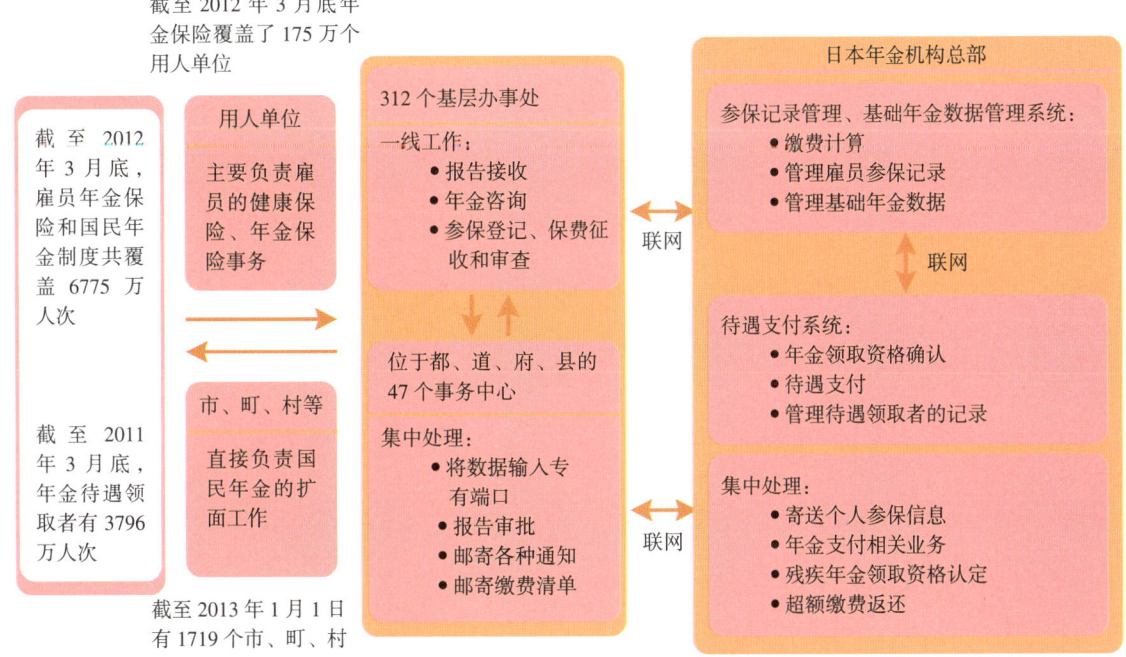

图5 日本年金机构业务经办流程

资料来源：日本年金机构官网，Japan Pension Service and its Operation, http://www.nenkin.go.jp/n/www/share/pdf/existing/english/pdf/about_jps_operation.pdf。

2. 日本年金机构的人员编制

日本年金机构是一个特殊的公共机构,其工作人员为非政府雇员。截至 2012 年 4 月 1 日,日本年金机构共有 12000 名全职雇员和临时雇员。除此之外,日本年金机构还雇佣了 3700 名临时雇员专门负责整理年金记录[①]。

照此计算,日本年金机构的人均负荷比为 [6775+3796](万人次)/[1.20+0.37](万人)= 6733∶1,其中,6775 万人次是截至 2012 年 3 月底日本雇员年金保险和国民年金制度的覆盖(缴费)人数,3796 万人次是截至 2011 年 3 月底日本年金机构服务的年金待遇领取者人数(参见图 5)[②]。

3. 日本年金机构的经费保障

日本年金机构的运营经费来自政府拨付的运营费交付金,主要由一般税收收入、企事业单位和个人缴纳的保险费两部分组成[③]。按照《日本年金机构法》的规定,日本年金机构运营费交付金的使用方向和运行规则如下:来自保险缴费部分的运营费交付金主要用于保险服务(包括参保登记、保费征收等)、信息化管理系统以及年金咨询服务;来自一般税收部分的运营费交付金主要用于年金记录整理业务(专门针对年金记录错误问题而设立)和一般管理费(包括雇员工资待遇和内部管理事务费两部分)。

2012 财年,政府实际拨付给日本年金机构的运营费交付金为 3307 亿日元,年金机构的实际支出为 2915 亿日元,其中,经常费用支出 2803 亿日元,占总支出的 96.16%。在这 2803 亿日元的经常费用当中,保险缴费支出 1073 亿日元(占比 38.28%),一般税收支付 1730 亿日元(占比 61.72%)。具体到经常费用的各支出项目,雇员工资的占比最高,为 30.18%,其次是年金记录整理,保险服务支出位列第三(参见表 2)。

表 2 2012 财年日本年金机构经常费用支出金额及占比

分类	金额(亿日元)	占经常费用支出的比重(%)
经常费用	2803	
保险缴费	1073	38.28
保险服务	455	16.23
信息化管理系统	283	10.10
年金咨询	336	11.99
一般税收	1730	61.72
雇员工资	846	30.18
年金记录整理	771	27.51
内部管理事务费	113	4.03

资料来源:日本年金机构官网,http://www.nenkin.go.jp/n/open_imgs/annual/0000014928EQUTB21PrN.pdf。

从运营经费占基金支出的比重看,2012 财年国民年金和雇员年金保险基金的事业运营相关支出为 4000 亿日元,占基金总支出(收入)的 0.9%。

4. 日本年金机构的历史沿革

在社保经办机构改革过程中,日本取消了社会保险厅(Social Insurance Agency),建立了两个新的非政府雇员型机构:日本年金机构和日本健康保险协会(Japan Health Insurance Association),前者主要负责提供日本公共年金制度的经办服务(成立于 2010 年);后者主要是向中小企业的雇员提供健康保险服务(成立于 2008 年)[④]。

(1)人事制度改革。

日本年金经办机构改革的一项重要内容是人事制度改革。日本年金机构的工作人员不再是政府雇员,而是私人雇员[⑤]。关于职员的人事晋升、工资待遇和人才培养方面,日本年金机构彻底从公务员型的人事、工资体制中摆脱出来,排除"年功序列制",确立以能力、工作业绩为标准

---

① 日本年金机构官网,Japan Pension Service and its Operation, http://www.nenkin.go.jp/n/www/share/pdf/existing/english/pdf/about_jps_operation.pdf。
② 因未找到 2012 年 3 月底日本雇员年金保险和国民年金制度的待遇领取者人数,这里用 2011 年 3 月底的数据替代。
③ 以下关于日本年金机构经费保障的资料均源自日本年金机构官网,http://www.nenkin.go.jp/n/open_imgs/annual/0000014928E-QUTB21PrN.pdf。
④⑤ 日本厚生劳动省官网,Structural Reform of the former Social Insurance Agency, http://www.mhlw.go.jp/english/wp/wp-hw6/dl/11e.pdf。

的人才录用和薪资晋级体制①。

(2) 其他改革内容。

除了人事方面的改革,在服务内容和服务方式上,日本年金机构也进行了改革。在服务内容上,日本年金机构通过提供简单、友好的提示,电话咨询和网上信息查询服务等改善服务内容;在服务方式上,通过更新落后计算机系统、服务外包等方式来为服务对象提供高效、便捷服务②。值得一提的是,在此次机构改革中,日本年金机构将一些经办业务进行外包,以提高经办效率、提升服务质量。其外包的业务包括处理各种通知和申请、电话咨询、缴费征收相关业务等③。

(三) 韩国的养老保险经办服务体系

韩国的国民年金(National Pension)制度建立于1988年,目的是在人年老、残疾或者死亡时向其本人或其遗属提供养老金待遇,制度覆盖对象为所有18~60岁的韩国公民,但具有专门养老金制度的人除外。

1. 韩国国民年金公团的机构设置

韩国国民年金制度的行政管理机构为健康、福利和家庭事务部(Minister for Health, Welfare and Family Affairs)。受健康、福利和家庭事务部的委托,国民年金公团(National Pension Service,NPS)承担韩国国民年金制度的经办业务。韩国的国民年金公团成立于1987年9月,成立时名为"国民年金管理公团",2007年7月更名为"国民年金公团"④。

(1) 机构职能。

韩国国民年金公团具体经办如下业务:①管理并保存参保人的相关记录;②缴费征收;③待遇确定和支付;④福利改善计划,包括为参保人、待遇领取者筹建和运营服务设施;⑤向参保者提供贷款服务,用以增加其基金规模;⑥《国民年金法》及其他法律委托给国民年金公团的其他事项;⑦健康、福利和家庭事务部委托给国民年金公团的其他国民年金事务⑤。

(2) 组织架构。

按照《国民年金法》的规定,国民年金公团是一个独立的法人机构,机构性质为公共机构。国民年金公团的工作人员为政府雇员,董事长由韩国总统任命,其他部门理事由健康、福利和家庭事务部任命。目前,国民年金公团由基金运营本部和国民年金研究院在内的本部以及97个分公司、1个伤残审查中心和1个国际合作中心构成。其组织结构图如下:

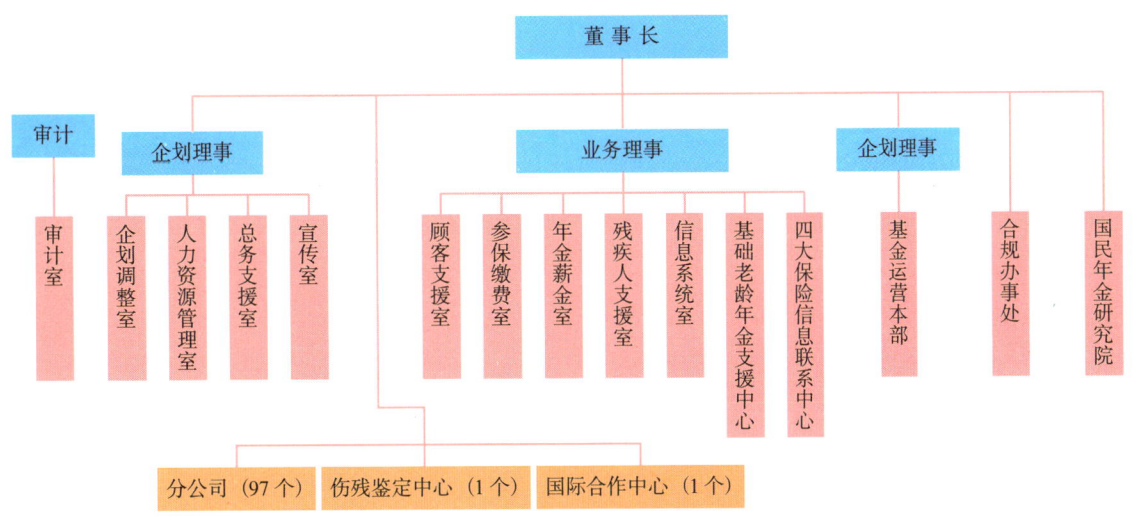

图6 韩国国民年金公团组织结构

资料来源:韩国国民年金公团官网,http://chinese.nps.or.kr/jsppage/china/corporation/organizationChart.jsp#。

---

① 有关机构改革的内容参考孟昭喜、徐延君主编:《完善社会保险经办管理服务体系研究》,中国劳动社会保障出版社2012年版。
② 日本厚生劳动省官网,Structural Reform of the former Social Insurance Agency,http://www.mhlw.go.jp/english/wp/wp-hw6/dl/11e.pdf。
③ 详见厚生劳动省官网,http://www.mhlw.go.jp/english/wp/wp-hw4/dl/honbun/1_2_1.pdf。
④ 韩国国民年金公团官网,http://chinese.nps.or.kr/jsppage/china/corporation/history.jsp。
⑤ National Pension Act.

2. 韩国国民年金公团的经费保障

韩国国民年金公团的运营费用源自国民年金基金收入（National Pension Fund）。根据《国民年金法》的规定，韩国1988年建立了国民年金基金，为支付年金待遇筹集资金。国民年金基金收入由年金保险缴费及基金投资收益两部分组成，基金支出用于年金待遇支付、国民年金公团运营费支出和福利管理运营费等①。过去三年韩国国民年金基金的收支情况如表3所示，其中的"行政管理成本及其他"就是包括国民年金公团运营费用支出在内的统计。

表3 2010~2012年韩国国民年金基金的收支情况

分类	2010年底	2011年底	2012年上半年
收入（亿韩元）	386212	411810	443698
保险缴费	252853	274346	285545
投资收益及其他	133358	137465	158153
支出（亿韩元）	90809	103120	76232
待遇支付	86355	98193	72012
行政管理成本及其他	4455	4927	4220

资料来源：韩国国民年金公团官网，The NPS Fund Management Report 2012, http://english.nps.or.kr/jsppage/english/npf_korea/npf_06_01.jsp。

表4给出了2006~2011年韩国国民年金公团的运营费用支出及其占基金收入/基金资产额的比重。从中可以看出，近6年来，韩国国民年金公团的运营费用呈稳步增长趋势，自2006年的3962亿韩元增长到2011年的4836亿韩元；运营费用占基金收入的比重较为稳定，6年中维持在1.0%~1.5%；运营费用占基金资产额的比重也多稳定在0.1%~0.2%。

表4 2006~2011年韩国国民年金公团运营费用支出及占比

年份	运营费用① （亿韩元）	（国民年金）基金收入 （亿韩元）	运营费用/基金收入 （%）	（国民年金）基金资产额（市值） （亿韩元）	运营费用/基金资产额 （%）
2006	3962	306948	1.29	1895812	0.21
2007	4109	353990	1.16	2196235	0.19
2008	4161	323483	1.29	2354325	0.18
2009	4354	323498	1.35	2776424	0.16
2010	4382	386212	1.13	3239908	0.14
2011	4836	411810	1.17	3488677	0.14

注：运营费用包括管理成本（G&A Expenses）、国民年金研究院的运营费用及其他费用支出，其中98%以上为管理成本支出。

资料来源：韩国国民年金公团官网，The NPS Fund Management Report 2012, http://english.nps.or.kr/jsppage/english/npf_korea/npf_06_01.jsp。

（四）总结

综观实行"统一式"管理模式的国家，其社会保险经办机构服务体系具有如下特点：一是对于全国统一实行的社会保险项目，建立了全国统一的社会保险经办机构，并实行垂直管理；二是经办机构或者为政府部门或者为公共机构，人员性质可以是政府雇员，也可以是私人雇员；三是经办机构的管理成本全部或者部分源于社会保险基金收入，从美国、日本、韩国三国情况看，其养老保险基金收入中约有1%用于管理成本或运营费用支出；四是各级社会保险经办机构之间全部联网，重视信息化水平建设，以美国社会保障总署最为典型；五是不断对经办机构进行改革，以提高机构的经办效率，以日本年金机构最为典型。中国在社会保险经办机构的建设过程中，也应根据实际情况从中吸取一定经验。

---

① 韩国国民年金公团官网，http://chinese.nps.or.kr/jsppage/china/fund/status.jsp。

二、"自治式"社会保险经办管理模式简介

世界上采取自治式经办管理模式的国家大多为欧洲大陆国家，主要有德国、法国、荷兰、奥地利、葡萄牙、西班牙、意大利、瑞士、比利时等。自治式经办管理模式的特征为：政府与自治机构通过签契约的方式实现合作，经办机构由雇员、雇主或政府代表组成的董事会进行管理决策，政府相关部门负责总体监督，经办机构享有高度的自治权。其管理成本主要从基金中提取，强化了经办机构的服务意识。自治管理模式建立的是政府与工会、雇主与雇员、社会与国家之间的有机合作。

（一）德国的社会保险经办服务体系

德国是世界上首个以社会保险立法建立现代社会保障制度的国家，现已形成了包括养老保险、医疗保险、护理保险、失业保险、工伤保险在内的社会保障体系。

1. 德国社会保险经办机构设置

（1）德国法定养老保险经办机构。

目前，德国拥有16家法定养老保险经办机构，包括1家德国养老保险年金联合会，1家德国矿工、铁路工人、海员养老保险基金会和14家跨地区的德国养老保险经办机构。这些法定养老保险经办机构都是拥有自治职能的公法法人，实行财务自治，财务独立于国家预算。德国联邦劳动和社会事务部对年金的经办机构实行全面监督。德国养老保险年金联合会对德国各年金保险经办机构行政管理进行监督。

（2）德国法定医疗保险经办机构。

德国法定医疗保险经办机构是实行自治管理的公法法人。自20世纪70年代以来，医疗保险经办机构历经多次兼并重组，数量从将近2000家降至目前的134家。德国法定医疗保险经办机构具体分类和业务范围详见表5。

表5 德国法定医疗保险经办机构的业务范围和数量

分类	业务范围	数量（家）
医疗互助组织	面向全体参保人	6
一般医疗保险经办机构	面向全体参保人	11
企业医疗保险经办机构	参保人数超过1000人的企业自行建立	109
手工业同业公会医疗保险经办机构	参保人数超过1000名手工业行业工会可以建立，也可吸纳其他行业参保人	6
农业医疗保险经办机构	面向农民及其家庭成员等农业人口	1
矿工医疗保险经办机构	面向全体参保人	1
合计		134

资料来源：根据德国法定医疗保险经办机构官方网站整理而来。

在134家法定医疗保险经办机构中，企业职工医疗保险经办机构数量最多，占经办机构总数的81%。而面向矿工、农业人口等特殊群体的经办机构仅有1家。此外，德国各法定医疗保险经办机构规模大小不一，大约42%的德国法定医疗保险经办机构参保人数在2.5万人以下，12.7%的经办机构参保人数在100万人以上（参见表6）。

表6 法定医疗保险经办机构规模情况

参保人数（人）	法定医疗保险经办机构数量（家）
>1000000	17
500000~999999	4
250000~499999	6
100000~249999	30
50000~99999	10
25000~49999	11
<25000	56
总数	134

资料来源：德国医疗保险经办机构官方网站，Handbuch Gesundheitswirtschaft in Deutschland 2013。

2. 德国社会保险经办机构的人员编制

德国社会保险经办机构根据自身工作量和服务内容的不同进行人员编制。一个简单衡量社保经办管理能力的指标即人均负荷比，它是经办机构雇员人数与服务保障对象人数之间的比例。本报告以法定养老保险经办机构为例，分析德国各个养老保险经办机构的人均负荷比（参见表7）。德国莱茵州养老保险经办机构缴费人数人均负荷比高达2410:1，其次是德国联邦养老保险经办机构为2187:1，而德国矿工、铁路工人、海员养老保险经办机构的人均负荷比仅为119:1，相差较大。

表7 2011年德国养老保险经办机构人均负荷比情况

名称	缴费人数（万人）①	雇员人数（万人）②	人均负荷比 ③=①/②
德国联邦养老保险经办机构	3280	1.50	2187:1
德国矿工、铁路工人、海员养老保险经办机构	330	2.77	119:1
德国巴登—符腾堡州养老保险经办机构	510	0.36	1417:1
德国南巴伐利亚州养老保险经办机构	370	0.30	1233:1
德国柏林—勃兰登堡州养老保险经办机构	263	0.20	1315:1
德国布劳施威格—汉诺威州养老保险经办机构	300	0.30	1000:1
德国黑森州养老保险经办机构	260	0.24	1083:1
德国中部养老保险经办机构	400	0.42	952:1
德国北部养老保险经办机构	290	0.29	1000:1
德国北巴伐利亚养老保险经办机构	240	0.30	792:1
德国奥登堡—不莱梅养老保险经办机构	80	0.10	789:1
德国莱茵州养老保险经办机构	940	0.39	2410:1
德国莱茵—普法尔茨州养老保险经办机构	200	0.23	869:1
德国萨尔州养老保险经办机构	40	0.05	879:1
德国施瓦本养老保险经办机构	140	0.17	824:1
德国韦斯特法伦州养老保险经办机构	390	0.30	1314:1
共计	7300	9	811:1

注：此处人均负荷比计算的是缴费人数与雇员人数之间的比值。
资料来源：根据德国各养老保险经办机构官方网站整理而来。

3. 德国社会保险经办机构支出结构

按照社会法典第Ⅳ编的规定，社会保险经办机构董事会每年制定一份年度预算计划，经代表大会批准后生效。社会保险经办机构的支出项目包括社会保险的待遇给付支出和管理成本支出。社会保险待遇给付所占份额最大，一般在80%~90%。管理成本因经办险种而异，这里主要以法定医疗保险经办机构支出结构为例。

德国法定医疗保险经办机构的支出项目包括住院治疗、药品、医师服务、牙医服务、心理辅导治疗、健康恢复服务和管理成本支出。其中，管理成本支出占总支出的比例为5.5%。各类支出项目及占总支出的比例如图7所示。

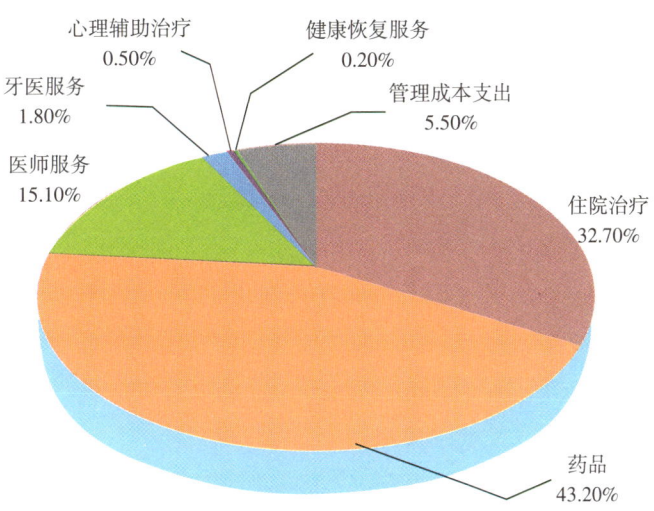

图 7　2007~2010 年德国法定医疗保险经办机构支出结构

资料来源：BILD, zitiert nach Statistisches Bundesamt (Destatis), Wiesbaden, August 2008, http://www.gbe-bund.de/oowa921-install/servlet/oowa/aw92/dboowasys921. xwdevkit/xwd_init? gbe. isgbetol/xs_start_neu/&p_aid = 3&p_aid = 93458522&nummer = 322&p_sprache = D&p_indsp = -&p_aid = 14835536.

与不断攀升的其他支出类似，德国法定医疗保险经办机构的管理成本支出近年来绝对数额增长也很迅速。从1992年的52亿欧元（折算）上升到89亿欧元，但是占医疗保险基金总支出的比例变化不大，仅从5.1%上升到5.5%[①]。

（二）荷兰的社会保险经办服务体系

荷兰社会保障管理体制秉承"劳资自治"的传统。社会保险计划交由独立机构管理，政府主要行使决策和监督职能。荷兰的社会保险经办机构称之为"荷兰社保银行"（Social Insurance Bank，SVB）。

1. 荷兰社保银行的机构设置

荷兰社保银行成立于1960年，总部设在阿姆斯特尔芬。荷兰社保银行是独立于政府的行政机关，享有独立法人资格，受社会事务与就业部的监督。荷兰社保银行实行董事会管理，董事会成员由政府、雇主和雇员三方代表组成。

除总部外，荷兰社保银行下设一个总办事处、职能办公室和9个分支。总部主要负责人事管理和协调政策、提供先进的信息系统和办公设备等。职能办公室包括保险办公室、个人预算服务中心、补充养老保险基金会办公室、比利时事务局和德国事务局以及国外代理。总部下设的9大分支负责对荷兰全体居民准确及时发放养老金待遇。

荷兰社保银行业务范围较为广泛：一是受理社会事务和就业部授权的国民保险计划，包括国民养老金（Algemene Ouderdomswet，AOW）、遗属养老津贴（Alegemene Nabestaandenwet，ANW）等；二是受理其他社会保障业务，如儿童福利津贴（Algemene Kinderbijslagwet，AKW）、居家残疾儿童护理津贴、石棉受害者的赔偿计划和其他育儿津贴等。

2. 荷兰社保银行的人员编制

近年来，荷兰社保银行服务的参保人数不断增加，由1990年的404.32万人增加到2012年的520.33万人。不同社会保障计划参保人数占总参保人数比重不同：2012年，国民养老金参保人数占总参保人数的60.3%，儿童福利津贴参保人数占到36.8%，遗属养老津贴参保人数占总参保人数的1.4%，其他社会保障计划项目占总参保人数的1.5%[②]。可见，国民养老金是荷兰社保银行经办的主要业务。

[①] Wiesbadener Kurier, zitiert nach Statistisches Bundesamt (Destatis), Wiesbaden, August 2008.
[②] 荷兰社保银行官方网站，Jaarverlag Sociale Verzekerings Bank 2012, http://www.svb.nl/int/nl/over_de_svb/onze_prestaties/.

表 8 历年来荷兰社保银行服务的参保人数

年份	参保人数（万人）
1990	404.32
1994	415.96
1998	427.18
2002	448.79
2006	466.81
2010	491.80
2011	504.32
2012	520.33

资料来源：SVB，Jaarverlag Sociale Verzekerings Bank 2010-2012，http://www.svb.nl/int/nl/over_de_svb/onze_prestaties/.

2011 年底，荷兰社保银行有 3183 名雇员与社保银行签订了合同，其中 2887 名员工是全职人员，其他是外聘人员。男女员工所占比例分别为 48%和 52%，社保银行雇员平均年龄为 45.6 岁，平均工作年限为 17.8 岁①。而 2012 年荷兰社保银行雇员人数为 3208 人，较 2011 年增加了 25 人。通过计算人均负荷比反映荷兰社保银行提供经办服务的能力可知，2011 年荷兰社保银行的人均负荷比为 504.32（万人次）/3183（人）=1584:1，2012 年荷兰社保银行的人均负荷比为 520.33（万人次）/3208（人）=1622:1。

3. 荷兰社保银行的经费来源与支出结构

（1）社保银行经费来源。

社保银行国民养老保险计划筹资由税务部门代征。税务部门的征收缴费连同财政补贴和一些征缴罚款均列入养老基金收入，用于社会保险银行待遇发放、管理成本支出及其他支出。荷兰社保银行的管理成本从养老基金中提取。

2010 年荷兰社保银行的管理成本为 2.63 亿欧元，2011 年管理成本上升到 2.84 亿欧元，增长了 8%。荷兰社保银行管理成本绝对数额增长较快，但其占基金收入的比例仅从 2010 年的 0.75%小幅上升到 2011 年的 0.79%。此外，近年来，荷兰社保银行的人均管理成本小幅下降，2010 年荷兰社保银行人均管理成本为 48 欧元/年/人，2011 年和 2012 年均为 43 欧元/年/人②。

表 9 2009~2011 年来荷兰社保银行管理成本及其占基金总收支比例

年份	当年基金总收入（百万欧元）①	当年基金总支出（百万欧元）②	管理成本（百万欧元）③	管理成本占基金总收入比例（%）④=③/①	管理成本占基金总支出比例（%）⑤=③/②
2009	33634.89	33813.27	247.00	0.73	0.73
2010	35694.19	34889.78	263.05	0.75	0.75
2011	35214.79	36085.10	284.23	0.79	0.80

注：表中基金收入、基金支出是荷兰社保银行经办社会保险计划和其他业务的总和，但由于荷兰社保银行经办其他业务基金收支占总收支比例相当低，仅为 0.1%左右，可以忽略不计。

资料来源：SVB，Jaarverlag Sociale Verzekerings Bank 2012，P44，http://www.svb.nl/int/nl/over_de_svb/onze_prestaties/.

荷兰社保银行在确定管理成本时使用会计模型，在不同保险项目中确定一个合理的比例共同分担管理成本。因此，不同社会保险项目因其服务的参保人数和工作量的不同，所需的管理成本是不同的。

① 国民养老金。国家养老金计划覆盖了全部在荷兰居住或工作的人，是以缴费为基础的强制性保险计划。从 2009 年开始，国民养老金的管理成本小幅下降（参见表 10）。

① SVB，Sociale Verzakeringsbank SUWI-Jaarverslag 2011，http://www.svb.nl/Images/SUWI.
② 荷兰社保银行网站，http://www.svb.nl/int/nl/over_de_svb/onze_prestaties/cijfers/kerncijfers/.

表10 历年来国民养老金管理成本及待遇支出总额

年份	管理成本 (百万欧元)	领取养老金人数 (万人)	待遇支出总额 (百万欧元)	单位人均管理成本 (欧元/年)
1957	2	73.87	396	2.70
1977	26	125.20	6800	20.77
2005	113	255.35	23300	44
2008	117	273.45	26446	43
2009	126	281.29	27580	45
2010	124	288.13	28618	43
2011	118	301.70	29995	39
2012	113	313.59	31415	36

资料来源：①1957年、1977年和2005年数据来源于：SVB, The Dutch State Pension: A look behind the Scenes, 2008, http://www.svb.nl/；

② 2008~2012年数据来源于：SVB, Jaarverlag Sociale Verzekerings Bank 2010-2012, http://www.svb.nl/int/nl/over_de_svb/onze_prestaties/。

② 遗属养老津贴。荷兰社保银行负责遗属养老津贴待遇发放，从2008~2012年管理成本的绝对数额略有下降，但由于其领取养老金人数大幅下降，单位人均管理成本从2008年的204欧元/年上升到2012年的237欧元/年。

表11 2008~2012年遗属养老津贴管理成本

年份	管理成本 (百万欧元)	待遇领取人数 (万人)	单位人均管理成本 (欧元/年)	管理成本占当期基金支出比例（%）
2008	24	11.52	204	1.80
2009	24	10.65	229	2.00
2010	24	9.84	247	2.10
2011	20	8.67	232	1.90
2012	18	7.50	237	1.90

资料来源：SVB, Jaarverlag Sociale Verzekerings Bank 2010-2012, http://www.svb.nl/int/nl/over_de_svb/onze_prestaties/。

(2) 荷兰社保银行支出构成。

荷兰社保银行支出项目包括社会保险待遇给付支出、管理成本支出和其他支出。社会保险待遇给付所占份额最大，一般高达90%以上。荷兰社保银行管理成本支出包括人工成本、租金及设施成本支出、计算机成本支出、办公成本、服务费及其他。人工成本支出主要用于支付荷兰社保银行雇员的工资，是管理成本中最大的支出项目，通常占到65%以上。从2009~2011年的管理成本支出结构可以看出，计算机成本增幅较大，可见，荷兰社保银行不断加强信息化建设，更新和运用新技术提高经办效率。

表12 2009~2011年社保银行管理成本支出构成

年份	2009		2010		2011	
支出构成	总额 (百万欧元)	占管理成本总支出比例 (%)	总额 (百万欧元)	占管理成本总支出比例(%)	总额 (百万欧元)	占管理成本总支出比例 (%)
人工成本	174.92	70.82	183.09	69.60	186.29	65.54
租金及设施成本	24.87	10.07	24.89	9.46	25.74	9.06
计算机成本	14.85	6.01	17.44	6.63	21.68	7.63
办公成本	14.45	5.85	12.04	4.58	11.19	3.94
服务费	16.21	6.56	16.16	6.14	15.57	5.58
其他	1.71	0.69	9.43	3.58	23.76	8.36
合计	247.01	100	263.05	100	284.23	100

资料来源：SVB, Sociale Verzakeringsbank SUWI-Jaarverslag 2011, 7 maart 2012, http://www.svb.nl/Images/SUWI%20Jaarverslag%202011.pdf.

荷兰社保银行管理成本的确定主要依据有以下两个方面：一是通过相关的成本核算将工作负担与管理成本相联系，例如，需要额外增加多少人员或是投入多少成本才能达到预期的效果；二是提供一个合理的比例在不同基金中分摊管理的其他成本。因此，管理成本可以直接与工作负荷、支付量、货币价值和主要的绩效目标相联系。

（三）法国的社会保险经办服务体系

法国社会保障制度建于1945年，现已形成内容涵盖养老保险、医疗保险、工伤与职业病保险、失业保险和家庭津贴的社会保障体系。

1. 法国社会保险经办机构设置

（1）普通制度（Le Régime Général）。

该制度主要覆盖大部分工薪劳动者、学生和个体参保者，由102个家庭补助金机构（Caisses d'allocations familiales，CAF）、101个基层医疗保险基金会（Caisse Primaire D'assurance Maladie，CPAM）、46个社会保险费与家庭补助金联合征收机构（Union de Recouvrement des Cotisations de la Sécurité Sociale et D'allocations Familiales，URSSAF）和16个养老保险基金会（Caisses D'assurance Retraite et de la Santé Au Travail，CARSAT）组成。

（2）农业制度（Les Régime Agricole）。

该制度面向从事农业经营者和农业工人，由35个区域性基金会组成。

（3）自由职业者制度（Les Régimes des Non-Salariés non Agricoles）。

该制度覆盖手工业者、自由职业者和商人，自由职业者制度管理基金会下辖30家基层基金会。

（4）特殊制度（Les Régime Spéciaux）。

该制度覆盖公务员和国有企业的雇员等。

法国社会保险经办业务由中央与地方相连接的基金会网络进行管理，通过全国、大区、省及社区级代理机构四级阶梯实行社会化经营和分散管理，经办管理结构具体设置如下：

① 在中央设立了全国工薪收入者养老保险基金会、全国工薪收入者医疗保险基金会和全国家庭补助基金，分别负责养老保险、医疗和工伤职业病保险及家庭津贴制度政策和目标的制定。

② 在大区设有16所疾病保险基金会具体经办社会保险业务，其职责不仅在医疗保险方面，还负责工伤和职业病的费用报销以及代理养老金相关业务。

③ 在地方一级设立100多所基层疾病保险基金会和家庭津贴管理基金会，主要负责为受保人办理注册手续、确保各种补助金的发放等。

④ 在社区一级设有代理机构提供具体服务。

2. 法国社会保险经办机构的人员编制

目前，法国普通制度社保经办机构雇员总数为163923人，其中合同制雇员为162026名，约占雇员总数的98.8%。所有合同制雇员中，全职雇员人数（签订永久合同雇员）为155906人，占全职雇员总数的96.2%[①]。经办机构雇员平均年龄为45岁，平均工作年限在20年左右。近几年，法国普通制度社保经办机构雇员人数不断下降（参见表13）。

表13 2007~2011年法国普通制度社会保险机构雇员人数

年份	2007	2008	2009	2010	2011
雇员人数（人）	161264	159003	159459	155906	154503
平均年龄（岁）	45	45	45	45	45.4
平均工作年限（年）	21	20	20	20	20.1

资料来源：UCANSS, Rapport sur l'emploi 2011, Octobre 2011, http://extranet.ucanss.fr/contenu/public/EspaceRessourcesHumaines/InstancesParitaires/CPNEFP/rapports_emploi.html.

---

① 1 UCANSS, Rapport sur l'emploi 2011, Octobre 2011, http://extranet.ucanss.fr/contenu/public/EspaceRessourcesHumaines/Instances-Paritaires/CPNEFP/rapports_emploi.html.

按照性别划分，2011年法国普通制度社保经办机构中女性雇员人数的比重较大，占比76.80%，男性雇员人数的比重为23.20%（参见图8）。

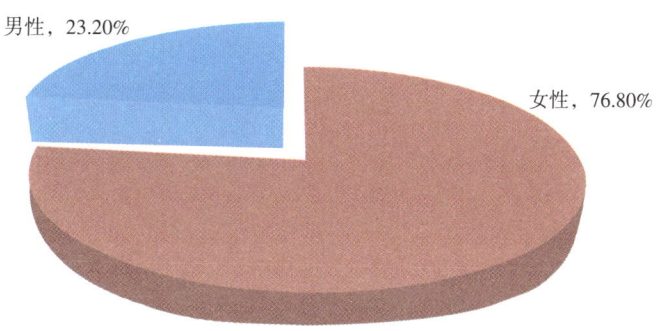

图8 法国普通制度社保经办机构的人员构成（按性别划分）

资料来源：UCANSS，Rapport sur l'emploi 2012，Octobre 2012，http://extranet.ucanss.fr/contenu/public/EspaceRessourcesHumaines/InstancesParitaires/CPNEFP/rapports_emploi.html。

3. 法国社保经办机构经费来源与支出结构

法国社会保障基金征缴和待遇发放分属不同的机构，基金征收由遍布全法的社会保险费与家庭补助金联合征收机构负责。征缴基金统一汇入社会保险机构中央管理局（Agence Centrale des Organismes de Sécurité Sociale，A-COSS），再由其拨付至经办机构。

（1）法国社保经办机构经费来源。

法国社保经办机构管理成本从基金收入中提取，不同保险项目从基金收入中提取的管理成本比例不同（参见表14）。虽然提取的比例每年都有变化，但总体上较为稳定，波动幅度较小：2009~2012年医疗保险制度提取的管理成本占医疗保险基金收入的比例一般维持在4%左右，而养老保险制度管理成本占养老保险基金收入的比例大约1%左右，家庭津贴制度占比为2.3%~2.5%。

表14 2009~2012年法国普通制度管理成本占各项保险项目基金收入比重

年份	2009	2010	2011	2012
医疗保险（%）	4.02	3.86	3.75	3.71
家庭津贴（%）	2.49	2.44	2.38	2.29
养老保险（%）	1.13	1.12	1.09	1.04

资料来源：Direction de la Sécurité sociale，Les chiffres clés de la Sécurité sociale 2012，2013，http://www.securite-sociale.fr/Chiffres-cles-2012-de-la-Securite-sociale。

（2）法国社保经办机构支出结构。

法国各社会保险经办机构的支出项目包括社会保障待遇支出（Prestations）、管理成本（Charges Nettes de Gestion Courante）、转移支付（Transferts）、财务费用（Charges Financières）及其他支出（Autres Charges）。社会保障待遇支出是社保经办机构的最大支出项目，通常占到基金总支出的93%以上。管理成本绝对数额略有上升，但占基金总支出的比例一直维持在3%。

表15 2010~2012年法国社保经办机构支出项目构成

年份	2010		2011		2012	
支出项目	支出总额（亿欧元）	占基金总支出比例（%）	支出总额（亿欧元）	占基金总支出比例（%）	支出总额（亿欧元）	占基金总支出比例（%）
待遇支出	4080	93.6	4200	93.5	4324	94.9
管理成本	130	3.0	130	3.0	140	3.0
财务费用	10	0.2	10	0.2	4	0.1
转移支付	70	1.6	80	1.8	20	0.4
其他支出	70	1.6	70	1.6	70	1.6

资料来源：Loi de Financement dela Sécurité Sociale 2010~2012，http：//www.securite-sociale.fr/Chiffres-et-reperes? id_mot=64.

法国政府不直接参与社会保障管理，而是委托给社会保险经办机构，采取自治管理方式。社会保险经办机构具有私法法人性质，拥有相当大的自治权。它的运作、经费使用、来源以及绝大部分决策过程都带有较浓的独立性质。各经办机构的最高决策机构为董事会，董事会由雇主、雇员代表和政府代表构成。法国政府对社会保险经办机构进行强有力的监管，若政府不满意社会保险经办机构的经办服务，可以取消与该机构的委托合同。此外，法国政府建立由财政部等相关部委派出特派员组成的独立监督委员会，负责检查经办机构的合同目标执行情况。

（四）欧洲其他国家的社会保险经办服务体系

1. 奥地利的社会保险经办服务体系

奥地利现已形成包括社会保险、社会福利、社会优抚和救济的社会保障体系。

（1）奥地利社保经办机构设置。

奥地利很多社保经办机构经办一种以上社会保险项目，各经办机构实行自治管理。奥地利社保经办管理体系是由22家社会保险经办机构和奥地利社会保险机构联合会构成的伞形组织（参见图9）。奥地利社会保险机构联合会负责对22家经办机构进行行政管理。

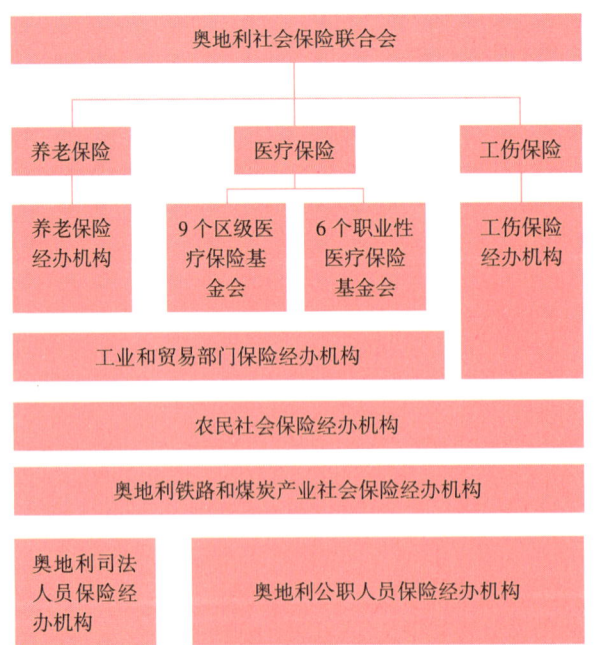

图9 奥地利社保经办机构设置和经办项目

资料来源：奥地利社会保险经办机构最高联合会官方网站，http：//www.sozialversicherung.at。

(2) 奥地利社保经办机构人员编制。

奥地利各类社保经办机构共有全日制雇员 26271 人，其中 61% 的雇员在社保经办机构的管理部门和财务部门，剩下 39% 的雇员在经办机构设立的服务机构（如门诊、医院等）。

截止到 2012 年年底，307 万人口参加普通养老保险制度，188 万人领取养老金，而普通养老保险经办机构共有雇员 6130 人。若以参保人数进行衡量，奥地利普通养老保险经办机构的大口径人均负荷比约为 808∶1；小口径的人均负荷比为 501∶1[①]。

(3) 奥地利社保经办机构管理成本。

奥地利社会保障基金实行收支两条线，医疗保险机构负责对各项社会保险费用统一征收，再转账给各养老保险经办机构。奥地利社保经办机构管理成本从基金收入中提取。2012 年，社保经办机构的管理成本占基金总收入的 2.1%。三个不同险种的管理成本占各项保险项目基金收入比例如下：医疗和工伤保险占 2.8%，养老保险占 1.5%，意外事故保险占 7.5%[②]。

2. 葡萄牙的社会保险经办服务体系

经过近一个世纪的发展，葡萄牙已建立包括养老、医疗、工伤和失业保险及家庭津贴在内的社会保障体系。

(1) 葡萄牙社会保险经办机构设置。

1916 年，葡萄牙成立了团结和社会保障部负责主管葡萄牙社会保障制度，其主要对社会保障进行总体监督和指导。2001 年 1 月，社会保障局（Instituto da Segurança Social，ISS，IP）成立。团结和社会保障部不直接管理社会保障局，社会保障局实行自治管理。社会保障局总部设在里斯本，职权范围覆盖整个葡萄牙本土（除马德拉与亚速尔自治区以外）。社会保障局下设中心服务机构、18 个分布各地区的地区中心和 1 个全国服务机构（全国养老金中心），2012 年设立了另一个全国服务机构（全国抗职业风险中心），形成了覆盖广泛的公共服务机构网络。社会保障局组织结构如图 10 所示。

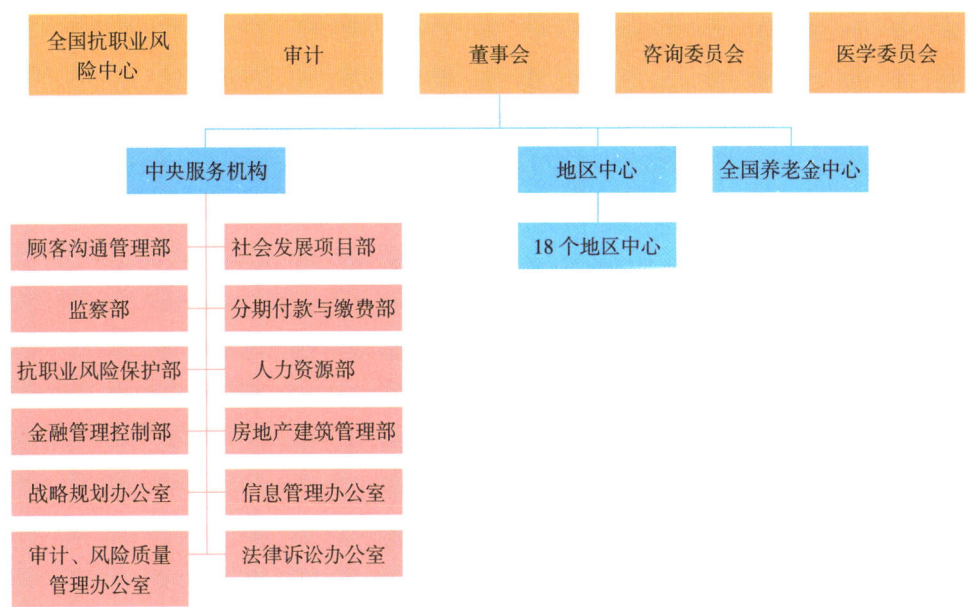

图 10　葡萄牙社会保障局内部组织架构

资料来源：葡萄牙社会保障局网站，Relatório de Atividades 2012 Instituto da Segurança Social，IP，http：//www4.seg-social.pt/documents/10152/59447/Relatorio_atividades_2012_ISS。

[①] 奥地利养老保险经办机构官方网站：Pensionsversicherunganstalt，Jahrebericht，2012，http://www.sozialversicherung.at/portal27/portal/esv_enportal/channel_first_level/cmsWindow?action=2&p_menuid=69247&p_tabid=2。

[②] Hauptband derösterreichischen Sozialleistungsträger，Dieösterreichische Sozialversicherung in Zahlen，31.Ausgabe，August 2013.

社会保障局是具体负责养老、生育、伤残、医疗、失业保险业务的经办机构，在法制框架下采取自治管理的运作方式。社会保障局的日常事务由董事会进行管理，董事会由一名主席、一名副主席和两名委员组成，主席拥有决定权。除董事会外，2012年社会保障局内设机构还包括审计、咨询委员会和医学委员会。

（2）社会保障局的人员编制。

2012年社会保障局雇员人数为9630人，较2011年减少了1529人。葡萄牙社会保障局雇员已经从2005年的15383人下降到2012年的9630人，以年均6%的速度下降。

图11 2005~2012年葡萄牙社会保障局雇员人数变化

资料来源：葡萄牙社会保障局网站，Relatório de Atividades 2012 Instituto da Segurança Social, IP, http://www4.seg-social.pt/documents/10152/59447/Relatorio_atividades_2012_ISS。

葡萄牙社会保障局每年根据经办的业务量编制其人力资源计划，其内设的岗位包括领导岗位、业务操作岗、管理岗和专业技术岗以及机构整合岗。2012年葡萄牙社会保障局岗位设置和人员编制计划见表16。

表16 2012年葡萄牙社会保障局人力资源计划人员构成　　　　单位：人

专业领域	地区级	中心	全国养老金中心	全国抗职业风险中心	总计
领导层级	83	32	7	1	123
业务操作岗					
身份认定、缴费资格认定	1206	51	—	—	1257
待遇发放与救助	3211	36	472	—	3719
社会发展	1749	159	—	—	1908
认证资格	0	—	—	45	45
监督岗	0	326	—	—	326
管理岗					
财务管理人员	145	134	59	—	338
经营岗人员	556	—	—	—	556
经营管理人员	—	166	—	—	166
人事管理人员	71	128	—	—	199

续表

专业领域	地区级	中心	全国养老金中心	全国抗职业风险中心	总计
专业技术岗					
管理支持	155	—	—	24	179
计划支持	—	28	—	—	28
法律诉讼支持人员	225	10	26	—	261
技术支持人员	—	73	—	—	73
沟通协调人员	—	10	—	—	10
信息管理人员	—	46	36	—	82
信息化计划人员	106	—	—	—	106
计划人员	—	28	—	—	28
质量审计人员	—	25	—	—	25
机构整合岗	1863	—	—	—	1863
合计	9370	1252	600	70	11292

资料来源：葡萄牙社会保障局网站，Relatório de Atividades 2012 Instituto da Segurança Social，IP，http://www4.seg-social.pt/documents/10152/59447/Relatorio_atividades_2012_ISS。

(3) 葡萄牙社会保障局管理成本。

葡萄牙社会保障局的管理成本从基金中列支。2005~2011年葡萄牙社会保障局管理成本有升有降，波动幅度不大，但管理成本占基金总支出的比例从2005年的1.83%下降到2011年的1.50%。

表17 2005~2011年葡萄牙社会保障局管理成本支出情况

年份	2005	2006	2007	2008	2009	2010	2011
管理成本（百万欧元）①	282.50	292.00	305.00	287.35	302.38	321.04	308.59
基金总支出（百万欧元）②	15400.00	16505.00	17692.00	18450.88	19378.69	21102.40	20634.16
管理成本占基金总支出比例（%）③=①/②	1.83	1.77	1.72	1.56	1.56	1.52	1.50

资料来源：葡萄牙社会保障局网站，Relatório de Atividades 2012 Instituto da Segurança Social，IP，http://www4.seg-social.pt/documents/10152/59447/Relatorio_atividades_2012_ISS。

葡萄牙社会保障局财政独立和拥有自主决策权。葡萄牙社会保障局每年发布年度报告，管理公开透明。葡萄牙社会保障局每月进行客户满意度调查，不断创新服务方式，提升服务质量。

(五) 总结

采取自治式管理的社会保险经办机构是非政府自治组织，在法制框架下独立运作，政府进行政策指导和一般监督，实现真正的管办分离。这种自治式管理不仅实现了多方主体的共同参与，而且因其相对独立的运作促进了社保经办机构专业水平的不断提升，管理精细化。从基金中提取管理成本，强化了经办机构的责任意识和费用意识，不仅确保经办机构运行经费的可持续性，同时还激励着经办机构员工秉承"顾客至上"的服务理念，不断提升服务质量。同样，自治管理方式的有效运转需要较为健全的政治社会环境：健全的法制规范、较高协调能力的监督部门以及雇主和雇员之间强有力的组织。尽管中国在现实国情以及历史传统上与欧洲国家不同，但正处在社会保险制度不断完善的中国仍能从自治式经办管理方式中汲取养分，不断提升社会保险经办机构的服务管理能力。

三、"公司制"社会保险经办管理模式简介

1981年,智利对现收现付的公共养老金制度进行了私有化改革,引入了完全积累的个人账户制度,走在世界养老金制度私有化改革的前列。在观察到智利养老金改革取得的成效后,20世纪90年代开始许多拉丁美洲国家也纷纷追随智利的改革步伐,相继引入了个人账户制度,如秘鲁(1993)、哥伦比亚(1994)、阿根廷(1994)[①]、乌拉圭(1996)、墨西哥(1997)、玻利维亚(1997)、萨尔瓦多(1998)、哥斯达黎加(2000)、多米尼加共和国(2003)。个人账户制度下的缴费全部进入个人资本账户进行完全积累,并由养老基金管理公司管理运营。个人账户制度建立以后,拉丁美洲地区纷纷成立养老基金管理公司经办养老金业务。这一由私人养老基金管理公司经办管理个人账户的模式可称为"公司制"的经办管理模式。该模式的特点是由政府相关监管部门批准的公司履行管理养老金制度的行政职能,包括征收缴费、为成员建立个人账户、投资管理养老基金、发放养老金待遇等。从发展的历史经验来看,"公司制"经办模式大大提高了社保经办效率,保证了服务质量,成为特点鲜明的一种模式。

(一)拉丁美洲地区私营养老金制度的经办服务体系

1. 养老基金管理公司的设立与监管

(1)养老基金管理公司的总体情况。

拉丁美洲地区个人账户制度由养老基金管理公司经办,如智利、玻利维亚、哥伦比亚、萨尔瓦多、秘鲁和多米尼加共和国的AFPs,哥斯达黎加的OPCs,墨西哥的AFOREs,乌拉圭的AFAPs,这些公司皆为仅经营养老金业务的私人机构。各国相关法律均对养老基金管理公司做出严格规定,如智利3500号法令规定:每家养老基金管理公司允许经营五只养老基金;养老基金管理公司经营目的单一;公司成立需要满足最低注册资本要求;养老基金资产应与公司自有资产相分离;一家养老基金管理公司对其成员应征收标准统一的管理费;所有的养老基金管理公司对其经营的养老基金应实施最低收益保证等[②]。养老基金管理公司的职责包括征收缴费[③]、管理个人账户、投资养老基金、发放待遇以及其他相关服务等[④]。

目前,拉丁美洲国家养老基金管理公司的数量已趋于稳定。如表18所示,养老基金管理公司数量最多的是墨西哥,拥有12家AFOREs,最少的玻利维亚和萨尔瓦多各有2家。养老基金管理公司在市场竞争中优胜劣汰,如智利养老金管理公司的数量变化反映了这一点。养老基金产业高利润的吸引和放松的市场进入条件,致使1992年和1993年智利的养老基金管理公司数量上升到22家,之后随着公司的不断合并,数量持续下降并稳定在目前的6家[⑤]。玻利维亚养老基金管理公司的成立则带有政府强力控制的色彩。最初,玻利维亚政府在国际间竞拍管理养老金的权利,73家公司表达了意向,最后仅有9家真正参与其中,且最终阶段仅有3家公司提出申请。政府依据3家公司的管理费水平挑选出两家成功竞拍者,作为玻利维亚仅有的两家养老基金管理公司。同时,政府为其提供双寡头垄断5年期限和最初市场占有比的保证,新加入的参保人员在两家公司间被随机分配。据有关分析,这也是导致玻利维亚管理费率较低的原因[⑥]。2010年12月10日,玻利维亚审议通过65号法令。新法令将取消这两家养老基金管理公司,建立一个长期社会保障基金政府管理机构(GSS)。一旦该机构建立,将接管两家养老基金管理公司的职责。由于目前尚处于过渡期,两家养老基金管理公司仍在运营个人账户养老基金[⑦]。

---

① 2008年12月,阿根廷26425号法令正式实施,取消了个人账户制度,故本报告未将其作为分析对象。
② Superintendence of Pensions. The Chilean Pension System, 2010.
③ 补充说明:墨西哥个人账户制缴费由墨西哥社会保障局(IMSS)征收,之后社会保障局再将保费转给各养老基金管理公司。
④ Superintendence of Pensions. The Chilean Pension System, 2010.
⑤ Armando Barrientos, Azis Boussofiane. The Efficiency of Pension Managers in Latin America, No.11. University of Manchester, October 2001.
⑥ H Von Gersdorff. Pension Reform in Bolivia: Innovative Solutions to Common Problems. World Bank Policy Research Working Paper, 1997.
⑦ Fiap.Bi-Yearly Report No.31., 2012, pp128. Fiap.Bi-Yearly Report No.33., 2012, http://www.fiap.cl/prontus_fiap/site/artic/20130818/asocfile/20130818182859/bi_yearly_report_no_33.pdf.

表18 2012年拉丁美洲地区养老基金管理公司数量情况

国家	养老基金管理公司	
	名称	数量（家）
玻利维亚	养老基金管理公司（AFPs）	2
哥伦比亚	养老基金管理公司（AFPs）	6
哥斯达黎加	补充养老金运营公司（OPCs）	6
智利	养老基金管理公司（AFPs）	6
萨尔瓦多	养老基金管理公司（AFPs）	2
墨西哥	养老基金管理公司（AFOREs）	12
秘鲁	养老基金管理公司（AFPs）	4
多米尼加共和国	养老基金管理公司（AFPs）	5
乌拉圭	养老基金管理公司（AFAPs）	4

资料来源：Fiap.Bi-Yearly Report No.33.，2012，http://www.fiap.cl/prontus_fiap/site/artic/20130818/asocfile/20130818182859/bi_yearly_report_no_33.pdf.

(2) 养老基金的监管。

个人账户制度的引入、保险费的征收、个人资本账户的投资运营都要求成立机构对养老基金进行监管，以保证养老基金管理公司管理运营的高效性和合法性，保障退休人员的权益。鉴于此，拉美地区皆在个人账户制实施前后成立了养老基金监管机构。大多数国家成立养老基金监管局对养老基金进行监管，如智利的养老基金监管局（Superintendencia de Pensiones，SP）、哥斯达黎加的养老基金监管局（Superintendencia de Pensiones，SUPEN），哥伦比亚的金融监管局（Superintendencia Financiera de Colombia，SFC），萨尔瓦多的金融系统监管局（Superintendencia del Sistema Financiero，SSF），秘鲁的银行、保险与养老基金监管局（Superintendencia de Banca, Segurosy AFP，SBS），墨西哥的国家退休制度委员会（Comisión Nacional del Sistema de Ahorro para el Retiro，CONSAR）以及多米尼加共和国的养老基金监管局（Superintendencia de Pensiones，SIPEN），以上监管机构皆属自治性质。与上述情况不同，玻利维亚和乌拉圭行使养老金监管职能的皆为政府机构，玻利维亚的监管机构是经济和公共财政部下设的养老金处，乌拉圭由其中央银行（Banco Central del Uruguay，BCU）实施监管，该部门为财政部主体机构。

表19 拉丁美洲地区养老基金监管机构情况

国家	监管机构		
	名称	成立年份	机构性质
玻利维亚	经济和公共财政部养老金处	—	政府
哥伦比亚	金融监管局	2005	自治
哥斯达黎加	养老基金监管局	2000	自治
智利	养老基金监管局	1980	自治
萨尔瓦多	金融系统监管局	2011	自治
墨西哥	国家退休制度委员会	1996	自治
秘鲁	银行、保险与养老基金监管局	1931	自治
多米尼加共和国	养老基金监管局	2001	自治
乌拉圭	中央银行	1967	政府

资料来源：根据各国养老基金监管机构网站信息整理所得。

2. 养老基金管理公司人员编制

人均负荷比反映了参保人数或缴费人数与养老基金管理公司人数的比，可用来衡量公司提供养老基金管理运营服务的能力。为吸引参保人，拉丁美洲地区各养老基金管理公司雇佣大量销售人员，销售人员将近占各公司人员总数的一半。故此处分别估算了剔除销售人员数前后的人均负荷比，且分别估算了参保人数人均负荷比以及缴费人数人均负荷比（参见表20）。总体来看，剔除销售人员数后，养老基金管理公司人均负荷比均明显提高，如智利参保人数人均负荷比由1457∶1提高到2172∶1，缴费人数人均负荷比由823∶1提高到1227∶1。此外，乌拉圭养老基金管理公司的人均负荷比要显著高于智利，剔除销售人员数后，其参保人数人均负荷比由2968∶1提高到5197∶1，缴费人数人均负荷比由1874∶1提高到3281∶1。

表20　2012年个别国家养老基金管理公司人均负荷比情况

公司	公司人数（人）①	公司人数（剔除销售人员数）（人）②	参保人数（人）③	缴费人数（人）④	人均负荷比⑤=③/①	人均负荷比⑥=④/①	人均负荷比⑦=③/②	人均负荷比⑧=④/②
智利								
Capital	1378	724	1875578	1065341	1361:1	773:1	2591:1	1471:1
Cuprum	1161	737	623837	492301	537:1	424:1	846:1	668:1
Modelo	240	109	809729	449909	3374:1	1875:1	7429:1	4128:1
Planvital	635	345	394593	192836	621:1	304:1	1144:1	559:1
Provida	1740	1458	3418275	1782620	1965:1	1024:1	2344:1	1223:1
Habitat	1207	895	2146860	1253139	1779:1	1038:1	2399:1	1400:1
总计	6361	4268	9268872	5236146	1457:1	823:1	2172:1	1227:1
秘鲁								
Integra	550	317	1354386	709701	2463:1	1290:1	4273:1	2239:1
Profuturo	469	321	1152826	470191	2458:1	1003:1	3591:1	1465:1
乌拉圭								
AfapSura	93	50	287823	163472	3095:1	1758:1	5756:1	3269:1
Integración	58	32	177128	101652	3054:1	1753:1	5535:1	3177:1
República	163	100	437614	312521	2685:1	1917:1	4376:1	3125:1
UniónCapital	73	39	245963	147428	3369:1	2020:1	6307:1	3780:1
总计	387	221	1148528	725073	2968:1	1874:1	5197:1	3281:1

资料来源：①智利、秘鲁、哥伦比亚等国家的公司人数来源于各公司年报；乌拉圭国家的公司人数来源于乌拉圭中央银行（BCU），http://www.bcu.gub.uy/Paginas/Default.aspx。
②各公司参保人数与缴费人数来源于Fiap. Bi-Yearly Report No. 33., 2012, http://www.fiap.cl/prontus_fiap/site/artic/20130818/asocfile/20130818182859/bi_yearly_report_no_33.pdf。

3. 养老基金管理公司营运收支情况

（1）养老基金管理公司营运收入来源。

除自有资产外，养老基金管理公司的营运收入主要来源于佣金（Commission）收入。根据智利的相关统计数据，在总营运收入中，佣金收入所占的比重最大。例如，1994年智利养老基金管理公司总营运收入为3642.71亿比索，其中，提取的佣金为3183.50亿比索，占总收入的87.4%；2008年，佣金收入甚至超过总营运收入，两者分别为6003.64亿比索和5160.99亿比索。

表 21　1994~2008 年智利养老基金管理公司营运收入来源情况　　　　单位：亿比索

年份	1994	1996	1998	2000	2002	2004	2006	2008
营运收入	3642.71	3836.52	3968.20	4796.52	4054.49	4636.15	5837.11	5160.99
佣金收入	3183.50	3575.14	3743.20	3639.06	3767.35	4110.49	4896.65	6003.64
现金准备利润	288.80	126.87	77.04	222.81	195.21	419.23	851.59	-955.47
保险费基金利润收入	10.72	7.45	—	—	—	—	—	—
互补领域公司利润（损失）	—	—	57.29	844.40	—	—	—	—
保证金投资公司利润（损失）	—	—	-0.09	2.00	—	—	—	—
其他营运收入	159.70	127.06	90.75	88.25	91.93	106.43	88.87	112.81

资料来源：Superintendence of pensions. The Chilean pension system, 2010.

"公司制"经办管理模式运行之初，拉丁美洲地区养老基金管理公司提取的佣金收入由固定佣金（Fixed Commission）和可变佣金（Variable Commission）构成。可变佣金主要是以缴费、管理的资产以及投资收益等为对象，从中提取一定百分比。目前，拉丁美洲地区普遍实行从缴费和管理的资产中提取可变佣金。广义上讲，可变佣金的主要用途为：一是提供残疾和遗属保险费；二是补偿养老基金管理公司的营运成本并为其提供利润来源①。由于此处讨论重点为养老金的管理运营，所以，下文分析的可变佣金不包括残疾和遗属保险费。

2012 年拉丁美洲地区养老基金可变佣金提取情况如表 22 所示，从提取佣金结构来看，可分为三种类型：第一种是从缴费中提取佣金，表示为占工资的百分比，采用这一方式的国家主要包括萨尔瓦多、智利、哥伦比业、秘鲁、多米尼加共和国；第二种是从管理的资产中提取一定百分比作为佣金，采用这一方式的国家有墨西哥和哥斯达黎加；第三种则是既从缴费中提取又从管理的资产中提取，玻利维亚和乌拉圭都采用这种方式。

第一种类型下，提取的可变佣金水平（占工资的百分比）各国之间存在差异，如萨尔瓦多为 1.03%，智利为 1.41%，哥伦比亚为 1.27%，秘鲁为 1.81%，多米尼加共和国为 0.50%。此外，若依据可变佣金占工资的百分比和存入个人账户部分占工资的百分比可粗略估算出可变佣金占缴费的比例。例如，2012 年萨尔瓦多存入个人账户部分占工资的比例为 10.80%，智利为 10%，哥伦比亚为 11.50%，秘鲁为 10%，乌拉圭为 12.12%，多米尼加共和国为 8.00%[2]，可估算出可变佣金占缴费比例分别为：萨尔瓦多为 12.41%，智利为 12.36%，哥伦比亚为 9:95%、秘鲁为 15.33%，多米尼加共和国为 5.88%。

第二种类型下，墨西哥和哥斯达黎加提取的可变佣金水平（占管理资产的百分比）分别为 1.33% 和 1.095%。2007 年墨西哥通过社会保障改革法，将从管理的资产中提取可变佣金和从缴费中提取可变佣金两种并存方式改革为仅允许由管理的资产中提取。哥斯达黎加于 2011 年 1 月开始转变提取可变佣金方式，采用由管理的资产中提取一个比例，且不能高于 1.1%。在此之前，哥斯达黎加提取可变佣金采用两个并存方法：一是由缴费中提取一定比例（3.59%）；二是由基金收益中提取一定比例（7.75%）。实际上，2012 年 12 月所有养老基金管埋公司提取可变佣金水平都是 1.10%，只有哥斯达黎加社保局按 0.95% 提取，使得 2012 年的平均水平为 1.095%[3]。

第三种类型下，玻利维亚养老基金管理公司提取的可变佣金（占工资的百分比）为 0.50%，存入个人账户部分（占工资的百分比）为 10%，可变佣金占缴费的比例为 4.80%，此外，玻利维亚由管理资产中提取的可变佣金比例平均为 0.02285%；乌拉圭提取的可变佣金（占工资的百分比）为 1.586%，存入个人账户部分（占工资的百分比）为 12.124%，可变佣金占缴费的比例为 11.57%，由管理资产中提取的可变佣金比例为 0.00152%。

---

① 房连泉：《智利社保基金投资与管理》，中国社会科学院博士论文，2006 年。
②③ Fiap. Bi-Yearly Report No.33., 2012, http://www.fiap.cl/prontus_fiap/site/artic/20130818/asocfile/20130818182859/bi_yearly_report_no_33.pdf.

表22　2012年拉丁美洲地区养老基金可变佣金提取情况　　　　　　　　　　　　　　　　　　　　　　　单位：%

养老基金管理公司	养老基金可变佣金（占工资的百分比）	养老基金管理公司	养老基金可变佣金（占工资的百分比）
智利		哥伦比亚	
Capital	1.44	Colfondos	1.46
Cuprum	1.48	Horizonte	1.40
Habitat	1.27	ING	0.80
Modelo	0.77	Porvenir	1.40
Planvital	2.36	Protección	1.10
Provida	1.54	Skandia	1.67
2012年平均水平	1.41	2012年平均水平	1.27
秘鲁		萨尔瓦多	
Horizonte	1.89	Confía	1.021
Integra	1.74	Crecer	1.03
Prima	1.60	2012年平均水平	1.03
Profuturo	2.10	—	—
2012年平均水平	1.81	—	—
多米尼加共和国			
Popular	0.50		
Reservas	0.50		
Romana	0.50	—	—
Scotia Crecer	0.50		
Siembra	0.50		
2012年平均水平	0.50	—	—
养老基金管理公司	养老基金可变佣金（占管理资产的百分比）	养老基金管理公司	养老基金可变佣金（占管理资产的百分比）
墨西哥		哥斯达黎加	
Afirme Bajío	1.50	BAC S.J Pensiones	1.10
Azteca	1.52	BCR Pensiones	1.10
Banamex	1.28	BN-Vital	1.10
Bancomer	1.28	CCSS-OPC	0.95
Coppel	1.59	INS Pensiones	1.10
Inbursa	1.17	Popular Pensiones	1.10
Invercap	1.59	Vida Plena	1.10
Metlife	1.54	2012年平均水平	1.095
Pension ISSSTE	0.99		
Principal	1.48		
Profuturo GNP	1.39	—	—
SURA	1.31		
XXI Banorte	1.33		
2012年平均水平	1.33		

续表

养老基金管理公司	养老基金可变佣金（占工资的百分比）	养老基金可变佣金（占管理资产的百分比）	养老基金管理公司	养老基金可变佣金（占工资的百分比）	养老基金可变佣金（占管理资产的百分比）
乌拉圭			玻利维亚		
AfapSura	1.990	0.00154	Futuro de Bolivia	0.50	0.02285
Integración	2.150	0.00157	Previsión BBVA	0.50	0.02285
República	1.000	0.00151	2012年平均水平	0.50	0.02285
UniónCapital	1.990	0.00151	—	—	—
2012年平均水平	1.586	0.00152			

资料来源：Fiap. Bi-Yearly Report No.33，2012，http：//www.fiap.cl/prontus_fiap/site/artic/20130818/asocfile/20130818182859/bi_yearly_report_no_33.pdf.

（2）养老基金管理公司营运成本。

拉丁美洲地区养老基金管理公司营运成本由管理成本、营销成本以及其他成本构成。表23的数据显示，2009年墨西哥和哥伦比亚两国养老基金管理公司营运成本最高，分别为8.61亿美元和5.11亿美元。其他国家的情况是：智利为4.319亿美元、秘鲁为1.612亿美元、乌拉圭为0.419亿美元、萨尔瓦多为0.343亿美元、哥斯达黎加为0.298亿美元，多米尼加共和国为0.175亿美元。

采用参保人数和养老基金管理公司总营运成本可计算出人均营运成本（参见表24）。总体来看，除萨尔瓦多和多米尼加共和国之外，其他国家养老基金管理公司人均营运成本皆显示出随时间推移而不断增高的趋势，如智利人均营运成本由2003年的31.8美元增加到2012年的54.7美元。

表23 2009年拉丁美洲地区养老基金管理公司营运成本情况

国家	营运成本（亿美元）				营运成本占管理资产的百分比（%）
	管理成本	营销成本	其他成本	总计	
智利	—	—	—	4.319（5.066）	0.366（0.313）
哥伦比亚	3.770	1.070	0.270	5.110	1.281
哥斯达黎加	0.408	—	—	0.298	1.475
萨尔瓦多	0.307	0.036	—	0.343	0.684
墨西哥	5.621	2.501	0.487	8.610	0.977
秘鲁	0.992	0.620	—	1.612	0.678
多米尼加共和国	0.077	0.049	0.048	0.175	0.933
乌拉圭	0.109	0.083	0.227	0.419（0.569）	0.821（0.561）

注：括号内数字分别为智利和乌拉圭2012年营运成本及2012年营运成本占管理资产的百分比。

资料来源：智利的数据来自养老基金监管局网站，http：//www.spensiones.cl/apps/boletinEstadistico/estfinAFP/bee_loadFECUAdm.php?periodo=MjAxMjEyLDIxNA==&formato=html；其他国家数据来自AIOS. Boletín Número 24，Diciembre 2010，Cuadro 22，http：//www.aiosfp.org/estadisticas/boletines_estadisticos/boletin24.xls。

表24 2003~2012年拉丁美洲地区养老基金管理公司人均营运成本情况   单位：美元

国家＼年份	2003	2004	2005	2006	2007	2008	2009	2012
玻利维亚	5.4	5.1	5.9	5.5	5.4	9.4	13.7	16.1
智利	31.8	33.4	38.6	38.4	42.1	41.0	48.2	54.7
哥伦比亚	32.6	35.9	39.7	40.1	44.3	42.9	50.6	—
哥斯达黎加	17.7	16.7	16.6	16.7	17.7	17.7	22.1	—
萨尔瓦多	23.9	24.3	22.4	17.3	16.1	15.0	17.7	—
墨西哥	15.8	18.0	22.9	25.5	25.6	21.7	21.8	—
秘鲁	24.8	24.7	29.1	39.5	43.9	41.6	36.2	—
多米尼加共和国	12.8	9.4	8.8	8.3	7.3	8.2	8.7	—
乌拉圭	17.3	14.6	17.9	20.7	24.6	29.8	45.9	49.5

注：人均营运成本=营运成本/参保人数。
资料来源：2012年数据通过各国家养老基金监管机构网站资料计算所得；2003~2009年数据来自AIOS, Boletín Número 24, Diciembre 2010, Cuadro 29, http://www.aiosfp.org/estadisticas/boletines_estadisticos/boletin24.xls。

（二）总结

由拉丁美洲地区的经验来看，"公司制"经办管理模式不仅大大提高经办效率和服务质量，且为参保个人带来了较好收益，实现了养老基金资源的优化配置。"公司制"模式下，养老基金管理公司提取佣金用来支付公司营运成本和获得利润。各公司为获取更多佣金收入，均在市场中激烈竞争，争相提高服务质量、创新服务内容、获取更高的基金投资收益，以吸引参保人员加入该公司计划。因此，无论是由缴费中提取佣金或是由管理的资产中提取佣金，皆对公司产生较大的利益驱动和营运激励性。实践证明，提取佣金作为经办管理机构的经费来源能够实现机构和参保人利益的双赢，这点对中国社保经办机构改革经费来源具有重要借鉴意义。

第三部分 指数发布篇

分报告九
中国养老金发展指数 2013

摘要： 为了应对中国养老金制度的发展进程，更好地反映中国养老金发展的实际情况，中国养老金指数2013在进行相应修订的基础上，带来了三个年份的各地区养老金发展数据（2012年和2013年均系全新制作）。总体来看，中国养老金制度三年来发展很快，但指数也显示出当前仍存在两个主要问题：一是各个指标发展不平衡；二是地区间的差异显著。具体来看，在组成中国养老金发展指数的四个一级指标中，对总分提升贡献最大的是全覆盖指标；保基本指标因为城乡居保的保障水平要低于城镇职工的保障水平，是减分项目；多层次项目在三年间则持续小幅下降；可持续项目三年间变化不大，得分基本持平。最后，文章分析了导致全覆盖指标分值大幅上升的根源——城乡居保制度，并进一步探讨了城乡居保制度在成就之余带来的反思：城乡居保制度自身的定位到底是福利还是保险？"碎片化"引发了关于引入地方政府责任的机制的探讨。

关键词： 养老金指数　新农保　城乡居保

一、养老金发展指数设计

从进入 21 世纪第一个十年起，中国养老制度悄然迎来了新的阶段。1995 年开始试行的统账结合的城镇职工基本养老保险制度（1997 年正式确立），在 2010 年迎来了符合新制度资格要求的退休者，旧制度正加速退出历史舞台。在这个养老金制度新旧交替的时代，养老金制度本身也成为了整个社会关注的核心问题之一，养老金主题已经连续四年被人民网评为"两会"期间最受关注的问题。在 2013 年，曾一度烽烟暂息的关于延长退休年龄的争论，在年中又迎来了新一次的爆发。举国上下，对于养老金双轨制的不满见于各种渠道，由此引发了对于不同养老金制度待遇差异的进一步探讨。

为了让人们快速、清晰地了解中国养老金制度的基本发展情况，设计一个简单明了的指数体系，并见证中国养老金制度的发展进程，是我们的初衷所在。在这个过程中，我们既反映发展，也不回避问题，如果可以的话，我们希望能够做中国养老金制度的"记录者"。不过，限于自身能力及数据获取的限制，现有的"中国养老金发展指数系列"仍较为单薄和粗糙，还有很大的改进空间，这也是我们在未来需要努力的方向所在。

中国养老金发展指数的整体设计遵循这样的思路：首先确定指标体系，其次确定指标的权重并赋值，最后加权汇总形成指数。养老金指标体系设计采用了基于职能与流程的做法。职能理念源于世界银行的多支柱理念，自 1994 年世界银行提出构建多支柱养老金体系的设想以来，中国的养老金制度事实上也在进行着构建多支柱体系的努力。我国养老体系主要组成部分中的城镇职工基本养老保险（以下简称为城职保）、城镇居民社会养老保险（以下简称为城居保）、新型农村社会养老保险制度（以下简称为新农保）与企业年金制度，分别对应着世界银行所提出的第一支柱、第二支柱。

中国养老金发展指标从养老金职能角度出发，选取了养老金多层次指标以及养老金效果的评价指标，并结合中国养老金制度的实际运行过程，选择了缴费与待遇相关的养老金指标。最后，按照"全覆盖、保基本、可持续和多层次"这一基本方针设计了相应的一级指标，并将上述基于流程与职能产生的指标作为二级指标，分别设立在一级指标体系下，由此形成了反映中国养老金发展状况的综合指标体系。需要说明的是，中国养老金发展指数只涉及中国内地 31 个省、直辖市、自治区（不含港澳台地区）。

在数据无量纲处理方法的选择上，本报告采用了综合指数法。综合指数法是在确定一套指标体系的基础上，对各项指标的个体指数进行加权平均计算得出指标的综合值，即将不同计量单位、性质的数据进行标准化处理，最后转换为一个综合指数，以评估其水平。

其具体的公式为：$X'_j = \dfrac{X_j}{M}$。其中，X_j 表示指标的实际值，M 表示指标的标准值（相当于比较稳定的合意值）；X'_j 为经过数据处理后的指标分值。综合指标分值的计算方法为 $Y = \sum\limits_{j=1}^{n} X'_j W_j$，其中 W_j 为权重系数。

根据指标不同的属性采取不同的指标处理方法：正向指标：$X'_j = \dfrac{X_j}{M}$，且规定所有经过标准化处理后的数据分值大于 1 的，一律取 1。逆向指标的正向化处理方法参见各指标注释。另外，本报告对养老金指标权重系数的确定采用专家评分法。该评价方法的优点是集中了众多专家的意见，缺点是指标权重的确定带有一定的主观性。

需要说明的是，养老金发展指数（2013）基于中国养老金制度，尤其是新农保制度的发展，做了相应的调整，并按照调整后的方法重新计算了 2010 年的情况。最后，限于篇幅原因，本报告仅讨论了一级指标综合情况，也就是相当于《中国养老金发展指数 2011》的第二部分。更为详细的指标、指数情况参见中国社会科学院社会保障实验室网站（http://www.cisscass.org/）养老金指数专栏的同名长文。

二、养老金发展指数概况

从 2009 年起，中国的养老金制度在以往只有与就业高度关联的养老保险制度之外，迎来了基于居民身份的养老保障制度——"新型农村社会养老保险制度"与"城镇居民社会养老保险制度"（二者合并简称为城乡居保制度，下同），这填补了中国养老保险制度由于只保障就业人口，无力顾及其他未就业群体而在覆盖方面存在的最大短板。为反映城乡居保制度这一重大变化，中国养老金发展指数做了相应的调整，具体变化有以下三个方面：

（一）养老金发展指数体系的调整

指数体系的调整主要表现为：首先，自 2011 年起，在一级指标"保基本"中新增了二级指标——新农保人均养老金水平占农村居民家庭人均纯收入比率指标,旨在反映新农保的保障水平,这一指标从2012年开始包含了刚刚开始推行的城镇居民社会养老保险制度。其次,将原二级指标"以离退休金养老金为主要生活来源人口占60岁及以上人口比率"调整为"领取城镇基本养老金人口占60岁及以上人口比率"与"领取新农保养老金人口占60岁及以上人口比率"两个指标。调整的原因在于——原指标为人口普查数据,十年只有一次,因而变更为与原指标含义接近的新指标。最后,为了直观,将原指数体系由十分制改为百分制,并将各一级指标从原来的具体得分转化为百分制得分。

需要说明的是,新农保养老金水平相对偏低,以"领取新农保养老金人口占60岁以上人口比率"及"领取城镇基本养老金人口占60岁以上人口比率"代替了第六次人口普查数据中的"以离退休金养老金为主要生活来源人口占60岁及以上人口比率",此调整将会造成数据较原方案有所上升。详细的指标体系与权重情况参见表1。

表1 中国养老金发展指标体系及权重

一级指标	二级指标	2010年	2011年	2012年
全覆盖(25)	城镇就业人员基本养老保险参保比率	5.85	5.87	6.05
	乡村就业人员新农保参保比率	6.65	6.63	6.45
	领取城镇基本养老金人口占60岁及以上人口比率*	12.5	12.5	12.5
	领取新农保养老金人口占60岁及以上人口比率*			
保基本(25)	城镇基本养老保险人均养老金水平占城镇就业人员平均工资比率	8.3	5	5
	城镇基本养老保险人均养老金水平占城镇居民人均可支配收入比率	8.3	5	5
	新农保人均养老金水平占农村居民家庭人均纯收入比率**	—	8	8
	基本养老保险基金支出占GDP比率	8.4	7	7
多层次(25)	城镇职工基本养老保险人均缴费占城镇就业人员平均工资比率	7	7	7
	企业年金职工参与率	5	5	5
	企业年金基金积累额占GDP比率	5	5	5
	人身保险密度	4	4	4
	人身保险深度	4	4	4
可持续(25)	城镇职工基本养老保险制度赡养率	8.4	8.4	8.4
	城镇职工基本养老保险征缴收入与基金支出比	8.3	8.3	8.3
	城镇职工基本养老保险基金可支付月数	8.3	8.3	8.3

注:全覆盖指标前两项二级指标的权重,系按照城镇就业人员和乡村就业人员比率自动调整。
资料来源:作者编制。

(二) 养老金发展指数综合情况

在中国养老金发展指数(2011)发布之初,全国只有北京得分达到了及格线,在两年之后,已有北京、广东、上海和山西四地的指数得分超过60分。总的来看,全国养老金发展指数得分从2010年的49.16分上升到了2012年的56.99分,这是三年来养老金制度发展最为直观的体现。在养老金制度发展的同时,指数显示出当前的养老金制度存在两个主要问题:一是各个指标发展不平衡;

二是地区间的差异仍然显著。2012年得分最高的北京分值为70.85分,而最低得分只有47.63分,两者之间的差距是巨大的。

在四个一级指标中,对总分提升贡献最大的是全覆盖指标;保基本指标因为城乡居保的保障水平要低于城镇职工的保障水平,是减分项目;可持续项目三年间变化不大,得分基本持平;而多层次项目在三年间则持续小幅下降。各地区养老金发展指数得分情况参见表2至表6。

表 2 养老金发展指数综合情况（2010~2012 年）

地区\年份	2010 分值	2010 排名	2011 分值	2011 排名	2012 分值	2012 排名
北 京	66.40	1	68.66	1	70.85	1
广 东	56.59	3	58.09	4	67.13	2
上 海	56.17	4	60.83	2	64.39	3
山 西	54.65	5	56.02	7	62.34	4
青 海	53.25	7	55.09	8	59.74	5
新 疆	57.48	2	56.46	5	59.74	6
海 南	52.53	9	54.51	10	59.65	7
山 东	50.69	14	54.71	9	59.19	8
浙 江	51.85	10	53.32	11	58.97	9
宁 夏	50.35	16	56.36	6	58.51	10
重 庆	53.25	6	58.40	3	58.08	11
西 藏	51.43	11	51.38	17	57.89	12
河 南	48.69	19	51.43	16	57.55	13
安 徽	44.64	30	51.33	18	57.51	14
陕 西	50.46	15	52.56	12	57.29	15
河 北	50.76	13	51.61	15	57.23	16
福 建	48.09	20	48.90	23	57.10	17
全 国	49.16	18	51.63	14	56.99	18
贵 州	44.97	29	50.01	21	56.20	19
江 苏	47.50	22	51.95	13	55.45	20
辽 宁	50.88	12	50.72	19	54.35	21
湖 南	45.43	28	48.83	24	53.69	22
江 西	47.68	21	48.76	25	53.53	23
甘 肃	47.45	23	47.74	26	53.49	24
湖 北	46.72	24	49.47	22	53.33	25
四 川	46.13	25	47.51	27	52.67	26
黑龙江	50.23	17	47.39	28	52.21	27
内蒙古	46.06	26	44.22	30	51.59	28
天 津	52.54	8	50.57	20	50.46	29
云 南	43.05	31	43.38	31	49.93	30
广 西	40.04	32	42.04	32	48.58	31
吉 林	45.60	27	47.21	29	47.63	32

注：新疆数据 2010 年不包括建设兵团，此后含建设兵团；西藏缺少 2010 年企业年金数据。
资料来源：作者编制。

(三) "全覆盖"指标情况

在 2010~2012 年，各个指标大类之间的发展情况并不相同，全覆盖指标的提升是各个指标中最为明显的。2010年，新农保制度刚刚启动，养老金全覆盖指标全国得分只有 39.7 分；而截至 2012 年，这一指标的得分已经高达 82.5 分，新农保制度在相当部分省份已经接近或达到了全覆盖。全覆盖指标分值的迅速提升反映的正是中国养老金制度的覆盖率迅速扩大的情况。而且，全覆盖指标还显示，覆盖率地区间差异已经极大地缩小了。

在2010年，在覆盖率方面得分最低的省份获得了28.4分，到了2012年，最低的省份得分超过了70分，这意味着当年得分最低的省份，养老保险制度所覆盖的人口从不足就业人口的30%，上升到了如今的70%以上，短短三年增长了近150%。与此对应的是，2012年城镇基本养老保险参保离退休人员7446万人，城乡居民社会养老保险实际领取待遇人数13075万人，全国领取养老金人口已经超过2亿人。

具体来看，全覆盖指标下的四个二级指标的情况是：城镇就业人员基本养老保险参保比率从2010年的55.94%上升到2012年的61.94%；乡村就业人员新农保参保比率从2010年的18.84%上升到2012年的88.35%；在养老金领取的覆盖率方面，2010年有6304.96万人领取了城镇基本养老金，2862.55万人领取了新农保养老金，分别占当年60岁及以上人口的35.70%与16.21%；到2012年，领取养老金人口分别为7445.68万人（城职保）、13382.18万人（城乡居保），占60岁以上人口的比率为38.40%与69.02%（女性城职保的退休年龄低于60岁，所以覆盖率数据之和可以超过100%）。各地区全覆盖指标分值情况参见表3。

表3 养老金发展指数之全覆盖指标分值（2010~2012年）

地区 \ 年份	2010	2011	2012
全 国	39.73	65.10	82.54
北 京	81.09	81.70	83.98
天 津	72.89	74.30	72.50
河 北	47.74	72.97	91.71
山 西	44.85	73.02	92.39
内蒙古	44.94	52.64	81.70
辽 宁	57.43	76.29	86.95
吉 林	48.13	75.94	74.48
黑龙江	55.77	61.78	79.99
上 海	72.47	80.99	80.18
江 苏	40.10	72.73	82.36
浙 江	43.91	62.26	83.59
安 徽	31.96	73.85	96.58
福 建	39.18	58.92	89.37
江 西	41.83	71.41	85.89
山 东	45.68	79.66	92.02
河 南	42.50	69.96	90.18
湖 北	44.17	72.32	86.12
湖 南	43.90	72.25	90.33
广 东	42.09	55.99	91.51
广 西	29.17	48.78	71.44
海 南	52.79	75.22	90.50
重 庆	76.30	87.27	89.63
四 川	42.33	60.85	79.31
贵 州	29.50	59.12	72.70
云 南	28.37	48.97	70.03
西 藏	66.34	70.12	75.11
陕 西	47.81	72.08	87.31

续表

地区 \ 年份	2010	2011	2012
甘 肃	29.90	56.88	74.56
青 海	50.05	78.07	84.47
宁 夏	43.60	80.56	83.06
新 疆	59.56	73.93	76.05

注：全覆盖得分数值为各二级指标得分，按照表1系数加权汇总而来。具体计算方式为：
①城镇就业人员基本养老保险参保比率分值＝城镇就业人员基本养老保险参保比率×100；
②乡村就业人员新农保参保比率分值＝乡村就业人员新农保参保比率×100（2012年该数据包含城居保）；
③领取养老金为人口占60岁及以上人口比率分值＝领取城镇基本养老金人口与领取新农保养老金人口占60岁及以上人口比率×100/1.2（2012年该数据包含城居保）。

资料来源：作者编制。

（四）"保基本"指标情况

从保基本情况来看，三年的数据经历了"高—低—高"的进程。2010年的数据之所以较后两年的数据高出很多，主要原因是新农保制度和城居保制度的引入。这两种基于居民身份的养老保障制度在扩大了养老保障覆盖面的同时，也降低了养老保障的水平。对于这种差异的分析，详见本文第三部分。

在2010年，保基本指标的分值为65.20分，在引入了城乡居保制度之后，该数值大幅下降（2010年新农保制度刚刚实行，故当时未考虑新农保）。2011年、2012年，全国得分为52.12分与57.11分。具体到各个二级指标情况是：城职保养老金从2010年人均1.63万元上升到2012年的2.09万元，其占城镇单位在岗职工平均工资比率变动很小，从49.93%下降到49.23%；城职保人均养老金占城镇居民可支配收入比率从85.48%小幅下降到85.08%；新农保养老金从2010年的人均105.89元，上升到2012年的859.15元，分别相当于当年农村居民家庭人均纯收入的1.79%和10.85%；养老保险基金支出金额（包括城职保与城乡居保）从10585.23亿元上升到16711.53亿元，占当年GDP比率分别为2.64%和3.24%。各地区"保基本"指标的分值情况参见表4。

表4　养老金发展指数之保基本指标分值（2010~2012年）

地区 \ 年份	2010	2011	2012
全 国	65.20	52.12	57.11
北 京	71.66	75.88	78.02
天 津	69.14	58.47	59.55
河 北	72.20	54.09	62.18
山 西	81.90	61.32	67.81
内蒙古	68.27	56.24	59.52
辽 宁	71.30	53.30	58.81
吉 林	62.84	46.26	53.14
黑龙江	83.46	67.91	71.82
上 海	71.09	71.84	86.54
江 苏	52.58	39.09	45.21
浙 江	54.15	41.61	48.20
安 徽	62.48	47.30	51.72
福 建	59.48	44.45	45.65

续表

地区 \ 年份	2010	2011	2012
江 西	64.99	45.56	50.76
山 东	69.11	50.45	56.84
河 南	65.57	49.49	55.38
湖 北	63.53	48.27	52.64
湖 南	58.86	44.91	48.01
广 东	56.95	47.92	47.87
广 西	58.68	49.02	55.28
海 南	83.72	68.34	74.07
重 庆	60.44	72.42	69.99
四 川	65.79	50.95	55.65
贵 州	72.16	62.33	71.80
云 南	69.84	51.75	56.60
西 藏	80.45	72.73	85.79
陕 西	76.57	60.83	66.04
甘 肃	85.22	67.42	72.24
青 海	94.94	78.07	89.06
宁 夏	74.39	64.19	75.26
新 疆	84.30	77.53	90.48

注：保基本得分数值为各二级指标得分，按照表1系数加权汇总而来。具体计算方式为：

①人均基本养老金占城镇单位在岗职工平均工资比率分值＝人均基本养老金占城镇单位在岗职工平均工资比率×100/58.5%，且分值大于100的全部取100。

②基本养老保险人均养老金占城镇居民人均可支配收入比率分值＝人均养老金占城镇居民人均可支配收入比率×100/1.4。可支配收入指个人收入扣除向政府缴纳的个人所得税、遗产税和赠与税、不动产税、人头税、汽车使用税以及交给政府的非商业性费用等以后的余额。个人可支配收入被认为是消费开支的决定性因素，而人均可支配收入的计量必须考虑到家庭情况。1.4系根据我国人口年龄结构与城镇居民人均可支配收入，通过家庭总负担情况计算得出的数据与养老金替代率70%综合考虑得来，分值大于100的全部取100。

③新农保人均养老金占农村家庭居民人均纯收入比率分值＝新农保人均养老金占家庭居民人均纯收入比率×100/0.4。新农保制度及城居保制度的性质和作用当前并不明晰。显然，这两种基于居民身份的制度更多体现为一种福利制度，而不是保险制度。如果作为零支柱，其标准化取值介于0.1~0.2更为合适。但是，既然其名字为保险，制度在形式上也采用了和城职保相同的框架，政府也一再强调要与城职保制度进行对接，那么这里依旧按照保险制度标准化——参考国际劳工组织第102号公约（40%）。

④基本养老保险基金支出占GDP比率分值＝基本养老保险基金支出占GDP比率/60岁以上人口占总人口比率×100/0.4。为供养一定数量的老年人口，需要消耗一定的GDP资源。本报告根据Pension Outlook 2012年中的欧盟平均老龄化程度以及平均公共养老金GDP支出数据，调整后得出标准值0.4。

⑤2010年计算方式与后两年不同，因当时新农保刚开始施行。

资料来源：作者编制。

(五)"多层次"指标情况

与保基本指标因指标体系调整从而出现指标数值下降的情况不同，多层次指标是因自身原因出现了小幅下降，其总体分值从2010年的38.67分逐年下降到了2012年的37.72分。具体到各二级指标，则表现各不相同：人均缴费的上升，使得人均缴费占城镇单位在岗职工平均工资比率从2010年的15.36%，上升到2012年的16.88%，这意味着正在工作的一代人负担有所加重，也使得其他制度发育空间变小；在企业年金方面，参与人数占劳动人口比率从2010年的3.85%上升到2012年的4.98%，企业年金积累额占GDP比率从0.70%上升到0.93%，总体来看企业年金发育程度远远不够，对指标得分的影响很小；在商业年金方面，人身保险密度从人均673.73元上升到750.13元，但人身保险深度从2.25%下降到1.97%。各地区多层次指标得分参见表5。

表5 养老金发展指数之多层次指标分值（2010~2012年）

地区 \ 年份	2010	2011	2012
全 国	38.67	37.78	37.72
北 京	54.50	55.53	55.91
天 津	32.81	33.37	31.93
河 北	34.79	33.23	32.41
山 西	35.22	33.61	33.27
内蒙古	26.67	23.22	24.89
辽 宁	36.83	33.99	33.06
吉 林	33.36	29.90	30.13
黑龙江	29.38	30.14	28.44
上 海	48.50	48.87	45.72
江 苏	40.22	37.48	36.42
浙 江	41.11	39.74	38.91
安 徽	36.43	34.03	34.35
福 建	42.99	40.09	40.53
江 西	39.42	34.93	32.45
山 东	30.88	31.71	32.79
河 南	40.58	40.21	38.71
湖 北	37.14	32.34	33.69
湖 南	34.72	33.10	33.28
广 东	46.62	46.24	45.71
广 西	22.07	26.80	26.66
海 南	33.18	31.64	34.06
重 庆	37.89	33.99	32.57
四 川	31.31	30.98	32.79
贵 州	27.93	26.36	27.29
云 南	26.92	19.82	23.96
西 藏	10.25	14.23	17.31
陕 西	35.02	34.97	32.55
甘 肃	28.07	18.76	25.76
青 海	21.91	17.69	24.25
宁 夏	23.91	22.65	32.24
新 疆	30.17	30.31	32.44

注：①基本养老保险人均缴费占城镇就业人员平均工资比率分值=（40%-基本养老保险人均缴费占城镇就业人员平均工资比率）×100/30%。关于公式的说明：当基本养老保险制度缴费率达到40%的时候，其他制度将没有空间，所以将40%作为该指标的理论上限，而10%的缴费率则作为理论下限。完整公式为：（上限-x）/（上限-下限），即（40%-基本养老保险人均缴费占城镇就业人员平均工资的比率）×100/30%。最后，大于100的数值取100。

②企业年金职工参与率分值=企业年金职工参与率×100/0.5（企业年金覆盖率在不同国家差异很大。如美国从20世纪90年代至今，一直在50%上下徘徊，欧洲各国差异极大，根据Pension Outlook 2012年数据，整个欧洲企业年金覆盖率均值在50%左右。尽管中国当前的覆盖范围非常有限，但本报告还是将目标设定为50%，显然，这是一个远期目标）。

③企业年金基金积累额占GDP比率分值=企业年金基金积累额占GDP比率×100/30%。其中30%表示企业年金基金积累额占GDP比率的目标为30%。

④人身保险密度分值=人身保险密度/城镇单位在岗职工平均工资×100/5%，即认为未来我国人身保险支出应达到城镇单位在岗职工平均工资的5%。

⑤人身保险深度分值=人身保险深度×100/4%（根据《中国保险年鉴（2010）》数据，世界平均寿险深度为4%）。

⑥西藏缺乏2010年企业年金数据。

资料来源：作者编制。

(六)"可持续"指标情况

可持续指标三年来变化幅度并不大。尽管退休人数目前已经超过了2亿,但随着制度的迅速扩面,基本养老保险制度的赡养率总体上维持在32%左右,2010年该数值为32.5%,2012年为32.4%。同样的,征缴收入虽然从2010年的11066.07亿元上升到2012年的16467.41亿元,但征缴收入与基金支出比的数值完全没有发生变化,还是1.06;基本养老基金累计结余从2010年的15365.28亿元上升到2012年的23941.31亿元,相应的基金可支付月数从14.44个月上升到15.14个月。鉴于上述数值基本平稳,三年间可持续指标的变动也只体现在了小数点之后,得分从50.30上升到了50.61。各地区可持续指标总体得分情况参见表6。

表6 养老金发展指数之可持续指标分值(2010~2012年)

地区 年份	2010	2011	2012
全 国	50.30	51.50	50.61
北 京	58.35	61.51	65.49
天 津	35.34	36.12	37.86
河 北	48.30	46.17	42.61
山 西	56.65	56.14	55.91
内蒙古	44.37	44.78	40.23
辽 宁	37.97	39.30	38.57
吉 林	38.06	36.75	32.77
黑龙江	32.29	29.74	28.57
上 海	32.63	41.61	45.12
江 苏	57.08	58.52	57.81
浙 江	68.23	69.69	65.18
安 徽	47.67	50.14	47.40
福 建	50.70	52.15	52.82
江 西	44.49	43.13	45.04
山 东	57.09	57.00	55.13
河 南	46.11	46.06	45.95
湖 北	42.06	44.96	40.86
湖 南	44.23	45.07	43.14
广 东	80.68	82.21	83.42
广 西	50.24	43.57	40.92
海 南	40.45	42.85	39.97
重 庆	38.36	39.92	40.14
四 川	45.08	47.26	42.95
贵 州	50.26	52.24	52.99
云 南	47.08	52.99	49.13
西 藏	48.66	48.42	53.37
陕 西	42.47	42.37	43.25
甘 肃	46.61	47.90	41.42
青 海	46.12	46.55	41.20

续表

地区	年份	2010	2011	2012
宁夏		59.52	58.05	43.49
新疆		55.88	44.06	40.01

注：①基本养老保险制度赡养率分值 =（1-制度赡养率）×100；
②征缴收入与基金支出比分值 = 征缴收入与基金支出比×100/1.68（1.68系2010年征缴收入与基金支出比中的最大值即广东省征缴收入与基金支出比，此处采用极值法对指标进行无量纲处理）；
③基金可支付月数分值=基金可支付月数×100/72（72系考虑维持个人账户中等发放积累额保持在20%的比例与统筹部分维持在30%左右的基金率计算得出的基金发放月数）。

资料来源：作者编制。

三、养老金发展指数引发的思考

从2010~2012年，覆盖率的巨大变化是中国养老金发展指数让人印象最为深刻的部分，导致这一变化的根源正是新农保和城镇居保制度的引入。长期以来，中国只有与就业高度关联的养老保险制度，无论是新中国成立初期的劳动保险制度还是当今的城镇职工基本养老保险制度，本质上都是为劳动者提供老年收入保障的一种制度。显然，基于就业的养老保险制度，是不可能覆盖到全体国民的。

2009年，国务院颁布了《国务院关于开展新型农村社会养老保险试点的指导意见》（国发〔2009〕32号），重启了已停滞十年的农村养老保障制度探索[①]。在重启新农保制度之后短短三年多的时间里，新农保就业人员参保比率从2010年的18.84%（参保人口占农村经济活动人口比率）上升到88.35%[②]；领取退休金人口已接近全覆盖，这意味着绝大多数已满60岁的农村居民有了一份基本的保障。新农保参保率的变化参见图1。

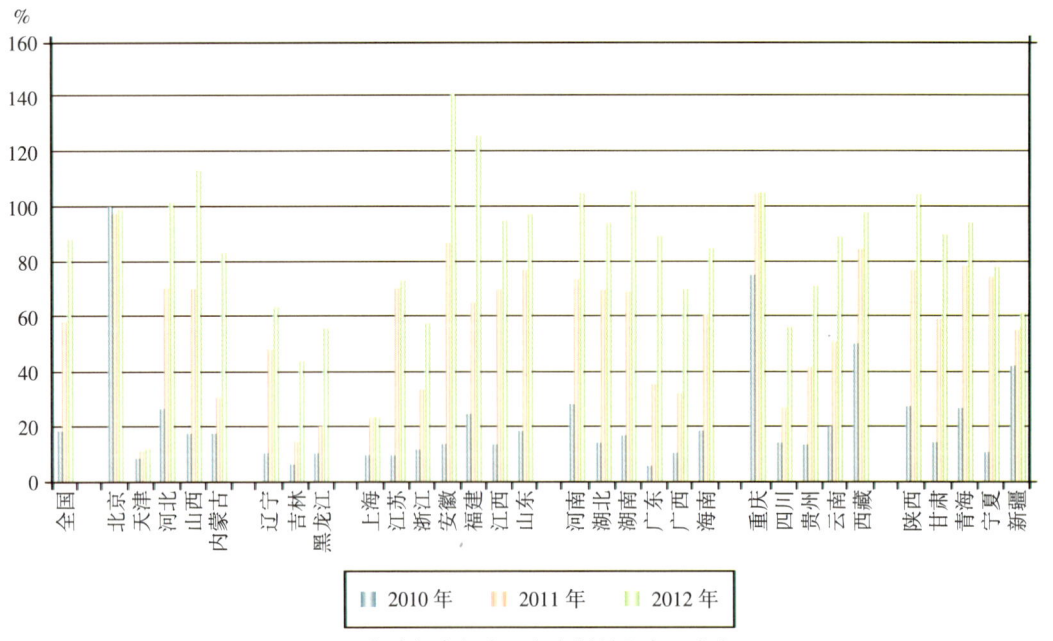

图1 新农保参保人口占乡村就业人口比率

[①] 1999年，国务院对农村社会养老保险（老农保）工作进行清理整顿，要求停止接受新业务，有条件的过渡为商业保险，中国农村社会养老保险事业从此陷入停滞，《1999年度劳动和社会保障事业发展统计公报》显示，当时参保人数8000万人。
[②] 新农保参保人口并不仅限于就业人口，所以其数值可以超过100%。经济活动人口占适龄劳动人口比率越低，该地区的数据上限越高。

在取得了从无到有、近乎全覆盖的巨大成就之后,关于新农保的争论却较三年前更多了,公众的关注点从谁来保障农民转而聚焦于养老金待遇方面的差异:新农保全国人均领取养老金水平在 2010 年为 105.89 元(在制度初创进程中,存在大量新增领取养老金不足一年的人口,按相关规定,最低领取金额应当是 660 元/年);在 2011 年,这一数据上升到了 658.71 元,占农村居民家庭人均纯收入的 9.44%;到了 2012 年,领取养老金均值进一步上升,达到了 859.15 元,占农村居民家庭人均纯收入的 10.85%。尽管纵向来看新农保人均养老金水平提高很快,但从横向来看,新农保养老金水平和城职保制度相比,无论是绝对值还是相对值都是偏低的。

新农保养老金全国平均水平不高,但这并不是新农保的整体状态——新农保养老金待遇水平在地区间的差异极大,差异水平要远高于城镇基本养老金地区间差异。根据《中国统计年鉴》相关数据计算出的"新农保养老金占农村居民家庭人均纯收入比率"显示,各地差异可以分成四个层级。第一梯队是北京、上海和重庆三地,它们的数值均超过了 30%;贵州和青海的数值超过了 20%,可以算做第二梯队;除此之外,还有介于 10%~20% 的第三梯队,以及相当数量的第四梯队——"新农保养老金占农民家庭人均纯收入比率"低于 10%。各地区详细数据参见图 2。

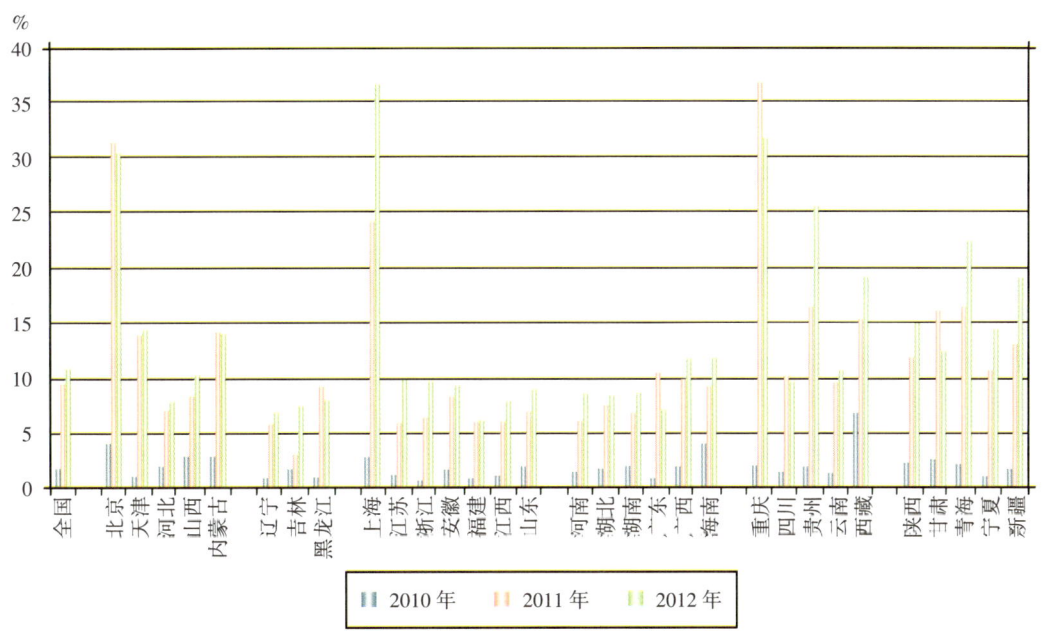

图 2 新农保养老金占农村居民家庭人均纯收入比率

资料来源:作者绘制。

新农保制度参保人数与领取待遇人数飞速上升,养老金待遇逐年增加,是这三年来中国养老金发展指数分值提升最重要的原因。在新农保制度高速发展的同时,对于新农保制度日益增多的批判,引发了更多的反思:一是新农保制度如今的快速增长局面,在未来可以持续吗?二是在相同的制度框架和安排下,什么原因导致了新农保制度地区间差异如此巨大?三是这样的制度安排如何与城镇职工基本养老保险制度对接?由此引发了更深层次的思考——新农保制度到底是保险还是福利?

关于上述问题的反思,反映出了新农保制度和城镇居保制度两者的定位并不清晰。从缴费水平来看,新农保规定缴费从每年 100~500 元共分为五个档次,城镇居保规定缴费从每年 100~1000 元共 10 个档次,2012 年人均缴费水平只有 169 元,这与 2012 年城职保人均缴费 0.72 万元相比,缴费水平只是后者的零头[1]。按照 2012 年当年领取养老金 859 元计算,参加新农保制度只需不到 3 年即可

---

[1] 根据人力资源部提供的相关数据计算得来,详细情况参见附录,更详细的信息请参考网站(www.cisscass.org)养老金指数专栏之同名文章:《中国养老金发展指数 2013》。

回本。从资金来源来看，更是验证了这一点，现在的新农保养老金支付基本上是来自财政的转移支付。显然，这一制度不是保险制度，它主要是一种福利制度，尽管它的名字叫做养老保险。

是保险还是福利，制度自身的定位是非常重要的。如果是福利制度，那么责任由财政负担就是理所当然的事情，也可以被视为国家反哺农业的举措之一。事实上，对于真正陷于贫困中的群体而言，普惠性的居民养老金具有任何其他制度无可取代的作用。作为一种福利制度，它也是养老保险制度的一种补充，客观上担负起其他国家所施行的国民年金的作用，从而构建起中国长期缺乏的零支柱。最后，作为一种福利制度，它不存在和其他制度对接的制度障碍。

如果将这一制度视为保险制度，就无法回避那些被人广为质疑的问题：一是保障水平低，这种水平低指的是相对于城职保制度的待遇水平，而不是指相对于新农保制度的缴费水平。二是制度衔接困难。在城镇化进程中，从农民到市民的身份转变会持续多年，农民从新农保制度退出转移到城职保制度将是一种常见现象，新农保象征性的缴费如何与高额缴费的城职保对接是个难题。

从新农保制度自身来看，其在过去三年来的飞速增长在未来是不可复制的。当制度接近全覆盖之后，意味着极有可能在很短的时间内参保人数即达到顶峰，此后将面临着参保人数逐渐下降，而领取退休金人数持续增加的局面。相对而言，随着城镇化进程的发展，城镇居保在长期迎来参保人口逐步增加的局面。

关于这些问题的思考，各地在实践中做出了自己的尝试，已有部分省份将城乡居保制度合一，以应对未来的城镇化进程。此外，关于由于缴费偏低从而导致待遇偏低的局面，各地在实践中形成了三种不同的做法：一是严格按照国发〔2009〕32号文件规定执行，居民个人缴费少，同时养老金也少；二是部分执行国发〔2009〕32号文件规定，比如只执行缴费规定，地方财政补贴养老金，形成的结果是缴费不变，养老金增多[1]；三是缴费和养老金都只参照国发〔2009〕32号文件规定，自行进行调整，其结果是缴费增多，养老金增多[2]。

这种百花齐放式的地方探索说明城乡居保制度急需明确自身的定位，并急需建立地方政府的责任分担机制。作为指数最为直观印象的一种反思，其所带来的诸如解决制度定位这样的问题有待于政府部门的努力。此外，中国养老金制度待遇水平是否合理、养老金可持续性如今的小幅上升局面是否可以持续以及多层次体系构建不进反退，种种现象都是值得关注和探讨的。

作为一种反映养老金制度发展情况和问题的工具，如果可以让大家更加了解制度一点，能够为关注并思考养老金制度的读者提供一丝帮助就足够了。

---

[1] 如重庆，缴费分为100元每月、200元/月、400元/月、600元/月、900元/月五个档次，其中两档与国家政策相同。在待遇方面，地方政府对养老金进行财政补贴，将基础养老金从55元/月提高到80元/月。http://www.mohrss.gov.cn/SYrlzyhshbzb/ldbk/shehuibaozhang/yanglao/201107/t20110712_86780.htm。

[2] 如天津将缴费比率进行了变更，其缴费比率为农民人均纯收入的10%~30%，详情参见《关于印发天津市城乡居民基本养老保障规定的通知》(津政发〔2009〕22号)；北京的缴费比率为人均纯收入的10%，从2008年起，北京市新农保的基础养老金为280元/月，远高于国家的55元/月。详情参见《北京市人民政府关于印发北京市新型农村社会养老保险试行办法的通知》(京政发〔2007〕34号)，上海等地也进行了变更。

附录：主要养老金发展指标情况

表7 城乡就业人员养老保险参保比率（2012年）

地 区	职工人数（万人）	城镇就业人员数（万人）	城镇就业人员基本养老保险参保比率（%）	城乡参保人数（万人）	新农保参保人口占农村经济活动人口比率（%）
全 国	22981.12	37102.00	61.94	34987.36	88.35
北 京	995.70	1074.40	92.68	149.66	98.71
天 津	333.36	419.77	79.42	19.51	12.75
河 北	813.33	965.17	84.27	2544.86	101.88
山 西	479.82	651.42	73.66	1155.90	113.35
内蒙古	318.99	562.15	56.74	571.18	83.24
辽 宁	1098.85	1206.03	91.11	698.22	63.77
吉 林	397.59	599.13	66.36	363.19	44.21
黑龙江	611.36	844.34	72.41	566.45	55.96
上 海	993.07	948.61	104.69	35.44	23.22
江 苏	1880.57	2297.95	81.84	1458.51	73.28
浙 江	1835.54	1965.23	93.40	759.70	58.06
安 徽	578.40	917.26	63.06	2545.05	140.89
福 建	631.02	1145.33	55.09	1087.25	125.27
江 西	518.26	722.47	71.73	1342.62	95.16
山 东	1646.86	1843.23	89.35	3143.64	97.01
河 南	964.59	1382.50	69.77	3565.91	104.68
湖 北	804.09	1232.51	65.24	1685.71	93.78
湖 南	747.62	1105.08	67.65	2263.32	105.49
广 东	3643.84	2792.58	130.48	1527.94	89.24
广 西	349.07	634.47	55.02	1083.55	69.74
海 南	161.63	190.85	84.69	203.76	85.28
重 庆	469.89	786.88	59.71	758.56	104.73
四 川	1073.68	1141.94	94.02	1800.88	55.80
贵 州	231.67	419.70	55.20	855.95	71.15
云 南	253.76	769.53	32.98	1683.47	88.88
西 藏	9.86	67.23	14.67	112.19	98.33
陕 西	466.36	676.84	68.90	1321.93	104.55
甘 肃	183.62	355.17	51.70	924.19	89.99
青 海	59.85	108.98	54.92	168.02	93.82
宁 夏	91.36	137.15	66.62	144.60	77.90
新 疆	319.77	472.54	67.67	435.28	60.94

资料来源：①参保职工人数及城乡居保参保人数由人力资源和社会保障部提供。
②城镇就业人员数引自《中国统计年鉴（2013）》（表4-2 按城乡分就业人员数）。
③计算所需的乡村就业人员数为估算值，其根据《中国统计年鉴（2011）》（表4-2）、《中国统计年鉴（2011）》（表4-2）、《中国2010年人口普查资料》第二部分（表4-1c）计算得来。

表8 城乡领取养老金人口占60岁及以上人口比率（2012年）

地区	领取城镇职工基本养老金人口（万人）	领取城镇职工基本养老金人口占60岁以上人口比率（%）	六普：60岁及以上人口（万人）	领取城乡居保养老金人口（万人）	领取城乡居保养老金人口占60岁以上人口比率（%）
全 国	7445.68	38.40	1765.87	13382.18	69.02
北 京	210.68	76.72	25.01	27.12	9.88
天 津	156.90	88.10	16.22	69.80	39.19
河 北	312.29	30.63	92.86	789.71	77.45
山 西	168.87	37.09	41.46	326.23	71.66
内蒙古	152.96	50.51	27.58	184.94	61.07
辽 宁	510.40	69.15	67.22	347.90	47.13
吉 林	234.59	61.18	34.92	198.12	51.67
黑龙江	401.64	78.06	46.86	191.51	37.22
上 海	423.82	111.68	34.56	45.40	11.96
江 苏	546.97	39.91	124.80	888.68	64.85
浙 江	347.80	41.73	75.91	572.56	68.69
安 徽	205.36	21.92	85.32	805.54	85.98
福 建	125.48	27.18	42.04	358.81	77.73
江 西	189.12	34.17	50.40	394.91	71.36
山 东	416.33	27.08	140.01	1257.53	81.80
河 南	306.04	23.29	119.69	1153.78	87.79
湖 北	367.29	42.91	77.96	580.53	67.82
湖 南	300.36	29.11	93.98	857.03	83.05
广 东	390.25	37.12	95.74	727.23	69.18
广 西	163.58	24.15	61.68	488.76	72.17
海 南	52.53	51.17	9.35	65.75	64.04
重 庆	246.97	46.08	48.81	372.39	69.48
四 川	541.67	34.93	141.23	1027.52	66.26
贵 州	77.71	15.84	44.67	404.79	82.53
云 南	110.71	19.59	51.46	419.70	74.28
西 藏	3.45	15.11	2.08	21.86	95.71
陕 西	177.13	33.10	48.74	383.54	71.66
甘 肃	93.75	25.24	33.83	252.41	67.95
青 海	26.16	45.91	5.19	38.08	66.82
宁 夏	39.87	59.33	6.12	35.67	53.09
新 疆	138.99	62.82	20.15	94.40	42.67

注：城镇职工基本养老保险制度的退休年龄为60岁/55岁/50岁，本报告只是一种简化。按照当前的估算方法无法反映城镇化进程，故存在一定的偏差。

资料来源：①领取养老金人口数据均由人力资源和社会保障部提供。
②计算所需的60岁及以上人口数据系按照《中国2010年人口普查资料》（第二部分表8-5）及政府统计公报所披露的60岁以上人口总数估算而来。

表9 城镇职工基本养老保险金人均情况（2012年）

地区	城镇职工基本养老金支出（万元）	城镇职工人均基本养老金（万元）	城镇单位在岗职工平均工资（万元）	人均养老金占城镇单位在岗职工平均工资比率（%）	城镇居民人均可支配收入（万元）	人均养老金占城镇居民可支配收入比率（%）
全 国	15561.79	2.09	4.25	49.23	2.46	85.08
北 京	640.16	3.04	5.61	54.20	3.65	83.32
天 津	365.02	2.33	4.22	55.07	2.96	78.52
河 北	723.48	2.32	3.60	64.40	2.05	112.77
山 西	391.58	2.32	3.99	58.11	2.04	113.60
内蒙古	343.60	2.25	4.15	54.15	2.32	97.03
辽 宁	1052.57	2.06	3.87	53.27	2.32	88.80
吉 林	377.60	1.61	3.42	47.07	2.02	79.65
黑龙江	717.22	1.79	3.35	53.30	1.78	100.55
上 海	1127.74	2.66	5.20	51.20	4.02	66.21
江 苏	1142.13	2.09	4.60	45.41	2.97	70.36
浙 江	783.51	2.25	4.58	49.21	3.46	65.20
安 徽	406.66	1.98	4.06	48.73	2.10	94.19
福 建	273.33	2.18	3.90	55.87	2.81	77.65
江 西	296.97	1.57	3.41	46.05	1.99	79.07
山 东	1059.03	2.54	3.80	66.95	2.58	98.76
河 南	612.04	2.00	3.42	58.47	2.04	97.83
湖 北	647.75	1.76	3.71	47.49	2.08	84.63
湖 南	502.75	1.67	3.55	47.12	2.13	78.52
广 东	900.86	2.31	4.52	51.13	3.02	76.37
广 西	297.09	1.82	3.41	53.32	2.12	85.49
海 南	114.36	2.18	3.67	59.29	2.09	104.07
重 庆	412.66	1.67	4.00	41.73	2.30	72.75
四 川	927.72	1.71	3.79	45.16	2.03	84.34
贵 州	153.07	1.97	3.73	52.77	1.87	105.34
云 南	211.33	1.91	3.50	54.49	2.11	90.58
西 藏	12.05	3.49	5.58	62.49	1.80	193.57
陕 西	401.08	2.26	3.90	58.00	2.07	109.21
甘 肃	193.21	2.06	3.27	62.98	1.72	120.12
青 海	64.96	2.48	4.25	58.43	1.76	141.35
宁 夏	86.20	2.16	4.46	48.51	1.98	109.03
新 疆	320.46	2.31	3.88	59.39	1.79	128.66

注：①北京、上海、天津均颁布了社会平均工资数据，并且在实践中以社会平均工资作为养老保险缴费的基数，因而三地均采用了社会平均工资数据。

②关于替代率与本指标的差异的说明。替代率指的是退休第一年养老金与退休前一定参考期内收入的比率。关于参考期各国规定并不相同，常见的参考期既有国家以退休前一年为基准的，也有国家采用退休前一段时间的收入平均值为基准。由替代率概念出发，衍生出诸多替代率，如行业替代率、平均替代率等。显然，养老金替代率数值并不会随着时间的推移而变动，在工资波动幅度较大的国度内，替代率多寡并不具有太大的意义。因而，现实中往往采用社会平均养老金与社会平均工资的比值，以反映退休者整体的养老金实际购买力水平。遗憾的是，中国的社会平均工资数据并不可直接获得，因而本指标采用基本养老保险人均养老金占城镇单位在岗职工平均工资比率作为替代，该指标实际上反映的情况更接近于当前各地实际缴费标杆情况。需要指出的是，在制度设计中存在收缴基数多层级选择的情况下，实际缴费均值和缴费基数标杆并不相等，关于此情况，可从表11中的缴费率数据得到验证。

资料来源：①城镇职工基本养老金支出及离休、退休和退职人数由人力资源和社会保障部提供，城镇职工人均养老金据此两项计算得来。

②城镇单位在岗职工平均工资引自《中国统计年鉴（2012）》（表4-11）。

③城镇居民人均可支配收入引自《中国统计年鉴（2013）》（表11-14）。

表 10 新农保养老金情况与两项养老基金总支出占 GDP 比率（2012 年）

地 区	新农保养老金支出（亿元）	新农保人年均养老金（元）	居民家庭人均纯收入（元）	新农保人均养老金占居民家庭人均纯收入比率（%）	城职保与城乡居保总基金支出（亿元）	GDP（亿元）	总基金支出占GDP比率（%）
全 国	1149.74	859.15	7916.58	10.85	16711.53	516282.06	3.24
北 京	13.55	4997.17	16475.74	30.33	653.72	17879.40	3.66
天 津	14.00	2005.45	14025.54	14.30	379.01	12893.88	2.94
河 北	49.12	622.05	8081.39	7.70	772.61	26575.01	2.91
山 西	20.95	642.28	6356.63	10.10	412.53	12112.83	3.41
内蒙古	19.70	1065.38	7611.31	14.00	363.30	15880.58	2.29
辽 宁	22.36	642.66	9383.72	6.85	1074.92	24846.43	4.33
吉 林	12.52	631.83	8598.17	7.35	390.12	11939.24	3.27
黑龙江	13.33	696.06	8603.85	8.09	730.55	13691.58	5.34
上 海	29.44	6483.77	17803.68	36.42	1157.18	20181.72	5.73
江 苏	109.13	1227.97	12201.95	10.06	1251.26	54058.22	2.31
浙 江	80.28	1402.19	14551.92	9.64	863.79	34665.33	2.49
安 徽	53.12	659.49	7160.46	9.21	459.79	17212.05	2.67
福 建	22.15	617.32	9967.17	6.19	295.48	19701.78	1.50
江 西	24.58	622.55	7829.43	7.95	321.55	12948.88	2.48
山 东	106.82	849.41	9446.54	8.99	1165.84	50013.24	2.33
河 南	74.25	643.53	7524.94	8.55	686.29	29599.31	2.32
湖 北	37.73	649.95	7851.71	8.28	685.49	22250.45	3.08
湖 南	54.56	636.66	7440.17	8.56	557.32	22154.23	2.52
广 东	54.79	753.38	10542.84	7.15	955.65	57067.92	1.67
广 西	34.29	701.59	6007.55	11.68	331.38	13035.10	2.54
海 南	5.64	857.93	7408.00	11.58	120.00	2855.54	4.20
重 庆	86.70	2328.29	7383.27	31.53	499.37	11409.60	4.38
四 川	68.99	671.41	7001.43	9.59	996.70	23872.80	4.18
贵 州	48.93	1208.80	4753.00	25.43	202.00	6852.20	2.95
云 南	24.18	576.14	5416.54	10.64	235.51	10309.47	2.28
西 藏	2.39	1093.44	5719.38	19.12	14.44	701.03	2.06
陕 西	32.91	858.15	5762.52	14.89	433.99	14453.68	3.00
甘 肃	14.14	560.26	4506.66	12.43	207.35	5650.20	3.67
青 海	4.55	1194.66	5364.38	22.27	69.51	1893.54	3.67
宁 夏	3.17	889.82	6180.32	14.40	89.37	2341.29	3.82
新 疆	11.44	1212.35	6393.68	18.96	331.90	7505.31	4.42

资料来源：①新农保养老金支出及领取新农保人数由人力资源和社会保障部提供。
②居民家庭人均纯收入引自《中国统计年鉴（2013）》（表 11-21）。
③各地区 GDP 数据引自《中国统计年鉴（2013）》（表 2-14）。

表 11　城镇职工基本养老保险征缴收入情况与人均缴费占城镇单位在岗职工平均工资比率（2012 年）

地区	城镇职工基本养老保险制度征缴收入（亿元）	城镇职工基本养老保险制度基金支出（亿元）	征缴收入与基金支出比	城镇基本养老保险人均缴费（万元）	人均缴费占城镇单位在岗职工平均工资比率（%）
全国	16467.41	15561.79	1.06	0.72	16.88
北京	963.03	640.16	1.50	0.97	17.25
天津	303.33	365.02	0.83	0.91	21.54
河北	638.01	723.48	0.88	0.78	21.81
山西	449.54	391.58	1.15	0.94	23.48
内蒙古	306.21	343.60	0.89	0.96	23.14
辽宁	848.40	1052.57	0.81	0.77	19.94
吉林	269.97	377.60	0.71	0.68	19.86
黑龙江	507.94	717.22	0.71	0.83	24.80
上海	1272.92	1127.74	1.13	1.28	24.67
江苏	1491.14	1142.13	1.31	0.79	17.24
浙江	1123.22	783.51	1.43	0.61	13.37
安徽	398.60	406.66	0.98	0.69	16.96
福建	305.00	273.33	1.12	0.48	12.40
江西	283.05	296.97	0.95	0.55	16.02
山东	1224.56	1059.03	1.16	0.74	19.57
河南	546.34	612.04	0.89	0.57	16.56
湖北	570.29	647.75	0.88	0.71	19.10
湖南	427.01	502.75	0.85	0.57	16.08
广东	1552.95	900.86	1.72	0.43	9.44
广西	245.01	297.09	0.82	0.70	20.61
海南	78.15	114.36	0.68	0.48	13.17
重庆	400.87	412.66	0.97	0.85	21.31
四川	901.44	927.72	0.97	0.84	22.14
贵州	169.05	153.07	1.10	0.73	19.55
云南	227.11	211.33	1.07	0.89	25.55
西藏	13.16	12.05	1.09	1.33	23.90
陕西	377.22	401.08	0.94	0.81	20.72
甘肃	179.81	193.21	0.93	0.98	29.92
青海	55.04	64.96	0.85	0.92	21.64
宁夏	72.15	86.20	0.84	0.79	17.72
新疆	263.36	320.46	0.82	0.82	21.22

资料来源：①城镇职工基本养老保险制度征缴收入、基金支出由人力资源和社会保障部提供。
②计算所需的城镇单位在岗职工平均工资数据引自《中国统计年鉴（2012）》（表 4-11），其中北京、上海和天津三地数据为社会平均工资数据。详见表 9。

编后记

恰逢十八届三中全会落下帷幕之际，《中国养老金发展报告2013》付梓印刷。和前两年的情况一样，在人力资源和社会保障部的数据资料支持下，本报告分析评估了我国多层次养老金体系的基本发展状况。尤为值得关注的是今年报告的主题，即"中国社会保险经办服务体系改革"。党的十八大提出了行政管理体制改革的目标，十八届三中全会进一步部署了全面深化改革的各项重点领域，指出要"破除各方面体制机制弊端，使市场在资源配置中起决定性作用；切实转变政府职能，创新行政管理方式，增强政府公信力和执行力，建设法治政府和服务型政府"。社保经办服务体系作为服务型政府建设的重要组成部分和推进基本公共服务均等化的重要抓手，在当前形势下，如何突破发展中面临的困境，进行管理体制机制的改革创新，是一个紧迫的研究课题。正是在此大背景下，本年度报告选择了这个主题。

为深入了解基层社保经办机构的实际情况，我中心课题组于今年9月赴甘肃、河南和广东三省进行专题调研，在三省调研资料的基础上完成了主题报告的撰写。在此过程中，人力资源和社会保障部社会保险事业管理中心（以下简称"社保中心"）以及三省各地的社保经办机构和相关部门给予了大力支持，这里要对"社保中心"的唐霁松主任、耿树艳处长以及甘肃、河南和广东三省相关部门的领导同志表示衷心的感谢，报告的完成与他们的关心支持是分不开的。此外，人社部信息中心提供了社保信息化建设方面的资料支持，在此一并表示感谢。需要指出的是，由于学识能力、时间和资料受限等原因，报告中难免存在错误或偏颇之处，敬请大家指正。

在这里，我们还要代表这个团队感谢全国社保基金理事会和中国保险监督管理委员会，他们为本报告提供了不可或缺的两个分报告。同时，还要感谢中国人保资产管理股份有限公司，该公司资助了《中国养老金发展报告2013》发布会的部分费用。感谢银华基金管理有限公司赞助了会议用书。最后，我们仍然要表达对经济管理出版社杨世伟副社长和张永美编辑的衷心感谢，他们在短时间内高效完成本书的出版工作，尤为值得佩服。

本书的作者分工如下：

主 报 告（中国社会保险经办服务体系改革再出发）：郑秉文

分报告一（2012年基本养老保险参保状况评估）：孙永勇

分报告二（2012年基本养老保险基金运行状况评估）：孙永勇

分报告三（2012年企业年金基金市场状况评估）：齐传钧

分报告四（2012年全国社保基金投资管理状况评估）：全国社会保障基金理事会

分报告五（2012年商业养老保险发展状况评估）：中国保险监督管理委员会

分报告六（中国社会保险经办服务体系发展现状）：王美桃

分报告七（中国社会保险经办服务体系改革的紧迫性）：房连泉

分报告八（国外社会保险经办服务体系现状）：赵秀斋、刘桂莲、田青

分报告九（中国养老金发展指数2013）：高庆波

中国社会科学院世界社保研究中心主任　郑秉文
中国社会科学院世界社保研究中心秘书长　房连泉
2013年11月30日

中国社会科学院世界社保研究中心/
社会保障实验室年度学术活动和成果一览

《快讯》(2013年)

第1期:《养老金改革:既要"摸石头",也需"一揽子"》,2013年3月7日。
第2期:《社保不改革将有财务风险》,2013年3月11日。
第3期:《用职业年金制度推动事业单位与公务员养老金同步改革》,2013年3月12日。
第4期:《"三联动"改革养老金双轨制》,2013年3月13日。
第5期:《终结社保双轨制方能完成社保改革》,2013年3月14日。
第6期:《养老金"空账",不必恐慌》,2013年3月15日。
第7期:《养老金制度"并轨",路在何方》,2013年3月20日。
第8期:《企业年金发展陷入怪圈,发展需理顺管理体制》,2013年3月28日。
第9期:《如何破除养老金改革的巨大阻力?》,2013年4月3日。
第10期:《如何看待养老金的隐性债务问题?》,2013年4月11日。
第11期:《新农合由谁管理更有效率?是人社部管还是卫生部》,2013年4月15日。
第12期:《推动中国版401K的重大举措,解读贯彻企业年金的两个通知》,2013年4月19日。
第13期:《两个〈通知〉是推动中国版401K发展的重要举措》,2013年4月22日。
第14期:《从国情出发:三大医保应由人社部统一管理》,2013年4月25日。
第15期:《中国的养老保障制度应学习美国,摒弃欧洲》,2013年5月2日。
第16期:《年金是社会保障和商业保险对接的接口》,2013年5月9日。
第17期:《中国社会保障制度改革的瓶颈与出路》,2013年5月16日。
第18期:《中国"统账结合"养老保障:症结何在、路在何方》,2013年5月23日。
第19期:《台湾社会保障制度现况与改革》,2013年5月30日。
第20期:《养老金并轨对公务员也是有好处的》,2013年6月6日。
第21期:《加大制度建设,作用将远大于企业年金制度本身》,2013年6月13日。
第22期:《最低缴费难以支撑体面生活》,2013年6月20日。
第23期:《提高养老保险统筹层次难在哪里?》2013年6月27日。
第24期:《基本养老保险基金:如何投资、如何"记账"》,2013年7月2日。
第25期:《企业年金管理难成气候的主因是体制问题》,2013年7月4日。
第26期:《深化市场化运营 壮大社保基金规模》,2013年7月11日。

第 27 期：《养老保障统筹层次亟待提高》，2013 年 7 月 18 日。
第 28 期：《社保基金投资还需拓展多元化渠道》，2013 年 7 月 25 日。
第 29 期：《郑秉文应邀赴萨尔瓦多参加 27 届美洲社会保障大会》，2013 年 8 月 1 日。
第 30 期：《提高养老保险统筹层次化解多重风险》，2013 年 8 月 8 日。
第 31 期：《社保制度如何才能赢得公众的信任?》2013 年 8 月 15 日。
第 32 期：《上海应发展公共住宅，推动社保制度创新》，2013 年 8 月 22 日。
第 33 期：《中国养老改革决不仅仅是"并轨"》，2013 年 8 月 29 日。
第 34 期：《巨额外汇储备能否充实社保》，2013 年 9 月 5 日。
第 35 期：《社保体制改革研究方案上交》，2013 年 9 月 12 日。
第 36 期：《中国养老保险制度应加强财务自我平衡机制》，2013 年 9 月 18 日。
第 37 期：《"大病保险：模式探索与制度创新"座谈会召开》，2013 年 9 月 22 日。
第 38 期：《"大病保险：模式探索与制度创新"座谈会——会议纪要》，2013 年 9 月 26 日。
第 39 期：《中国首个"城镇职工养老储备指数"(CEPRI) 发布》，2013 年 10 月 10 日。
第 40 期：《拉美镜鉴：中国养老改革决不仅仅是"并轨"》，2013 年 10 月 17 日。
第 41 期：《养老改革是舆论推着政府走》，2013 年 10 月 24 日。
第 42 期：《"改革和完善失业保险制度研讨会——东部 7 省（市）扩大失业保险基金基金范围试点政策评估"顺利召开》，2013 年 10 月 31 日。
第 43 期：《美国职业养老金是如何运作的？——来自美国 TIAA CREF 的经验介绍》，2013 年 11 月 7 日。

《社保改革动态》（2013 年）

第 1 期：主持人：房连泉，2013 年 3 月 7 日。
第 2 期：主持人：田 青，2013 年 4 月 12 日。
第 3 期：主持人：高庆波，2013 年 5 月 17 日。
第 4 期：主持人：张盈华，2013 年 6 月 28 日。
第 5 期：主持人：齐传钧，2013 年 8 月 2 日。
第 6 期：主持人：孙永勇，2013 年 8 月 30 日。
第 7 期：主持人：田 青，2013 年 10 月 11 日。

《社保改革评论》（2013 年）

第 1 期：《职工养老金"九连增"仍难填平双轨制待遇"鸿沟"》(主持人：齐传钧)，2013 年 3 月 7 日。
第 2 期：《混乱的养老金"缺口"》(主持人：高庆波)，2013 年 4 月 24 日。
第 3 期：《厘清保险与福利，警惕社会保险"福利化"》(主持人：张盈华)，2013 年 5 月 21 日。
第 4 期：《读世界银行新版图书〈中国养老金制度蓝图〉有感》(主持人：房连泉)，2013 年 6 月 28 日。
第 5 期：《透析养老金替代率之一》(共 2 期) (主持人：田青)，2013 年 9 月 1 日。
第 6 期：《透析养老金替代率之二》(共 2 期) (主持人：田青)，2013 年 9 月 13 日。

第 7 期：《探讨企业年金跨越式发展的途径》（主持人：齐传钧），2013 年 10 月 28 日。

《工作论文》（2013 年）

WP No.001：《养老金融：理论界定及若干实践问题探讨》，作者：胡继晔。
WP No.002：《积累制个人账户年金化支付对寿险业影响的实证分析——基于智利数据的协整分析和 VAR 模型》，作者：孙守纪。
WP No.003：《从皖北 A 县案例分析看我国基层社保经办体制存在的问题》，作者：褚勇强。
WP No.004：《一个具有生命力的制度创新：大病保险太仓模式分析》，作者：郑秉文、张兴文。
WP No.005：《新农保待遇调整机制的可持续性研究》，作者：倪志浩。
WP No.006：《不同社会阶层的退休年龄选择与相关政策调整研究》，作者：孙永勇、杨祖昊。
WP No.007：《我国选择"统账结合"养老金模式的原因分析》，作者：杨建海。
WP No.008：《基本养老保险个人账户超额支出影响因素分析》，作者：刘桂莲。
WP No.009：《欧债危机背景下的意大利养老金改革——碎片化养老金制度的分析视角》，作者：孙守纪、齐传钧。

《银华讲座》（2013 年）

第 1 期：《美国职业养老金的投资与规范——来自美国 TIAA CREF 的经验介绍》，主讲人：陈力君，2013 年 11 月 18 日
第 2 期：《法国养老保险改革的困境与出路——从提高退休年龄谈起》，主讲人：Cécile Lefèvre，2013 年 11 月 25 日